立法学：原理与技术

LIFAXUE: YUANLI YU JISHU

邓世豹　主编

版权所有　翻印必究

图书在版编目（CIP）数据

立法学：原理与技术/邓世豹主编. —广州：中山大学出版社，2016.9
ISBN 978-7-306-05796-9

Ⅰ.①立… Ⅱ.①邓… Ⅲ.①立法—法学—高等学校—教材
Ⅳ.①D901

中国版本图书馆 CIP 数据核字（2016）第 196154 号

出版人：徐　劲
策划编辑：金继伟
责任编辑：周　玢
封面设计：曾　斌
责任校对：王　璞
责任技编：何雅涛
出版发行：中山大学出版社
电　　话：编辑部 020-84110771，84113349，84111997，84110779
　　　　　发行部 020-84111998，84111981，84111160
地　　址：广州市新港西路 135 号
邮　　编：510275　传　真：020-84036565
网　　址：http://www.zsup.com.cn　E-mail：zdcbs@mail.sysu.edu.cn
印 刷 者：虎彩印艺股份有限公司
规　　格：787mm×1092mm　1/16　23.25 印张　379 千字
版次印次：2016 年 9 月第 1 版　2017 年 11 月第 2 次印刷
定　　价：40.00 元

如发现本书因印装质量影响阅读，请与出版社发行部联系调换

作者简介

邓世豹，男，法学博士，现为广东财经大学地方立法研究中心主任、教授、法学院院长，公开出版了《授权立法的法理思考》《当代中国公民宪政意识及其发展实证研究》等专著，牵头起草了《广东省食品安全条例》《广东省社会科学普及条例》《广东省市场监管条例》等地方性法规，担任广东省地方立法学研究会副会长、广东省人民代表大会（以下简称"人大"）常务委员会（以下简称"常委会"）立法顾问、广州市人大常委会立法顾问等社会职务。

柳飒，女，法学博士，现为广东财经大学地方立法研究中心副主任、教授、法学院宪法与行政法系主任，武汉大学法律文化研究中心研究员，公开出版了《近代中国公民基本权利变迁研究》等专著，担任广东省宪法学研究会副秘书长等社会职务。

滕宏庆，男，法学博士，现为华南理工大学法学院教授、院长助理，公开出版了《危机中的国家紧急权与人权——紧急状态法制研究》等专著，担任广东省地方立法研究评估与咨询服务基地专家、广东省地方立法学研究会常务理事、广州市重大行政决策论证专家等社会职务。

陈军，男，法学博士，现为韶关学院副教授、法学院副院长，主要研究宪法与行政法基本理论，担任韶关市人民政府法律顾问、韶关市人大依法治市办公室特约法制观察员、韶关仲裁委员会仲裁员等社会职务。

姚小林，男，法学博士，现为广东财经大学地方立法研究中心副主任、副教授，公开出版了《司法社会学引论》和《法律的逻辑与方法研究》等专著，专业兴趣为地方立法和司法社会学研究，担任广东省地方立法学研究会常务理事等社会职务。

摘　　要

　　立法学是一门实践性的部门法学，以立法现象及其发展规律为主要研究对象，其研究方法包括规范分析法、技术分析法、社会学方法和比较分析法等。立法学可分为原理编和技术编两大部分：原理编主要涉及立法的概念体系与立法程序原理，具体包括立法的概念界定与分类，立法的本质、原则和功能，立法的历史类型与演变规律，立法的主体体系与程序制度，立法的解释与监督制度等。立法是一种公共决策活动或过程，具有国家性、程序性和技术性的特点，涵盖法的制定、认可、解释、修改、补充和废止等方式手段。立法具有明显的政治本质与阶级属性，它实质上是一套反映社会主流价值与意识形态的权力话语体系；但同时也具有非政治属性，即一定程度上反映全社会的公共意志与共同利益诉求。立法的双重本质意味着双重功能，它的规范功能最重要的是规范指引功能，而社会功能则包括社会秩序功能、社会构建功能和社会调控功能。立法的历史类型实际就是立法体制的历史类型，按照其对应的经济形态和马克思社会发展阶段论，它可以分为古代社会立法（封建制立法与奴隶制立法）、近代社会立法（自由资本主义立法）和现代社会立法（社会主义立法与资本主义立法并存）。经过清末民初社会转型和如今的立法法实施，当代中国立法仍面临传统继承、域外移植和发展创新的关系处理问题。代议机关是当今世界各国的主要立法主体，享有专属立法权并存在法定立法程序；但国家元首、行政机关和司法机关等也承担某些立法功能，是主要的授权立法主体，并遵循特别立法程序规则。为了维护国家的立法统一，各国都发展了自身的立法解释与立法监督制度，而中国的立法批准、备案和审查制度往往借助关于立法的改变、撤销和裁决方式来实现法律规范性文件的合法性与合宪性监督。技术编涉及法案表述技术与立法制作技术两大部分，主要关注立法的语言规范性、逻辑规范性和法律规范性标准内容建设。立法的语言规范性意味着立法语言首先要遵循语言规范要求，其次是必须符合语言使用的法律特定要求，这表现在立法文本与言语的词汇、语法和修辞都必须遵循这些标准，不过，我国相关规范化特别是法律化建设还有待完善。立法的逻辑规范性即立法活动或结果都必须遵循形式的或实质的推理与论证规律规则，尽量克服并认真应对立法谬误所表现的逻辑失范问题。立法技术的规范性具体体现于立法准备、法案制作和立法完善三个立法过程或阶段。立法准备主要涉及立法预测，立法项目的编制与实施，法律草案的起草、审议和通过等环节，我国相关的技术规范在不断成熟；法案制作涉及法律规范的内容结构与法律文本的形式结构，主要涉及立法文书制作技术，这与科学技术的发展程度存在直接关联；立法完善的首要技术是立法后评估，其后才涉及法律的修改、补充与废止，才涉及法律的清理、汇编与编纂，这与前述的法案制作技术存在某种程度的关系，都有语言、逻辑和法律等方面的不同规范要求。

目　　录

导论 / 1
- 第一节　立法与立法学 / 2
  - 一、立法的概念 / 2
  - 二、立法学的概念 / 15
- 第二节　立法学的发展与研究方法 / 22
  - 一、立法学的学科发展 / 22
  - 二、立法学的实践性与理论体系 / 27
  - 三、立法学的研究方法 / 31

原理编

第一章　立法的本质、原则和功能 / 42
- 第一节　立法的本质 / 42
  - 一、政治属性 / 43
  - 二、社会属性 / 45
  - 三、客观基础 / 46
- 第二节　立法的原则 / 48
  - 一、立法法治 / 49
  - 二、民主立法 / 52
  - 三、科学立法 / 61
- 第三节　立法的功能 / 66
  - 一、规范功能 / 67
  - 二、社会功能 / 70
  - 三、立法的局限性 / 73

第二章 立法的历史类型与演变规律 / 76

第一节 立法的历史类型 / 77
一、立法产生的原因与规律 / 77
二、古代社会立法 / 81
三、近代社会立法 / 85
四、现代社会立法 / 88

第二节 我国立法的历史演变 / 91
一、我国古代立法回顾 / 91
二、清末民初的近代中国立法转型 / 93
三、立法法与当代中国立法制度的演变 / 96

第三节 立法本土化、域外移植与发展创新 / 103
一、立法传统与继承 / 103
二、立法的域外经验与移植 / 107
三、立法的发展创新 / 110

第三章 立法的主体体系与程序制度 / 113

第一节 立法主体 / 114
一、立法主体概述 / 114
二、代议机关：主要的立法主体 / 118
三、国家元首、行政机关与司法机关 / 123

第二节 立法体制 / 129
一、立法体制概述 / 129
二、专属立法与授权立法 / 134
三、中央立法与地方立法 / 139
四、我国现行的立法体制及其完善 / 144

第三节 立法程序 / 147
一、立法程序概述 / 147
二、普通立法程序 / 149
三、特别立法程序 / 152

第四章 立法解释与监督 / 156

第一节 法的效力等级 / 156
一、法的效力等级概述 / 156

二、我国的效力等级体系及其完善 / 160
　第二节　立法解释 / 163
　　一、立法解释概述 / 163
　　二、立法解释的方法体系 / 166
　　三、我国现行的立法解释制度 / 167
　第三节　立法监督 / 172
　　一、立法监督概述 / 172
　　二、我国立法的批准、备案和审查 / 176
　　三、我国立法的改变、撤销和裁决 / 182

技术编

第五章　立法的语言与逻辑 / 195
　第一节　立法语言 / 196
　　一、立法语言的概念 / 196
　　二、立法语言的词汇、语法与修辞 / 199
　　三、立法语言的失范与规范 / 219
　第二节　立法逻辑 / 235
　　一、立法逻辑的概念 / 236
　　二、立法逻辑的形式与实质 / 240
　　三、立法逻辑的失范与规范 / 245

第六章　立法准备 / 261
　第一节　立法预测、规划与决策 / 261
　　一、立法预测 / 261
　　二、立法规划 / 267
　　三、立法决策 / 274
　第二节　法律的立项与法案起草 / 276
　　一、法律的立项的内涵 / 276
　　二、法律的立项论证 / 278
　　三、法案的起草 / 279
　第三节　我国立法准备技术的完善 / 284
　　一、我国立法准备的现状及问题 / 284
　　二、我国立法准备的创新尝试与制度
　　　　完善 / 288

第七章　法案制作 / 293

第一节　法律规范的内容结构 / 293
一、法案与法律规范 / 293
二、法律规范的规则结构 / 294
三、法律规范与法律文本 / 298

第二节　法律文本的形式结构 / 299
一、法律文本的形式要件 / 299
二、法律正文的层次结构 / 305
三、法律正文的形式结构 / 307
四、法律正文的构成要素 / 308

第三节　法律的总则、分则与附则 / 309
一、法律的总则 / 309
二、法律的分则 / 314
三、法律的附则 / 316

第八章　立法完善 / 321

第一节　立法评估 / 322
一、立法评估的概念 / 322
二、立法评估技术体系 / 324
三、我国立法评估的实践反思 / 334

第二节　法的废止、修改与补充 / 337
一、法的废止 / 337
二、法的修改 / 340
三、法的补充 / 343

第三节　法的清理、汇编与编纂 / 346
一、法的清理 / 346
二、法的汇编 / 348
三、法的编纂 / 351

参考文献 / 355
后记 / 360

导　论

在当今世界的人文学术研究谱系中，法学已经建立起非常复杂而庞大的学科体系，而立法学作为独立的法学分支学科置身其中，则是不争的事实。然而，什么是立法学？立法学的学科定位是什么？它究竟是一门纯粹的理论学科还是关涉立法技术的应用科学的争论，由来已久。可以说，英国学者边沁是主张立法科学技术化的第一人，他主张排除政治、道德和权力的干扰，使立法变得像数学一样精密严格并对政治实体有所裨益。因此，他认为："只有通过像数学那般严格，而且无法比拟的更为复杂和广泛的探究，才会发现那构成政治和道德科学之基础的真理。……不存在通往立法科学的国王之路和执政之门，正如不存在通往数学的国王之路和执政之门一样。"① 因此，建立此类法律科学是十分必要的，"它对于立法艺术的意义，恰如解剖学对于医术的意义；区别在于，它的对象是艺术家必须与之一起工作的，而不是他必须在其上操作的。对一门科学缺乏了解而使政治实体遭到的危险，不亚于对另一门科学的无知而使自然躯体遭到的危险"②。而美国学者科恩则强烈呼吁重视立法基本理论的研究，他认为："作为一个同等重要的法理学分支，立法学必然是一门理论学科，该学科要求将更多精力投入到对普遍抽象事物的哲学分析或批判上而不是要关注法律从业者或立法者。"③ 以上两位学者的论述，实际上反映了立法学领域的两条不同研究路径和方法论，直接关涉立法学的研究对象——立法及立

---

① ［英］边沁：《道德与立法原理导论》，时殷弘译，商务印书馆2000年版，第56页。
② ［英］边沁：《道德与立法原理导论》，时殷弘译，商务印书馆2000年版，第55页。
③ ［美］尤里乌斯·科恩：《立法学：难题及日程》，孙竞超译，载《中山大学法律评论》第12卷第4辑，第152页。

法现象的不同分析解读，关涉不同社会情景与历史背景下的立法学发展动态与规律，简而言之，这关系到立法学的不同学科定位和学科体系的构建与重塑问题。

第一节　立法与立法学

《中华人民共和国立法法》（以下简称《立法法》）第二条规定："法律、行政法规、地方性法规、自治条例和单行条例的制定、修改和废止，适用本法。国务院部门规章和地方政府规章的制定、修改和废止，依照本法的有关规定执行。"那么，我们所指的"立法"即是指法律、行政法规、地方性法规、自治条例和单行条例、国务院部门规章和地方政府规章等成文法渊源形式的制定、修改和废止吗？我们所指的"立法学"即是关于立法法的规范解读与制度研究吗？其实，并不尽然。作为学术范畴的"立法"和"立法学"概念还存在更丰富的内涵与更周全的外延。在这个问题上，周旺生教授提醒我们："要把握一般的立法概念或范畴，需要采取正确的方法，即：全面把握立法的内涵和外延，揭示出一个可以反映每一种立法的共同特征的、可以用来说明迄今所出现的各种立法的概念或范畴。"[①] 为此，我们希望从词源本义、历史渊源、思想渊源、立法内涵－外延的逻辑结构和规范制度等层面全面解读"立法"和"立法学"这两个概念或范畴。

一、立法的概念

（一）立法的词义

在语词结构上，"立法"由"立"和"法"构成。由于发音重心的差异，"立法"一词既可以表达为行为结果的"法"，许慎的《说文解字》解读为刑律，即"灋，刑也，平之如水，从水；廌，所以触不直者去之，从去"。也可以体现为行为过程的"立"，"立的本义就是站，引申为树立、

[①] 周旺生：《立法学教程》，北京大学出版社2006年版，第54页。

设立、建立等义,如立功、立法、立威等"①。正如许慎的解读:"立,住也。从大立一之上。……大,人也。一,地也。"实际上,在中国的古代文献中,"立法"一词很早就已作为独立的动词在普遍使用,主要指称国家法制意义上的法令法规创制活动。如战国时期《商君书·更法第一》云:"伏羲、神农,教而不诛;黄帝、尧、舜,诛而不怒;及至文、武,各当时而立法,因事而制礼。"又如《荀子·议兵》言:"立法施令,莫不顺比。"再如汉代司马迁《史记·律书》开篇即曰:"王者制事立法,物度规则,壹禀于六律,六律为万事根本焉。""立法"一词也可作为名词使用,意指国家树立不同法制的结果,如《商君书·修权》云:"君臣释法任私必乱。故立法明分,而不以私害法,则治。"又如宋代陆游在《上殿札子》指出:"若赋不加轻,则用力虽多,终必无益,立法虽备,终必不行。"此外,值得注意的是,"立法"一词还被泛化为道德、音律等普通社会规则的创立活动,如明代王守仁《传习录》卷下:"德洪之见,是我这里为其次立法的,二君相取为用,则中人上下皆可引入于道。"又如清代李渔《闲情偶寄·词曲上·音律》:"调声叶律,又兼分股、限字之文,则诗中之近体是已……前人立法,亦云苛且密矣。"

在现代汉语中,"立法"也是个多义词,至少在两个不同的层面上使用:一是指静态意义上的规范性文件,在这个意义上它与"法""法律"同义,特指总体的制定法、成文法,或者是某一部门法,如"民事立法""行政立法""刑事立法"等;二是指动态意义上的规范性文件形成过程,即法的创制活动,如本节序言提及的我国现行《立法法》第二条的规定。在当代英语中,与"立法"对应的词语包括 legislation、enactment、lawmaking 等,但 legislation 最为常用,同样存在静态和动态不同层面上的理解。如《牛津法律大辞典》关于 legislation 的解释是:"依据某一特定法律制度能有效宣布法律这种权力和权威的人或机构的意志的表示而慎重制定或修改法律的程序。该术语也用来指立法过程的产物,即由此制定的法律。"② 其实,早在古希腊罗马时期,立法问题就成为诸多政治家和哲学家关注的焦点。柏拉图立足"善"阐明了他心目中的立法理想,"每个立法

---

① 《说文解字"立"》,载"中国国学网"[2008-04-01 发布,原载《人民日报》(海外版)] http://www.confucianism.com.cn/html/hanyu/4868687.html,2015-12-27 访问。

② [英]戴维·M. 沃克(David M. Walker):《牛津法律大词典》(*The Oxford Companion to Law*),李双元等译,法律出版社 2003 年版,第 689 页。

者制定每项法律的目的是获得最大的善"。① 他还以战争立法为例指出，只有当他把他所制定的有关的法律当作和平的工具，而不是他的关于和平的立法成为战争的工具时，他才是一个真正的立法者。古罗马西塞罗从恶法非法的观点阐明其立法幸福观："毫无疑问，法律的制定是为了保障公民的幸福、国家的昌盛和人们的安宁而幸福的生活；那些首先通过这类法规的人曾经向人们宣布，他们将提议和制定这样的法规，只要它们被人民赞成和接受，人民便可生活在荣耀和幸福之中。显然，他们便把这样制定和通过的条规称作法律。由此可以看出，那些违背自己的诺言和声明，给人民制定有害的、不公正的法规的人立法时，他们什么都可以制定，只不过不是法律。"②

在现代汉语中，周旺生教授认为，我们还有必要厘清"立法"与"法的创制""法的制定""法的制订"和"法的拟定"等概念之间的关系。③ 首先，"立法"和"法的创制"：它们之间存在一致性，都是指国家旨在创立和变更法的活动和过程，有别于作为名词形式的"立法"（即法律）；但是"法的创制"的含义更广，不仅像"立法"一样包含创立和变更法的整个过程，也包含同这一过程相关联的各种事物或现象，还比"立法"更多强调理论的东西，因此常被用于法理学著述，以阐明立法的现实需要和社会价值诉求。其次，"立法"与"法的制定"：在制定法中，"法的制定"在两个不同层面上使用，一是将它与"立法"概念的外延等同，涉及制定、认可新法和修改、补充、废止既有法等立法的全部表现形式，如我国现行《立法法》第六十五条规定，"国务院根据宪法和法律，制定行政法规"；二是指特定的主体制定新法的活动，同认可、修改、补充和废止相对应，为"立法"的主要表现形式，如我国现行《立法法》第七条规定，"全国人民代表大会制定和修改刑事、民事、国家机构的和其他的基本法律。全国人民代表大会常务委员会制定和修改除应当由全国人民代表大会制定的法律以外的其他法律；在全国人民代表大会闭会期间，对全国人民代表大会制定的法律进行部分补充和修改，但是不得同该法律的基本原则相抵触"。再次，"立法"与"法的制订"："法的制订"是指一定的主体，

---

① ［古希腊］柏拉图：《法律篇》，张智仁、何勤华译，上海人民出版社2001年版，第6页。
② ［古罗马］西塞罗：《论法律》，王焕生译，上海人民出版社2006年版，第11页。
③ 参见周旺生：《立法学教程》，北京大学出版社2006年版，第61-65页。

依据一定职权或有权主体的授权，按照一定的原则、程序和要求，以拟定法案或对有关方面拟定的法案加以审议、修改、抉择和认可为基本内容，所进行的一种立法活动，它属于立法准备阶段的重要工作，显然，"立法"涵盖"法的制订"概念。最后，"立法"与"法的拟定"："法的拟定"是指一定的主体，依据一定职权或有权主体的授权，按照一定的原则、程序和要求，所进行的草拟、订立法案（议案和草案）的活动，显然，它属于立法准备阶段"法的制订"的前置程序，不涉及对有关法案的审议、修改、抉择和认可活动。如我国现行《中华人民共和国全国人民代表大会议事规则》第二十四条规定，"全国人民代表大会决定成立的特定的法律起草委员会拟定并提出的法律案的审议程序和表决办法，另行规定"。

（二）立法的内涵

概念的内涵是指概念所反映事物的特有属性或本质属性。但是，"事物本身所具有的属性是多方面的，其中有本质属性和非本质属性。不同的属性，对于确定事物的质具有不同的作用"[①]。由于事物存在属性的多样性，至于哪些属性属于事物的特有属性或本质属性，则是仁者见仁、智者见智。关于立法的概念内涵，学者们同样很难达成广泛共识，他们往往根据自己的研究需要从不同侧面来界定立法概念的属性特征。不过，大致说来，学者们不外乎围绕立法行为的"谁来立""立啥法"和"如何立"这三个具体问题展开。

1. 第一个问题："谁来立"

"谁来立"，即立法行为主体是谁，它解决的是立法权来源问题，直接关系到立法主体所立之法的效力位阶与本质特征。在这个问题上，学者们的观点一般可以归结为"国家机关立法主体说"和"组织（或个人）立法主体说"两类。[②]

（1）"国家机关立法主体说"，强调行使立法权的主体为国家机关，此学说又细分为三类：一是广义说，立法是指一切国家机关（包括从中央到地方的各级国家代议机关和行政机关以及被授权的国家机关）依照法定权

[①] 李秀林、王于、李淮春：《辩证唯物主义和历史唯物主义原理》（第4版），中国人民大学出版社1995年版，第170页。

[②] 参见徐向华：《立法学教程》，上海交通大学出版社2011年版，第24页。

限和程序创制各种规范性法律文件的活动;二是折中说,立法是各级国家代议机关依照法定权限和程序创制各种规范性法律文件的活动;三是狭义说,立法专指国家最高代议机关和它的常设机关依照法定权限和程序创制各种规范性法律文件的活动。实际上,这三类学说都明确承认最高代议机关立法所生成法律文件的至高效力,并以成文法(制定法)的效力位阶理论为依据。

(2)"组织(或个人)立法主体说",认为行使立法权的主体为组织(主要是国家机关)或个人。此说依据立法内容所反映的意志(法律本质)不同,又可细分为两类:一是"统治阶级(或国家)意志说",立法是享有立法权的国家机关或个人根据统治阶级的意志而进行的创制各种规范性法律文件的活动;二是"政权意志说",立法是以政权的名义,由有权立法者(具有特定职能的机关或个人)为体现执政阶级的整体意志而进行的创制各种规范性法律文件的活动。这两类意志说都触及到了立法的本质和价值问题,即立法的政治属性,以及立法究竟体现国家意志抑或统治阶级(执政阶级)的意志,但没有提及立法具有非阶级性的公共属性。

2. 第二个问题:"立啥法"

"立啥法",即立法行为的对象是啥,它解决的是立法宗旨与社会需求问题,直接关系到不同的立法载体形式选择。这个问题的不同回答反映了作者关于"法"的概念的不同理解和研究视角差异,与第一个问题"谁来立"相对应,涉及判例法、习惯法的立法地位以及制定法以外的其他社会规范的立法功能判定。在这个问题上,主要存在制度法学(或规范法学)、现实主义法学和法社会学三类不同研究路径和理论观点。

(1)中国传统的制度法学研究者,一般将"立法"之"法"定位为制定法,而关于"法"的研究主要着眼于文本形式的法律条款解读,立法被视为国家机关特别是代议机关的专利,立法活动主要限于法定的立法程序阶段,法律草案只要经过国家机关审议表决通过并发布生效,即宣告立法结束。

(2)现实主义法学将"立法"主体从代议机关延伸至司法审判机关,认为法官造法也是国家立法的基本形式,正如美国大法官卡多佐援引霍尔姆斯关于 Southern Pacific Co. v. Jensen 的司法意见时所指出的:"我毫不犹豫地承认,法官必须而且确实立法,但他们只是在间隙中这样做;他们被限制在克分子之间运动。"① 在他看来，"正是在没有决定性的先例时，严肃的法官工作刚刚开始。这时，他必须为眼前的诉讼人制作（fashion）法律，而在为诉讼人制作法律时，他也就是在为其他人制作法律"②。因此，法官必须采取现实主义的立场，根据现实的社会需要来寻求法律规则真实含义："当需要填补法律的空白之际，我们应当向它寻求解决办法的对象并不是逻辑演绎，而更多是社会需求。"③ 相对于代议机关立法专属权而言，也有学者认为，法官造法应归属于"准立法"的范畴，法官仅仅是在个案审判中行使解释法律的权力，是司法能动性的表现。梁慧星教授将中国最高人民法院规范性的司法解释认定为"准立法"，在他看来，"说司法解释具有准立法的性质，首先说它不是立法，其次是说它在具有普遍拘束力的行为规则这一点上与法律相同，可以将它当作法律那样对待"④。崔永东教授也认为："如果法官倾向于否定立法或忽视先例，那么该法官就是奉行司法能动主义；如果法官在司法审查中能够创制新的判例，即行使一种准立法权，那么该法官就是奉行司法能动主义。"⑤

（3）如果说现实主义法学将立法界定为国家机关（包括代议机关和审判机关等）的专属权行为，那么法人类学、法社会学则将立法泛化为一切社会规则的生成活动，认为立法的结果就是一种公共决策、一种普遍认可的人类社会规则。法人类学家马林诺夫斯基通过对南太平洋岛特鲁布里安德（Trobriand）未开发部落的长期观察或认为："法律规则与其他规则之所以不同，就在于它们能被感受并确定为一个人的义务和另一个人的权利诉求。它们不仅仅只依靠心理动机，而是正如我们所知道的那样，是由建立在互赖基础上和互惠服务的同等安排的认同上的特定社会约束力机制所强制执行的，并将这些权利主张融入错综复杂的关系网络中才能得以实现。"⑥ 很明显，马林诺夫斯基所理解的立法行为不见国家形态如立法机关、官僚、警察和法庭的任何影子，反而认定这些非西方国家形态的社会

---

① ［美］卡多佐：《司法过程的性质》，苏力译，商务印书馆1998年版，第42页。
② ［美］卡多佐：《司法过程的性质》，苏力译，商务印书馆1998年版，第9页。
③ ［美］卡多佐：《司法过程的性质》，苏力译，商务印书馆1998年版，第76页。
④ 梁慧星：《裁判的方法》，法律出版社2003版，第67页。
⑤ 崔永东：《司法风格与司法传统》，载2014年7月18日《人民法院报》。
⑥ ［英］马林诺夫斯基：《原始社会的犯罪与习俗》，原江译，法律出版社2007年版，第36页。

规则也可称之为法。而韦伯也认为:"作为一条规则,法规的制定要么完全是新的,要么是已有的,因而缺乏发现法律和制定法律之间的区别。这样,任何将立法作为法官'适用'的普遍规则这种观念,就很难出现。"① 在他看来,立法不仅包括国家制定法律的活动,也包括非国家的社会组织以及涉及法官、警察、仲裁员、大学生的司法会议和宗教纪律会议等制定规则的活动。

3. 第三个问题:"如何立"

"如何立",即立法行为的方式手段,它解决的是立法行为的程序与技术问题,在这个问题上,学者们大致存在两个不同层面的学术争议:

(1) 关于立法程序行为的定性,传统的立法学研究主要关注作为法定立法程序阶段的立法行为,而对立法前的法律立项与法案起草环节,以及法律生效后的法律解释与立法评估等非正式程序甚少重视。因此,立法行为被主要限定在正式的立法程序阶段,由特定机关行使立法职权。此类研究又存在四类具体学说:一是"活动说",以博登海默为代表,他说:"从'立法'(legislation) 这一术语在当今所具有的最为重要的意义上来看,它意指政府机关经由审慎考虑而进行的创制法律律令的活动,当然,这种机关是专为此目的设立的;并且能够在正式的法律文献中对这种法律规定做出明确表述。"② 又如周旺生教授的观点:"立法是由特定主体,依据一定职权和程序,运用一定技术,制定、认可和变动法这种特定的社会规范的活动。"③ 二是"过程说",可见于《布莱克法律词典》,所谓立法就是指"由宪法授权的某个政府机关以成文形式,按照某种正式程序生成或创立制定法的过程"④。三是"过程或活动混合说",如朱力宇、张曙光主编的《立法学》教材界定:立法是指"创制法律规范的活动或过程"⑤。四是

---

① [德] 马克斯·韦伯:《论经济与社会中的法律》,张乃根译,中国大百科全书出版社1998年版,第77页。

② [美] 博登海默:《法理学——法哲学及其方法》,邓正来译,中国政法大学出版社1999年版,第415-416页。

③ 周旺生:《立法学》(第2版),法律出版社2009年版,第55页。

④ 原文: The process of making or enacting a positive law in written form, according to some type of formal procedure, by a branch of government constituted to perform this process. See Black's Law Dictionary, Seventh Edition, Bryan A. Garner Edition in Chief, published by West Group ST. Paul, MINN. 1999.

⑤ 朱力宇、张曙光:《立法学》(第3版),中国人民大学出版社2009年版,第18页。

"过程结果说",如《牛津法律大词典》关于立法一词的界定:"依据某一特定法律制度能有效宣布法律这种权力和权威的人或机构的意志的表示而慎重制定或修改法律的程序。该术语也用来指立法过程的产物,即由此制定的法律。"①

(2) 关于立法技术手段的运用,一般而言,立法存在制定、修改、补充和废止等四种技术手段,简称"立改废",实际上就是狭义的法律制定和修改活动,因为法律修改包括了补充和废止形式。那么,"认可"和"解释"算不算立法的技术方式呢?朱力宇、张曙光主编的《立法学》所界定的"立法"概念内涵没有涵盖"认可"的立法技术方式,但周旺生教授则将"认可"列为三大立法技术(制定、认可和变动,其中变动包括了修改、补充和废止)之一。在我国的一些专著或教材中,很令人费解的是,法律解释(立法解释,简称"释法")常常作为专章与法律修改、法律制定等章并列,却没有进入立法概念的内涵界定中。本书认为,"立法"概念既意味着新规范生成的制定和修改法律行为,也包括确认和发现既有规范的认可和解释法律行为,况且立法解释同样遵循正式的立法程序,甚至存在作为新规范隐形生成的扩大解释方式,这大大增强和充实了现有的立法技术体系。

综合上述分析,最后需要指出的是,本书采用动态意义上的"立法"含义,主张广义的"立法"主体概念(包括法定主体、受权主体和受托主体在内),主要是针对制定法的规范性文件创制过程或活动,并着重探讨普通法律的制定、修改、补充、废止、认可和解释行为,宪法创制行为即"立宪"也统摄在广义的立法概念之中。如此,我们将立法概念内涵界定如下:它是指特定主体依照法定职权和程序,采用制定、认可、解释、修改、补充和废止等手段和方式,创制规范性法律文件的国家决策过程或活动。因此,本书的立法概念不是静态意义上的法律规范文件,而是指一种国家行为。

(三) 立法的特征

特征是事物属性的外在表现,它反映该事物区别于其他事物的特有属

---

① [英]戴维·M. 沃克(David M. Walker):《牛津法律大词典》(*The Oxford Companion to Law*),李双元等译,法律出版社2003年版,第689页。

性或本质属性。就立法而言，一方面，"特征"一词应反映出古今中外所有立法现象所表现出来的共同属性，而不仅仅是某个历史时期某个国家或地区独有的特征；另一方面，"特征"一词应反映立法与行政、司法等国家行为相区别的决策程序属性，并反映它与非法律规范自然生成所不同的国家属性与技术特征。简而言之，立法至少具有国家性、程序性和技术性三个基本特征。

1. 国家性

首先，立法是国家的产物，顺应国家的需要而产生。恩格斯在《论住宅问题》一文中曾指出："在社会发展某个很早的阶段，产生了这样一种需要：把每天重复着的生产分配和交换产品的行为用一个共同的规则概括起来，设法使个人服从生产和分配的一般条件。这个规则首先表现为习惯，后来便成了法律。随着法律的产生，就必然产生出以维护法律为职责的机关——公共权力，即国家。在社会进一步发展的进程中，法律便成或多或少广泛的立法。"① 其次，立法必须反映国家意志，有意识地依托国家权威生成普遍性规范，这有别于习俗、伦理、社会自治规范等的自然生成行为。具体而言，立法的国家性包含三层意思：①立法主体必须是法定的国家机关，即使受托的社会组织立法也最终归结于作为委托主体的国家机关，而国际立法也被普遍认为是不同国家政府间的多边或双边行为；②立法内容必须反映国家意志，以国家面貌出现于社会公众面前，并以国家名义颁布实施，昭示天下，适用于主权所及的一切范围和领域；③立法本身是有组织的国家行为，不但立法自身必须实现制度化，以国家名义规制自身所有行为，而且必须诉诸国家暴力（如军队、监狱、警察等）以保证立法结果的实施或实现。即使在存在"朕言即法"的古代君主社会和实施社会自治的近代城市共和国，不是以家国名义诏令天下，就是以国家的初级形态——城市共同体形式赋予立法规范的制裁效力和法律权威。当然，立法的国家性使立法具有明显的政治色彩，容易受到执政阶级或利益集团操纵，因此，立法还需要辅之健全的程序机制建设，以规制立法主体行为的恣意与专断。

---

① 中共中央马克思恩格斯列宁斯大林著作编译局：《马克思恩格斯选集（第二卷）》，人民出版社1996年版，第538-539页。

2. 程序性

立法的程序性，是指立法机关必须依照法定程序从事公共决策行为，这有别于行政机关与司法机关的法律实施行为。按照现代国家的权力分立原则，立法机关主要掌管国家公共决策的职权，而行政机关与司法机关主要担负作为公共决策结果形式的法律规范的实施与实现职责。即使在"言出法随"的古代君主社会，同样存在国家机关的权能分工，立法是国家的基本职能所在。在一些立法学论文、专著或教材中，往往泛泛而谈立法的程序性，却忽略了立法与其他国家权力行为的实质差异。我们知道，行政和司法行为同样存在程序性特点，但是它们主要属于规则实施性的程序范畴，与确立规则的立法决策程序有迥然差别，这是因为立法程序一般采用民主合议和多数决的决策模式，而行政程序与司法程序最终取决于首长决策（法官独断）制。大致说来，立法的程序性特征具体包含三层意思：一是程序的职权性，即立法必须遵循法定职权的限制，立法主体要充分履行其法定的立法职责，不能恣意超越其职权或从事无权立法，并且应当按照法律规定或授权的特定立法形式与效力层级在其受权的范围内立法。二是程序的操作性，即立法一般包括立法准备、由法案到法的立法程序、立法完善三大完整的立法过程，其中法案到法的立法程序又包括法案的提出、审议、表决和法的公布四个具体环节，有些国家或地区还在法律公布生效前增加全民公决的环节。应注意的是，立法决策程序遵循个别到一般、从延纳民意到集中表达民意（或执政阶级意志）的基本逻辑过程，明显区别于行政和司法的实施程序的一般到个别、法律规范适用于个案的基本逻辑过程。三是程序的法律化，即立法程序本身必须实现制度化法律化。按照适用的普遍性程度不同，立法程序有一般程序和特殊程序之分。一般而言，上位法立法的普遍性高，而下位法立法除了要遵循一般程序外，还可能存在某些特定程序，如我国自治州、自治县的自治法规立法与设区的市地方性法规立法存在特殊的批准与备案程序。立法程序的法律制度化既是保证法律规范的稳定性、可执行性的法律实施需要，也是保证科学性、民主性的立法法治需要。

3. 技术性

首先，立法的技术性是指立法必须符合特定的语言格式、逻辑规则和法律规范等立法形式方面的要求。立法的技术性即立法自身的规范性，包括语言的规范性、逻辑的规范性和法律的规范性三方面。其中，语言的规范性是指立法的语言载体必须符合所使用语言的体例和格式要求，具体体现在言语层次和表述层次两个层面上，前者针对立法所使用的语言种类，由于语言存在国家通用语言、地方或民族语言以及国际通用语言的多元表现形式，不同立法语言种类的选择必然带来不同语言的规范要求；后者是指在确定特定立法语言种类的基础上，同一法律规范同样可能存在多元化的表述样式选择。逻辑的规范性是指立法行为及其结果必须满足形式逻辑和实质逻辑的规则要求，具体体现为概念、推理和论证等层面的逻辑规范要求，尽可能地消解或有效处置立法中存在的各种逻辑错误与谬误。法律的规范性是立法行为结果的必然要求，这不但意味着立法过程或活动本身必须符合法律的公平正义价值，而且意味着作为立法结果的法律规范尽可能符合"良法"的自然正义标准并具有可执行性。其次，立法的技术性也是其程序性的必然要求，而贯穿于立法行为过程的各个阶段和环节，相应地存在立法准备技术、法案表述技术和立法完善技术，具体体现为立法项目的规划与计划、以法典为主的制定法草案的标准制作以及立法调研与评估报告的规范写作等方面的技术性指标。我们必须重视立法的技术性特征，这不仅是立法科学性的必然要求，真实地反映立法行为活动所存在的若干客观规律，使独立于行政和司法等国家权力行为之外的立法自身发展可能得以实现；同时也是实现立法程序可执行性、可操作性的必然要求，使得立法的实践性引导和推动功能得以彰显和落实。

（四）立法的分类

分类是关于概念外延的划分方法，它涉及概念所指称对象的认识问题。分类的标准可以多种多样，但是每一次分类必须涵盖概念指称的全部对象，即分类必须具有周延性。由于存在不同的划分标准，立法也可以进行不同的分类。具体说来，立法概念存在以下四种基本分类：

（1）按照社会历史形态不同，它可以分为古代立法、近代立法与现代立法。

根据马克思的社会形态理论，有阶级的人类社会迄今为止包括奴隶制社会、封建社会、资本主义社会和社会主义社会四种社会形态。但是如果着眼于立法状况、立法制度和立法技术等方面存在的总体历史特征，那么，我们可以把奴隶制、封建制国家的立法归结为古代立法，自由资本主义时期的国家立法归结为近代立法，垄断资本主义时期立法和社会主义国家立法归结为现代立法,这三种历史类型的立法形态大体呈现出从专制立法到民主立法、特权立法到平等立法、制定法的诸法合一到法律部门分工细化、立法程序不断法制化等规律性特点。① 本书重点介绍现代立法特别是当代中国立法状况。

(2) 按照立法权的来源不同,它可以分为专属立法、授权立法和委托立法。

按照现代分权理论,只有代议机关(特别是最高代议机关)才是法定的立法机关,享有专属的立法职权,是立法主体体系中最主要的立法主体,立法成为其主要的甚至是唯一的国家职能,由宪法和宪法性法律予以确定,它所制定的规范性文件一般称为狭义的法律。不过,行政机关等也可能成为立法主体,它一般由代议机关通过制定法律予以授权,行政机关的立法因此被称为授权立法,采用低于法律位阶的法规或规章形式,此类立法在法律规范体系中的比重最大,并且必须接受代议机关或司法机关的合法性与合宪性审查。而在承认判例法的国家,司法机关尤其是最高司法机关也承担某些立法职能,它们往往通过宪法惯例或法律授权取得立法职权。此外,即使不属于国家机关的其他社会组织和个人,也可接受立法机关和授权机关的委托从事立法工作,此类立法一般称为委托立法,但是有关立法责任则直接归结为委托机关而不是受托机构。本书重点研究作为立法专职机关的代议机关专属立法。

(3) 按照立法主体的地位不同,它可以分为中央立法与地方立法,或者分为国内立法与国际立法。

按照行政建制和区域划分,当今世界绝大多数国家存在中央与地方之分,相应地,立法权配置一般也存在中央立法与地方立法之分。其中,中央立法即由最高代议机关和最高行政机关等从事的国家立法行为,如我国的全国人大及其常委会分别关于基本法律的立法与非基本法律立法以及国务院的行政法规立法等。地方立法即由享有立法权的地方代议机关和行政机关等从事的法规规章立法,如我国省级人大及其常委会、设区的市人大及其常委会关于地方性法规的立法等,省级人民政府、设区的市人民政府

---

① 有学者认为,从立法状况、立法制度和立法技术等方面来看,我们可以将奴隶制、封建制国家的立法归结为古代的立法,将资本主义、社会主义国家的立法归结为近现代的立法。参见朱力宇、张曙光:《立法学》(第3版),中国人民大学出版社2009年版,第50页。

关于地方政府规章的立法等。需要补充的是，在实行联邦制的国家，立法则存在联邦中央立法、联邦主体立法和地方立法之分，其中，联邦主体立法不能混同于地方立法。至于国内立法和国际立法之分，主要建立在主权界定的基础上，所谓国内立法是一个国家在其主权范围之内进行的国家立法，属于国内法的范畴；而国际立法则是区域性组织（如欧盟）或全球性组织（如联合国）进行的立法，它本质上是主权国家双边或多边立法。本书重心放在国内立法。国内立法由于调整的法律关系不同，又存在不同的法律部门立法，如民事立法、刑事立法、行政立法、社会立法等。

（4）按照法律的创制方式不同，它可以分为法的制定、法的认可、法的修改与法的解释。

法的制定是最为直接和基本的立法方式，也是最为常规的立法方式，它通常是指从无到有、从没有规范到通过特定程序生成规范的国家决策过程或活动，是普遍性约束规范的最新创立行为，是最为狭义的"立法"概念，是新法的生成。法的认可是有权国家机关通过正式的立法程序，对某些既有规范予以肯定，认可其具有法律效力的国家决策过程或活动。这里所指的"既有规范"，既可以指成文的非法律规范文件，如国家政策、社会自治规范、宗教规范等；也可以指不成文的非法律规范形式，如判例、习俗、惯例等。如《中华人民共和国香港特别行政区基本法》（以下简称《香港特别行政区基本法》）第八条规定："香港原有法律，即普通法、衡平法、条例、附属立法和习惯法，除同本法相抵触或经香港特别行政区的立法机关作出修改者外，予以保留。"又如《中华人民共和国民法通则》（以下简称《民法通则》）第一百四十二条规定："中华人民共和国法律和中华人民共和国缔结或者参加的国际条约没有规定的，可以适用国际惯例。"法的认可虽然不创制新的规范，但承认某些既有规范具有法律效力，以国家名义予以确认和维护，也是一种立法行为。法的修改是有权国家机关通过特定程序关于现行制定法的修改、补充和废止的国家决策过程或活动，通常包括法的修改（狭义的）、法的补充和法的废止三类形式，有些学者将其统称为法的变动。[①] 其中，法的修改是指用增加、删减、替代的

[①] 参见徐向华：《立法学教程》，上海交通大学出版社2011年版，第35页。周旺生教授也认为，所谓法的修改、补充和废止，是指国家政权机关变更现行的国内法、国际法、成文法和不成文法的活动。参见周旺生：《立法学教程》，北京大学出版社2006年版，第59页。

方法对原有法律规范进行修订或废弃，以重新确定调整范围、内容和效力，它是对现行法律的改进和完善，同样应归属于立法范畴；法的补充是对现行法律的查漏补缺，必须与原有法律保持一致，并与原有法律具有同等效力；法的废止是将原有的某些法律规范或整部法律宣布为无效，不再发生法律效力，同样必须通过特定的立法程序进行，是立法完善的另一重要形式。法的解释是有权国家机关通过立法程序对原有法律规范文本的理解和说明，一般不会发生原有法律条款的任何变动，可分为原意解释、扩大解释和缩小解释，与原有法律具有同等效力。但是，扩大的立法解释实质上是一种无形的法律修改，是变相的重新立法行为。2015年7月1日《中华人民共和国国家安全法》制定通过前，国家安全机关的职权是比照公安机关来行使的，其法律依据就是全国人大常委会1983年9月2日发布的《全国人民代表大会常务委员会关于国家安全机关行使公安机关的侦查、拘留、预审和执行逮捕的职权的决定》，该决定实际上是关于《中华人民共和国宪法》（以下简称《宪法》）第四十条、《中华人民共和国刑事诉讼法》（以下简称《刑事诉讼法》）第三条等涉及公安机关职权诸多条款的总体立法解释。

除了以上四种基本分类外，按照法律创制程序不同，立法还可以分为制宪和普通立法，其中制宪主要是指宪法典的制定和修改，它通常存在比普通立法更刚性的立宪主体和程序要求，而普通立法则是指宪法以外的普通法律的立法；按照立法结果的效力位阶不同，它从高到低细分为宪法创制、法律创制、法规创制、规章创制等。按照立法结果的存在形式不同，它还可以分为成文法立法和不成文法立法等。

二、立法学的概念

（一）立法学的研究对象

学科必须有其独立而独特的研究对象方能称之为"学科"。所谓学科，就是指专门研究某一事物，把握其中的特殊矛盾及其辩证运动所形成的知识系统或体系，这种意义上的"学科"才是一门比较成型的科学。① 作为

---

① 参见《法学词典》编辑委员会：《法学词典》，上海辞书出版社1984年版，第602页。

法学分支学科,立法学也有其独自特定的研究对象。

那么,立法学的研究对象是什么?大致说来,学术界主要存在四类观点:

(1)立法对象说,如侯淑雯教授认为,立法学是以立法为研究对象的学问,凡与立法相关的一切问题都是立法学的研究对象,因此,立法学是研究立法这一特定现象及其规律的学科。① 这种观点比较笼统,没有真实地反映出立法学的特定属性,有同语反复之嫌。

(2)法的创制对象说,如朱力宇教授认为,立法学是专门以法的创制活动及其规律为研究对象的法学分支学科,法的创制活动在各种法律现象中具有相对的独立性,因而对其进行的研究可以构成一门独立的法学分支学科。这种观点与立法对象说实际上是一致的,不过是基于法理学立场而揭示了它与行政法学、司法诉讼法学等部门法学的主要区别。

(3)立法现象对象说,以周旺生教授为代表,他认为,立法学是一门具有特定研究对象的学问,这种研究对象,主要是各种立法现象,同时也包括立法规律以及同立法现象和立法规律相关的各种事物。②

(4)立法实践对象说,如学者石东坡认为,立法学就是以立法实践为研究对象,探寻立法规律、解释立法现象、指导立法活动、明辨立法意识的一门法学分支学科(狭义的立法学),以及以此为核心学科所形成的、子学科构建在一起的、兼顾若干紧密边缘交叉和综合学科的学科群体(广义的立法学)。③ 该观点立足法律实践,觉察到立法主体与程序制度运行的实践性特点,并考虑到了立法学研究的自身发展问题,这对于我们注重实践教学和研究具有重要的启示意义。不过,该观点仍然没有揭示它与其他法学学科的根本区别,因为民法学、刑法学和诉讼法学等部门法学也具有实践性特征,与第一种立法对象说同样存在笼统和同语反复之嫌。本书主要采用周旺生教授的立法现象对象说,但吸收立法实践对象说的优点而将立法学界定为:立法学就是一门独立的法学分支学科,它以立法现象为主要研究对象,涉及立法规则、立法运行、立法技术等基本要素及其发展规律。本书也研究立法范畴、立法史、立法学史以及立法与社会的关系等问

---

① 参见侯淑雯:《新编立法学》,中国社会科学出版社2010年版,第1页。
② 参见周旺生:《立法学教程》,北京大学出版社2006年版,第1页。
③ 参见石东坡:《论当代中国立法学学科建设问题》,载周旺生:《立法研究》(第3卷),法律出版社2002版,第4页。

题，但这些不是本书研究的重点。

具体而言，立法学的研究对象涉及三方面的基本内容：

（1）立法现象。现象是相对于事物的本质属性而言的，表现的是事物外在的表面的属性或特征。所谓立法现象，简而言之，就是与立法相关的一切法律现象，具体是指各种立法规则以及由此形成的各国各地区立法制度及其运行状况。因此，立法现象包括立法规则、立法制度、立法运行和立法意识四类基本现象。其中，立法规则是规范立法自身活动的规则体系，是制定、认可、解释和修改法律规范性文件活动或过程中所必需的实体法规则和程序法规则，前者主要体现为各类立法主体的权限规则，后者则具体表现为立法活动或过程中的程序规则。在我国，最重要的立法规则就是《中华人民共和国宪法》和《中华人民共和国立法法》。此外，除了实质意义上的立法价值与内容规范的立法规则外，还应包括形式意义上的各种立法技术规则，在我国主要见于各种各样的立法规范与内部程序规则。在法律的意义上，立法制度即立法规则的固有化、体系化和法律化，主要包括立法权限制度、立法程序制度、立法解释与修改制度、立法监督与评估制度等，一般通过宪法或宪法性法律予以规则。在我国，立法制度除了体现于立法程序法外，就是各级人大与人民政府的系列组织法及其相关议事规则。立法运行是有关立法规则或制度的实际运行操作，是作为"活"的立法的规则或制度。在逻辑上，立法运行概念涵盖了立法程序和立法过程概念，但是立法运行不限于作为制定法的立法准备、立法程序（法定意义上的）和立法完善三阶段立法活动或过程，它还应包括下位法对上位法的立法适用以及准立法意义上的司法造法与习惯法认可等更为广义的立法活动内涵。立法意识是有关立法现象的一切认识、观念、价值和理想追求，既积淀于立法史和立法学史，也现实地存在于人们具体的立法行为和观念中，如关于死刑存废的争议、关于雾霾治理的环境保护法修订讨论、关于法大还是权大的权衡评价等。

（2）立法规律。即各种立法现象所呈现的内在的本质的必然联系。按照周旺生教授的观点，立法规律大体分为两类：一是立法发展过程中的各种规律，这些规律既指整个立法的发展规律或立法发展的一般规律，又指各种立法的规律；二是各种立法现象本身蕴涵的规律，立法者在立法活动中应当有主观能动性，存在明确的立法意图或目的，但是立法者的主观能动性和立法意图或目的应当与客观规律相吻合，立法者主要应当按照客观规律表述法而不是随意地制造发明法。① 具体来说，本书的立法规律研究主要涉及立法的本质、价值和功能问题，立法类型的历史演变规律，立法体制的发展完善问题，立法评估与立法完善的技术问题等。

（3）立法学。是关于立法现象及其发展规律的知识体系或范畴系统，它有自身产生的特殊原因或条件，也有其产生和变化发展的固有轨迹，甚至自身也初步形成了由立法法理学、立法史学、立法学史、立法制度学、立法程序学、立法技术学、部门立法学、国别立法学、立法社会学、立法经济学、立法逻辑学、比较立法学等所组成的一套完整的立法学科群落。

（二）立法学的构成体系

任何一门独立的学科，都是由一系列要素按照一定的原则所构成的有机整体，即表现为一定的体系或系统。作为一门独立的法学分支学科，立法学也逐渐发展出自成一体的学科体系，并在其长期的历史演变中保持了相对的稳定性与学科传统承继性。我们可以分别从立法学的内在构成与外延分类来完整了解立法学的学科构成体系。

1. 从内在构成来看，立法学是由一系列基本要素构成的独立学科体系

由于学者不同的研究视野与方法论角度，当前学术界关于立法学的构成问题主要存在四类观点学说：

（1）一要素构成论，即认为立法学就是关于立法的整体性研究，不管是从立法史，还是立足哲学或法理的学术追问，还是关于立法的基本价值研究，都没有严格细分有关立法研究的构成要素问题。如英国边沁的《道德与立法原理导论》、德国萨维尼的《论立法与法学的当代使命》等关于立法的研究。一些学者关于立法某些领域的若干专题研究与交叉研究，如立法程序学、立法技术学和立法逻辑学等，也可归属于此类立法学的一要素论。

（2）二要素构成论，即认为立法学分为立法学总论和立法学分论，总论部分是对立法现象的一般性研究，其研究对象具有一般性、综合性和基础性特点，它在立法学中具有方法论作用；分论部分则是指对不同领域的立法现象的研究，并按照两个不同的系统进行研究，或是以法律体系和法律部门为主线，研究刑事立法、民事立法、经济立法等不同领域，或是以

---

① 参见周旺生：《立法学教程》，北京大学出版社2006年版，第3页。

立法体系或法律渊源为主线，研究宪法的制定、法律的制定、行政法规的制定、地方性法规的制定等。①

（3）三要素构成论，即认为立法学侧重立法三个基本方面的问题研究，如周旺生教授的"立法原理""立法制度"与"立法技术"三要素论，认为这不但弥补和吸收了西方学者在学科体系建设上的经验，而且也是由该学科自身的性质和特点规定的，有利于克服传统法学研究存在的经验法学与注释法学两种偏向。②又如学者黎建飞的"立法目的""立法活动"和"立法实效"三要素论，他批评了立法学研究存在的实务论，认为立法学不应把自己的畛域局限于如何或怎样去具体地产生法律（即立法活动），而应首先说明何为立法和为何立法（即立法目的），因为不同的立法理论会取舍不同的立法技术，也只有依据一定的立法理论才能评判立法技术的优劣；此外，立法活动产生立法文件但不等于产生了如此的现实，对立法现实的关注（即立法实效）应该是立法学追求的终极目标。③

（4）四要素构成论，如朱力宇教授认为，将立法学的研究范围确定为立法原理、立法制度、立法过程和立法技术，进而将立法学学科体系分为立法原理、立法制度、立法过程和立法技术四编，并认为遵循了立法学研究的学术通论。④该观点实际上将周旺生教授的"立法制度"与"立法技术"两个要素拆分为"立法制度""立法过程"和"立法技术"三个要素，从而突出了立法运行环节，并在某种程度上吸收了学者黎建飞的关注立法现实提示。

本书采用二要素构成论，但不是简单借用关于立法总论与立法分论的二要素构成观，而是将立法学大致分为"立法原理"与"立法技术"两大构成部分。

2. 从外延分类来看，立法学是由诸多分支学科所构成的立法学科群落

按照研究对象的一般与特殊关系视角，立法学可以分为综合立法学与专题立法学。其中，综合立法学是关于研究对象的一般性和总体研究，或者侧重法理展开形而上的立法思想或价值追问，如立法哲学、立法法理

---

① 参见徐向华：《立法学教程》，上海交通大学出版社2011年版，第5页。
② 参见周旺生：《立法学教程》，北京大学出版社2006年版，第5页。
③ 参见黎建飞：《立法学》，重庆出版社1992年版，前言第2页。
④ 参见朱力宇、张曙光：《立法学》（第3版），中国人民大学出版社2009年版，第3-4页。

学、立法史学、立法价值学等；或者立足实务进行形而下的制度研究，如立法制度学、立法解释学等。专题立法学是关于某一具体立法领域的研究，如立法程序学、立法技术学、立法监督学、立法方法论等。部门立法学也属于专题立法学范畴，它是关于某一法律部门立法的制度研究，可进一步分为立宪学、民事立法学、刑事立法学、行政立法学、社会立法学等。

按照研究对象的理论概括程度不同，立法学可以分为理论立法学和应用立法学。其中，理论立法学着重于关于研究对象的抽象概括和历史考察，通常采用理论建构方式，来一般性地探询有关立法现象背后的客观规律性，如立法哲学、立法法理学、立法史学、立法学史、立法文献学等。应用立法学则着眼于微观的规范制度与立法实证材料，注重具体的立法领域操作分析，如立法技术学；或者侧重某一法律部门的立法研究，如部门立法学；或者借用其他学科方法进行学科交叉研究，如立法逻辑学、立法社会学、立法经济学等。

按照立法对象的空间范围和主权标准，立法学可以分为国内立法学、外国立法学和比较立法学。其中，国内立法学是关于本国立法现象及其发展规律的研究，它根据研究对象的法律部门不同，又可以分为立宪学、民事立法学、刑事立法学、行政立法学等。从某种意义上讲，关于立法的制度研究本质上都是国内立法学，因为学者们的研究大多立足本国立场，探讨本国立法的本土继承与域外借鉴问题。外国立法学是学者关于境外某一国家立法的研究，如美国立法学、法国立法学等。而比较立法学则是关于不同国家或地区之间具有不同法系传统的立法问题研究，法系是其基本范畴，比较方法是其主要研究手段，基本上属于立法方法论范畴，也可以认为属于应用性的交叉学科。

（三）立法学的学科定位

立法学究竟是一门什么性质的学科？它在法学谱系中居于什么地位？与大法学一样，立法学曾从属于政治学，因此，它曾作为政治科学的分支学科而存在，将立法研究作为国家政治行为研究的组成部分来看待。但是，当立法学作为独立的法学分支学科出现之后，立法学的学科定位问题就有了理论法学说、应用法学说、法社会学、法学边缘学科等学术争议。[①]

---

① 参见侯淑雯：《新编立法学》，中国社会科学出版社2010年版，第3页。

此外，还存在综合法学之说。

不可否认，作为具有综合性质的立法学，特别是研究立法本质与价值问题的立法哲学、立法法理学和立法价值学来说，立法学与法哲学、法理学等理论法学存在某些共同属性，但是我们不能因此得出立法学属于理论法学的结论，正如民法学、刑法学等部门法学不属于理论法学一样。而综合法学又存在两派：一派认为立法学是"理论与应用紧密结合的综合学科"①，该学者后来微调了此种观点，认为"立法学是促进法学理论与实践有效结合的重要学科。……立法学成果有直接应用价值，它对理论法学而言是应用法学；立法学成果能指引立法走向科学，它对应用法学来说又是理论法学"②。另一派认为，综合法学即跨部门法学，主要是研究各部门法学中的一些共同性问题，而现在的立法学特别是总论性质的立法学，主要是研究各部门法在立法中出现的共同性问题，所以立法学属于跨部门法学。③ 但是，综合法学观容易产生误解，好像立法学与法理学等学科一样为各部门法学提供智力支持。同样，不能因为立法对象主要面向社会就认为立法学属于法社会学，不能因为立法学可以借用其他学科方法进行研究就认为它属于法学边缘学科。以上各派观点其实反映出立法学自身的重要发展趋势，都只是从不同侧面发现了立法学学科群的某些属性或特点，因为时至今日，立法学已经发展成为庞大的学科群落。不过，主流的法学观点认为，立法学主要是一门应用性的法学分支学科，本书对此表示认同，但同时也认为立法学总体上还应归属于国内部门法学范畴。

我们认为，立法学总体上是一门应用性的国内部门法学，其主要理由包括：其一，立法学的主要研究对象为立法现象，而立法现象的主要内容就是立法规则，这明显有别于法理学、法史学等理论法学学科。与其他部门法学一样，立法学存在相对应的立法规则体系，特别是存在规制自身的立法程序与技术制度。其二，立法现象首先是一种经验现象，不管是顺应立法规则所建立的整套立法制度和法律规范体系，还是关于立法技术体系及其运作状况的制度设计，都是可观测可描述的客观社会现象。其三，立法为司法和行政执法等法律适用活动提供可操作性的法律规范标准，总体

---

① 周旺生：《立法学》（第2版），法律出版社2000年版，第7页。
② 周旺生：《立法学教程》，北京大学出版社2006年版，第10-11页。
③ 参见朱力宇、张曙光：《立法学》（第3版），中国人民大学出版社2009年版，第10页。

引领和推动人类个体行为及其所处社会关系的和谐有序发展，因此，立法本身具有面向现实的指向性，它必须充分发挥引领和推动人类社会发展的现实功能。由此可见，仅仅注重立法概念和范畴体系研究的概念法学或者侧重关注立法规则的注释法学都是不可取的，我们更应关注作为面向现实的立法应用研究，通过立法原理透析立法现象，将立法原理融会于立法规则、制度与技术的社会应用实践。

第二节　立法学的发展与研究方法

立法学是一门培养人的良好品行（即善和德行）、实现人类快乐幸福的科学，按照古希腊哲学家亚里士多德的观点，"假如有人希望通过他的关照使其他人（许多人或少数几个人）变得更好，他就应当努力懂得立法学，因为，法律可以使人变好"①。作为法学的学习者和研究者，我们要懂得立法学，就必须将立法学作为一门科学认真对待。为此，我们首先必须了解立法学的来龙去脉，了解立法学的产生与发展规律，并以科学的方法系统地学习和研究它。而要了解立法学的来龙去脉，我们必须明确回答三个相关联的问题：立法学产生于立法事实（特别是涉及立法自身程序与技术）之前还是之后？立法思想的出现是否就意味着立法学的诞生？立法学具有实践性吗，它是否存在独有的研究方法？

一、立法学的学科发展

（一）早期的立法思想

立法学属于法学的一大分支学科，没有法学的独立也就无所谓立法学的独立。长期以来，法学与政治学、哲学、神学、伦理学等特别是政治学结合在一起。亚里士多德在《尼各马可伦理学》一书中明确指出，"立法

---

① ［古希腊］亚里士多德：《尼各马可伦理学》，廖申白译注，商务印书馆2003年版，第315页。

学是政治学的一部分"①。可以说，亚里士多德的《政治学》和柏拉图的《理想国》既是政治学著作，也是法学研究力作。中世纪阿奎那的大作《神学大全》，一方面将自然法理论与基督教神学有机地结合在了一起，另一方面又将自然法从神权中分离了出来，突出人对自身道德建设和法律规范的重要作用，并强调了神法、自然法与实定法不同的立法渊源。近代以降，霍布斯的《利维坦》、洛克的《政府论》、卢梭的《社会契约论》，都是政治学著作，却也蕴涵着丰富的自然法立法思想，如提出过根据人的理性从事成文立法、立法的君权论或公意论、立法权的分立等。我们也知道，古罗马时期出现过《法学大全》和五大法学家集团，柏拉图和西塞罗也写出了各自的《法律篇》，中世纪后期也出现了普芬道夫的《法学要论》、孟德斯鸠的《论法的精神》、布赖斯通的《英国法释义》，并形成了注释法学、评价法学、实践法学派等，但这个时期并没有出现独立而固定的法学学科。从18世纪末开始，随着与哲理法学派相对立的分析法学派的出现，作为独立的法学学科才正式成立。② 在中国古代，立法思想也非常丰富，但它们主要深藏于道家、法家、儒家等传统玄学或政治伦理学。如老子《道德经》所言的天人合一道法观："人法地，地法天，天法道，道法自然。"又如"定分止争""化性起伪""明分使群"等法家或儒家立法观。中国也出现过《唐律疏义》《钦定大清刑律》等著名法典，但因为不管主张德主刑辅还是坚持刑主德辅的君权专制传统，法学始终沦为中国古代社会的政治"奴仆"，而法律或立法仅仅作为统治工具而存在。

（二）立法学的形成条件

一门学科之所以成为独立的科学，不外乎主观层面与客观层面的众多条件成熟，包括研究对象的独特存在与本学科思想和方法论的成熟。对于立法学而言，它有赖于立法规范的基本制度存在，以及独具特色的立法思想和方法论形成。也就是说，立法学的形成存在特定的政治基础、智识条件与立法自身因素。

1. 政治基础

立法学的政治基础有二：一是存在健全的民主政治制度。立法学的主

---

① [古希腊]亚里士多德：《尼各马可伦理学》，廖申白译注，商务印书馆2003年版，第315页。

② 参见张文显：《法理学》（第3版），高等教育出版社2007版，第5页。

要研究对象是立法现象,而作为立法现象主体的立法行为本质上是一种制度化的公共决策,它只可能存在于现代民主社会和民族国家。这是因为,在朕言即法的专制社会,立法权集中于最高决策者——各种名号的君主(皇帝、国王等)或神主(真主、上帝等),立法不太可能被当作独立的科学研究对象来对待,而只是被当作政治的附属物或神学"奴仆"。"独立的、专门的立法学学科,是民主制度和其他现代文明因素相结合的产物。"① 只有民主制度,才需要、才能容忍民主化的法制和法治,才需要、才能把立法当作科学。二是存在完善的法治治理结构。现代民主法制化的成果之一就是权力的分立与制衡,立法机构被当作国家公共决策的主体地位而与行政和司法等法律适用机构的特定关系构成一国的基本权力框架。当法治成为一国的基本治理工具和模式后,国家法律体系首先是立法体系的完善才成为可能。宪法和立法法正是法律部门分工日臻细化的结果,最终一起形成独立的宪法法律部门。而民族国家的独立统一为立法学的最终形成提供了直接的政治基础。

2. 智识条件

除了存在客观的政治基础,立法学的产生也有赖于人的因素成长,即存在职业的立法者和立法研究队伍。随着议会民主制的确立,依托普选产生的民意代表和政治家成为职业立法者,这为立法学成为科学提供了基本的智力资源支持。古罗马时期虽然也出现了五大法学家集团,中世纪也涌现了注释法学、评价法学和实践法学派,但这些并没有成为当时世界各国推崇的普遍现象,法律职业化尚处于萌芽阶段。而法律是一种理性的规范体系,它的建构、分析和制度化需要较高的法律专业素养与立法技能。唯有到了19世纪后,新出现的分析法学派才真正开始将法学从哲学、神学、伦理学和政治学中分离开来,使法学逐渐发展成为一门独立的科学体系。按照分析法学的观点,法律应当与道德相分离,法学主要研究作为规范的法律是什么的问题,而无须过多关注法律为什么和应当做什么之类的价值论问题。分析法学以边沁、奥斯丁等为代表,代表作包括边沁的《道德和立法原理》与奥斯丁的《论法理学的范围》等,以逻辑实证主义为哲学基础,强调法律概念的逻辑推理与规范论证。实际上,分析法学不但超越了自然法学,也与当时的哲理法学和历史法学等流派划清了界限,使法学真

---

① 周旺生:《立法学教程》,北京大学出版社2006年版,第14页。

正成为科学，这为立法学的诞生提供了必要的知识储备和方法论支撑。正如边沁所主张的，"只有通过像数学那般严格，而且无法比拟地更为复杂和广泛的探究，才会发现那构成政治和道德科学之基础的真理。……不存在通往立法科学的国王之路和执政之门，正如不存在通往数学的国王之路和执政之门一样"①。

3. 立法自身因素

实际上，任何学科的建立都不是没有根据、胡思乱想的，而是必须夯实在必要的社会经验或自然事实基础之上。同样地，立法学与立法自身发展特别是立法的程序与技术制度化存在有机的关联，它必须以人类成立立法经验的积累为前提条件。法律的职业化推动了立法繁荣，而丰富的立法实践又推动法律职业的进一步分工和法学大发展。恩格斯指出："随着立法进一步发展为复杂和广泛的整体，出现了新的社会分工的必要性：一个职业法学家阶层发展起来了，同时也就产生了法学。"② 我们知道，法律是私有制和国家的产物，而法律的形成和发展经历了从习惯到习惯法，又从习惯法到制定法的过程，人类早期的制定法（如古希腊《十二铜表法》和中国春秋战国时期的《法经》）就是习惯法的成文化与重新立法。但是，制定法的出现并不会随即产生立法学，立法学的出现还与立法程序的制度化和立法技术的科学化息息相关，否则立法学仍然只能称为法学。如果说古罗马时期的《法学大全》和中国唐代的《唐律疏义》是古代东西方立法技术发育的典型代表，那么19世纪前后的法国民法典和德国民法典等成文法典的出现则标志着人类立法技术的最终成熟，为立法学科独立门户提供了难得的实证经验材料，而同一时期确实也涌现出了一大批立法学专著，如1776年法国马布利的《论立法或法的原则》、1877年英国瑟林的《实用立法》和1890年威拉德的《立法手册》、1901年美国伊尔伯特的《立法方法和形成》等。

（三）立法学的发展概况

我国立法学的发展远远落后于国外，而国外立法学发展主要来自欧美

---

① [英]边沁：《道德与立法原理导论》，时殷弘译，商务印书馆2000年版，第56页。
② 中共中央马克思恩格斯列宁斯大林著作编译局：《马克思恩格斯选集（第三卷）》，人民出版社1995年版，第211页。

发达国家。大致说来，立法学的学科发展有两个重要时期值得关注：

第一个时期为立法学的分立与初步形成时期。一般认为，作为法学分支的立法学，最初与政治学、哲学和神学等纠缠在一起。直至18、19世纪，随着欧美主要资本主义国家的出现，代议制与三权分立体制逐渐成为这些国家政体的普遍选择，民主人权和法治的立法思想深入人心，这个时期不但涌现了一批阐述立法思想和观点的法学与政治学著作，如奥斯丁的《论法理学的范围》和《法理学讲义》、密尔的《代议制政府》、戴雪的《英宪精义》、萨维尼的《论立法和法理学的现代使命》、耶林的《罗马法的精神》和《法律的目的》等，而且出现了一批有分量的立法学著作，如边沁的《道德与立法原理导论》、马布利的《论立法或法的原则》等。后来，分析法学的出现，标志着立法学也发展成为一门独立的法学分支学科。这个时期的立法研究具有如下特点：①立法学与法理学混为一体，法学开始从政治学和哲学中分离开来；②分权制衡成为法学研究重点，立法的权能独立与组织独立问题得到理论解决，立法的人民主权本源论得到一些新成立资本主义国家如美英法等国的制度确认；③立法程序与技术问题经由欧美法典化运动与一些学术专门著述得到理论提升与实践洗礼。

第二个时期为立法学的独立与全面发展时期。20世纪是大变革时代，也是立法学成长成为独立学科并得到全面发展的世纪。随着各国立法特别是法典化步伐的加快，以制定法为主要特征的大陆法系形成，立法学著作如雨后春笋般涌现、多不胜数，在美国，有伊尔伯特的《法的制定的技术》（1914）和《立法的方法》（1925）、弗洛恩德的《美国立法标准》、卢斯的《立法程序》（1922）和《立法原则》（1930）等；在英国，有布朗的《现代立法的基本原则》（1912）、罗素的《立法起草和立法形式》（1938）；在日本，有小林直树的《立法研究》（1984）；等等。① 我国在20世纪末创立了自己独立的立法学科，以周旺生教授为代表的立法学界推出了《立法学》《立法学教程》《立法程序学》《立法技术学》《比较立法制度》等学术力作。随着我国《立法法》于2000年颁布并于2015年修改，中国法学界迎来了立法学研究的繁荣与大发展时期，不但加强和深化了关于立法主体、立法程序、立法技术等立法专题问题的研究，而且专门成立了若干立法研究机构（如北京大学立法学研究中心、西南政法大学地方立

---

① 参见周旺生：《立法学教程》，北京大学出版社2006年版，第16-18页。

法研究院等)、统一的学术行业组织(如2010年中国法学会立法学研究会成立以及北京、上海、广东、济南等地建立地方立法学研究分会组织和人大制度研究会组织),以及公开出版研究专刊(如北京大学《立法研究》丛刊和中国立法学研究会年会会刊);此外,一些大学的法学院开设了独立的立法学课程,并形成了相对独立完整的立法学本科教育与研究生教育体系。最值得一提的是,我国立法实务部门与高校研究机构的互动性日益加强,地方立法的评估与咨询服务基地纷纷设立,如2016年1月广东省人大常委会召开广东省地方立法研究评估与咨询服务基地和高校联盟工作会议,中山大学、广东财经大学等13所高校举行入盟签约仪式,正式加入立法实务研究高校联盟。实际上,随着当代世界全球化与区域一体化的发展,以及民族国家经济与社会发展模式转型,立法学的学术研究出现了新的发展趋势:一方面,立法学总论研究向法理学、法哲学方向深度发展,学者们开始了关于立法学的全面反思,如美国学者尤里乌斯·科恩撰写的《立法学:难题及日程》等著作;另一方面,立法实务研究被提上了议事日程,立法学从基本原理研究日益转向立法技术研究,有学者甚至提出立法学研究体系的重构问题,如李亮、汪全胜2014年1月在《江汉学术》发表《论"后体系时代"立法学研究之嬗变——基于立法方法论的考察》,石东坡在《江汉学术》同期发表《"后体系时代"的立法实践范畴新论——基于修改〈立法法〉的思考》。技术与实证层面的立法学研究进入了系统化研究阶段,方法论意义上的立法学研究问题由此显得更为迫切和必要。

二、立法学的实践性与理论体系

(一) 立法学的实践品性

立法学具有浓郁的实践品性,它必须面向社会现实,因此被视为一门具有应用性、实践性的法学分支学科。这是因为:第一,立法现象作为立法学的主要研究对象,其本身是一种可感知、可观察的经验现象。前文提到,立法现象主要包括立法规则、立法制度、立法运行和立法意识等四类社会现象。其中,立法运行最为直接体现立法学的实践品性,因为立法运行实际展现的正是立法规则与立法制度的形成活动或过程;而作为立法运行与意识的实际产物,立法规则与立法制度既是它们的逻辑起点和规范依据,也是它们得以存在和发展的客观基础。正如有学者指出的,"立法是法律实践作为调整社会关系的重大实践活动的组成部分,本质上是实践的,是制度文明或者说政治文明的形成过程、承载形式"①。因此,立法现象总体上是一种实践活动,它既是一种法律实践活动,也是一种政治制度实践活动。第二,立法成文化和规则法典化也是当今世界各国法治现代化的主要发展趋势,而立法自身的法律化、制度化则是衡量一个国家法治是否成熟的重要标志,如今关于立法自身的规则设计重心正从关于立法权体系的宏观制度设计转向立法程序技术的微观应用设计。从我国法制现代化进程来看,2000年《立法法》的制定颁布可以说是当代中国最重大的立法法治事件,因为它第一次以国家立法形式来规范自身立法活动并实现制度化。而随着2011年中国特色社会主义法律体系初步形成,主要涉及立法程序技术方面的立法质量问题得以凸显出来,因此全国人大2015年3月对现行《立法法》进行了大幅度的修改完善,这标志着我国立法法治的又一次重大转型。正如李建国副委员长指出的,本次立法法修改"突出重点,着力围绕提高立法质量完善制度。发挥立法的引领和推动作用,提高立法质量是关键。要认真总结多年来全国人大及其常委会和地方人大及其常委会在推进科学立法、民主立法方面的实践经验,将一些好的做法通过修改立法法提炼、固定下来。通过完善立法体制机制和程序,努力使制定和修改的法律能够准确体现党的主张和人民意愿的统一,有效地解决实际问题"②。我国立法工作重心开始转向立法程序和技术领域,还表现在全国人大常委会法制工作委员会(以下简称"法工委")分别于2009年和2011年发布了《立法技术规范(试行)(一)》和《立法技术规范(试行)(二)》;一些地方人大出台了有关技术规则,如《广东省人民代表大会常务委员会立法技术与工作程序规范(试行)》(2007)和《云南省人民代表大会常务委员会立法技术规范》(2014)等。由此,立法的语言技术、逻辑技术等得到了进一步规范。第三,立法所调整的法律关系主体需求日益多元化,立法硬件环境特别是现代立法技术手段(如大数据、计算机和网络

---

① 石东坡:《"后体系时代"的立法实践范畴新论——基于修改〈立法法〉的思考》,载《江汉学术》2014年第1期,第34页。

② 《中华人民共和国立法法》(含草案说明),中国法制出版社2015年版,第51页。

技术等）更加先进和系统，立法活动的公开透明逐步形成制度，民主、法治和科学成为最基本的立法价值诉求。一方面，立法必须及时回应多元化的社会需求，立法研究者必须持续关注不断发展变化的立法动向。就立法技术而言，改革开放初期与如今社会转型时期的立法需求是不一样的。第六届全国人大常委会副委员长陈丕显对当时中国立法"法律宜粗不宜细"的问题，在1988年《全国人民代表大会常务委员会工作报告》中曾有过说明："法律要简明扼要，通俗易懂，不能太烦琐，一些具体问题或细节问题，可以另行制定实施细则等行政法规，这样做符合我国地域大、各地发展不平衡的国情，也便于群众掌握。"① 如今，中国立法更注重立法质量，注重立法技术的精细规范，正如第十二届全国人大常委会委员长张德江所要求的："深入推进科学立法、民主立法，遵循和把握立法规律，着力提高立法质量，使每一项立法都符合宪法精神、反映人民意志、得到人民拥护，以良法促进发展、保证善治。"② 另一方面，立法机关的公开立法、民主立法和科学立法，为立法学教学研究提供了十分丰富的现实素材和实际的观察对象，使得立法不再是"养在深闺、披着神秘面纱的纯情少女"。这是因为立法的公开化、民主化和科学化，不但可以满足和实现社会公众的知情权、参与权和监督权，真实地反映人民意愿，促进立法机关的规范化运作，而且可以推动立法机关准确把握和平衡社会公众的不同利益诉求，减少立法的随意性和盲目性，保证立法更加客观公正和科学可行。

（二）立法学的理论重构

一般认为，我国立法学学科形成于20世纪八九十年代，成熟于21世纪初。1988年，北京大学出版了周旺生教授的专著《立法学》，该书被认为是我国学者"第一部自觉注重立法学学科建设并以'立法学'命名的基础性、学理性、系统性的专著"③。1995年，周旺生教授在《法学研究》

---

① 顾昂然：《立法札记——关于我国部分法律制定情况的介绍（1982—2004年）》，法律出版社2006年版，第11页。

② 张德江：《全国人民代表大会常务委员会工作报告》（2016年），载中国人大网（2016-03-19公布），http://www.npc.gov.cn/npc/dbdhhy/12_4/2016-03/21/content_1985713.htm，2016-03-24访问。

③ 石东坡：《论当代中国立法学学科建设问题》，载周旺生主编：《立法研究（第3卷）》，法律出版社2002版，第10页。

总第97期发表《立法学体系的构成》一文,第一次系统提出我国立法学体系构成的原理、制度和技术三要素论。2000年,法律出版社出版了周旺生教授的专著《立法学》第二版,"标志着立法学理论体系的成熟和学科地位的巩固"①,该书详细论证了我国立法学体系构成的原理、制度和技术三要素论。21世纪以来,随着我国《立法法》的颁布实施,立法学学科得到了较快的发展,立法学涌现了众多专著和教材,并出现了二要素论(总论和分论)、三要素论和四要素论(原理、制度、过程和技术)等关于立法学理论体系的建构学说,但是它们都囿于传统的制度法学范式架构,基于本体论和认识论的研究视角来构筑宏伟的立法学学科体系。不可否认,21世纪前后,法学界也出现过某些专题类立法学著作,如罗成典的《立法技术论》、孙潮的《立法技术学》、苗连营的《立法程序论》和吴大英、任允正、李林合著的《比较立法制度》等,但是它们还不能完全算作方法论层面的立法学论著,其研究路径和方法仍应归属于传统的制度法学研究。

  2002年,石东坡教授在周旺生主编的《立法研究》(第3卷)发表论文——《论当代中国立法学学科建设问题》,开始关注我国立法学理论体系的重构问题,指出当时我国立法学研究存在哲理化、实证化和多样化三大发展趋势。2014年,李亮和汪全胜在《江汉学术》共同发表《论"后体系时代"立法学研究之嬗变——基于立法方法论的考察》一文,反对石东坡教授的立法学三趋势论,并借助"后体系时代"一词指出我国立法学所面临的研究范式转型,提出以立法技术为核心的方法论研究重构立法学体系。他们认为,"后体系时代"的立法学必须在三大方面实现彻底的嬗变,即从以立法原理探究为中心的立法认识论转向立法方法论、从以立法价值论证为中心转向立法方法论研究、从以立法制度设计为中心的立法本体论研究转向立法方法论研究,并从立法技术的面向展开具体立法方法论的研究:"立法学,是包含着立法原理、立法制度、立法技术等内容的庞大、系统的理论体系。从法律方法的视野中,这些内容的地位和分量是不同的。从方法论视域出发,立法原理、立法制度,都被作为理解立法技术这一主题的背景和语境来看待。在理解立法学的内容安排时,我们特别关

---

① 石东坡:《论当代中国立法学学科建设问题》,载周旺生主编:《立法研究(第3卷)》,法律出版社2002版,第13页。

注立法的技术面向，特别是立法的表述技术。"① 在此，我们基本同意李亮、汪全胜关于立法学体系嬗变的方法论立场，赞成从立法技术的主题背景和语境来重新安排立法学中的立法原理与立法制度部分。但是，我们也反对将立法学简单化为立法技术学，反对将立法技术简单化为立法表述技术，而是主张将立法学体系"五五开"，立法原理和立法技术的内容各占一半，将立法原理融会于立法技术，立法技术贯穿着立法原理；同时认为立法技术不仅包括立法表述技术，也包括立法制作技术，而立法技术的规范性必须兼备立法技术的语言规范性、逻辑规范性和法律规范性；此外，必须彻底贯彻法律方法论立场，以立法程序法和立法技术规则为中心，采用事例或案例等小叙事方式来重新建构立法学的理论体系。

为此，本书命名为《立法学：原理与技术》，除了导论，我们将立法学体系分为原理编和技术编两大部分，全书共安排导论和八章内容。①导论。主要涉及"立法"和"立法学"两个基本概念的重新界定，同时简要概述立法学的学科发展与转型，并尝试提出立法学特有的研究方法。②原理编，包括"立法的本质、原则和功能""立法的历史类型与演变规律""立法的主体体系与程序制度"和"立法解释与监督"四章内容。本部分主要涉及立法的概念原理和程序原理。③技术编，包括"立法的语言与逻辑""立法准备""法案制作"和"立法完善"四章内容，重点介绍立法的语言技术和逻辑技术。此外，本书还包括摘要、目录、参考文献和后记，其中后记主要交代本书的写作过程和出版背景以及各位作者实际承担的具体任务。

三、立法学的研究方法

作为法学分支学科，法学研究方法同样适用于立法学研究。但问题的关键是，法学是否存在其独有的方法？进而言之，立法学是否同样存在不同于其他法学分支学科的研究方法呢？谢晖教授对中国法学方法研究现状曾做过如此批判："直到目前为止，此乃中国法学界没有认真对待、当然也是没有认真解决的问题。在中国，大概每位法学研习者都会有如下感

---

① 李亮、汪全胜：《论"后体系时代"立法学研究之嬗变——基于立法方法论的考察》，载《江汉学术》2014年第1期，第47页。

受：法学者们似乎只会借助其他学科的分析方法分析法学问题。……此种情形流传久远，以致一个普遍的印象是：中国法学没有自己的分析方法。"① 他随后明确指出，只有规范分析才是法学特有的方法。本书同意他的基本判断，但是同时也认为价值分析法同样为法学研究所常见。中国人民大学版的法理学教材系统归纳过学习和研究法理学的四层次方法论，其中的第四层次便是法学特有的专门的研究方法，如法律解释方法，立法技术、逻辑推理方法，法规汇编、法典编撰方法，等等。② 实际上，这里列举的后三种方法主要适用于立法领域研究，本书称之为立法技术分析法。此外，由于立法活动普遍存在法律继承与移植问题以及社会多元利益的考量与妥协问题，所以本书特别强调社会学方法与比较分析法在立法学研究中的重要方法论价值。

（一）传统法学方法

规范分析法与价值分析方法都属于中国法学界最为传统和常见的研究方法。其中，规范分析法是以规则为中心而不是以事实为中心，主要通过对法律的甄选、确认和解释来实现特定社会关系产生、变更和消灭的合法性论证，合法与非法是其最明显的评判标准。③ 规范分析法主要运用于制定法规则分析，而立法学研究的主要对象之一就是立法规则与制度，因此，这种分析方法又称之为制度分析法。在具体的操作层面，解释与续造成为规范分析法最为基本的工具手段。"法律的知识属性，决定了对法律的规范分析可以在两个意义上展开：第一种意义是寻求法律规范的字面意义以及字面意义背后可能存在的隐含意义。这主要是通过法律解释工作完成的；……第二种是在法律知识的既有基础上，对法律进行精深加工，提升法律的规范命题，创造法律知识的学术基础和概念根据。"④ 在实际的立法学研究中，研究者除了关注现有的立法规则体系或法律文本外，还须注意从相关的立法背景材料、立法制度设施等方面尽可能地挖掘现行立法规则的原始含义。

相对于实然状态的社会学方法，规范分析法本质上是一种应然的价值

---

① 谢晖：《论规范分析方法》，载《中国法学》2009年第2期，第36页。
② 参见孙国华、朱景文：《法理学》（第2版），中国人民大学出版社2004年版，第14页。
③ 参见姚小林：《司法社会学引论》，厦门大学出版社2014年版，第33页。
④ 谢晖：《论规范分析方法》，载《中国法学》2009年第2期，第41-42页。

分析方法。这是因为,法律规范或规则文本都是预先规定的,它预设了规则制定者太多的公平正义、人权法治和和谐秩序等价值期许与预期收益愿景。所谓价值分析法,就是通过认知和评价社会现象的价值属性,从而揭示、批判或确证一定社会价值或理想的方法。[①] 法律作为调整社会生活的规范体系,从终极的意义上说,它的存在本身并不是目的,而是实现一定价值的手段。也就是说,所有的立法活动都是一种不同价值的选择活动。当立法者为人们界定权利义务的界限时,他们实际上就是力图通过保护、奖励和制裁等法律手段来肯定、支持或反对一定的行为,从而使社会处于一种在立法者看来是正当或理想的状态。立法学研究的重要任务之一就是对各种利益进行选择性评价并确定他们在价值序列中的相应位阶,当发生利益冲突时,还要提供一套在其中进行取舍的立法原则或价值取向标准。也就是说,面对纷繁复杂的社会利益关系链条,立法者必须回答哪些利益应受到保护,应当保护到什么程度;哪些利益应当受到限制,应当限制到什么程度。简而言之,价值分析法的使用本质上是一种利益选择与再分配的过程,亦即法律蕴涵的权利义务关系得以重新确认和价值评估的过程。

(二) 技术分析与社会学方法

技术分析法是基于立法的技术性特征与立法科学原则的必然要求,它是指运用各种具体的科学技术手段如数理统计、逻辑工具、语言艺术、因果关系等,对初步获得的立法事实材料进行专业性技术分析的科学活动或过程。技术分析法不但使立法学与各类理论法学学科区别开来,使之可以适用于社会学的经验实证分析,而且使立法学与各种部门法学区别开来,它更加强调法律规则的语言艺术与逻辑规范,并为行政与司法等法律适用活动提供必要的规范依据和前提。事实上,立法行为的各个阶段和环节都存在技术分析法的普遍应用,如在立法准备阶段的时间数列预测法就是运用数理技术进行未来立法测算;而因果预测法则是运用统计技术进行未来立法测算;在法案起草和完善阶段,立法工作者又广泛使用语词运用与表述技术、规范体系的结构-功能分析技术和逻辑推理与论证技术等;在立法实施与效果评估阶段,还非常重视法律规范的解释与续造技术等。正是因为技术分析法在立法学研究领域中的特殊而重要的地位,以立法技术为

---

① 参见张文显:《法理学》(第 3 版),高等教育出版社 2007 版,第 29 页。

对象的立法技术学逐渐从立法学科中成长发展了起来，成为立法学科群落中的一个独立分支学科，这丰富和深化了当代立法学学科研究。

社会学方法本质上属于以事实为中心、面向社会现实的经验研究方法，具体包括问卷法、观察法、实验法、统计分析法、案例分析法等诸多方法手段，它注重运用事实材料来证实或证伪理论假设与模型，并主要通过定量分析来客观地描述对象而不是主观地解释和重构与立法因素相关的各类社会现象及其相互关系状况。[①] 社会学方法具有经验性（对象的可观察性）、描述性（只求事实的真伪）和非线性（结果的可选择性与非终极性）的特点。事实上，在立法运行的各个阶段或环节，社会学方法的运用都是必不可少的，如在立法预测阶段需要从事有关立法趋势和立法可行性的调查研究，在立法决策阶段需要对立法时机和社会接纳程度进行准确拿捏，在法案起草阶段需要通过吸收与处理好社会公众和专家学者意见，在立法审议阶段需要进行专题调研，在立法实施阶段需要进行立法效果评估并撰写调研报告等。最后值得一提的是，在中国法学研究中，事例（案例）分析法通常是法学界引以为豪的实证方法。但它也存在致命的缺陷和危险性，那就是事例（案例）本身存在的主观选择性。当我们从众多个案中选择一个进行描述时，我们无法得知此案例相对于某个更大范围的事例（案例）集而言具有多大程度的典型性和代表性，因为有可能选择另一案例却得出了完全不同的结论。如果此种事例（案例）没有考虑到其他实证方法的综合运用，而当这些事例（案例）材料主要来自有关媒体的任意剪辑，或者截取他人的第二手甚至第三手材料时，那么关于事例（案例）研究的信度与效度必定大打折扣。因此，这种研究方法的使用对研究者个人的素质、能力和品行存在严重依赖，为此我们必须保持足够的警醒和审慎，在系统地把握相关事例材料的基础上，反复认真地甄别、选择和校准基本的立法事实，从中提炼社会所需的法律规范或规则条款内容。在如今的大数据时代，社会学研究方法运用对于保证立法过程的质量和科学性而言功不可没。

（三）比较分析法

比较分析法简称比较法，是立法学研究的常见方法，其主要理论根据

[①] 参见姚小林：《司法社会学引论》，厦门大学出版社2014年版，导论第26页。

是系统论和结构功能主义社会学学说。按照系统论的观点,任何事物都是一个统一的有机体,存在某种不同的结构功能关系。所谓结构是"表征事物内部各要素的组合方式、结合方式",而功能是"事物作用于他物的能力,即系统作用于环境的能力"。①结构与功能范畴将每个研究对象视为独立的系统,以系统为分析单元来考察系统与环境之间的"输入"与"输出"关系及其功能效果,这种"输入"与"输出"关系具体体现为"同构同功""同构异功""同功异构"三种关系。作为学术流派,结构功能主义是20世纪五六十年代占主导地位的社会学流派,以塔尔科特·帕森斯和默顿等为代表,他们强调通过"系统"范畴将社会结构和社会整体作为基本分析单位,侧重考察社会系统的现存结构及其在维持系统生存中所发挥的社会效果,并致力于回答"一个社会系统为了维持其存在,有哪些基本条件必须得到满足以及这些条件如何得到满足"之类的基本问题。②

基于不同的比较对象差别或研究视角,比较分析法可以分为规范比较法和功能比较法。其中,规范比较法是以规则为中心,是比较不同国家或地区同一名称的法律制度、法律规则,也就是说,只要挑选出不同国家或地区具有相同或相似名称的法律文件,把要比较的法律制度或规则一一对照,比较它们的异同,即可达到预期的目的;而功能比较法则以问题为中心,即只要被比较的国家或地区具有相同或类似的问题,就可以就它们对该问题的不同解决方法进行比较。③功能比较法比规范比较法的视角更为宽广,更有利于研究者发现问题的实质所在,意大利学者罗诺·卡佩莱蒂将这种从既定事实和事件出发、以问题为中心的比较方法称为比较现象学的方法,他认为,这种方法既不同于侧重数据的纯粹经验主义方法,也有别于基于抽象预断价值的传统自然法的进路,有别于关注特定法存在而不论其价值取向的法律实证主义方法,可以说综合了以上三类方法的优点。④这种比较法可简化为如下步骤或程序:共同问题—不同解决方法—解决理由的描述—理由异同的分析—解决方案的评价—预测。比较分析方法的有

---

① 李秀林、王于、李淮春:《辩证唯物主义原理和历史唯物主义原理》(第4版),中国人民大学出版社1995年版,第230页。
② 参见贾春增:《外国社会学史》(修订本),中国人民大学出版社2000版,第213页。
③ 参见朱景文:《比较法总论》(第2版),中国人民大学出版社2008年版,第26-28页。
④ 参见[意]莫诺·卡佩莱蒂:《比较法视野中的司法程序》,徐昕、王奕译,清华大学出版社2005年版,第23页。

效运用，有助于立法者或研究者通过比较分析不同国家或地区的立法制度来挖掘对本国本地区可资借鉴的成熟的立法经验，进而发展和创新本国本地区立法制度。但是比较分析法也存在软肋，即比较对象的可比性问题。在科学意义上，任何对象之间并不存在完全相同或相似的问题，任何比较分析方法都存在某些致命的弱点。有学者指出，由于不同的法律秩序、法律结构下存在相同或类似的社会需求，虽然功能比较能使规范比较中的不可比问题转化为可比问题，但是在不存在相同或类似的问题的情况下，它们都失去依存的基础，这主要表现为：第一，在不同的国家由于不同的社会发展阶段或政治、经济制度的差异，存在着无任何彼此相同或可类性的问题；第二，即使不同国家存在同样或类似的问题，但其类似属于形式化的抽象意义，在实质内涵上彼此有着本质的区别，实际上也不具有可比性；第三，不同国家存在类似问题，但各国解决同类问题的方法在局部可借鉴，整体上则完全不同，即局部可比，而全局不可比。① 因此，我们必须深入而全面地了解各国各地区不同的法律制度，切忌简单化处理。

在实际的立法实务或法学研究领域，比较分析方法运用得都很普遍。许多中外法学著作都属于立法比较类著作，如古希腊亚里士多德在《政治学》和《尼各马可伦理学》等著作中，通过对不同城邦共同体的政体比较勾勒出他心目中的理想国蓝图，并为此提出国民必须懂得立法学的幸福生活观。又如近代法国孟德斯鸠在其名著《论法的精神》中，不但比较分析了共和政体、贵族政体和君主政体三类不同政体的优劣，而且通过比较气候、土壤、贸易、货币、人口、宗教、民族精神、风俗习惯等环境因素对这些政体下法律制定活动的不同影响，提出了一个著名命题，即"从最广泛的意义来说，法是由事物的性质产生出来的必然关系"。还有英国梅因的《古代法》、德国萨维尼的《论立法与当年法学的历史使命》等，以及中国吴大英教授等所著的《立法制度比较研究》《比较立法制度》等立法学力作。而在立法实务中，比较分析法更常见于不同的立法移植与法律创新领域。如在宪法领域，美国联邦宪法已成为后世所有成文宪法的典范，中国学习日本明治宪法颁布了第一个宪法文件《钦定宪法大纲》，而如果说《中华民国临时约法》是学习借鉴了美国联邦宪法的三权分立体制，那

---

① 参见刘建伟、段卫华：《功能的比较——以立法监督制度为例》，载《河北法学》2004年第4期，第156页。

么我国台湾地区仍在使用的 1946 年《中华民国宪法》就是在学习德国法基础上又创新发展出"五权宪法",中国现行宪法借鉴发展了苏联宪法等。又如在民法领域,德国 1901 年民法典就是对法国 1804 年拿破仑法典的移植和发展,如今中国民法典的制定工作基本沿用某些大陆法系国家先单行立法后法典的立法模式。在刑法领域,中国将分则中的"反革命罪"改为国际通用的"国家安全罪";删除"强奸幼女罪",直接移植增加"单位犯罪""财产来历不明罪"等刑事条款;等等。有学者为此归纳出中国现行立法实务中比较分析法运用的三大规律性特点或情形:一是在有关涉外法律方面借鉴外国法、国际法,二是在国内事务领域中借鉴国外的相关立法,三是在全球化条件下制定国内法参照国际标准。[①] 我们必须对比较分析方法的学术研究价值与立法创新功能予以足够的重视。

---

① 参见朱景文:《比较法总论》(第 2 版),中国人民大学出版社 2008 年版,第 55–70 页。

原理编

原理即事物的普遍规律或基本规律。立法原理即立法现象所呈现的普遍规律或基本规律。立法原理是重要的,"立法研究中如若不产生、不存在立法原理,整个的研究成果就成了资料的堆积或组合,立法学就成了立法资料学或立法实际状况临摹学"①。实际上,一定的立法原理是一定的立法和立法学的直接的理论基础,它不但是整个立法学体系不可或缺的重要组成部分,而且是立法学体系中其他组成部分的必要理论基础。在广义上,立法原理囊括了关于整个立法的总的和基本的原理、关于立法程序规则制度的原理和关于立法技术的原理;在狭义上,立法原理与立法理论同义,主要指称关于整个立法的总的和基本的原理。本部分所指的立法原理,是相对于形式上的立法技术而言的,主要涉及关于立法的基本原理与立法程序规则原理。立法原理与立法技术大体属于内容与形式的关系,但二者也常常交融在一起。本部分的立法原理方面实际上简化了立法学教材通常所指的立法理论与立法制度两大部分,主要包括立法的本质、原则和功能,立法的历史类型与演变规律,立法的主体体系与程序制度,立法的解释与监督制度等。

---

① 周旺生:《立法学体系的构成》,载《法学研究》1995年第2期,第5页。

第一章 立法的本质、原则和功能

有一则广为流传的阿拉伯寓言故事①：很久很久以前，一位很开明的国王从本国一千个部族中征召了一千个智士为他立法。当写在羊皮纸上的一千条律法放在面前时，国王的灵魂深处悲伤莫名，因为他从不知道他的国度内竟有一千种罪行。他叫来书记员，开始自己立法，但他只选了七条。这一千个智士愤懑地离开了他，为本部族人带回他们立下的法。每个部族只遵守这些智士带回的律法，于是直到今天，他们还拥有一千条律法。这是一个大国，但它有一千所监狱，关满了违反一千条律法的男男女女。这是一个大国，但老百姓都是这一千条律法的立法者和开明国王的后裔。这个故事带给我们很多启示：立法的本质是什么，即立法体现的是国民意志还是统治者意志？如何立法，即应由统治者独断立法还是延纳民意开门立法、科学立法？立法的目的和功能是什么，即立法是通过保护多数人还是惩戒多数人来维持正常的社会秩序？等等。

第一节 立法的本质

法国大革命前的最后一任国王路易十六被送上断头台前曾哀叹道："是伏尔泰和卢梭毁灭了法国。"不错，卢梭在《社会契约论》中依据人民主权原则提出了立法"公意论"，并明确指出："一个人，不论他是谁，擅

---

① 参见《法律与立法》（本书有删改），陆孝修译，载"童话故事网"，http://www.tonghua5.com/alaboyuyan/20754.html，2016-01-18 访问。

自发号施令就绝不能成为法律。"① 伏尔泰虽然声称保留开明君主制，但是他尖刻抨击天主教的愚昧黑暗统治，主张人人生来平等自由。实际上，在法国的诸多君主中，路易十六算是相对开明的一个，他曾多次试图通过政治改革挽救王朝危局，但最终成为封建体制没落的替罪羊。而他的前任路易十五则是"朕言即法"之典型的暴君榜样，他罔顾民生的那句豪言壮语广为人知："我死后，哪管他洪水滔天？"那么，立法究竟体现谁的意志？人类可以不顾孟德斯鸠所言"事物的性质"而任性立法吗？本节着重探讨立法的本质问题。本质是相对于现象而言的，其中，现象针对事物的外部联系和表面属性，而本质强调事物的内部联系和特有属性。立法大多反映法的本质，但它的表现更为集中和抽象。本节着重分析立法本质问题上存在的政治属性、社会属性及客观基础三个不同层面的具体问题。

一、政治属性

前面提到，立法具有国家性，但实质上它是以国家意志和利益的名义集中反映统治者或执政集团的意志和利益，因此，立法具有明显的政治属性，可以说，它就是一套反映社会主流价值和意识形态的权力话语。法律是一种政治上层建筑，而立法就是这种政治上层建筑的整个建构过程或结果，并借助国家形式实现法律的权威性和普遍性等形式特征。第一，立法首先是一种国家意志，反映的是国家利益，体现的是一种国家理性、政治理性。德国法学家萨维尼被认为是法律的民族意志论者，但是他并没有否认立法的国家理性。他说，立法常常对法的特定部分产生影响，如"立法者在变更现有的法律时，或会受到强有力的国家理性的影响"②。而在马克思主义者看来，法律是国家的产物，立法是国家功能的重要体现，立法与国家相辅相成。第二，立法只是以国家形式反映统治者或执政集团的意志和利益。恩格斯在抨击资本主义立法时指出："对资产者说来，法律当然是神圣的，因为法律本身就是资产者创造的，是经过他的同意并且是为了保护他和他的利益而颁布的。资产者懂得，即使个别的法律条文对他不方

---

① ［法］卢梭：《社会契约论》，何兆武译，商务印书馆1982年版，第51页。
② ［德］弗里德里希·卡尔·冯·萨维尼：《论立法与法律的当代使命》，许章润译，中国法制出版社2001年版，第14页。

便,但是整个立法毕竟是用来保护他的利益的,而主要的是:法律的神圣性,由社会上一部分人积极地按自己的意志固定下来并由另一部分人消极地接受下来的秩序的不可侵犯性,是他的社会地位的最可靠的支柱。"① 萨维尼在评价法国民法典时认为,该法典立法较之立法技术因素,其政治因素的影响更大,"从理论上来说,法典制定之时,其必秉具大革命意义上的共和主义;而现实是,其尽皆倾向于晚近窜长的专制主义"②。可见,资本主义立法具有明显的政治偏向性,必然反映统治者的意志和利益。社会主义国家毫不掩饰立法的政治取向,如我国现行《宪法》第一条和第二条明确规定了我国的国家性质和阶级基础,并强调了人民主权;而《立法法》第五条也明确规定立法应当体现人民的意志。第三,立法并非简单而直接地反映统治者或执政集团的意志和利益,有时可能披上超自然的神衣,有时也可能采用专制者个人的名义,或者借助民主机制经历长时间的利益博弈与妥协,但最终都反映出统治集团的整体利益和价值。如英国分析法学代表奥斯丁认为有一种人类法是政治优势者制定的法:"在人类对自己制定的规则中,有些规则,是由政治优势者制定的,或者,是由最高统治者和次等统治者制定的。这里的意思是说,在独立的国家和独立的政治社会中,行使最高统治权力和次等统治权力的人,制定了这种规则。"③ 而马克思等人说得更为直接中肯:统治者的所有个人"通过法律形式来实现自己的意志,同时使其不受他们之中任何单个人的任性所左右……由他们的共同利益所决定的这种意志的表现,就是法律"④。第四,最后不可否认的是,反映统治者或执政集团的意志和利益的规则并不限于法律规范,还包括居于社会主流价值的道德伦理、政治决策、商业规则、宗教习俗、法律哲学等,但这些必须由立法主体经过法定程序才能转化为本节所言的

---

① 中共中央马克思恩格斯列宁斯大林著作编译局:《马克思恩格斯全集(第二卷)》,人民出版社1965年版,第515-516页。

② [德]弗里德里希·卡尔·冯·萨维尼:《论立法与法律的当代使命》,许章润译,中国法制出版社2001年版,第43页。

③ [英]约翰·奥斯丁:《法理学的范围》,刘星译,中国法制出版社2002年版,第14页。奥斯丁所指的"政治优势者制定的法"是指与"上帝法"和"神法"对应的制定法;他虽然也提出了人类法存在"非政治优势者"制定的第二种人类法,但是这仅仅指道德伦理之类的民间规范。编者注。

④ 中共中央马克思恩格斯列宁斯大林著作编译局:《马克思恩格斯全集(第三卷)》,人民出版社1960年版,第378页。

法律和立法，或者通过国家立法将这些非法律的规范形式纳入统一的法制进程。

二、社会属性

除了具有鲜明的政治属性外，立法还具有社会层面的非政治属性，即立法在一定程度上反映全社会的公共意志与共同利益诉求，可以说它同时也是实现整个社会情感认同和社会理性的制度固化。第一，我们首先有必要界定这里所指的"社会"概念。现代汉语中的"社会"一词至少具有三重含义：①相对于自然而言、具有文化意义的"社会"，它是人类所有关系和活动的总和，涉及政治、经济、文化、意识等要素；②相对于个人而言、属于制度意义上的"社会"，即作为自然人的集合体，它涉及国际组织、国家、跨国公司、社会中间组织等；③相对于国家而言、与有组织的公权力相区别的"社会"，一般不包括政治与经济因素，属于国家与个人的中介和桥梁。[①] 可见，作为立法的"社会属性"的"社会"概念是指第三重含义。第二，立法的社会属性具有时空性。在前资本主义社会，统治集团相对于被统治者而言属于极少数，因此那个时期的立法的阶级本质鲜明，其社会本质不突出；而在现代社会，由于统治阶层的扩大、社会民主制度进步和科学技术飞速发展，不管是资本主义社会立法，还是社会主义社会立法，其社会本质越来越突出，因此法律和立法所承载的社会公共功能越来越多。同时，立法的社会属性因立法领域不同也有所差异，法理学所说的宪法、行政法和刑法等公法部门立法，具有浓郁的政治法色彩，其政治属性明显；而民商法和社会法等部门立法的社会属性更加突出。第三，立法的社会属性反映其内在的社会本质，即在一定程度上应当反映出全社会的公共意志和共同利益，促进整个社会关系的和谐与人民幸福。古罗马西塞罗早就指出："毫无疑问，法律的制定是为了保障公民的幸福、国家的昌盛和人们的安宁而幸福的生活；那些首先通过这类法规的人曾经向人们宣布，他们将提议和制定这样的法规，只要它们被人民赞成和接受，人民便可生活在荣耀和幸福之中。显然，他们便把这样制定和通过的条规称为法律。由此可以看出，那些违背自己的诺言和声明，给人民制定

---

① 参见姚小林：《司法社会学引论》，厦门大学出版社2014年版，第22页。

有害的、不公正的法规的人立法时，他们什么都可以制定，只不过不是法律。"① 也就是说，良法善治既是人类社会终极的共同价值追求，同时也是立法活动及其结果所反映的其社会本质的必然体现。换言之，除了承载必要的和基本的政治信息外，立法实际上同时承载着全面而丰富的社会信息，立法者必须充分考量本国宗教、民族、种族、文化、科学、伦理、语言、习俗、自治等诸多社会元素状况并做出及时的立法回应。为此，关于立法的社会本质，我们不能只做线性的理解，而应该着眼整个社会系统进行立体观察，立法者也有必要通过对话、协商和合作来寻求社会共识，进而以国家立法形式寻求多元主体利益与意志的最大公约数并实现制度保障。

三、客观基础

一般认为，法是人类理性活动的产物，是人类主观意志的某种外在表现，无论这种意志体现的是神的意志、君主的意志，还是体现某一统治集团的意志，或者多数人的公共意志。但是，法也不是人类主观臆测的产物，而是深深地植入人类生活之中的社会物质生活条件，即法存在不以人类意志为转移的客观基础。因此，马克思语重心长地告诫立法者："立法者应该把自己看作一个自然科学家。他不是在制造法律，不是在发明法律，而仅仅是在表述法律，他把精神关系的内在规律表现在有意识的现行法律之中。如果一个立法者用自己的臆想来代替事物的本质，那么我们就应该责备他极端任性。同样，当私人想违反事物的本质任意妄为时，立法者也有权利把这种情况看做是极端任性。"② 因此，立法也具有客观性，它不仅源于孟德斯鸠所言的"事物的性质"——即立法现象所反映的客观规律，也源于人类自身可以感知的社会物质生活条件。

（一）立法的客观性：社会物质生活条件

立法的客观性是指人类生活于其中的社会物质生活条件，而非笼统地

---

① ［古罗马］西塞罗：《国家篇 法律篇》，沈叔平、苏力译，商务印书馆1999年版，第181页。

② 中共中央马克思恩格斯列宁斯大林著作编译局：《马克思恩格斯全集（第一卷）》，人民出版社1956年版，第183页。

指称立法现象所反映的客观规律。这是因为,立法的客观性不同于自然科学所指称的客观规律,它只是人类社会活动的人化产物,并被赋予人类过高的价值期许和秩序规范愿景,要比客观规律概念丰满得多,往往以现象形式存在于人类生活世界。作为立法及立法的直接产物——法律规范体系,都属于政治上层建筑的范畴,它们的客观性对应的是以社会生产方式和人类生活环境为主体的经济基础因素。作为立法客观性表现的社会物质生活条件,其基本内容包括:第一,法是私有制的产物。立法是伴随制定法而产生的,而制定法立法特别是法典化运动往往是商品经济发展的必然要求和结果,如古罗马《民法大全》与近代民法典立法。第二,立法表面上反映立法者意志,但其实质反映的却是统治阶级利益诉求或占统治地位的经济关系,法国民法典没有创立资本主义社会,而是它主动适应资本主义社会的经济关系。第三,以物质生活条件为基础的现实关系构成一切上层建筑(包括法)的经济基础,立法并不单纯反映某个人的意志,而是社会共同的、由一定物质生产力所代表的整个阶级或统治集团的利益和需要的表现;只要私有制没有被消灭,或者社会仍存在多元的阶级或阶层利益诉求,法等上层建筑就不会消失。因此,马克思在《哥达纲领批判》一文中认为,国家立法所主张的"权利决不能超出社会的经济结构以及由经济结构制约的社会的文化发展"[①]。

(二) 辩证对待立法的客观性

立法的客观性意味着立法植根于社会物质生活条件,但是,我们也应辩证地看待立法与其客观性的关系。第一,"社会物质生活条件"与"经济关系"或"生产资料所有制"并不等同,我们不能得出"经济关系"或"生产资料所有制"是立法唯一决定因素的观点。实际上,"社会物质生活条件"的外延更广,它主要指称一个社会中占主导地位的经济关系或生产资料所有制,但是它还包括以生产工具为根本标志的生产力以及人类社会自身的人口因素、生活其中的外部环境、先前生产力与经济关系的历史积淀或传统残余等。第二,法律和立法与社会物质生活条件之间存在相互的辩证关系,法律和立法对社会物质条件也会产生反作用,所以我国现

---

① 中共中央马克思恩格斯列宁斯大林著作编译局:《马克思恩格斯选集(第三卷)》,人民出版社1995年版,第305页。

行《立法法》第一条立法宗旨也明确提出"发挥立法的引领和推动作用",良好的立法保障是现代社会经济文化发展的重要促进因素。人类社会的发展轨迹是立体的,而非线性的。第三,并非所有的立法现象都可以从社会物质生活条件中找到完全对应的发生因子或动因,而一国立法对社会物质生活条件既要反映又不可能完全反映,人类社会中的立法和法律现象都不具有周延性,政策、道德、习俗、宗教、文化、自治规范等都有其发生作用的理由和范围,它们也会反过来对法律和立法产生这样或那样的影响。总之,立法的客观性植根于人们生活于其中的社会物质生活条件,这是从总体或最终的物质本源意义上来讲的。

第二节 立法的原则

2013年3月8日,吴邦国同志代表第十一届全国人大常委会做工作报告,指出我国已基本实现法律草案公布机制和立法后评估工作机制常态化:"五年来,先后向社会公布48件法律草案,共有30多万人次提出100多万条意见。个人所得税法修正案草案公布后,收到23万多条意见,在综合考虑各方面意见基础上,经过反复协商和充分审议,常委会对草案做出重要修改,将工薪所得减除费用标准提高到3 500元,并降低了工薪所得第一级税率。"同时"选择科学技术进步法、残疾人保障法等6部法律,通过问卷调查、实地调研、案例分析等多种形式,对法律制度的科学性、法律规定的可操作性、法律执行的有效性等做出客观评价,为修改完善法律提供重要依据。农业技术推广法的修改,就吸收了立法后评估报告提出的明确农业技术推广机构公益性质、强化公益性农业技术推广服务等意见,进一步增强了法律的针对性和可操作性"。[①] 实际上,立法法治、民主立法和科学立法早已成为我国各级各类立法机关的工作原则,并且分别在我国现行《立法法》第三条、第四条、第五条和第六条得到了全面的立法确认和规范,从而正式成为指导我国立法工作的三大基本法定原则。

[①] 《全国人民代表大会常务委员会工作报告》,载中央人民政府网站,http://www.gov.cn/2013lh/content_2358312.htm,2016-01-18访问。

一、立法法治

我国现行《立法法》第三条规定："立法应当遵循宪法的基本原则，以经济建设为中心，坚持社会主义道路、坚持人民民主专政、坚持中国共产党的领导、坚持马克思列宁主义毛泽东思想邓小平理论，坚持改革开放。"同时，第四条规定："立法应当依照法定的权限和程序，从国家整体利益出发，维护社会主义法制的统一和尊严。"作为立法工作的基本原则，立法法治是首要原则，具体包括立法的宪定性、立法权限的法定性、立法程序的法定性和立法结果的合法性。

（一）立法的宪定性

立法的宪定性即立法的合宪性，是立法活动或过程必须始终坚守的宪法原则，它是作为立法法治原则的首要的前提性内涵，意味着任何立法都必须得到宪法授权，并保持与宪法的高度一致。宪法是法律的法律，是万法之法、万法之母，是具有最高法律效力等级的法律，居于法律位阶金字塔的塔尖，是国家根本大法。我国现行《宪法》第五条第3款规定，一切法律、行政法规和地方性法规都不得同宪法相抵触；我国现行《立法法》第六十五条规定，国务院根据宪法和法律，制定行政法规；同时第七十二条规定，省、自治区、直辖市的人大及其常委会以及设区的市的人大及其常委会在不同宪法、法律和行政法规相抵触的前提下，可以制定地方性法规。因此，在一切实际的立法工作过程中，宪定性就被列入一切立法技术规范的首要规则。全国人大常委会法工委2009年制定的《立法技术规范（试行）（一）》第5.2条就明确规定："宪法或者其他法律对制定该法律有明确规定的，应当明示宪法或者该法律为立法依据。表述为：'……根据宪法，制定本法。'或者'……根据《中华人民共和国××法》的规定，制定本法。'"至于国务院部门规章和地方政府规章以及民族地方自治条例和单行条例的立法，同样也必须遵循宪定性的立法法治原则。此外，还应注意的是，即使是执政党的大政方针和基本政策，也是通过宪定化（写入宪法序言和正文）才成为我国立法工作的指导思想和宪法基本原则，这实际上同样遵循和验证了宪法序言所确认的宪法最高效力规则，即"本宪法以法律的形式确认了中国各族人民奋斗的成果，规定了国家的根本制度和根本任务，是国家的根本法，具有最高的法律效力。全国各族人民、一切国家机关和武装力量、各政党和各社会团体、各企业事业组织，都必须以宪法为根本的活动准则，并且负有维护宪法尊严、保证宪法实施的职责"。

（二）立法权限的法定性

立法权限的法定性即强调实体性立法权的正当性与合法性，具体包括立法主体的法定性、立法权限的明晰化和立法权的受制约性三层含义①。第一，立法主体的法定性，即谁有权立法都由法律规定。立法权限实际是关于不同立法主体行使立法权力的界分，换言之，立法主体是立法权限的载体，如果立法主体可以随意确认或变更，立法权限的法定性便无从实现。立法权是国家权力的重要组成部分，保障立法权不被滥用的先决条件就是立法权行使主体在法律上必须具有确定性。无论是专属立法权主体还是授权立法主体，都必须基于宪法和法律的授权规定，才能得以行使相应的立法权。第二，立法权限的明晰化，即立法主体的实体性权力抑或程序性权力都存在明确的界定和区分。一方面，我国现行《立法法》明确规定了全国人大、全国人大常委会、国务院、省级和设区的市的人大及其常委会、国务院各部委、省级和设区的市的人民政府、自治地方人大各自制定基本法律、非基本法律、行政法规、地方性法规、部门规章、地方政府规章和自治法规等各类规范性法律文件方面的具体权限归属。另一方面，我国现行《立法法》也明确规定了法案的提议权、审议权、表决权和法的公布权等不同程序性权力的主体归属与权力界限。第三，立法权的受制约性，即立法主体必须在法定授权事项和范围内行使相应的立法权，不能超越其法定的立法事项与范围，更不能搞无权立法、任性立法。立法权不但会受到其他国家权力的制约，也会受到宪法和法律自身以及社会公众的普遍监督。根据一般的法治原则，法不规定不为权，宪法和法律也为各类各级立法主体规定了明确的权力清单，不在权力清单之内的权力不能行使。

（三）立法程序的法定性

立法程序的法定性即程序性立法权的正当性与合法性，它强调一切立法权的行使活动或过程都必须"有法可依"和"有法必依"，凡可归属于

---

① 参见徐向华：《立法学教程》，上海交通大学出版社2011年版，第64-65页。

立法活动或过程的任何阶段和环节都必须纳入法制轨道，实现国家的制度化、法律化。这里的"立法程序"应做广义的理解，不单单指称从法案到法的立法权运行阶段，而是包括三个具体层面的程序法定性：第一，立法准备的程序法定性，即立法项目的预测、规划和决策必须纳入法制轨道。我国现行《立法法》第五十二条规定，全国人大常委会通过立法规划、年度立法计划等形式，加强对立法工作的统筹安排；全国人大常委会工作机构负责编制立法规划和拟订年度立法计划，并按照全国人大常委会要求督促立法规划和年度立法计划的落实；第六十六条还要求国务院年度立法计划中的法律项目应当与全国人大常委会的立法规划和年度立法计划相衔接。我国地方立法程序规则大多明确了立法准备程序制度，甚至还专门制定了相应具有法律效力的立项程序规则，如2012年《广州市地方性法规立项办法》《广东省人民政府规章立项办法》等。第二，从法案到法的法律制定程序法定性，即法律草案的提议、起草、审议、表决和公布必须实现法律制度化。有些国家和地区还规定了法律生效的全民投票必要程序，并通过宪法或全民公投立法予以规制。第三，立法完善的程序法定性，即立法解释、法律修改、立法评估与监督必须存在相应的法律规则制度。此外，立法程序的法定性还意味着立法技术的法定性，即立法技术存在明确的程序制度规则，立法语言、法案制作与立法报告等的规范性逐渐形成制度。我国现行《立法法》第六条第2款明确指出："法律规范应当明确、具体，具有针对性和可执行性。"第三十九条规定，立法前评估情况由全国人大法律委员会在审议结果报告中予以说明；同时第六十三条规定，全国人大有关专门委员会、常委会工作机构应当将立法后评估情况向全国人大常委会报告。

（四）立法结果的合法性

立法结果的合法性即法律文本所包含法律规范的合宪性、形式统一与实质良善。第一，法律文本的合宪性，其实质是作为法律文本内容的法律规范的合宪性，它强调一切立法必须符合宪法精神和基本原则，以宪法作为最后的也是最高的规范依据，凡是与宪法相抵触相矛盾的立法都是无效的。第二，立法形式的法制统一，即不同种类不同层次的法律规范之间必须保持和谐一致的关系，主要遵照宪法是最高法、上位法优先于下位法、特别法优先于一般法、新法优先于旧法的法律效力原则协调处理不同立法之间的效力冲突问题。我国为此建立了有效的法律批准和备案程序制度，以确保国家立法内部的法制统一与宪法尊严。第三，立法实质的良善和谐。立法法治不仅意味着形式的合法性即正当性，也意味着实质的合法性即合情合理性。早在古希腊时期，亚里士多德就提出了著名的法治命题："已成立的法律获得普遍的服从，而大家所服从的法律又应该是本身制定得良好的法律。"良法善治意味着立法结果合法性的实质要求，即法律不仅仅是名义上的法律，更应体现民主、人权、自由和公平正义等伦理价值与政治原则。恶法是法，也非法。总之，立法的合法性，不仅体现为形式意义上的立法程序与立法技术的合法性、正当性，也体现为实质意义上的立法主体权限与立法价值取向的正当性与合情合理性。

二、民主立法

我国现行《立法法》第五条规定："立法应当体现人民的意志，发扬社会主义民主，坚持立法公开，保障人民通过多种途径参与立法活动。"开门立法、民主立法是公民知情权、表达权、参与权和监督权在立法领域的具体体现和落实，是人民主权宪法原则的立法实定化。民主立法具有实质和形式的双重含义：在实质上，它是指立法的内容必须真实地反映和体现公众意志，亦即"人民的意志"；在形式上，它强调立法的过程必须存在多样化的公众参与机制，亦即"保障人民通过多种途径参与立法活动"。简而言之，民主立法原则包括立法形式的民主原则与立法实质的民主原则两方面。

（一）立法实质的民主性

立法实质的民主性主要指立法内容的民主性，即一切立法内容必须最终反映社会公众的最大利益和共同意志，立法内容就是基本民意的法律制度化。立法实质的民主性源于现代国家政体的民主共和性质，人民主权乃一切国家权力的本源，立法权也不例外。在我国，现行《宪法》第二条开宗明义：中华人民共和国的一切权力属于人民，人民行使国家权力的机关是全国人大和地方各级人大，而各级人大正是我国主要的立法机关。因此，我国一切立法的内容必须总体上反映人民群众的共同意志和利益。具体而言，立法内容的民主性包括两方面：第一，立法内容表达和维护的是大多数人民群众的意志或利益,而不是某一特定群体的特殊利益或意志。在我国,特别需要注意纠正立法中可能存在的地方保护主义与部门保护主义倾向,而针对人民群众的意志和利益则必须给予全面而充分的立法确认和保护。为此,我国现行《立法法》第八十条第2款特别规定:"没有法律或者国务院的行政法规、决定、命令的依据,部门规章不得设定减损公民、法人和其他组织权利或者增加其义务的规范,不得增加本部门的权力或者减少本部门的法定职责。"同时第八十二条第6款也规定:"没有法律、行政法规、地方性法规的依据,地方政府规章不得设定减损公民、法人和其他组织权利或者增加其义务的规范。"第二,立法内容表达和维护的是经过理性选择提升到国家意志层面的不特定多数人民的共同意志和普遍利益,而不是人民意志和利益的简单相加,更不是单单反映人民某一分子的意志和利益。为此,我国现行《立法法》第五条规定:"立法应当体现人民的意志,发扬社会主义民主。"2014年《中共中央关于全面推进依法治国若干重大问题的决定》则进一步明确了依法治国中的人民主体地位:"人民是依法治国的主体和力量源泉,人民代表大会制度是保证人民当家做主的根本政治制度。必须坚持法治建设为了人民、依靠人民、造福人民、保护人民,以保障人民根本权益为出发点和落脚点,保证人民依法享有广泛的权利和自由、承担应尽的义务,维护社会公平正义,促进共同富裕。"①

(二) 立法形式的民主性

立法形式的民主性主要指立法过程的民主性,即立法过程的所有阶段和环节,不管是立法准备阶段、从法案到法的法律制定阶段,还是立法完善阶段,都必须主动接纳社会公众参与或自始至终贯彻民主原则。这不仅意味着立法主体内部议事规则的民主性原则实现,也意味着立法活动外部程序规则的民主性原则落实。

一方面,立法主体内部必须贯彻民主程序原则,即经由普选产生立法者(主要指民意代表)按照多数票决的合议制原则最终做出立法决定,一般存在两个50%的门槛:一是实际参会人数占应当参会人数的50%以上,

---

① 《中共中央关于全面推进依法治国若干重大问题的决定》,载新华网,http://news.xinhuanet.com/ziliao/2014-10/30/c_127159908.htm,2016-01-20访问。

二是表决同意通过的参会人数占实际参会人数的 50% 以上。当然，这里民主意义上的"多数"概念不一定固定为 1/2（50%），也可能是 2/3、3/4 或者 4/5。多数票决合议制的存在，使得立法程序明显地区别于偏向首长负责制的行政决定程序或独断制的司法裁决程序。我国代议机关采用民主集中制的组织原则，其基本内涵是：民主基础上的集中和集中指导下的民主相结合。

另一方面，立法活动外部也必须贯彻民主程序原则，即社会公众通过多种多样的途径和方法参与国家立法。我们知道，按照社会公众的参与程度不同，民主可以分为直接民主和间接民主，它们都是对代议制民主的补充。①其中直接民主是指一个国家的公民直接行使立法权，它源于古希腊城邦民主制，当时的公民团体不仅有选举权，也有直接立法的权力，成为事实上唯一的也是最高的立法机关。后来的法国思想家卢梭将人民直接参与公共事务视为追求真正自由的前提，"主权既然不外是公意的运用，所以就永远不能转让"①。而公意是公共的或全体的，是不可分割的，"这种意志一经宣示就成为一种主权行为，并且成为法律"②。卢梭的直接民主理想在巴黎公社曾进行过短暂试验。在当代世界，直接民主制在立法领域的体现主要为公民创制与全民复决，前者指公民达到法定人数即可提出关于宪法或法律的建议案，然后将建议案直接交付全民复决或交由代议机关审议，如意大利 1947 年宪法的第 71 条规定，5 万以上选民联名，可以提出法律草案，实施公民创制权的国家还有瑞士、奥地利、索马里、西班牙等国；后者是指将代议机关通过的宪法案或法律案，交付全民表决决定其是否应成为宪法或法律，这是全民公投的基本形式，一些国家还通过了专门的全民公投法，如乌克兰（2012 年）、越南（2015 年）等，更多的国家则通过宪法确认。迄今为止，当今世界有名的全民公投实践包括加拿大魁北克独立公投、英国苏格兰独立公投、爱尔兰同性婚姻合法公投等。中国内地如今尚未明确公民的立法创制权与复决权。②间接民主制的典型形式是代议制，即由公民投票选举产生民意代表（立法者），然后由民意代表代表公民行使立法权。不可否认，代议民主制是当今世界上最伟大的民主政治发明，但是也存在精英民主的质疑和少数人绑架多数人的专制风险。因

---

① ［法］卢梭：《社会契约论》，何兆武译，商务印书馆 1980 年版，第 35 页。
② ［法］卢梭：《社会契约论》，何兆武译，商务印书馆 1980 年版，第 37 页。

此，参与式民主与协商民主应运而生，其中，前者仍以立法者为立法主角，社会公众仅作为辅助角色；后者则是立法者与社会公众（以特定的社会团体或政治组织为代表）通过平等的对话、辩论和协商进行共同的立法决策，但是二者仍然都属于间接民主的范畴。在我国各种立法活动过程中，参与式民主繁荣发达，协商民主也初具形态。

（三）当代中国的民主立法实践

1. 参与式民主立法

参与式民主又称半直接民主，是代议民主制向完全公民自治制的过渡类型。参与式民主（participatory democracy）一词由美国学者佩特曼提出，主要基于对代议制民主的批判，他说这种体制下"少数精英的参与才是关键的，缺乏政治效能感的冷漠的、普通大众的不参与，被看作社会稳定的主要屏障"。[①] 因此，他认为真正的民主应当是所有公民直接充分参与公共事务的决策的民主，从政策议程的设定到政策的执行，都应该有公民的参与。只有在大众普遍参与的氛围中，才有可能实践民主所欲实现的诸如负责、妥协、个体的自由发展、人类的平等这些基本价值。如今，参与式民主理论已被广泛地运用于各国立法实践过程中，作为代议制民主的辅助角色在起作用，我国如今也已发展出公开征集立项建议或法案、立法调研、座谈会、立法听证、立法列席或旁听等众多途径或机制。

（1）公开征集立项建议或法案是指立法机关公开立法项目规划草案（包括立法规划草案和年度立法计划草案）或者面向社会公众公开征集立法项目建议和法律法规草案，而任何个人或社会组织可以单独或联合成为被征集的对象。此类立法参与机制实际上属于立法预告制度，是一国立法公开制度的重要组成部分，它主要借助公共传媒平台，可以有效地满足和实现社会公众的立法知情权与表达权。我国现行《立法法》明确规定法律草案和行政法规草案都"应当"公开征集意见，如第三十七条规定，"列入常务委员会会议议程的法律案，应当在常务委员会会议后将法律草案及其起草、修改的说明等向社会公布，征求意见，……征求意见的情况应当向社会通报"。第六十七条规定，"行政法规草案应当向社会公布，征求意

---

① ［美］卡罗尔·佩特曼：《参与和民主理论》，陈尧译，上海世纪出版集团2006年版，第98页。

见"。在我国的地方立法中,该机制不但普遍运用于立法项目,也广泛运用于法规草案,有些地方甚至出台了相关的规范性文件,如云南省人大常委会通过的《云南省人民代表大会常务委员会关于向社会公开征集立法项目和法规草案稿的决定》(2002年制定、2005年修订)。

(2) 立法调研是社会学方法在立法中的实际运用,它是针对列入立法会议议程的立法项目稿和法律法规草案,由立法机关相关机构或工作人员,深入基层单位和人民群众进行实地调查研究,或者委托有关单位或第三方机构进行抽样调查,以便全面掌握第一手立法材料,为立法者调整立法项目或者修改与审议法律法规草案做准备。立法调研不但是公众参与立法的重要途径,而且也成为我国各类各级立法机关的日常工作方法,是立法过程中贯彻从群众中来、到群众中去的群众路线的基本方式和手段。我国现行《立法法》第十六条则间接规定了全国人大专门委员会和全国人大常委会工作机构的立法调研职责:"常务委员会依照前款规定审议法律案,应当通过多种形式征求全国人民代表大会代表的意见,并将有关情况予以反馈;专门委员会和常务委员会工作机构进行立法调研,可以邀请有关的全国人民代表大会代表参加。"因此,针对我国2015年立法法修正案问题,全国人大常委会副委员长李建国指出:"按照全国人大常委会的工作部署,本届以来,全国人大常委会法工委着手立法法修改研究工作。通过收集整理代表议案和建议、赴地方调研、召开专题座谈会、邀请地方人大和政府法制机构有关负责同志共同研究等方式,广泛听取各方面意见。在充分沟通协商、深入研究论证的基础上,形成了立法法修正案草案。"①

(3) 座谈会一般为圆桌讨论会议,是由主持人围绕某一主题针对一小群人(10人以下为宜)进行的非结构访谈,它是一种定性调研方法。在法律草案或法规草案的起草阶段,有立法提案权的国家机关如全国人大常委会或国务院,经常召开各种类型的座谈会,征集有关单位、群众和专家学者的意见,起草小组根据这些意见起草法律草案或对法律草案进行修改,然后再到基层讨论、征求意见,最后形成向立法机关提出的正式法律草案。在法律草案或法规草案的审议阶段,全国人大常委会或国务院也会根据实际需要召开各类座谈会。我国现行《立法法》第三十六条规定:"列入常务委员会会议议程的法律案,法律委员会、有关的专门委员会和常务

---

① 《中华人民共和国立法法》(含草案说明),中国法制出版社2015年版,第51-52页。

委员会工作机构应当听取各方面的意见。听取意见可以采取座谈会、论证会、听证会等多种形式。"同时第六十七条规定："行政法规在起草过程中，应当广泛听取有关机关、组织、人民代表大会代表和社会公众的意见。听取意见可以采取座谈会、论证会、听证会等多种形式。"

（4）立法听证是立法主体在立法活动中，进行有关涉及公民、法人或其他组织的权益的立法时，给予利害关系人发表意见的机会，立法主体听取意见的程序法律制度。① 在我国，立法听证开始于广东省人大环境资源委员会1999年9月就《广东省建设工程招标投标管理条例（修正）》的审议举行听证，后来作为一种民主立法制度为国家法律所确认和保障，如我国现行《立法法》第三十六条规定："列入常务委员会会议议程的法律案，法律委员会、有关的专门委员会和常务委员会工作机构应当听取各方面的意见。听取意见可以采取座谈会、论证会、听证会等多种形式。"同时第六十七条还规定了行政立法听证问题。应注意的是，并不是所有的法律草案都需要举行立法听证，我国《立法法》第三十六条还规定："法律案有关问题存在重大意见分歧或者涉及利益关系重大调整，需要进行听证的，应当召开听证会，听取有关基层和群体代表、部门、人民团体、专家、全国人民代表大会代表和社会有关方面的意见。听证情况应当向常务委员会报告。"全国人大常委会首次立法听证会发生在2005年9月27日，当日有20名社会公众代表与个人所得税法修正案草案起草部门、财税部门的代表一同参加个人所得税法修正案草案听证会，不过此前已有24个省级人大常委会对39件地方性法规草案举行过38次立法听证会。② 此后，立法听证实践不断丰富发展，并涌现出不少地方立法听证程序规则，如青海省2002年6月20日发布《青海省人大常委会立法听证试行规则》，哈尔滨市2004年7月7日公布《哈尔滨市立法听证规定》，广东省2013年6月14日通过《广东省人民代表大会常务委员会立法听证规则》，广州市人民政府2013年8月9日发布《广州市行政立法听证会规则》，等等。

（5）立法列席或旁听。列席是指参加会议，有发言权没有表决权；而

---

① 参见汪全胜：《立法听证制度研究》，北京大学出版社2003年版，第3页。
② 参见倪四义、孟娜：《中国最高立法机关举行首次立法听证》，载新华网，http://news.xinhuanet.com/legal/2005-09/27/content_3549965.htm，2016-01-21访问。

旁听则是指参加会议,既没有发言权也没有表决权。① 一般而言,立法列席者往往是与相关立法存在紧密关系的立法者或立法工作者,由他们直接反映基层民众的声音,而立法旁听者则是对相关立法感兴趣的社会公众。我国现行《立法法》第十五条规定,全国人大专门委员会在审议全国人大代表提出的法律案时,可以邀请提案人列席会议,发表意见。第二十七条规定,全国人大专门委员会在审议全国人大常委会组成人员提出的法律案时,可以邀请提案人列席会议,发表意见。第二十八条规定,全国人大常委会会议审议法律案时,应当邀请有关的全国人大代表列席会议。第三十二条规定,对于列入常务委员会会议议程的法律案,有关的专门委员会审议法律案时,可以邀请其他专门委员会的成员列席会议,发表意见。第三十三条规定,对于列入常务委员会会议议程的法律案,法律委员会审议法律案时,应当邀请有关的专门委员会的成员列席会议,发表意见。当然,立法列席制度也常见于地方立法活动。至于立法旁听,我国主要见于地方民主立法的普遍尝试,此类机制的存在有利于社会公众的立法知情权和监督权的实现。如今我国地方立法机关基本上建立健全了立法旁听制度,如1999年山东省青岛市制定颁布了《关于公民旁听青岛市人民代表大会常务委员会会议试行办法》,2002年湖南省制定颁布了《公民旁听湖南省人民代表大会常务委员会会议的若干规定》,2003年浙江省制定颁布了《浙江省人民代表大会常务委员会关于建立公民旁听省人民代表大会常务委员会会议制度的决定》,2004年黑龙江省制定颁布了《黑龙江省人民代表大会常务委员会会议公民旁听办法》,2011年安徽省合肥市修订通过了《关于公民旁听合肥市人民代表大会及其常务委员会会议的决定》,广东省制定颁布了《公民旁听广东省人民代表大会常务委员会会议试行办法》《关于公民旁听广东省人大常委会会议工作实施意见》,等等。

2. 协商民主立法

协商民主立法简称为立法协商,其理论基础是协商民主理论。协商民主(deliberative democracy)一词是 1980 年由克莱蒙特大学政治学教授约瑟夫·毕塞特在《协商民主:共和政府的多数原则》一文中首次使用。在最为广义的概念界定上,"协商民主是这样一种观念:合法的立法必须源

---

① 参见中国社会科学院语言研究所词典编辑室:《现代汉语小词典》(第5版),商务印书馆2008年版,第471页、第567页。

自公民的公共协商。作为对民主的规范描述，协商民主唤起了理性立法、参与政治和公民自治的理想。简而言之，它呈现的是一种基于公民实践推理的政治自治的理想"①。这种理论存在的前提是，承认并接受多元社会的现实以及不同利益主体之间存在的差异和分歧；其核心在于，强调基于理性的公共协商即讨论、审议和交流，从而实现立法过程和公共决策的社会共识。在我国，立法协商已经成为立法领域发展社会主义民主、推进全面深化改革和扩大公民有序政治参与的基本机制。2012年10月，胡锦涛同志在党的十八大全国代表大会上的报告指出："社会主义协商民主是我国人民民主的重要形式。要完善协商民主制度和工作机制，推进协商民主广泛、多层、制度化发展。"2013年11月，党的十八届三中全会通过的《中共中央关于全面深化改革若干重大问题的决定》又指出："构建程序合理、环节完整的协商民主体系，拓宽国家政权机关、政协组织、党派团体、基层组织、社会组织的协商渠道。深入开展立法协商、行政协商、民主协商、参政协商、社会协商。加强中国特色新型智库建设，建立健全决策咨询制度。"② "立法协商"概念第一次正式出现在执政党的规范性文件中。2014年10月，党的十八届四中全会通过《中共中央关于全面推进依法治国若干重大问题的决定》，进一步明确了中国特色的立法协商制度的基本内涵："健全立法机关和社会公众沟通机制，开展立法协商，充分发挥政协委员、民主党派、工商联、无党派人士、人民团体、社会组织在立法协商中的作用，探索建立有关国家机关、社会团体、专家学者等对立法中涉及的重大利益调整论证咨询机制。"③ 我国的立法协商是社会公众有序参与立法的新形式，目的是充分发挥体制内现有政治力量如执政党和政协组织在国家和地方立法工作中的积极作用。在我国，立法协商实践实际上早于执政党的政治决策。如福建省2000年出台了《关于加强地方立法协商工作的意见》，福州市政治协商会议（以下简称"政协"）与市人大常委会随即联合出台了《实施意见》，福州市政协截至2006年对20部地方性法

---

① 詹姆斯·博曼、威廉·雷吉：《协商民主：论理性与政治》，陈家刚等译，中央编译出版社2006年版，导言第1页。

② 《中共中央关于全面深化改革若干重大问题的决定》，载新华网（2013-11-15发布），http://news.xinhuanet.com/2013-11/15/c_118164235.htm，2016-03-12访问。

③ 《中共中央关于全面推进依法治国若干重大问题的决定》，人民出版社2014年版，第11页。

规进行了协商论证;而南京市政协社会和法制委员会(以下简称"社法委")与市人大法制委员会(以下简称"法制委")、市政府法制办公室(以下简称"法制办")2004年以来制定了《关于加强南京市地方立法协商工作的意见》和《关于加强南京市政府立法协商工作的意见》等。①

  如今,我国立法协商活动已在中央和地方两个层面普遍展开,大致形成了执政党主导型、有权立法机关主导型和人民政协主导型三种基本制度类型②。具体说来,第一,执政党主导型:中国共产党在人民政协开展立法前协商。中国共产党组织的立法协商,主要是指中国共产党在人民政协同各民主党派和各界代表人士进行的立法协商。《中共中央关于全面推进依法治国若干重大问题的决定》明确指出,"加强党对立法工作的领导,完善党对立法工作中重大问题决策的程序"。中国共产党组织的立法协商,可以被称为"立法前协商"。在中央层面,全国人大及其党组把法律草案通过中共中央转给全国政协协商,全国政协组织委员提出意见之后,又通过中共中央把法律草案修改意见转给全国人大,全国人大再通过中共中央对全国政协反馈意见采纳情况。而在地方层面,以2014年《北京市大气污染防治条例》的立法协商为例。③ 首先是北京市人大常委会党组将《北京市大气污染防治条例》草案向北京市委常委会汇报。北京市委常委会研究之后,将法规草案交由北京市政协协商。北京市政协接到北京市委来函之后,组织政协委员对法律草案进行协商,然后将委员们的协商成果进行汇总,形成报告报送北京市委,再由北京市委转北京市人大常委会立法参考。第二,有权立法机关主导型:立法征求人民政协意见,它在性质上属于"立法征求意见"的范畴,其独特之处在于征求意见的对象并非不特定的社会公众,而是特定的政协组织、政协委员。如2010—2011年,上海市政府提交市人大常委会审议的20件地方性法规议案(草案),市政府法制办全部听取了市政协意见。市政协对此给予了高度重视,并就《上海市科学技术进步条例》《上海市住宅物业管理规定》《上海市规范行使城市管理

---

① 参见常纪文:《关于立法协商的几个基本问题》,载"中国改革论坛",http://www.chinareform.org.cn/gov/governance/Practice/201405/t20140512_197009.htm,2016-03-12访问。
② 参见朱志昊:《论立法协商的概念、理论与类型》,载《法制与社会发展》2015年第4期,第188-191页。
③ 参见肖存良:《立法协商的概念和模式研究——基于人民政协的视角》,载《探索与争鸣》2015年第4期,第60页。

相对集中行政处罚权条例》以及《上海市募捐条例》等法规案（草案）专门召开了征求意见座谈会。市政府法制办、起草部门的有关领导及经办人员出席会议、介绍起草背景、解答疑问，为政协委员发表意见提供便利。市政协组织委员进行协商座谈，然后把委员意见建议以书面形式反馈给市人大法工委。① 又如杭州市法制办在其发布的《关于建立政府立法协商机制的实施意见》（杭府法〔2009〕17号）中也指出，应在立法项目的计划确定、委托起草、调研、论证、后评估等方面与市政协社会法制和港澳台侨委员会开展协商。第三，人民政协主导型：人民政协主动开展立法协商。如2005年6月，湖北黄冈市政协一位常委向湖北省政协提交了对《湖北省道路交通安全条例》的修改意见，他认为政协代表性广泛，因而建议由政协开展法律协商，以使法律更全面真实地体现人民群众意愿。湖北省政协把这一情况向湖北省常务副省长做了汇报，受到高度重视。随后，湖北省政府法制办负责人前来省政协商讨立法协商的具体实施办法，湖北省政协由此推动了立法协商实践在湖北省的全面展开。经湖北省政协推动，2008—2014年，湖北省政协先后参与了40余部地方性法律、政府规章和其他重要法治文件的协商。②

三、科学立法

我国现行《立法法》第六条规定："立法应当从实际出发，适应经济社会发展和全面深化改革的要求，科学合理地规定公民、法人和其他组织的权利与义务、国家机关的权力与责任。法律规范应当明确、具体，具有针对性和可执行性。"该条款非常明确地规定了科学立法原则的三方面内涵，即立法观念的科学性、立法内容的科学性和立法技术的科学性。

（一）立法观念的科学性

"立法应当从实际出发，适应经济社会发展和全面深化改革的要求"，这是强调立法观念的科学性。所谓立法观念的科学性是指贯彻立法过程或

---

① 参见肖存良：《立法协商的概念和模式研究——基于人民政协的视角》，载《探索与争鸣》2015年第4期，第61页。
② 同上。

活动始终的理论观点和信念必须符合客观实际，遵循立法过程或活动本身存在的客观规律。我们必须把立法当作科学来对待，以科学的立法观念影响立法，科学地进行立法预测、立法和立法决策，既要立足现实，也要有前瞻性；对于立法实践中出现的问题和经验教训，客观、公正、冷静地予以正视，并予以科学的解答和理论总结。在我国，落实科学立法原则必须注意两方面的问题：第一，因时制宜，从当代中国所处的特定历史阶段出发开展立法活动，准确地把握和捕捉立法时机，特别是当前要处理好国家立法与全面深化改革的衔接关系，做到重大改革于法有据；对于实践条件还不成熟、需要先行先试的，必须按照法定程序做出授权。第二，因地制宜，从当代中国各地区、各民族的实际情况出发开展有特色的立法活动。中国正处于社会转型时期，各地的政治、经济、文化发展仍然不平衡，各民族的风俗习惯、伦理道德、文化历史传统也各不相同。为此，中央立法必须考虑到各地政治、经济、文化的实际发展状况，努力做到统筹兼顾；地方立法则要根据中央总的方针政策、宪法、法律，结合本地实际，体现地方特色，有针对性地解决本地问题；立法还应注意照顾不同民族的特点和利益，重视民族民情和风俗传统，体现民族特色，实现民族自治与民族团结统一，反对民族分裂、恐怖主义和宗教极端主义；立法还必须重视"一国两制"在港澳台的贯彻落实，最终实现特区自治与国家统一的有机结合，保证特区自主立法与中央立法监督的统一。

（二）立法内容的科学性

"科学合理地规定公民、法人和其他组织的权利与义务、国家机关的权力与责任"，这是强调立法内容的科学性。立法内容的科学性即制度设计的科学性，就是要求建立科学的立法权限划分、立法主体设置和立法运行体制，充分尊重社会和立法自身的发展规律，做到立法工作的合情（国情、民情）合理（法理）和正当性、公平性的统一。内容的科学性是科学立法的根本，也是立法观念与立法技术为之服务的核心。这是因为，只有法的内容才是最终调整人们社会关系的规范，而观念和技术是融合在法的内容中的因子。要实现立法内容的科学性，我们必须注意以下四方面具体内容的立法科学设置[①]：

---

① 参见徐向华：《立法学教程》，上海交通大学出版社2011年版，第77-80页。

第一，实现权利与义务的一致性。作为法律关系的内容，关于权利和义务的规定反映出一定社会法律关系的特征。立法工作在处理权利和义务的关系时，要以权利为本位，实现权利与义务的统一。具体而言，一方面要以人为本，重视公民基本权利的立法，这就是首先要在宪法中将人的权利从应有权利转化为宪法基本权利，然后通过普通法律规范将宪法权利具体化为可实现、可执行的法律权利；另一方面，注意合理配置，重视权利规范与义务规范的和谐一致。在法理上，法定权利和法定义务应当是对应而且相当的，权利和义务的配置不当，必然形成社会上的特权阶层。因此在立法体系中，我们必须注意权利规范与义务规范在结构上的相互对应、相互依存，以及在总量上的大体相当，必须在制度设计上保证公民权利自由的行使和实现不至于遭到泛用和滥用。

第二，实现权利和权力的平衡性。在完整的意义上，立法必须在权利和权力之间寻求调控的平衡点，实现两者之间的相互制约与平衡。我国由于长期的人治传统和不合理行政化管制积弊的存在，实现权利与权力的平衡问题尤其显得必要和重要，特别是防止权力蜕变为权利的对抗物。为此，必须注意民商事等私法领域的立法中彻底贯彻法无明文禁止不为过和法无明文规定不受罚的法治原则，而在行政和刑事等公法领域必须坚守法无明文规定不可为和法无明文规定不为权的法治原则。

第三，实现法定义务与法律责任的对应性。具体而言，一是我们在立法中必须注意法定义务与法律责任的形式对应。只要有法定义务，就有违反法定义务的可能；只要有违反法定义务的可能，就应设定相应的法律责任。如果仅仅规定法定义务，却欠缺相应的法律责任规定，这样的立法必定流于形式而缺乏可执行性、可操作性，最终可能沦为"僵尸条款"。二是我们在立法中必须注意法定义务与法律责任的实质对应。不同的法定义务决定了违反该义务所产生的后果与影响不同；不同的后果与影响须对应严苛程度与之相当的法律责任，即法律责任的惩戒应足以并恰好足以对违反该法定义务的行为产生威慑，使违法主体的违法成本与其预期或已实现的违法利益大致相当。这就是二者的实质对应。就权力主体而言，不仅要根据其具体违法性质和危害程度分别设定相应的宪法责任、刑事责任、行政责任、国家赔偿责任，还须就权力的不同运行过程设定权力获得责任、权力行使责任和权力后果责任，以形成严密的法律责任体系，避免和防止权力的无限扩张。

第四，实现实体规范与程序规范的协调性。实体规范与程序规范的关系实质上是法律规范的内容与形式的关系，二者之间存在辩证统一的关系，即仅仅有科学实体规范配置但欠缺科学的程序规范设置，法的实体规范就难以有效实施和实现；仅仅存在科学的程序规范设置而欠缺科学的实体规范配置，程序规范的价值就会失去依附的载体而流于形式和摆设，法的实质内容和价值更无从谈起。在我国，由于长期存在"重实体轻程序"和"程序工具主义"的法制传统和司法观念，我们更应在立法制度设计中注意实体与程序的合理搭配，避免和防止实体权利多而相应程序权利少或者程序权利多而相应实体权利少的不正常现象，真正落实权利与义务、权利与权力、权力与责任的有机统一。

（三）立法技术的科学性

"法律规范应当明确、具体，具有针对性和可执行性"，这是强调立法技术的科学性。前文提到马克思对立法者的告诫："立法者应该把自己看作一个自然科学家。他不是制造法律，不是在发明法律，而仅仅是在表述法律，他把精神关系的内在规律表现在有意识的现行法律之中。"① 其实，马克思的这段话也反映了他对立法技术科学性的看法。立法不是创造和发明法规范，而是运用科学的立法技术表述和整理法规范。所谓立法技术的科学性是指运用科学的方法和技术手段重述现实社会生活中业已存在的法律关系，而这些科学的技术手段和方法主要指准确恰当的立法语言艺术、严密有序的立法逻辑规则和可执行可实施的法律规范要求。立法技术的科学性，具体表现在制度策略和实际操作两个层面的科学性。第一，制度策略层面的科学性，即处理好立法的超前、滞后和同步的关系，准确地捕捉和把握立法时机；尊重和顺应自然界、人类社会和思维本身的客观规律，适时而恰当地安排和建设立法指标体系；统筹兼顾、合理安排，按照轻重缓急制定和实施立法项目；正确处理好立法者、专家学者和社会公众的关系，兼顾立法的民主性、立法法治与立法科学性的衔接关系等。第二，实际操作层面的科学性，即运用科学预测技术预见未来立法动向与发展趋势，做好立法预测工作；运用科学规划技术起草、编制、实施立法规划和

---

① 中共中央马克思恩格斯列宁斯大林著作编译局：《马克思恩格斯全集（第一卷）》，人民出版社1956年版，第183页。

年度立法计划,实现立法规划与年度立法计划的衔接以及不同层级立法规划与年度立法计划的衔接;运用系统化技术实现法律法规的清理、编纂和汇编工作;运用科学的规范结构技术实现法的形式与内容的统一,运用明确、规范、通用的语言文字表达立法意图和规范内容,注意同一法律部门不同法律之间内部的和谐统一;运用自然科学和社会科学的方法手段,准确而全面地保证法律规范的语言统一、逻辑严密与规范适用。在当今中国,为保证操作层面立法技术的科学性,立法论证和立法辩论等都是可资借鉴利用和发展完善的重要立法机制。所谓立法论证,就是围绕某一重大而具专业性的立法主题(通常为立法项目和法律草案),由立法工作机关召集相关立法领域的专家学者以及民意代表和实务工作者进行的论证活动,主要包括立项论证和法案论证,一般出现在相关立法项目或法律草案提请审议表决前的立法准备阶段,因此,立法论证实质上为立法前论证,它不直接影响后续的立法程序活动。我国现行《立法法》和地方立法规则都有明确规定,从而实现了立法论证制度化。我国一些地方还出台了专门的立法论证规则,如 2013 年《广东省人民代表大会常务委员会立法论证工作规定》等。立法辩论最初出现在西方发达国家的议会活动,最著名的就是罗伯特议事规则,这种规则坚持平衡原则(所有人都有发言机会)、领袖制约原则(授权领袖特权但保留其他人权利)、多数原则(多数人决定即总体决定)和辩论原则(参会成员充分对话、协商和妥协),一般包括立论陈词、相互提问、自由辩论、旁听人提问和主持人总结等程序性环节。立法辩论在我国还属于新事物,但已开始尝试实践,如深圳市最近就准备出台《深圳市人大常委会立法辩论规则》,准备就涉及人民群众普遍关注且争议较大的热点、难点问题,对公共利益有较大影响的问题或者是常委会组成人员之间有较大分歧的问题,举行立法辩论会。[①] 立法论证和立法辩论机制的存在,将会对提升我国立法质量和推动立法民主化和科学化起到重要作用,值得向各类各级立法机关推广。

---

① 参见李舒瑜:《深圳市人大常委会拟出台全国首个立法辩论规则》,载"人民网",http://sz.people.com.cn/n/2014/0731/c202846-21837536.html,2016-01-23 访问。

第三节 立法的功能

功能是相对于事物的结构而言，是事物对外发挥的正面而积极的影响和作用。本节将功能与职能、作用等词语视为同一概念，不做严格区分。立法的功能即立法对人们的行为和社会关系所起的正面而积极的影响和作用，它相应地分为立法的规范功能和社会功能。相对于行政和司法等国家行为而言，立法行为的功能不可替代。拿破仑一生征战无数，却因滑铁卢一战而身陷牢狱之灾，不过他也因有一物而名垂青史，这就是他主持的1804年《法国民法典》立法，正如他本人所说的：“我一生四十次战争胜利的光荣，被滑铁卢一战就抹去了，但我有一件功绩是永垂不朽的，这就是我的法典。”[①] 因此，《法国民法典》又名《拿破仑法典》。可见，伟大而明智的立法具有非常重要的历史价值和社会功能，我国现行《立法法》第一条也明确指出，我们必须"发挥立法的引领和推动作用，保障和发展社会主义民主，全面推进依法治国，建设社会主义法治国家"。然而，立法不是万能的，并不是万事万物都需要立法，也不是万事万物都可以立法，否则，反而无助于社会秩序的构建。正如美国学者埃里克森指出的，"法律制定者如果对那些促进非正式合作的社会条件缺乏眼力，他们就可能造就一个法律更多但秩序更少的世界"[②]。最后，我们在把握立法的功能概念时还应注意三点：一是区分宏观层面由一国宪法和立法法所确立的立法制度功能与微观层面涉及具体立法活动及其结果的立法规则功能，二是区分应然意义上的立法功能和实然意义上的立法功能，三是区分一般意义上的法律功能与特定意义上的立法功能。本节着重介绍宏观层面应然意义上的立法特定功能。

[①] 李其庆：《〈拿破仑法典〉的历史地位》，载"求是理论网"：原载《学习时报》，2012-05-27，http://www.qstheory.cn/wz/ls/201205/t20120528_160507.htm，2016-01-18访问。

[②] [美] 罗伯特·C. 埃里克森：《无需法律的秩序》，苏力译，中国政法大学出版社2003年版，第354页。

一、规范功能

一般认为,法律的规范功能是法律规范直接作用于人们的行为而产生的积极影响,具体分为指引功能、评价功能、预测功能、强制功能和教育功能等。但是由于立法仅属于法律运行的第一环节,目的在于建章立制、确立指导人们行为的规范体系,为法律实施和遵守提供必要的规则制度前提。因此,立法功能是法律的规范功能在立法活动和过程中的具体体现,是法律规范功能的基本组成部分,但是也具有自身的特点,不能将法律的规范功能与立法的规范功能混为一谈。我们还认为,就立法的规范功能而言,首要的、也是最基本的应该是规范指引功能,而不是评价功能、预测功能、强制功能、教育功能或者其他功能。

(一)规范指引功能

一般来说,法律规范是通过规定人们在法律上的权利(权力)和义务以及违反法的规定应当承担的法律责任来指引、调整人们的行为活动的。一方面,根据规范行为的确定性程度,这种指引可以分为确定性指引和不确定性指引,前者是通过规定法律义务或责任,要求人们做出或抑制一定行为,后者是通过授予法律权利(权力),为人们做出或不做出一定行为提供选择机会。另一方面,根据规范行为的对象不同,这种指引可以分为规范性指引和个别性指引,或者分为个人指引和社会组织指引。就立法而言,首先,这种指引是针对社会组织特别是国家机关的规范性指引,在性质上主要为确定性指引。"与法的指引职能不同的是,立法只提供规范意义的指引,即通过一般或普遍的法律规定对一般或普遍的法律关系主体的行为进行概括的、反复适用的指引,而从更广泛的意义讲,法不仅可以提供规范意义的指引,还可以提供个别意义的指引,即通过法律适用活动对特定的法律关系主体的行为进行具体的、一次适用的指引。"[①]立法者不但通过创制宪法和立法程序规则来规范自身的立法活动,通过法定程序对习惯、伦理、政策、自治群体规范等非法律性社会规范进行立法认可,或者制定新的法律规范直接规范立法机关行为本身,而且通过确立确定性规范

---

① 朱力宇、叶传星:《立法学》(第4版),中国人民大学出版社2015年版,第27-28页。

明确国家机关的权力界限，并为国家机关的行政、司法等法律适用活动提供必要的法律规范依据。其次，这种指引也针对普通个人或私人组织提供规范性指引，通过授权性规范、义务性规范或禁止性规范的形式向人们提供确定性或不确定性的指引，使法律关系主体明确其行为模式的选择是可以做什么、应当做什么还是不应当做什么。我国现行《立法法》第一条首先明确要充分发挥立法的"引领"作用，"引领"即规范的指引。

在我国，要实现立法的规范指引功能，关键是充分发挥各级人大特别是全国人大在我国现行立法主体体系中的主导作用。具体说来，第一，坚决维护宪法和法律的权威，充分释放全国人大及其常委会职责范围内的立法能量，将人民的意志和执政党的意志通过法定程序转化为国家意志；第二，实现立法规划和年度立法计划编制的程式化、法律化，全国人大及其常委会可通过立法规划和年度立法计划加强对全国立法工作的统筹安排，地方各级人大及其常委会也要通过立法规划和年度立法计划加强对本地立法工作的统筹安排；第三，借助现有的法律批准、备案和审查机制，改进和完善各级人大及其常委会对本行政区域内的法律规范性文件的合法性监督；第四，提升各级人大及其常委会工作机关工作人员的立法专业素质，更多发挥各级人大代表在各种立法活动或过程中的立法者作用。

（二）评价与预测功能

法律规范是一种行为规范，具有判断和衡量人们行为的规范功能。法律规范不但具有判断人们行为合法与否的功能，而且具有衡量人们行为善良与否、正确与否的功能。法律规范通过这种评价影响人们的价值观念和是非标准，进而达到指引人们恰当选择行为模式的目的和效果。因此，法律规范的评价功能实质上是一种价值评价标准。立法也具有与法律规范相同的评价功能，即国家可以通过立法者的立法活动及其结果（法律文本），来评判法律关系主体行为的合法与否，从而为人们行为提供法律上的标准或尺度。但是，与法律规范的评价功能不同的是，立法评价不一定是产生法律实效的评价，因为人们行为的合法与否，还需要有关的执法机关（政府或法院）通过法律适用活动（行政执法或司法裁决）做出具有法律效力的评价，所以，立法评价本质上是一种应然意义上的价值评价标准。不过，还有一种特殊意义上的立法评价，即法律草案审议表决前的立法前评估和法律实施期间的立法后评估，显示了立法对其自身行为的评价功能，这可能会产生实际的法律效力，如导致法案的重新修改或完全废止，或者造成法规清理的后果。

法律规范之所以具有预测功能，是因为法律规范是一种稳定的、普遍的、可执行的行为规范，并具有不溯及既往的特点。也就是说，法律规范的对象是行为，是类行为，是可重复、可感知的一般行为模式，它指向现在和未来。作为法律规范的预测功能表现之一，立法的预测功能是指国家可以通过立法活动使法律关系的主体可以预先评估自己或他人的行为可能导致的法律后果。如果行为主体预测自身或他人行为可能产生肯定性法律后果，那么行为主体会付诸行动或者鼓励、支持他人的行为；如果行为主体预测自身或他人的行为可能产生否定性法律后果，那么行为主体会终止或中止自身行为，或者警示或制止他人的行为。立法的预测功能也有自身特点，那就是存在过多的不确定性，特别是当一部法律刚刚颁布或生效时，人们对该法律的预期效果可能持怀疑或观望态度，即对立法的可执行性信心不足，这需要通过行政机关或司法机关的相关法律适用活动进一步预测。在我国，要实现立法的评价功能和预测功能，关键是坚持科学立法和民主立法，实行良法善治，加强立法技术的规范制度建设，使法律更具有可操作性和可执行性。

（三）强制与教育功能

与伦理道德、社会习俗等社会规范不同，法律规范具有外在的强制功能，这是由于法律规范是以国家名义颁布的普遍性规范，由国家专职机关创制，并以国家暴力机器（如警察、军队、法庭、监狱等）为后盾。法律规范的制裁性决定了法律规范的强制功能，即法律规范对违反其规定的行为不仅可以说"不"，更可以付诸行动，依法纠正或否定违法犯罪行为。立法的强制功能是指国家通过立法活动，运用有组织的国家暴力迫使法律关系的主体行为纳入既定的法治秩序。立法的强制功能反映了立法活动的国家属性和社会公共属性，但是它与法律规范的强制功能有不同之处，即它具有明显的间接性和潜在性特点。立法的强制功能是应然意义上的强制功能，法律规范只具有可能的强制作用；只有当人们行为触犯法律规范，并且立法规范转化为适用规范时，它才能现实地体现出强制功能。

法律规范的教育功能首先表现为，通过把国家或社会的价值观念和价值标准凝结为固定的行为模式（如规则、原则等）和法律符号（如天平、法槌、蒙眼布等）而向人们灌输占据支配地位的意识形态，使之渗透或内化在人们心中，并借助人们行为广泛传播；其次表现为，通过法的实施而对本人和一般人今后的行为发生影响，如通过对合法行为的保护可以对一般人行为起到示范和促进作用，而通过对违法犯罪行为的惩罚可以对一般人行为起到警示和防范作用。[①] 所谓立法的教育功能，是国家通过立法活动引导人们依法行为，加强法律意识和提高法治素养。立法的教育功能的实现，需要满足行为人和社会公众的立法知情权。也就是说，人们只有了解立法、认同立法，才可能从中受到教育，进而影响到本人和他人的有关行为模式。因此，实行立法公开，提供可行性的公众参与立法机制，增强法律权威和社会公众的法律信仰，是实现立法的教育功能的必要途径。此外，加强法律的可执行性，减少和防范常常被执法者束之高阁的"僵尸条款"，提高执法机关的文明执法和公众的司法诚信认可度，也是最终实现立法的教育功能的重要步骤，毕竟立法的教育功能相对于司法和执法的教育功能来说更为抽象和原则化。

二、社会功能

立法的社会功能是法律的社会功能的表现形式之一。所谓法律的社会功能，就是法律规范对人们行为所处的社会关系的积极影响和作用，它必须借助法律的规范功能才能实现。也就是说，相对于法律的规范功能，法律的社会功能对社会关系的影响是间接的、潜在的，是法律的社会本质和目的性价值的外在体现。在我国流行的法理学教材中，一般将法律的社会功能表述为法律规范对政治、经济和文化等社会构成要素的影响和作用。显然，法理学教材中的"法律的社会功能"所言的"社会"概念主要指法律所处的社会关系环境，与第一节所说的"立法的社会属性"之"社会"概念不同。由于法律是一种上层建筑，其本身也是一种社会关系，因此，如果说法律的规范功能着重强调法律的外在功能，那么法律的社会功能则属于法律的内在功能。其次，立法的社会功能只是法律的社会功能的表现形式之一，它是法律规范形成过程中对社会关系发生的积极影响和作用，基本上是应然意义上的法律价值体现，这有别于法律规范实施和实现过程

[①] 参见张文显：《法理学》（第3版），高等教育出版社2007年版，第85页。

中对社会关系产生的实然影响和作用。总的来说，立法的社会功能主要包括社会秩序功能、社会构建功能和社会调控功能等。①

（一）社会秩序功能

立法的首要功能是形成社会秩序，这是由立法的首要目的和实际载体——法律规范的性质所决定的。规范意味着有序，在这个意义上，法律与秩序同义，秩序就是规则确立的一种法律倾向。正如美国法学家博登海默所言，秩序这一术语就是用来"描述法律制度的形式结构，特别是在履行其调整人类事物的任务时运用一般性规则、标准和原则的法律倾向"②。立法为社会提供秩序的功能主要表现在三个层面：一是提供政治权力秩序。不管是在前资本主义的专制社会，还是现代民主法治社会，都需要通过立法固化现存的政治游戏规则，明确国家主权归属，划定不同权力界限，规范国家权力结构，以实现政治权力长期合法化。二是提供经济运行秩序，实现经济形态的良性循环。恩格斯曾将立法权等对经济关系的影响程度归纳为三种情形："它可以沿着同一方向起作用，在这种情况下就会发展得比较快；它可以沿着相反方向起作用，在这种情况下，它现在在每个大民族中经过一定的时期都要崩溃；或者是它可以阻碍经济发展沿着某些方向走，而推动它沿着另一种方向走，这第二种情况归根到底还是归结为前两种情况中的一种。"③ 很明显，任何社会都希望立法所确认的经济秩序属于第一种情形。三是提供社会生活秩序。在成文法国家，立法在确认和规范社会生活秩序方面比普通法系国家的作用更为直接和突出，如明确权益义务界限，防范和解决生活纷争，为社会生活安全提供基本的规则保障和维护等。

（二）社会构建功能

除了确认和固化现有的社会秩序功能外，立法还可以通过废止旧规则、旧制度建构新规则、新制度。立法毕竟是一种人为的理性设计，无论

---

① 参见侯淑雯：《新编立法学》，中国社会科学出版社2010年版，第42-46页。
② ［美］E.博登海默：《法理学、法哲学与法律方法》，邓正来译，中国政法大学出版社1999年版，第219页。
③ 中共中央马克思恩格斯列宁斯大林著作编译局：《马克思恩格斯选集（第四卷）》，人民出版社1995年版，第701页。

它的目标公正性如何，都是国家主权者或执政阶级为达到特定政治目的而有意识实施的制度设计。立法的社会构建功能主要表现在两个方面：首先，立法的社会构建功能表现在国家机构的组成上，任何国家机构的建立都必须依靠立法取得正当性，马克思有句名言，"国家应该是政治理性和法的理性的实现"①。也就是说，国家与立法是共生共长的关系，国家是立法的物质载体，是法律存在和发展的基础，而立法则是实现国家职能、完善国家机构和巩固国家政权的基本手段和重要工具。在现代法治社会，任何国家机构的重新组建、职能划分和顺畅运行都需要立法的确认和保障。其次，一个国家的各项基本制度，包括政治制度、经济制度和社会文化制度等，都需要立法重新确认和进行法律保障。如基本政治制度需要通过制宪、修宪和建构完善的国家机构组织法体系来实现，基本经济制度需要通过建立系统的行政管理规则和市场私法体系来实现，基本社会文化制度也需要构建相应的社会文化立法保障体系。

（三）社会调控功能

立法的社会调控功能是立法具有对社会关系加以调整、配置和控制的能力和作用。调整是指立法通过对社会关系的确认、确定、规定和保障使其达到立法者所主张的理想状态；配置是指通过对社会资源的合理分配，使社会主体得以公平地享有资源利益并统一在国家和社会的总体目标之下；控制是通过充分发挥立法的引领、促进和制约作用，使社会关系保持在立法者所希望保持的理想状态内。其中，立法的社会调控功能主要体现为立法对社会资源的配置上，即通过立法，既要保证人类对自然和社会资源的合理利用，也要防止人类对自然和社会资源的过度开发。如果说自然状态下的人类生产生活秩序是关于社会资源的第一次分配的话，遵从自然法则是实现分配正义、自然正义；那么立法所确立的新的社会秩序就是关于社会资源的第二次分配，则树立社会法则是实现矫正正义、社会公义。

---

① 中共中央马克思恩格斯列宁斯大林著作编译局：《马克思恩格斯选集（第一卷）》，人民出版社1995年版，第118页。

三、立法的局限性

随着人类社会的文明进步，法治已经逐渐成为越来越多的国家或地区的主要治理手段或模式，作为制定法的创立活动或过程的立法行为，自然也越来越多地发挥着重要而不可替代的规范与社会功能。但是，我们也必须清醒地正视立法的功能局限性问题，也就是说，现代社会离开了法律和立法万万不可，但是将所有解决自然界与人类社会问题的筹码全部押在法律与立法方面，也是不切实际的幻想。立法的局限性并不等于法律的局限性，后者还体现在法律实施与法律观念等方面。如果将法律主要界定为制定法，那么作为立法结果的法律局限性将首先来自立法的局限性，因为我们所言的立法主要是针对制定法的形成与创立而言。从逻辑结构来看，立法的局限性主要体现在立法主体、立法技术与立法客体三方面：

（一）立法主体的局限性

立法主体的局限性即立法者的局限性，这又具体体现为三个方面：第一，立法者认识的局限性。人类认识的主体与客体之间不可能完全契合无缺，立法者也是人，同样不可能走向绝对真理，而是要受到所处历史时空和个人认知水平的限制。一些国家的宪法被认为是"不没的大典"，如日本明治宪法；或者被称为"永久宪法"，如穆巴拉克埃及宪法，但同样被淹没在历史尘埃中；1804年《法国民法典》也曾被称为最完备的法典，但是后来被1896年的《德国民法典》所超越，后者又成为大陆法系国家竞相借鉴移植的摹本。第二，立法者意志的局限性。立法是人类有意识的活动，必然在某种程度上直接反映立法者的个人意志。立法者的个人意志可能与本阶级意志或社会公众意志相一致，也可能发生冲突或矛盾。立法中被立法者"夹带私货"（如不当的部门利益或地方利益）的事情时有发生，特别在法治和民主政治不健全的国家或地区更是如此，这些立法的局限性是显而易见的。第三，立法者能力的局限性。立法者也许主观上有立好法的心理愿望，但是拘泥于才智而可能导致产生有缺陷的法律。立法者的能力主要是立法者的专业素养和熟练运用立法技术的能力。囿于现代社会的民主体制，立法者专业身份千差万别，他们往往具有不同的行业和职业背景，在实行兼职人大代表的我国更是如此，这势必影响到有关立法者的专业判断、政治选择与利益偏好。

（二）立法技术的局限性

立法局限性也体现在立法技术层面，既受制于立法表述技术的局限性，也受制于法案制作技术的局限性。第一，立法表述技术的局限性是指立法受制于语言和逻辑等的技术性规范要求。立法必须借助语言，而语言（不管是自然语言还是人工语言）有其自身的规律，况且语言形式与其反映内容并不存在完全的对应关系。与日常语言不同，立法语言必须具有概括和精准的二重性。一方面，立法语言针对的是同类行为对象，而不是某一个具体个别行为，因此，它必须具有概括性，能够反映其规范对象行为的普遍性特点；但是另一方面，立法语言又必须保证规范内容的普遍适用性，能够被公平地适用于所有被规制的行为对象，而不因为语言的歧义与模糊产生选择性执法或遭遇适用对象歧视。立法语言的局限性不但表现在语言信息传递过程中可能存在的失真或残缺，而且表现在语言信息转换过程中可能存在的逻辑混乱，这种逻辑问题既可能是形式逻辑方面的，也可能是辩证逻辑方面的。第二，法案制作技术的局限性主要针对法律规范载体在科学技术运用方面存在的缺陷或先天不足。我们可以想象在活字印刷技术时代与电子排版技术时代，法案制作技术存在多么巨大的差异。不同的科学技术为我们的立法技术提供了不同的法案载体手段，现代计算机技术、网络信息技术和现代通信技术确实为人类立法提供了空前方便科学的法案制作技术方式选择，但是这些技术也是飞速发展的，而立法与法律则具有相对的稳定性和时空差别。此外，不同国家和地区关于这些技术手段的发展现状差异也会直接影响到本国本地区立法的科学化程度。

（三）立法客体的局限性

立法的客体对象有二：一是人的行为，二是社会关系。第一，立法的直接客体对象是人的行为，并且只就人的行为进行规范调整，人的观念、心理和思想状况并不归属于法律的调整对象亦即立法规制对象，法律由此而有别于道德、宗教和习俗等社会规范。因此，立法与法律是不周延的，它们不可能规范所有社会现象。"对于法律来说，除了我的行为以外，我是根本不存在的，我根本不是法律的对象，我的行为就是我同法律打交道的唯一领域。"① 只有见诸外在行为才是立法和法律可以干预的地方，所谓不以言获罪就是这个道理。如果将立法对象不适当地延伸到道德、宗教、习俗等领域，法律将可能因为操作性差或调整对象欠缺而流于形式，成为"僵尸法条"，甚至走向立法万能或法律万能的极端。第二，立法的间接客体是社会关系，是人的行为所体现的社会关系，但是立法只是属于社会关系的一种而不是全部。立法的目的和价值之一，是建构稳定和谐有序的社会关系。人类社会有其自身发展的客观规律，立法和法律必须遵循它而不能违背它。人类社会关系有其不同的历史发展特点，它既是立法的客体对象，也构成立法的客观环境。人类立法总是受制于特定历史时期的社会关系状况，涉及政治、经济、文化、传统及立法者职业群体等诸多因素。相对于总体的人类行为和社会关系而言，立法总是不周延的，其外延不能涵盖人类的所有社会活动领域。

---

① 中共中央马克思恩格斯列宁斯大林著作编译局：《马克思恩格斯全集（第一卷）》，人民出版社1996年版，第16－17页。

第二章 立法的历史类型与演变规律

我国法学界对立法的产生主要有两种不同的理解,前一种理解认为,有法就有立法,立法的产生就是指法的产生,亦即法的起源,其中包括人类社会最初认可的习惯法的活动,也包括后来才有的制定法活动;后一种理解认为,立法产生于制定成文法。但是后一种理解中,又有不同的认识:一种认为立法始于古代成文法的产生,具体而言就是从立法者自觉地将最初的习惯法以文字的形式记载下来的时候;另一种则认为立法产生于近代,即始于资产阶级的代议机关的建立。因此,要了解立法的类型和演变规律,就应该了解习惯法和制定成文法的关系。在近代,马克思辩证法学则从政治经济上分析了立法的产生原因:在社会发展某个很早的阶段,产生了这样一种需要:把每天重复着的产品生产、分配和交换用一个共同规则约束起来,借以使个人服从生产和交换的共同条件。这个规则首先表现为习惯,不久就变成了法律。随着法律的产生,就必然产生出以维护法律为职责的机关——公权力机关,即国家。随着社会的发展,法律进一步发展为或多或少的广泛立法。再从国家的产生开始,从各国的发展来看,普遍都经历了从习惯到习惯法,再从习惯法到成文法的过程。习惯发展成习惯法时,开始是不成文的。随着文字的出现,习惯法又逐渐发展成成文法。后来,国家统治者又开始在习惯和判例的基础上总结实践经验,由预见制定新的法规和规范来弥补习惯法的不足。而法学家阶层的形成以及对立法理论、立法技术的研究探索,极大地促进了对习惯法的认可,丰富了制定成文法理论。因此,我们可以认为,认可习惯法是制定成文法的起点,从认可习惯法到制定成文法是法律文化发展的必然,从认可习惯法发展到制定成文法后,各国大体上分别是沿着制定成文法和认可判例法两个方向继续发展的。从而各国在不同的社会状态下沿着这一般规律产生了不同的立法环境和相应的历史类型。

第一节 立法的历史类型

一、立法产生的原因与规律

(一) 法的产生以及立法产生的原因

立法的产生和法的产生是基于同样原因的。从立法实践上来看，法的形成，与社会又是如此密切相关，法的形成，最终是由经济基础以及整个社会发展的客观需要引起和决定的。也就是说，法的形成开始于这种客观需要的出现，决定于这种客观需求的要求。所以，法的形成有其客观的历史必然性，社会发展的客观需要，是法的形成的最深层次的原因。这种客观需求同时也是立法活动的最终决定形式。

对于法的形成，我们可以从两个方面进行理解：首先，法的发展是与私有制的发展相连的，当工业和商业进一步发展了私有制的时候，详细拟定的罗马私法便立即得到恢复并重新取得威信，因此佛法和宗教一样是没有自己的历史的。其次，把法看作以脱离现实基础的自由意志为基础，是法学家的幻想。法的基础不是意志也不是权力，而是生产方式和交换方式，无论是政治的立法或者市民的立法，都只是表明和记载经济关系的要求而已。如《拿破仑法典》，作为带有资产阶级性质的法典，它并没有创立现代资产阶级社会，现代资产阶级社会只是在它当中找到了自己的法的表现，这一法典一旦不适应社会关系，就会变成毫不值钱的废纸。

从这个意义上说，经济基础以及整个社会发展的客观需要是以社会物质生活条件为载体所表现的，也就是说，社会物质生活条件是进行立法活动的最终决定因素。社会物质生活条件的含义比较广泛，主要包括三方面的内容：①地理环境；②人口状况；③社会物质生产方式。其中，生产方式是社会发展的决定力量。社会物质生产方式作为最终决定立法活动的因素表现为：生产力对包括立法在内的各种法律现象具有最终的决定作用，但是这种作用必须以经济基础为中介；经济基础直接决定立法的产生、性质和发展变化。从这一角度而言，立法应当是对客观存在的现实生活关系的反映，任何人都不可能脱离一定的生产方式的制约而随心所欲地立法。不仅那些在现实生活中直接调整、生产、交换、分配、消费等各种经济关系的法律要由当时社会的经济状况和社会关系的直接内容决定，而且那些政治性很强的距离具体经济社会较远的法律，如规定国家性质、政治制度、国家机关的组织和职权的法律，也必须符合经济状况和经济关系的要求。

但法的形成与立法的产生又是有区别的，总的来说，法的形成过程包括立法的各个环节，而立法活动则是法的形成的结尾阶段，所以，法的形成是比立法的外延更为广泛的概念，是比立法持续时间更长的过程，从一定意义上来说，立法学主要研究的是法的形成的结尾阶段的活动及其规律。

法的形成是指法律规范逐步产生发展，直至最后被纳入一个国家的法律体系的过程。也就是说，法并非从来就有，原始社会末期出现了社会大分工和产品交换，而在此之前，起初的交换带有偶然性和任意性。随着生产社会的发展，剩余产品的增多，便产生了一定的规则，以后又随着生产力和交换形式的进一步发展，人们的生产、分配、交换等经济生活也不断地发生着变化。在这一过程中，人类的社会开始出现了阶级，出现了新的经济生活，而在经济上占支配地位的人，为了固定自己的新经济关系，也需要有新的社会规范，这种规范便是法的前身。这些社会规范不断地渗入他们的意志的过程，不停地发展最后成为真正意义上的固定的法，这就是立法的过程。法的形成比立法持续的时间更长，法的形成初期可以是不自觉的，也就是出于习惯；也可以是意识性的，也就是规范需求的意识。而立法则是将本阶级利益和意志转化为法律意识和法律上的要求，并且通过支配的地位进行立法活动，将其上升为带有强制性的、实在的法律规范。因此，立法带有更鲜明的阶级性，也是基于支配阶级对规则的需求而产生的。

随着社会物质的发展，国家产生了，立法活动最终被固定下来，从立法与国家管理的关系层面而言，便可以看出立法与阶级性无法分割。从先秦儒家开始就是如此，这个同法家和法治在对立面的学派，并非像所有人所说的那样否定立法对治国的作用，儒家中的荀况就说过，"治之经，礼与刑"，而这里所说的"刑"，便需要通过立法才能产生。至于中国古代的法家,作为一个建法立制,以法治国的学派,更是非常强调立法对统治者治国的必要性和重要性。在西方,柏拉图认为各种政府都以维护自己的利益为前提来制定共和之法、贵族之法和专制之法,这样立法的目的是为了永久保持自己的权势;西塞罗认为立法的基本意图是要全民尽可能幸福,那些不是根据全国的利益而只是根据部分人的利益所制定的法,不是真正的法。法也就是所谓的公众意志。在麦迪逊看来,造成人类社会种种弊病的一大症结,在于"有产者和无产者在社会上总会形成不同的利益的集团。……管理这各种各样、又互不相容的利益集团,是现代立法的主要任务"。① 因此,立法的产生离不开阶级意志,立法能反映和维护一定的社会利益,立法的活动过程也是阶级意识博弈的过程。

(二) 立法产生的规律

立法的产生过程,经历了悠久的年代和不同的社会,人类历史上产生的无数法规、法律、法典就是立法产生的历史的证明。例如,早在公元前24世纪西亚的《萨麦法典》,公元前22世纪乌尔第三王朝的《乌尔纳姆法典》,公元前20世纪亚述王朝的《亚述法典》,公元前18世纪巴比伦王朝的《汉谟拉比法典》②;而在我国,自秦朝到清朝时期,在封建制度下,历代王朝都有自己的庞大的法律体系以及完整的成文法典。中外历史上的这些法典,并非是自然的产物,而是人类的创造物。这就是立法,也就是立法的过程。

有说法认为,立法应当是始于近代,"中国立法之发生是由于接受西方民权潮流之荡激,自秦汉以降数千年来法令之更张,皆是源于君主一人之手,一代之法制,除君主之诏令以外,别无法律,自无'立法'可言"③。其否认了中国在近代以前就存在立法,把立法仅仅看作近代民主民权产生后的产物。其主要是以现代立法为模式,认为现代才是真正意义上的立法,立法是始于近代的资产阶级,而先前社会在体制和社会运行上大有不同,不符合现代发展的需求,不可把立法置于那种社会条件中。按这种说法,若先前社会不存有立法,那就不存在法,因为近代意义上的法,

---

① [美]汉密尔顿、杰伊、麦迪逊:《联邦党人文集》,程逢如、在汉、舒逊译,商务印书馆1980年版,第46-47页。
② 参见周旺生:《立法学教程》,北京大学出版社2006年版,第138页。
③ 杨幼炯:《现代立法问题》,上海民智书局1934年版,第412页。

都是由近代社会所产生的议会以及代议机关或者其他立法机关所制定的，古代社会的立法并不符合近代法的模式，也不能称之为法，从而得出先前社会无立法的武断结论，这种说法显然是有失偏颇的。

　　立法是一门艺术。假如把它看成是一种职业或行当的话，那么，这是一个难度系数最高的职业与活动之一。从另一方面来说，立法需要立法者熟悉本国的国情、民情、真实的现实需求和深厚的法律知识与其他理论知识的积淀，或者具备卓越的洞察力与前瞻性，对自然法精神的准确把握和高深的智慧及娴熟的技巧，即使在古代社会，统治者通过对社会环境的理解制定的一系列规则，也丝毫不比近代立法的作用性和功能性差。如中国古代社会之所以得以延续两千多年，正是统治者基于本国国情和社会环境的治理的理解，通过立法来巩固制度。我们可以看到的一个简单事实就是，实行君主专制或寡头政治的国家在形式上和程序上，法律是由君主一个或少数寡头制定的，或是以他们的名义制定的，在人类早期社会，法律似乎是君主和少数寡头个人意志的产物。但是在实质上，他们通过制定所颁布的法律，必须体现以他们为代表的统治阶级的共同意志和整体利益，否则，这些法律将难以实施。在资本主义国家，法律是由通过选举产生的所谓代表多数人的代议机关制定的；在形式和程序上，法律的生效要经过这些机关的通过或批准，要反映促成这些机关的人员的意志。但是在实质上，组成这些机关的人员的意志，并不单纯是他们个人的意志，而是他们所属的阶级、阶层和集团的共同意志。如果不是这样，他们也丧失了资产阶级代表人的资格。因此，一直以来的人类社会，存有规则即存在立法，认为先前社会不存在立法这一观点显然是不适当的，虽然古代社会法与近现代法的内涵迥异，但应当看到的是，近现代的法无不是从古代社会以来人类文明的不停积累以及对法的理解的不断发展中质变而来。立法的种类是多样性的，不能以固定的一种模式、形式的立法作为判断标准。

　　立法的产生如同法的产生或其他事物的产生一样，是一个历史的过程。一般而言，立法的过程至少分为两个阶段：一个是萌芽或初始阶段，一个是未完成或最终形成阶段。也可以说是习惯法阶段和成文法阶段。在立法产生的初始阶段，立法主要采用认可的形式，习惯法便是以认可某些习惯使其具有法的效力和作用的形式表现出来的立法结果。也就是说认可某些习惯使其具有法定效力和作用而由习惯变为法。制定成文法就是通过司法规范化的形式表现出来，在立法产生的历史过程中位居高级阶段。

在立法的产生问题上,也有人把习惯法的产生排斥于立法产生的范畴之外,认为习惯法的出现与立法的产生是不同的。但这种观点否定了立法产生是一个分阶段的过程这一历史事实,否定了立法有多种形式这一事实。在西方国家,大量存在着法官立法的现象和判例法现象,就是对习惯法的认可。否认习惯法是立法的组成部分这一错误的关键是,把立法机关的存在以及立法机关对法的颁布,作为立法的最重要的不可或缺的标准或条件。博登海默曾提到,习惯法这一术语的使用,此后都将意指那些已成为具有法律性质的规则或安排的习惯,尽管它们尚未得到立法机关和司法机关的官方颁布。他又认为,原始法在很大程度上是以习惯规则为基础的,而这些规则却是伟大的立法者颁布的,或未得到受过职业训练的法官以书面形式加以阐述。[①] 可以说,有立法机关存在,特别是由于立法委专门职能和主要职能的机关存在,就可以有立法的存在;但却不可以反过来说,没有立法机关就没有立法的存在。立法主体是多方面的,立法机关不是唯一的立法主体,在立法最初产生的那几个历史阶段,是没有以立法为专门职能或主要职能的立法机关的概念的,这一概念是随着社会发展、宪政国家的建立,后来人们才使用的一个概念。

立法与法的产生一样,经历了一个由习惯法到成文法的演变过程,立法也是以习惯法的产生为起点的。虽然世界历史上,最早产生的法都是习惯法,成文法是习惯法经过长期发展的结果,最初是成文法大多以习惯法的记载形式出现。从习惯到法,这中间是有人在起作用的,是经由人的活动的,是由人的认可实现的。在习惯转变为习惯法的过程中,人所发挥的作用,人所进行的活动,便是最初的立法活动。

二、古代社会立法

(一) 奴隶制社会的立法

世界上许多民族都经历了奴隶制社会的发展阶段,奴隶制国家的立法是人类历史上最早出现的立法。它是在原始社会解体、奴隶制生产方式形

[①] 参见 [美] 博登海默:《法理学、法律哲学与法律方法》,邓正来译,中国政法大学出版社1999年版,第381页。

成的时候，伴随着奴隶制国家的产生而出现的。古代奴隶制国家共同的特点是：商品经济不发达，长期保留土地国有制，君主是国家的最高统治者。

早在公元前3100年，古东方国家美尼斯国王在统一了埃及后就进行过立法。之后在西亚两河流域出现楔形文字铭刻的成文法，其中《汉谟拉比法典》是迄今发现的最古老的成文法典中保存得最完整的一部。中国古代典籍中有"夏有乱政，而作禹刑"和"夏刑三千条"之类的记载，也就是中国早在距今4 000年前就已经有成文立法。西方奴隶制立法的产生从古希腊开始，也就是公元前7世纪开始进入成文法阶段，在诸多成文法立法活动中，以梭伦立法和德拉古立法为代表。随后出现的罗马立法，在奴隶制立法中最为发达，产生了公元前5世纪的《十二铜表法》，以及公元6世纪的《查士丁尼国法大全》这些重要的法律，特别是《查士丁尼国法大全》的产生，标志着罗马立法达到鼎盛时期。

主要维持奴隶主阶级的统治秩序，体现奴隶主阶级意志，并在经济上确认奴隶制的生产方式，是所有奴隶制立法最重要的本质特征。奴隶制立法在维护奴隶主的土地所有制的同时，也维护奴隶主对奴隶的占有，也就是说奴隶在法律上处于法律客体地位。为维护奴隶主阶级的统治秩序，奴隶制立法严格维护国王的无上权力，确认他们的权力不受任何约束，采用严酷刑罚来惩罚奴隶的反抗和其他危害统治秩序的行为。在奴隶之外的其他人包括奴隶主在内因经济政治地位不同而形成的等级差别，奴隶制立法也严格加以维护，规定不同身份、不同等级的人享有不同权利和履行不同的义务。另外，立法中带有浓厚的神权色彩、宗教色彩也是奴隶制立法的一个特点。

古代东方奴隶制国家立法指导思想的特点是：利用神权为以君主为代表的奴隶主阶级的经济统治、政治统治和文化统治服务。例如，我国夏商周时期的关于君主是"受命于天"和立法是"代天行罚""奉天罚罪"等思想，赋予了奴隶主阶级的统治以神圣不可侵犯的权威。而后，我国西周时期曾出现"敬天保民"的统治思想，这种立法指导思想是以新"天命观"为中心，以民心的向背作为王朝兴旺衰亡的标志。这种思想的产生，主要是长期阶级斗争的现实，在新形势下取得统治权力的周王朝统治者，为维护国家统治缓和奴隶制社会的矛盾，借助的"新形式"的神权观。西方奴隶制国家则以自然法理论为奴隶制制度进行辩护。亚里士多德最早提出了自然法思想，亚里士多德以后，斯多葛学派认为，自然法代表神的理性和意志是普遍适用的，高于一切城邦法律。这种思想出现以后有神学，强调人的义务，后来传入罗马，对罗马法的蓬勃发展起了很大的作用。

奴隶制立法经历了由认可习惯法到制定成文法的长期演变过程。开始是把原始社会遗留下来的、现实社会中产生的那些对统治者有用的习惯，由国家认可，使其成为习惯法。后来，随着统治经验的积累、调整社会关系的需要，在认可习惯法的基础上，逐渐发展成为成文法。除此之外，君主的命令一般也是属于法的范畴。在古罗马时期，成文法形式一般包括五种：民众大会制定的法、最高裁判官发布的告示、长老院的决议、皇帝的敕令、有关法学家的著作。

奴隶制法的体系是简单的、刑民不分的，实体程序也是没有明确的区分。法的体系很不平衡：首先是刑法、民法不平衡，罗马的商品经济相当发达，它的民事立法也相应发达。中国奴隶制时期，商品经济不发达，法的规范则主要是刑事规范。此外，罗马已经出现后来被广为效仿的公法与私法之分，市民法与万民法之分，但绝大多数奴隶制国家并没有这些划分。从法典编纂看，以巴比伦和罗马帝国时期的法典编纂为代表。巴比伦的法典编纂成就主要集中反映在《汉谟拉比法典》中，这部法典是公元前18世纪巴比伦国家统一后，为尽快实现行政司法语言文化的统一而编撰的。法典中刑法、民法和诉讼法混编，由序言、正文和结束语三部分组成。罗马的法典编纂以私人的法的汇编及法学家汇编整理为基础，此后官方也重视法典编纂，许多皇帝在位期间都进行法典的编纂工作，尤其是查士丁尼在位期间下令系统搜集整理了罗马的全部法律，并整理编纂成了著名的《查士丁尼法典》。在盖尤斯的《法学阶梯》的基础上，参照其他法学家的理论，编纂了以民事为主要内容的《查士丁尼法学总论》。随后，按照查士丁尼的意志，再次制定了《查士丁尼学说汇编》。最后，法学家们又把皇帝后来颁布的敕令汇编成《查士丁尼新律》。这四部法典的统称也就是后来著名的《查士丁尼民法大全》，也称为《查士丁尼国法大全》。该法典对当时罗马乃至近代国家的法制建设、法学研究和立法技术的发展有着极为重大的意义，编纂法典的过程、方式、模式，至今仍有参考意义。

（二）封建制社会的立法

世界上多数国家的立法都经历过封建制这一历史阶段。在欧洲，从公元3—5世纪西罗马帝国的灭亡到17、18世纪资产阶级革命的胜利，封建制立法存在了1 400多年。在中国，从战国争霸到辛亥革命推翻清王朝封建制立法更持续了2 000多年。封建制法的体系经历了由分散到统一、由简单到相对复杂的一个过程。欧洲封建社会各国处于割据状态，经济上的分散，政治上和立法上各自为政，全国难以有统一的法的体系。而后随着皇权在欧洲与教权争斗的胜利，经济政治趋于统一，君主专制的加强，法的体系也逐步得到统一。中国先秦时期，立法也是极为分散，秦朝统一后，在大部分时间里，中国封建立法体系趋于大一统状态。在封建制立法历史中，中国封建时期悠久且其封建制下的立法最具有代表地位。从战国时期，李悝的《法经》到清朝末期的《大清律》的制定，一直没有间断，每个朝代都有自己的立法，某些繁荣朝代所产生的立法对中外都有深刻的影响。

隋朝的《开皇律》，是隋代立法的主要成就，为开皇元年（公元581年）颁行。《开皇律》使中国封建法制定型化，这主要有三方面：第一，篇目的定型化。隋以后直至宋，各代刑律的篇目都沿用《开皇律》的十二篇，即名例律、卫禁律、职制律、户婚律、厩库律、擅兴律、贼盗律、斗讼律、诈伪律、杂律、捕亡律、断狱律。第二，刑名的定型化。奴隶社会里有墨、劓、刖、宫、大辟五刑。秦汉以来刑名增多，十分繁杂。《开皇律》规定笞、杖、徒、流、死，从此封建制五刑确立，一直沿用到清末。第三，"十恶"的确定。北齐首创"重罪十条"，北周改为六条。《开皇律》"多采后齐之制"，加以整理归纳，确定谋反、谋大逆、谋叛、恶逆、不道、大不敬、不孝、不睦、不义、内乱为"十恶"大罪，犯者严惩。沿袭至清末改。

唐朝法典立法内容模式上沿用了《开皇律》，其中，永徽年间的《唐律疏议》是我国封建时代保存下来的最早、最完备的法典，是秦汉以来封建法律的结晶，典型地反映了我国封建社会极盛时期的政治和经济特点，文字简明扼要，注疏确切全面，不仅被后世奉为立法楷模，而且推动了封建法学的发展。而唐玄宗时期所编纂的《唐六典》是我国历史上现存最早、最完备的行政法典。所谓"六典"，即理典、教典、礼典、政典、刑典、事典。但《唐六典》的编撰，实际是以职官分篇，以三师、三公、三省、九寺、五监、十二卫等为目，详尽叙述它的职司、官佐、品秩。从先秦到唐初，我国法典基本上为刑法典。《唐六典》作为专门的行政法典而修成，不仅是唐代，而且是先前各代法典内容与形式的一个重大发展。

此时，西方封建制度的立法与西方古希腊古罗马奴隶制时期地位相比却相差甚远，较有影响的法典是公元5世纪法兰克王国的《萨利克法典》、公元7世纪英国的盎格鲁-撒克逊法、12世纪的罗马天主教会的《格拉奇教令》等。

封建制立法的本质集中表现为它体现封建地主阶级的意志，维护封建地主阶级在经济、政治和思想上的统治，维护封建地主阶级内部的秩序。封建制立法就是特权立法。由于封建主占有大量的土地，在社会中具有特权，占有政治经济主导地位。而由于他们土地的占有量又决定了他们的政治地位，也就是说，封建地主阶级内部也是有阶梯级别区分的。立法作为一个社会关系的反映，封建制立法就是为维护这种封建特权而服务的。在经济上一般保护按等级占地和纳税的经济特权；政治上则是维护以皇帝为最高统治者的各级官僚贵族的政治特权；在司法上也是让特权阶级规避了刑罚，诉讼活动和具体刑罚的规定也一般是倾向于保护特权阶级。司法上同时也存在武力立法的特征，统治者为了维护本阶层利益，甚至通过立法允许使用残暴野蛮的方式来解决纠纷，更是通过立法规定了名目繁多的刑罚措施，带有任意性；或者甚至在日常生活上，依然贯彻着父权、夫权的保护。因此，封建制的立法权必然掌握在地主阶级手上，一般而言，在中央集权高度集中的君主专制社会，立法权掌握在君主手上。而在分裂割据的国家，立法权则掌握在诸侯贵族手上，君主和地方统治者拥有绝对的权力，却没有专门的立法权力机关和固定严格的立法程序。当然，在西方，也存在各等级代表机关的立法制度，也就是由君主、贵族阶层、僧侣以及工商业者代表参加的立法机关。此外，在西方地区，在教皇权力覆盖的地区，教皇和皇权相互争斗，教皇甚至会掌握各国家的立法权。

三、近代社会立法

前面提到过，在公元前8世纪进入成文法阶段前，无论在西方或东方，在社会发展的较早阶段，不存在成文法，仅仅是通过习惯等自觉性的约束性意识来规制行为,这也说明了,早期的人类社会,都曾实行过绝对的自由裁量主义。在古罗马时期,于成文法之前实行习惯法,因为习惯法是不成文的、观念性的,因此也就是不确定的、可以伸缩出入的,这种特征在司法落后之时往往导致法律适用的不精确。而习惯法皆为僧侣贵族所垄断,连法学知识的传授亦秘密进行。平民对高级官吏利用他们把持的习惯法滥用立法和司法权力十分不满,要求用文字将习惯法记载下来,以保护自己的合法权益,联邦党人说,如果人是天使,便无需法律①。由于法律只是防范人性之恶的工具,故同时代的卢梭曾表达了相似的意思:"法律应以少为贵,过多则证明政治腐败。"故成文法之公布实是对统治者丧失信任的结果。那么,如果统治者是值得信任的贤人,他们能公正而不为自己阶级的利益所障目,妥善安排一切社会关系,则实行人治、绝对的自由裁量,就是一种最好的选择,但这一切都需要以绝对的对人的信任为前提。因此,绝对的自由裁量开始衰落,严格的规则主义开始盛行。

  19世纪正是资本主义生产方式形成和发展的时期,随着工业革命和城市化的发展,市场经济的发达以及公司化与垄断的出现,这种生产方式对法律提出了自己的要求。马克斯·韦伯认为:资本主义企业的特征和先决条件是企业家的占有生产手段、市场的自由、合理的技术、合理的法律、自由劳动和经济生活的商业化②。所谓合理的法律,就是可预测的法律,换言之,就是能带来安全感的法律,固定的成文法律可以使人民安享权利。在专制国家里,法律不过是君主的意志,并不具备安全感,对于社会经济的发展是非常不利的,尤其是对于资产阶级。我们知道,法律本身就是对统治者任意性的限定,这种任意性不论以"法外用刑"或"法外施恩"的方式出现,都将破坏给法律带来的安全价值的确定性,使法律效果与一定行为之间因果关系的可预见性成为不可能,危害资本主义企业的运转。资本主义经济基础不仅需要确定性的法律,在这种社会环境下,法律规定越多、越详细,法官的自由裁量权就越小,法律就越有安全性。资本主义经济基础非常需要具有确定性的法律。同时,从资本主义国家的经济史来看,司法干预总是国家干预经济的重要形式,在这方面,美国曾有过

---

  ① 参见[美] H. W. 埃尔曼:《比较法律文化》,贺卫方、高鸿钧译,生活·读书·新知三联书店1990年版,第88页。
  ② 参见[德] 马克斯·韦伯:《世界经济通史》,姚曾译,上海译文出版社1981年版,第242页。

突出的例证。美国最高法院曾多次通过解释宪法左右经济生活的方向，而这种干预是通过行使司法自由裁量权进行的，这显然对资产阶级是不利的。因此，承认司法自由裁量权即隐含着承认国家干预的可能。而在19世纪的自由资本主义时期，法国、奥地利、意大利、德国诸国的民法典均以"私法自治"为指导思想，法典中突出强调个人私有财产权和个人的契约自由，以保证个人权利不受国家侵犯。

而到了近代，基于对法律局限性的认识，西方世界出现了绝对的自由裁量主义复兴的迹象，所谓法律的局限性，指法律基于其防范人性弱点工具的特质在取得其积极价值的同时不可避免地要付出的代价，是法律由于其技术上的特点不能完善地实现其目的的情况。主要表现在：①不合目的性。法律的普遍性特征使法律只注意其适用对象的一般性而忽视其特殊性，然而适用于一般情况能导致正义的法律，适用于个别情况的结果则可能是不公正的。任意考察一种社会关系，都可发现层出不穷的个别情况。②不周延性。法律确定性的第一个要求是法律应提供尽可能多的规则，换言之，法律对于其调整的社会生活应有最大的涵盖面。在法治国里，国家活动均由法律规定并受到法律秩序的制约，同时，无论团体或个人的法律地位（特别是生命、自由和财产）都有成文法加以保障①。但立法者不可能预见一切可能发生的情况并据此为人们设定行为方案，法律依然会留下星罗棋布的缺漏和盲区，从这个意义上说，任何法律都是千疮百孔的。③滞后性。法律确定性的第三个要求是法律应保持相对稳定。稳定性除了是维护法律权威的需要外，还受到其他因素的影响。修改法律是程序性极强的立法活动，其过程漫长而复杂，即使有敏感的立法者，也无敏捷的立法者。法律只不过是肯定既有利益关系的工具，"社会上占统治地位的那部分人的利益，总是要把现状作为法律加以神圣化，并且要把习惯和传统对现状的各种限制用法律固定下来"②。因此，每当修改作为肯定既有利益关系工具的法律时，总会遭到既得利益者的强烈反对，这些因素蕴含着法律的稳定性转化为保守性的可能。因此，西方法学家批判了绝对的严格规则主义把法官当作逻辑机器，把法律当作无欠缺的法律实证主义方法，悲

---

① 参见《德意志联邦共和国民法典》，上海社会科学院法学研究所译，法律出版社1984年版，第6页。

② 中共中央马克思恩格斯列宁斯大林著作编译局：《马克思恩格斯全集（第二十五卷）》，人民出版社1964年版，第894页。

观地认为法律永远追不上社会生活的发展，它一制定出来便立即过时。法律也永远概括不了社会生活的各方面，它从一开始就是片面的。因此，"人民不仅对法律失望，而且情愿不要法律进行管理"①。但又出现了一个问题：因为实行绝对的自由裁量，授予法官以绝对的权力，无疑为司法专横打开了大门。而且若判决完全取决于法官的个性，在法官的个性千差万别的情况下，将难以实现统一的法制。

四、现代社会立法

（一）现代资本主义立法

西方资本主义立法的发展主要是以绝对的自由裁量和绝对的规则主义之间的较量为主线的，两者都存在着明显的缺陷，这也是法律的局限性的体现。迄今为止，资本主义的立法主要分为英美法系的立法和大陆法系的立法，但在立法上却有了成熟的发展。

英美法系以英国为发祥地，且英美两国在法律的根本性方面并无二致，以英国为代表。英国的普通法以诉讼为中心，依英国早期的制度，当事人请求保护权利须以诉讼开始令状为根据。有权利但不具有相应令状而得不到救济的人们只得向被认为是"公平""正义"源泉的国王请愿。他们认为：由于司法上的缺陷，使正当的救济要求遭到拒绝，他们才转而向国王请求救济。这类请愿书日益增多，国王遂命令大法官处理此类案件，组成了以僧侣为成员的大法官法庭，使受普通法严格、僵硬程序排斥的此类案件的当事人能得到司法救济。大法官法庭的设立是一个重大的历史事件，同时，衡平法也相应成型，大法官审理各种案件，不是依据严格的规则，而是依据案件的具体正义性。这就是"非法律性裁判"。因此，从实体上看，衡平法是极为趋向自由裁量主义的。大法官法庭的活动结晶就是衡平法，虽然到了现代，逐渐地实现了法规化、系统化、技术化，但自然正义、最大限度公平所大力强调的指导理论始终不变，表面上的道德色彩有所加强，而且还更广泛地承认自由裁量权。因此，从实体上看，衡平法

---

① ［美］庞德：《通过法律的社会控制、法律的任务》，沈宗灵、董世忠译，商务印书馆1984年版，第18页。

也是对普通法严苛性规定的补救。总之，衡平法的产生，建立了以普通法和衡平法为内容的二元立法机制，以人的因素补充了规则因素的不足，大大缓和了普通法的严格性，促进了普通法朝公平的方向发展，缓解了法律的局限性，也就是产生了规则主义与自由裁量主义的结合，持续至今。

对于大陆法系国家，查士丁尼的法典编纂中断了罗马法中的严格规则与自由裁量相结合的体制，创立了绝对严格规则主义的传统。这一点恰恰为19世纪出现的大多数大陆法系法典所承袭，大陆法系往往以成文法典的形式来规定社会的各种关系，并倾向于绝对规则主义。但到了19世纪中叶，大陆法系发生了向吸收自由裁量主义因素的变化。向绝对严格规则主义的封闭的法典法发起最有力的巨大冲击的力量来自经济。19世纪下半叶，欧陆诸国的经济经历了工业革命、城市化、高度危险来源的出现、公司化和垄断化等一系列变化。经济、政治、意识形态等方面的新因素的扩张已改变了大陆法系诸法典赖以存在的社会条件。旧式法典的框架显然难以容纳这些新的因素。现实呼唤着对法典法进行改造。法典的编纂并不能使人民的法律从此固定不变，因为法律的生命是永无休止的。经济的、社会的以及哲学的种种变革势将迫使法典在基本原则上做出各种修改，也就出现了原则性概括法律。

因此，我们看到，大陆法系的法律出现了抽象概括的形式，但我们必须注意的是，大陆法系在立法上开始奉行实证主义，区别于英美法系，实证主义的基本观点是：法律是出自文明社会占统治地位的政治权威的规则或规范，只要是出自该政治权威的法律就具有约束力。法律无论怎样受道德秩序的影响，总是自足的，即法律和道德没有必然联系；在解释法律的意义方面，实证主义坚持法律的意义只能从实在的法律规定中引出或推导出，绝不能从正义或道德等主观的价值判断中引出。[①] 即在研究中强调以观察为基础，而不是以思辨和推理为基础去思考法律的方法或态度。在实证主义看来，科学知识只能来源于经验性材料，而价值判断、善恶区别等问题不可能由一般的勘验结果测定，它们带有主观色彩，仅存在于人们的头脑里，不可能凭借科学方法来分析。因此，对于法律的抽象概括，法学家的任务仅在于对既有的法律制度加以分析，司法者只能用逻辑的方法适用实在法。它促使人们对制定法本身有更确切的认识，使得制定法在规则

---

① 参见张文显:《当代西方法哲学》，吉林大学出版社1987年版，第23-24页。

主义基础上不再变得固定僵化。

（二）现代社会主义立法

人类社会的某一种社会形态的出现，具有两种可能产生和发展的方式。从社会形态的产生来看：一种是社会正常发展过程的产物，即新的社会形态在旧的社会形态的母体中孕育成熟，逐渐脱胎而出的瓜熟蒂落般的"常态"；一种为社会非正常发展过程的产物，即新的社会形态在外部特殊环境的影响或催生下，产生的非成熟的"非常态"。从近代世界的两大社会形态来看，资本主义社会（这里是指16—18世纪世界上最先进入资本主义社会的一批国家）是在一种正常的状态中产生和成长起来的，而社会主义社会（这里是指20世纪初最先进入社会主义社会的一些国家）是在一种非正常的状态中产生和成长起来的。

因此，现代社会主义立法也是区别于资本主义立法的。中国是当今最大的社会主义国家，以中国为代表，当今中国不仅构建起了一个前所未有的中国特色社会主义法律体系，而且形成了一整套行之有效的中国特色社会主义立法理论。中国特色社会主义立法理论是对中国立法实践经验和智慧的理性概括，具有鲜明的中国特色和实践特征，是中国特色社会主义理论体系的重要组成部分。

对于立法权限，1954年《宪法》体现出了高度的立法集权，不仅表现为中央与地方的关系上，作为大陆法系的中国明文规定了立法权集中于中央，地方没有立法权；而且还表现为权力机关与行政机关的关系上，中央的立法权集中于全国人大及其常委会，国务院没有行政立法权。1982年《宪法》把全国人大常委会也提升为国家立法权的主体，规定由全国人大及其常委会行使国家立法权，实质上是承认了其他立法主体。2000年《立法法》明确规定全国人大及其常委会的十项专属立法权，这是国家立法权的理论认识和制度建设上的又一个重大进步。确立专属立法权是切实保障全国人大及其常委会行使国家立法权的必然要求。在关于国家重大事项的立法问题上，如果不将其规定为全国人民代表大会及其常务委员会的专属立法权限，那么就会给其他立法主体过多的立法空间和自由，甚至导致这些立法主体的随意立法、恣意立法。后来，《中华人民共和国地方各级人民代表大会和地方各级人民政府组织法》（以下简称《地方组织法》）和《立法法》又赋予省一级和较大的市的人民政府制定规章的权力。对于经济特区，宪法和《立法法》也赋予了一定的法规制定权，自 1981 年以来，全国人大及其常委会先后五次授权经济特区所在地的省、市人大及其常委会制定法规，在经济特区范围内实施。《立法法》还规定：民族自治地方的人民代表大会有权依照当地民族的政治、经济和文化的特点，制定自治条例和单行条例。中国的立法体制是统一而又分层次的立法体制。

关于法律体系的性质。中国的法律体系的社会主义性质主要体现在立法的领导力量、指导思想、主体及其所体现的意志上。从立法的领导力量上说，我国立法工作是在中国共产党的领导下进行的，并且使中国共产党的主张经过法定程序成为国家意志，从制度上、法律上保证中国共产党的路线方针政策的贯彻落实。从立法的指导思想上说，我国立法机关坚持以中国特色社会主义理论体系为指导，确定立法原则和政策，编制立法工作规划，开展法律法规的立改废活动。从立法的主体上说，代表人民行使国家权力的国家权力机关是中国最重要的立法主体。这说明立法权掌握在人民手中。从立法所体现的意志上说，法律是广大人民共同意志的体现，是广大人民根本利益的表达，并不仅仅代表着某一特定阶级。

但在具体的立法技术和立法理论等方面，我们还是相当的不成熟，就如社会主义社会是在一种非常态中产生的，本身也是产生不成熟，更多的还处于实践探索之中，在与资本主义立法体制的并存中，带有当代性质的主要的立法理论、概念、立法技术等在一定程度是源于常态下产生的资本主义社会，因此依然还需要借鉴资本主义的立法经验。

第二节 我国立法的历史演变

一、我国古代立法回顾

中国古代主要经历了奴隶社会和封建社会两个阶段，其中以封建社会时期最为悠长，长达两千多年。对于我国古代的立法历史，早在公元前 21 世纪夏朝奴隶社会就存在，古典有记载"夏有乱政，而作禹刑"和"夏刑三千条"，而一般认为，我国成文法产生于周朝或者更早一些，公元前 11 世纪，周朝初期的穆王就曾令吕候制作刑书，史称《吕刑》。在我国奴隶社会，一直实行君主独揽立法权的专制制度，对君主行使立法权是没有任何限制的，而且主要是利用神权为以君主为代表的奴隶主阶级的经济统治、文化统治和政治统治服务。我国奴隶社会曾出现过"受命于天"和立法是"代天行罚"的立法指导思想。

中国古代封建社会立法，一般来说，战国之际就李悝编撰的《法经》为中国古代封建社会最早的封建法典，也是中国封建社会早期最鲜明的立法活动体现。但严格来说，这段时期并不属于中国封建社会正统法律思想的产物，秦汉以后才出现的封建正统法律思想，在中国古代法律思想史上占有极其重要的地位。它在中国悠长的封建时代一直指导和支配着中国封建社会的立法、司法活动。

中国封建正统法律思想是指秦汉以后以儒家法律思想为主，结合法家以及其他各家有利于维护封建统治的法律思想而形成，在中国封建社会占据主导地位的官方法律思想。它的形成，经历了一个比较复杂和曲折的过程。公元前221年，秦始皇在法家思想的指导下建立了中国第一个中央集权制的君主专制国家，并以法家思想作为秦王朝的统治思想。在立法上，秦王朝采用"以刑去刑""以杀止杀"的严刑峻法政策，在司法上，"专任狱吏"，并实行文化专制，"以法为教""以吏为师"。由于秦王朝将法家的"法治"思想推向极端，终因"举措皆暴"而遭二世之亡。

秦亡汉兴。汉初统治者一方面沿用秦朝的中央集权专制制度，承袭秦朝的法律制度；另一方面，也吸取秦朝重刑暴虐而骤亡的教训，认识到仅靠法家思想不足以维系其统治，转而采用儒、道、法相结合的黄老思想为指导，主张清静无为、约法省禁、与民休息、尊主安民。在这种思想指导下，汉初的社会经济有了较好的恢复并有所发展。但黄老思想过于消极，以至于在社会经济得以恢复和发展的同时，各种不利于中央集权统治的流弊也日趋严重。如在意识形态上出现了"师异道，人异论，百家殊方，指意不同"的现象，法律制度上甚至出现了"上无持一统，法制数变，下不知所守"。西汉时期，汉武帝开始推崇儒学，以董仲舒为代表，提出了"罢黜百家，独尊儒术"，达成了思想上的统一。并且，董仲舒在"天人感应"的神学目的论的基础上，提出了"君为臣纲、父为子纲、夫为妻纲"的三纲五常伦理体系，并将君权予以神化；与此同时，又根据阴阳学说将儒家的重德轻刑观点说成是天意："天道之大者，在于阴阳，阳为德，阴为刑。"上天之意，任阳不任阴，因而"任德教而不任刑"，从而使"德主刑辅"的思想成为亘古不变的真理。至此，经过董仲舒的精心铸造，中国封建正统法律思想最终得以形成。

此后，魏晋玄学使之更加理论化，魏晋律学使之具体化。至宋明时期，以程颢、程颐和朱熹为代表的理学则使之更为精致、严密。在汉律的基础上，吸收"以经决狱"和"以经注律"的成果，重新编纂和修订法典的工作开始推行，而法典的编纂与修订又落入儒臣之手，使得儒家思想开始全面渗入法律内容之中，具体表现为：曹魏时的"八议"入律，南陈时的"官当"入律，晋律增设"准五服制罪"，北齐律确立"重罪十条"。可见，儒家思想中的"宗法为纲""法有差等""德主刑辅"等特点已在此时期的法律中得以体现。

隋唐是中国封建社会发展的全盛时期。以《永徽律》为主的《唐律》集秦汉以来众律之大成，是中国封建经济、政治、文化和法律等方面高度发展的产物，也是封建正统法律思想法律化走向成熟的标志。《四库全书总目提要》概括《唐律》"一准乎礼，而得古今之平"。足见《唐律》是礼法融合、以礼立法的杰出代表。

唐朝以后，中国封建经济仍在缓慢发展，君主专制的中央集权制进一步强化。在法律思想方面，儒家法律思想不但仍占据统治地位，而且因宋明理学的论证而更加精致。在法律制度方面，《唐律》仍承用不废，历代制律或解律，大多以此为蓝本。《宋刑统》无论篇目或内容均与唐律无异，"元时断狱，亦每引唐律为据"；明律则"篇目一准于唐"，法律又以明律为准备。可见，唐代以后，封建正统法律思想法律化处于延伸状态，直至清末完整的封建社会瓦解以后，才被迫退出历史舞台。

由此，我们可以看到：中国封建正统法律思想的形成、通过立法法律化的活动，是中国封建社会政治、经济、文化、历史地理环境等特定历史条件在法律领域内共同作用的结果，它顺应并推动了中国封建社会的巩固和发展。这种正统法律思想既克服了过于迂阔的先秦儒学的弊端，又摒弃了秦朝统治者"刑杀无度"的滥刑之政，顺应了封建中国的实际，具有很强的生命力，至今，这种传统法律思想依然影响着我国的立法。

二、清末民初的近代中国立法转型

我国立法问题的产生，是由于受西方民权潮流的激荡。在封建社会，我国没有所谓的立法问题。从秦汉以来，数千年的法力更张，制度的变革，都是由君主一人主张，除君主的诏令以外，没有真正意义上的法律可言。晚清时期，虽产生了立法的问题，但法制的内容非常简陋，公法疏漏，私法更是简略。更多的都是散见于社会习惯，不具备权威性。到了清末，人们感觉到民权的重要，要求立宪的运动也随即而起。清末的法治运动，虽然可分为民主革命运动、君主立宪运动以及钦定宪法运动，但都是处于法治运动基础上的。

但清末变法革命多流产，以康有为、梁启超等人为代表的，发起的君主立宪政体化为泡影。《剑桥中国晚清史》曾这样评价清末改革的特点：清朝统治者并不是真要改革，它只需要保持改革的门面，面对实际内容则毫不关心，改革不是为"富国强兵以防御列强的侵略"，而是为了保住清王朝。但不管"保命"是真也罢，改革是假也罢，既要"新政"，就必须实行新举措。清末立法自是其中最重要一环。沈家本也认为，"为政之道，首在立法典民"。而所立之法，断不能再遵循陈旧之制，泥古不化。康有为即说，"治国之有法，犹治病之有方也，病变则方亦变"，否则，"病既变"仍用旧方，只会增"疾"。同样的道理，"法久则弊"，时代在改变，却依然保持原来固有的法律制度，对国家是非常不利的。因此，欲振衰起颓，就必须"非变通旧法无以为治"。按其意思，清末立法的当务之急便是"变通旧法"、订立"新法"，而新法惟向泰西各国习之。由法之变动，继而推及政体、经济等典章制度及文物风俗的变动以求国之自保。在这一点上，无论政见分殊多大的康有为、梁启超、谭嗣同、严复、沈家本、伍廷芳等人都一致认同。

无论怎样，清末立法活动的指导思想已经开始由"固守成法"向"师夷变法"转变，保守的立法传统逐渐让位于西方的立法制度和立法思想。1902年，光绪皇帝下诏法学家沈家本，以及有"受过系统西方法律教育并获得出庭律师资格第一人"之称的伍廷芳出任清末修律大臣，进行全面的法律改革：开法律馆，设法律学校，译介西法典籍，制定刑律、民商律、诉讼律、审判编制法等新型法律。这一年，也被视为中国立法现代化的正式开始。

在这次并不算成功的立法运动中，最具有重大意义的是宪法的制定。光绪三十三年（1907年）七月，谕令把考察政治馆改为宪政编查馆，负责编订宪法草案；同年九月，又设资政院，由钦定和民选两种方式产生议员，表决宪法。1908年颁定的《钦定宪法大纲》和1911年修补的《宪法重大信条十九条》虽然因为其换汤不换药地继续维护封建君主专制政体而颇受后人非议，但在形式上这两部法律却可被视为中国近代成文宪法之肇端。尤其是《宪法重大信条十九条》，较此前的《钦定宪法大纲》就皇帝专权及国会权限做了不少调整，如第三条规定，"皇帝之权，以宪法所规定者为限"；第五条，"宪法由资政院起草议决，由皇帝颁行之"；第六条，"宪法改正提案权属于国会"；第七条，"上院议员，由国民于有法定特别资格者公选之"。谢振民在其著作《中华民国立法史》中评价道，上列条款，"与前《宪法大纲》迥异，已非日本之君主立宪制。而有似于英国之君主立宪制，所谓'议会政治'，所谓'虚君共和'，悉可于条文中见之"①。因此，《宪法重大信条十九条》就其内容和效力而言，可说是中国的第一部宪法。

除了确定政体，决定立宪之外，修律大臣们还以"参考古今，博稽中外"为指导思想，远绍古罗马、英国、美国、德国之法，近采日本之律，运用法律移植的方法，把西方法典嫁接在中国传统法典的根株之上。他们第一次聘请外国法学家，如日本的冈田朝太郎、松冈义正等作为修律顾问并参与立法，仿照德国、日本等大陆法系法典的架构初步建立了中国近现代的"六法"体系，制定了《大清新刑律草案》《大清民律草案》《大清商律草案》《刑事诉讼律（草案）》《民事诉讼律（草案）》等法典，一改过去古代传统法典重刑轻民、刑民不分、诸法合体的法典体例，形成了一个不中不西、又中又西的法律体系，这标志着中国古代法典编纂传统的没落和大陆法系法典体系在中国的开始确立。清末立法运动、连同那些尚未颁行便告夭折的种种法案，虽然像它的兴起一样短命，但却是中国立法史上第一次现代性转型的大胆尝试，并为其后整个民国时期颁定法典奠定了基础。

中国近现代的立法发展似乎没有，甚至从来没有过独立的历史，它总是围绕政治演进这一中轴线起伏波动。换个角度来看，我们把近现代中国立法、法制的活动放在整个社会发展的历史大背景下，不难发现，立法的演进实际上正是对政治刺激的一种回应。事实上，历史上的立法活动基本是在一种相当浓厚的政治氛围中，并且主要是围绕着现实的政治运作而发

---

① 谢振民：《中华民国立法史（上）》，中国政法大学出版社2010年版，第39页。

展起来的。国家机制的重建和革新始终是与立法现代化运动平行而且密切相关的另一主题。

三、立法法与当代中国立法制度的演变

《中华人民共和国立法法》已于2000年3月15日由第九届全国人民代表大会第三次会议通过,并于2000年7月1日起正式生效施行。它的起草、制定过程历时7年,是现阶段中国法的渊源中一部特别重要的基本法律,也是现阶段中国法的体系中一部十分重要的宪法性法律。这部法律的诞生和实施,标志着中国各种法律、法规、规章的制定,标志着中国宪政的、行政的、民商的、经济的、社会的、程序的等各种部门法领域的立法调整,从此有了一个直接的法律根据;意味着中国立法的法治化以至整个国家的法治化,因之有了一个直接的法律准绳。但是,这部法律在实际生活中究竟会取得怎样的成效,它在实现其价值的过程中能否使自身得以逐步完善,却不是由其重要地位所决定的,而是取决于人们对它的理解和接纳程度,取决于它同赖以存在的社会历史环境的融合程度。对此,我们必须去理解它与中国社会历史间的衔接问题,而不能一味去否定或者肯定。

《立法法》是一部被广为关注的法律。在其出台之前,许多人期望它尽快地、尽可能好地产生;但也有不少人对它不予认同,主张不宜问世。然而在其出台之后,不少当初抱有期望的人却非常失望。"一部法律能够引起众人瞩目,并且态度相左,这本来不算怪事,在法治环境之下的各国,这样的情形随处可见。但人们对同一部法律所怀有的期望和情绪,所抱有的态度,反差如此鲜明,甚至同一个人在它出台前后对其态度迥然不同,这样的情形则实属少见。中国立法法就属于这样一种引起少见反差的法律。这种情形及其产生的原因,都是耐人寻味的。这是中国现时期社会历史环境所刻下的特殊印痕。"①

人们对《立法法》怀有如此反差鲜明的情绪,其原因是多方面的。因当时中国立法和法律、法规、规章中存在种种弊病,例如存在越权、混乱、矛盾、含混、质量低劣以及其他影响法的实施的症状,人们希望能有统一的关于规制立法的法度,以矫正这些弊乱;或者是因为他们注意到

---

① 周旺生:《立法学教程》,北京大学出版社2006年版,第114页。

《立法法》可以达成现代的法律与中国传统法律文化的衔接，制定《立法法》，不仅可以规范中国立法，还可吻合中国传统立法文化的内在要求，实现具备中国特色的法治体制；或者是人们欲依法治国，必先规范法律与立法，建立完善的立法制度的道理。此外，中国立法中亦有诸多宝贵经验有待以法律形式予以总结、反映和固化，而《立法法》正是一部构建完善立法体制所必不可少的治法之法；抑或《立法法》的制定可能能使人们切身感受到立法、参与到立法中去；也或者是其他原因。

同时，当时正式出台的《立法法》，很多人认为对中国立法做出制度设计，与其所期望、所憧憬的关于中国立法的制度设计相差甚远，甚至对《立法法》怀有抵触、反感情绪。这主要是由于与立法或法律制度建设的实际生活颇有疏离，民众规范意识欠缺，并且不具备对《立法法》的需求，认为制定《立法法》本来就是无足论道的平常事，或者有人认为中国的《立法法》更多的是"移植"于美国这类西方大国的立法经验或者立法条款。而且，在"移植"的过程中，难免增删损益、改造制作，抑或再创作。因此，与中国的社会历史和社会环境会稍有脱节，在缺乏足够法治土壤的中国，《立法法》的制定与完善似乎还有很长的路要走。

所有的制度建置，都是历史的制度建置，都是一定国情之下历史环境的内在规定性表述。马克思曾明确指出，权利永远不能超出社会的经济结构以及由经济结构所制约的社会的文化的发展①；他还说，"立法者应当像自然科学家那样表述法律而不应当制造法律、发明法律"②。虽然，中国《立法法》在一定程度上"移植"或者借鉴了国外发达国家的经验，但它是中国国情的产物，是国情之下的特定历史环境的产物和表述，它不可避免地要刻下这一特定历史环境所必然给予、所可能给予的历史痕迹。一方面，中国现时期立法以至整个法制建设需要有《立法法》；另一方面，现时期的具体情况或条件，又决定着所产生的《立法法》可能具有某些局限性，可能不成熟。这种矛盾的状况，是由转型时期、向法治过渡或正在走向法治时期的历史规定性所内在决定了的。在需要《立法法》和可能产生出不够好的《立法法》两个方面，前者是首要的、主要的，后者是第二位

---

① 参见中共中央马克思恩格斯列宁斯大林著作编译局：《马克思恩格斯选集（第一卷）》，人民出版社2012版，第12页。

② 中共中央马克思恩格斯列宁斯大林著作编译局：《马克思恩格斯选集（第一卷）》，人民出版社2012版，第183页。

的。立法者,尤其是立法决策者、决策部门,以及参与立法的骨干人员和有关部门,应当认真研究这两个方面的问题,一方面可适应历史环境的需求,将《立法法》制定出来;另一方面要采取必要的、应有的措施,将历史环境可能带来的局限性减弱到最低限度。而《立法法》的研究者和工作者,则需要从中国现时期的社会历史环境出发,实事求是地、客观地、科学地看待这部法律。首先需要知道《立法法》的制定是历史环境的一种要求,然后需要明了我国历史环境所能产生、所能接纳的《立法法》可能会是什么样子。

一部重要法律的产生,总是由多种多样的原因促成的。历史环境的因素,重要人物的因素,偶发变故的因素,还有其他因素,都可能是促成一部重要法律问世的原因。查士丁尼对罗马法的产生,拿破仑对《法国民法典》的问世,唐高宗对《永徽律》的修纂所做的不朽贡献,便足以说明历史人物对立法、对人类制度文明所能发挥的巨大作用。但在所有这些因素中,历史环境的因素是最根本的因素。

《立法法》制定前,世界早已在整体上跨入现代社会,而中国却在许多方面还带有前现代社会的历史印记,较为落后,并且又蒙受了长达十年的历史厄运而大病初愈。它亟须包括法制建设在内的进步或变化是不消论说的。并且,亟待改变落后面貌而臻于强境才不至于远离世界文明进程轨道的压力和动力,迅速进步的外部世界的压力和动力,都不能允许中国在法制建设方面,选取凭借民间缓慢的制度积累的路径而走向法制现代化。中国所选取的,只能是政府推进型的亦即主动进取型的法制建设道路,政府推进型的法制建设道路,又恰好同中国自古以来所形成的成文法传统在形式上、路径上不谋而合。走政府推进型的法制建设道路是利弊兼具的。因为走这样的道路,对尽快改变中国法律制度落后的面貌而言,是可能很快见效的选择。如果走民间演化型的法制建设道路,会耽误时机而拉大中国法律制度文明与先进国家的差距。但这种政府推进型的法制建设,这种在不长的时间内获取很大进展的法制建设,是缺少长期的法制积累的,因而根基偏于薄弱。于是,立法的责任或任务,立法的地位和作用,在这一时期就凸现了出来。

在这样的历史动力的催动之下,20世纪70年代末期以来的20年间,中国法制建设尤为彰显的重大进展,便首先表现在立法方面。立法提上了国家生活的重要日程,立法体制朝着完善化的方向屡有迈进,一个囊括宪法、行政法、民商法、经济法、刑法、社会法、程序法在内的颇具规模且颇具中国特色的法的体系逐步形成，立法理论亦逐步走向自觉。特别是1979年以来，差不多每年都有相当数量的法律、法规出台；1982年以后每年又有大量的行政规章产生。到1999年底，所制定、修改的法律和所通过的有关法律问题的决定有371个，行政法规有840个，地方性法规有7 000多个，行政规章则有30 000多个。这些法律、法规、规章的调整范围渐次广泛，国家生活、社会生活和公民生活中过去长期所存在的无法可依的局面，已经得到彻底改变。在以立法为先导的中国法律制度建设迅速而明显地取得重大进展的过程中，必然需要《立法法》的制定。

再者，在中国的法治发展过程中，逐渐积聚了种种需要以系统而较为健全的制度固定下来并借此加以巩固发扬的宝贵立法经验，诸如中央与地方、权力机关与政府之间立法权限划分体制方面的经验，各有关立法程序方面的经验，法律、法规、规章等法的渊源的体系构成和相互关系方面的经验，宪法、行政法、民商法、经济法、刑法等部门法的体系构成和相互关系方面的经验，法的解释方面的经验，立法监督方面的经验，立法原则方面的经验，等等。总结、反映和固化这些经验，比较好甚至最好的一种方式，便是制定一部关于立法本身的基本法律，亦即《立法法》。在建设社会主义法治国家的法治环境下，制定《立法法》这样一部宪法性法律，方能满足总结、反映和固化立法中成功经验的需要，方可系统、集中地总结、反映和固化立法中那些弥足珍贵的经验，也才能具有权威地、富有成效地总结、反映和固化这些立法经验，并且通过这样一部重要的宪法性法律，使这些经验成为今后中国立法据以进一步发展的制度源泉。如果不是通过制定《立法法》，而是通过工作总结、报告、文件、讲话以及其他诸如此类的形式，当然也可以在一定程度上总结、反映和固化人们辛苦积聚的立法经验，但此类做法归根结底还是人治的或行政的做法，而人治的和行政的做法的一个很大的特点，就是具有不确定性，由人治的或行政的做法来总结、反映和固化这些立法经验，容易随时因某种原因而被丢弃。故选择法治的办法亦即制定和实施《立法法》的办法是一种历史的必然选择。

在未制定《立法法》以前的中国，宪法、地方组织法和其他有关宪法性法律，涉及立法问题的规定是不具体的、零碎的、很不完整的。这就使得从中央到地方、从权力机关到行政机关的广泛的立法活动，没有一个具体、集中、系统、合理的法律依据。因此造成：①中央与地方之间、权力机关与政府机关之间，在立法权限范围方面，在不少事项或问题的处理权限方面，由于没有明晰的制度规定，经常会产生立法上的侵权或不尽职守的情形。②立法过程的各种基本程序缺少健全、科学的制度规定，由此就经常产生立法上的超越程序、违背程序运作而失却制度规制、失却科学性的情形。③法律之间、法规之间、规章之间，法律、法规、规章与宪法之间，法律、法规、规章相互之间，普遍地、大量地存在着程度不同的相互矛盾或冲突的情形。④同一位阶的法相互之间的矛盾和冲突，不同位阶尤其是下位阶与上位阶的法之间的矛盾和冲突，随处可见。由此就使执法、司法和守法主体在法的实施方面经常无所适从，而这些相互矛盾和冲突的法也因之难以取得实效。⑤不少法律、法规、规章或它们中的许多规定，落后于实际生活的需要，不仅不能满足现实生活对立法的要求，而且有碍于现实生活的发展步伐；或者是脱离国情、地情和民情所能接受的状况而不适当地超前，因而不仅于事无补，而且有损法的威信，对民众法律意识的增强有负面影响。⑥许多法律、法规、规章或它们中的许多规定，对公众的要求多，而对国家机关要求少，不能以立法充分反映人民的意志和利益，往往使人产生立法主要是管理人民而不是主要用于保护人民的错觉，使今日中国立法应有的本质在这些法律、法规、规章或它们的规定中不能得到正确而有效的体现，立法的效果与立法的初衷相悖；大量的法律、法规、规章，立法技术严重有失水准，科学性很成问题：许多规定政策性色彩过浓，难以有效实施；许多规定不明确、不具体，过于笼统、抽象、原则化，或者是模糊不清、弹性过大，难以准确把握和实施；许多规定缺少配套规定，或者是不够完整，只有行为模式没有后果模式，无法有效实行；许多规定过简或过繁，也难以实行。⑦法的清理未能走上正轨。⑧立法责任不清。无论立法主体或立法人员在立法方面如何不尽职守，应当立的法未能及时立，应当修改或应当废止的法未能及时修改或废止，都无人承担责任，也无人追究责任。所有这些问题都显露出中国立法亟待向法治化、民主化和科学化的方向大进一步。中国法制实践中有法不依、执法不严、违法不究的问题，在很大程度上，是同中国立法的先天不足、所立之法的质量有明显问题直接相关的。而实现立法的法治化、民主化和科学化，提高立法质量，造就大批良法，需要有一个针对这些问题而设置的、可以有效解决这些问题的完好的立法制度。《立法法》就是这种制度的集中的载体。

中国《立法法》的产生，还具有明显的有助于法律文化方面的优良传统与立法现代化相结合的价值。中国是具有长久的成文法传统的国家，立法制度主要也是成文立法制度。这是中国立法以至整个中国法律文化尤其是立法文化的一个优点。中国立法实践中虽然也有不成文立法制度发生作用，但这主要是因为中国法治落后和立法制度尚待改进。一方面，许多立法活动缺乏成文制度可以遵循，它们只能遵循惯例、领导者或其他有关方面的意愿以及政党、政府、重要人物、重大事件、重要变故等随机性因素；另一方面，既有的成文立法制度存在弊病、漏洞以及其他欠缺，使一些立法活动难以全然按照这些成文立法制度办理。

虽然《立法法》在成立之际，其仍不够成熟，但经过多年发展，当代中国立法体制在朝着完善化的方向发展的过程中经过多次迈进，形成了一个由国家立法权、行政法规立法权、地方性法规立法权、自治条例和单行条例立法权、授权立法权所构成的立法体系。随着时间的推移，我国的立法工作遇到了新问题，需要修改《立法法》使之与其相适应。

因此，第十二届全国人民代表大会第三次会议于 2015 年 3 月 15 日通过的《全国人民代表大会关于修改〈中华人民共和国立法法〉的决定》，对原来的《立法法》做了较多修改。此次《立法法》修改，对我国立法体制进行了一些调整，包括：人大主导立法、赋予设区的市立法权、授权立法等。这些修改，将给我国的立法体制带来积极的影响。

尤其让人关注的，条文更多的是进一步明确了人大主导立法的权力，整体上看，新《立法法》进一步强调了发挥人大在立法中的主导作用，建立健全立法起草、论证、协调、审议和立法后评估等机制，通过座谈、听证、评估、公布法规草案等扩大公民有序参与立法的途径，要求逐渐实现人大立法由被动"虚置"向主动"主导"的方向转变。

再有就是，赋予了设区的市立法权。2000 年制定的《立法法》，赋予了"较大的市"这一立法主体的地方立法权。但由于缺少明确、科学的认定标准和认定程序，且《立法法》与地方组织法等相关法律对"较大的市"表述不一，认识上容易产生不同理解。在过去几十年的实践中，实行"较大的市"体制以来，我国城市的发展日新月异，曾经的"较大的市"在此消彼长的发展竞争中，不少城市已被非"较大的市"所超越。在 2015 年 3 月 15 日通过《全国人民代表大会关于修改〈中华人民共和国立法法〉

的决定》前，全国284个设区的市中，没有地方立法权的占了235个。即有80%以上的设区的市，并没有地方立法权。这既不利于这些地方的人大充分发挥其职能，也不利于兼顾各地的发展需求，推进经济社会的可持续发展。为此，《立法法》经过修改，赋予所有设区的市地方立法权，适应了实际需要。

这样的修改实际上是改动了我国的立法体制。立法体制变化将对立法权行使的宪法依据提出完善要求。现行《宪法》第一百条只将地方立法权授予省级人大及其常委会，并未明确规定向省级以下层级的一般地方授予立法权。《立法法》修改后，赋予所有设区的市地方立法权，对《宪法》的实施和监督提出了更多的要求，也对设区的市的地方立法权的宪法依据，提出了完善化需求。

但这一立法体制变化将对维护法制统一和立法监督带来挑战。立法体制的变革也会带来一些新的问题，主要是：随着赋予设区的市立法权，立法主体不断增多，容易导致越权立法、下位法违反上位法、法规规章之间相互抵触。这些现象，将会随着设区的市立法的开展，而逐渐呈现出来。还有就是，改革开放以来，我国各经济特区不同程度都存在经济特区权力机关和行政机关立法的重复和交叉现象，使得所调整的社会关系及具体事项重复、混杂，影响到立法调整的功效。虽然在2000年《立法法》出台之前，各经济特区行使的立法权在性质上都属于授权立法权。在《立法法》实施之后，经济特区授权立法第一次具有了明确的法律依据，《立法法》还赋予了经济特区作为设区的市的立法权这一职权立法权。但新《立法法》在进一步规定了设区的市拥有立法权的同时依然没有很明确划分特区立法和地方立法部分，就经济特区权力机关和行政机关立法权限的完善而言，还需要由中央层面出台更为明确、更为具体的规定，对经济特区法规和规章的各自权限范围尽可能地明确，进而推进我国立法体制的完善。

新《立法法》也对税收立法做了新的规定，也就是税收法定，是否要交税，要交多少税等，都不是政府能够决定的。政府不能再像以往那样，随意调整税率，也不能随意加税、减税，收税必须根据法律规定来实施。1985年出台的《全国人民代表大会关于授权国务院在经济体制改革和对外开放方面可以制定暂行的规定或者条例的决定》，授权国务院对于有关经济体制改革和对外开放方面的问题，包括税收方面的问题，必要时可以根据宪法，在同有关法律和全国人民代表大会及其常务委员会的有关决定的基本原则不相抵触的前提下，制定暂行的规定或者条例。此后，国务院制定了大量的税收立法，数量上远远超过全国人大及其常委会的税收立法，在满足短期需求的同时，也带来了不少弊端。仅从数量上看，在现行18个税种中，除了《中华人民共和国个人所得税法》《中华人民共和国企业所得税法》《中华人民共和国车船税法》（以下简称《个人所得税法》《企业所得税法》《车船税法》）这3部法律，再加上《中华人民共和国税收征收管理法》①（以下简称《税收征收管理法》）这部法律；其他的税收立法，都是国务院制定的条例或暂行条例。而此次《立法法》修改，为了贯彻落实税收法定，在第八条只能制定法律的事项中，单列一项，即"税种的设立、税率的确定和税收征收管理等税收基本制度"，只能制定法律。

虽然这次《立法法》的修改，还存在很多空白领域，但不可否认这次立法活动的改革是适应了中国经济社会的发展和改革不断深化的要求，较好地回应了人民群众对加强和改进立法工作的新期盼，也是中国对依法治国道路的进一步理解，具有十分重要的价值和时代意义。

第三节　立法本土化、域外移植与发展创新

一、立法传统与继承

（一）立法传统概述

立法传统属于法的传统的主要部分，对于法的传统，普遍的观点指世代相传、辗转相承的有关法的观念、制度的总和。同理，也就是立法传统指有相承关系的立法观念和制度的总和。

我们必须注意的是，何为"传统"？以往的历史会成为现实的传统，而今天的现实将会形成未来的传统，传统是连接一个民族和国家过去与现

---

① 《税收征收管理法》于1992年由第七届全国人大常委会通过，先后于1995年、2001年分别进行了小修和大修。此前的媒体报道和一些文章，将这部税收法律忽视了，从而得出以下不大准确的结论：现行18个税种中，除了《个人所得税法》《企业所得税法》《车船税法》这三部法律，其余的都是国务院制定的立法。

在的纽带，所以传统对一个国家和民族来说具有标志性的意义。传统的发展有其自身的规律，一般来说，历史越久远，传统的生命力就越强，传统对现实的影响也就越大。每当社会处在变革，尤其是激烈变革时，传统的消极作用和负面影响往往会被夸大，成为众矢之的。但完全背离传统的变革又是注定无法取得成功的。成功的社会变革，都是传统与发展恰到好处的妥协与调和，无论在怎样的社会，即使是日新月异发展着的社会，传统也会以各种形式存在。而传统最坚固的堡垒则是人们的观念，因为人们观念的改变不会像政权的更替、制度的废立那样表面化。

不得不说的是，许多人将"传统"简单地理解为"过去"，甚至理解为"古代"，实为不妥，又把古代社会立法简单理解成传统的立法。因为传统并不是凝固的文化，在历史的发展中，传统不仅具有自我更新的能力，而且对现实有巨大的影响力，立法传统也是如此，它是以往立法制度的延续，是以前社会立法与现代立法制度连接的桥梁。但值得注意的是，由于中西方法传统在近代社会中有着不同的遭遇，所以，中西方的"传统立法"在现代社会及今后的发展便面临着不同的境遇。

立法的传统脱离不了法的传统，它是伴随法的传统而存在发展的，法的传统就涵盖了立法传统，因此我们可以通过法的传统去理解立法的传统。对于西方法传统有两个极为明显的特点：一是自古希腊、古罗马时起，法就是西方文明的标志，无论社会如何变化，这一以法为核心的传统都未曾严重地中断。二是西方社会中，"法"一直是政治家、思想家、学者、法学家乃至普通民众关注的对象，其颇类似于中国的"礼"。可以说西方的法学论著之浩瀚并不逊于中国的礼学论著。古希腊文明虽然没有像古罗马那样产生专门的法学家集团，但其著名的哲学家、思想家柏拉图、亚里士多德等皆对法的一些基本问题进行过阐述，所以古希腊的文明中所显示的法治信仰即使与古罗马相比也毫不逊色。至今人们耳熟能详的最具权威性的"法治"定义，便源于亚里士多德的《政治学》："法治应包含两重意义：已成立的法律获得普遍的服从，而大家所服从的法律又应该本身是制定得良好的法律。"① 在西方另一支与古希腊文明并驾齐驱的古罗马文明，可以说就是法的文明。公元前 7 世纪至公元 6 世纪一千余年间，古罗马频繁的立法活动，使其产生形成了罗马法（roman law）、罗马法学

---

① ［古希腊］亚里士多德：《政治学》，吴寿彭译，商务印书馆1996年版，第199页。

（roman turisprudence）及职业法学家集团，开启了西方法治的先河。西方的自然法思想，更是源远流长，至今仍具有强大的生命力。从法在西方漫长的、不间断的发展史中，可以看到"法"已经成为西方自古至今的文明标志。到了近现代社会，我们可以看到在法律的实践中，西方依靠着深厚的法传统底蕴，使法由古代而现代，顺利地演进并不断地臻于完善。

下面再让我们来考察中国的法传统。中国法传统在近现代的发展中远远没有西方法传统那样幸运。在强大的外力迫使下，中国法传统不仅没有成为中国法继续发展的动力和基石，反而被作为沉重的历史包袱而受到指责。可以说，中国五千年一脉相承的法传统虽然以各种各样的方式在具有浓厚历史文化底蕴的近代中国顽强地存在和表现着，但是，就理论层面而言，中国法传统在近现代已被中断。近代以来我们处在一个不断的自我否定中。先是在法的形式、制度、机构、立法制度等方面全面仿效西方，伴随而来的是对先人法的价值观的彻底否定。因为历史的种种原因，西潮的发展，导致法传统的主流在近代社会的中断，直接影响到中国立法活动中的传统法的构建，甚至可以这样说，近代以来迫于局势与潮流，我们几乎无暇认真地总结中国古代法的制度、立法活动，也很少探讨法传统在现实中的存在形态及作用。仿效西法在当时不仅成为首务，而且似乎成为救亡图存的唯一出路。以古代法与法传统为基石搭建起传统法的理论框架，从而更新、弘扬中国法传统中的优秀成分，这对当时的人来说不仅是一种不现实的奢望，而且被认为是一种不合时宜的迂腐亡国之论。

（二）立法的继承

立法的本质实际上是法的本质在国家立法活动中的表现，立法活动是法的形成的关键阶段。立法的活动直接影响着所形成的法，也可以说，怎样的法实质上就对应着怎样的立法，而这里的立法不仅仅指国家制定或改变各种法律规范的活动，还包括了原理、模式、观念等抽象性的概念。立法的继承与法的继承密不可分，两者在发展规律上是同理的，法的继承过程可以说是涵盖了立法的继承过程，而立法活动在一定程度上决定了法的继承，我们可以透过对法的继承的理解来认知立法的继承。

一般而言，法的继承，是指依次更替的法的发展的连续性。它表现为新法在否定旧法的阶级本质的前提下，有选择、有批判地吸收旧法中的合理的、科学的、积极的因素，使之成为新法体系的有机组成部分的法发展的自身活动。法自身发展过程中的这种内在连续性，是由法具有共同的基本特征所决定的。无论法发展为何种阶段（为何种历史类型），法这一特殊的社会现象都体现出其具有的国家意志性、国家强制性、规范性和效力的普遍性等共同的基本特征。法的这些共同特征，是融合在一定的法的内容与形式之中的。

立法继承的发展规律与法的继承规律基本相同，规律性主要表现为：

（1）立法的继承表明了新旧法、新旧法律制度之间的历史联系，即它们依次更替的连续性。这里的新法或旧法，是广义上的"法"，包含了法律制度、观念等，是指对于法的不同历史类型而言，它不仅包括历史上已被废除的类型的法，而且包括同新法比较起来属于旧的历史类型的各国现行法。其中同一历史类型的新旧法之间，制度的变更，也存有一定的承续关系，这属于法的同质的发展完善过程，虽然也反映了法发展的一定客观性，但与法的继承性质完全不同。

（2）立法在不同历史阶段发展更替的过程中，都是非同质的继承。因为法是一定经济关系的体现。旧法律是从这些旧关系中产生出来的。它们也必然同旧社会关系一起消亡，它们不可避免地要随着生活条件的变化而变化。因此，法的质的规定性应该是指法所体现的经济关系，以及由此决定的法的阶级属性。奴隶制法、封建制法、资本主义法到社会主义法，每一次历史类型的更替，都体现了经济关系和阶级关系的根本变革。法作为上层建筑，其发展也必然与经济关系和阶级关系的变革相适应，对旧法进行质的否定。

（3）批判的吸收是立法的继承的普遍原则。新的立法吸收旧的立法中的合理的、科学的、积极的因素，使之成为新法体系的有机组成部分，并非是兼收并蓄，而是一个批判继承的过程，所谓的批判，是指首先要否定原有旧体制中的阶级本质和旧体系中的法律效力，剔除不适用于现代社会的因素，这是由新的经济关系所决定的。正如实践所表明的，尽管罗马法对资本主义国家的民法有着深刻的影响，但罗马法确定的具体规范和原则在新法体系中，其原有为奴隶主统治服务的阶级属性以及其法律效力已被否定，只是在新法体系中，罗马法所确立的一些规范和原则成为体现新社会关系的新阶级实行的统治工具。

（4）立法的继承体现在法本身以及法律思想和法律文化的各个领域之中。立法的继承并非仅仅局限于简单的表面形式，因为法律规范内容还包括了法的渊源内容，涵盖着法律思想和法律文化范畴。研究法所涵盖的思想以及文化能使我们了解依次更替的法的内在连续性，即法发展的历史联系，掌握法的发展规律。同时，全面地、科学地认识和评价旧法的历史地位和作用，从而指导我们积极地吸收和发展旧法体系中一切合理的、积极的、科学的因素。此外，从法自身的发展规律来认识立法的继承，并探讨其规律性，对于深化法的继承理论，完善法学基础理论体系具有重要意义。

二、立法的域外经验与移植

这里所提到的立法移植，主要是指立法中法的移植，法的移植包括了立法移植，法的移植指的是特定国家（或地区）的某种法律规则或制度移植到其他国家（或地区），使之成为该国法律制度的组成部分。孟德斯鸠早在1748年曾就一个国家的法律制度对另一个国家的适用性问题提出过自己的看法。他认为，由于法律必须与国家的一般条件一致，因此，它们不可能在其被制定的国家之外生效。"为某一国人民而制定的法律，应该是非常适合于该国人民的，所以，如果一个国家的法律竟能适合于另外一个国家的话，那只是非常凑巧的事。"① 这番论述曾影响了将近两个世纪的比较法学家的思想。然而，社会在不断进步，孟德斯鸠在做出论断时所依据的条件，包括"气候、宗教、法律、施政的准则、先例、风俗、习惯"等都已发生了重大变化。随着20世纪60年代美国"法律与发展研究"运动的兴起，有关法律移植的论战渐渐形成两种截然相反的流派。② 一方主张法律可以移植，他们以社会进化论作为其哲学基础，推导出"非现代化"国家应该移植"现代化"国家的法律，这种观点在"法律与发展研究"运动刚刚兴起时，得到许多学者的赏识，但随着"法律与发展研究"运动客观上的"霸权化"，许多学者对此产生了怀疑。质疑者从实证效果入手，认为实践中法律移植的低效和无效根源于理论上的错误，认为法律是不可移植的。中国的一些学者也持这种悲观的态度，他们主张以本土资源为主

---

① ［法］孟德斯鸠：《论法的精神（上）》，人民出版社2010年版，第6页。
② 参见［美］博登海默：《法理学、法律哲学与法律方法》，邓正来译，中国政法大学出版社1999版，第25页。

建设中国法治。我们认为，法律移植是包括许多西方法治国家在内的世界各国普遍存在的现象，是推动法律发展的动力，因而法律的移植是可能的，也是必要的。

在历史上，拿破仑是一个大规模法律移植的积极推行者，他在征服欧洲大陆的过程中，也在马背上带去了他的法典。但随着拿破仑的失败，他强加于别国的法律制度遭到许多国家的民族主义者的抵制。而日本的"大化改新"对中国法的移植实现了日本社会的封建化，《大宝律令》颁布于公元701年，共有《律》六卷，《令》十一卷，模仿唐律，以刑法为主，诸法合体。虽然至今难以断定《大宝律令》的借鉴对象，但其移植唐初律令，吸取中华法律之精粹，是显而易见的。而《养老律令》则是在《大宝律令》的基础上于公元718年制定的，《养老律令》包括名例律、卫禁律、职制律、户婚律、厩库律、擅兴律、贼盗律、斗讼律、诈伪律、杂律、捕亡律、断狱律12篇，500条，数目与《永徽律》均一致。在法律思想与法规的内容上，两者间亦有大量相同或近似的规定。这一法律移植使得日本稳定了本国的封建统治。再者，日本的"明治维新"，在政治上确立了以天皇为中心的统一的中央集权国家，为法律的西化提供了强大的政治基础。在思想文化上，明治政府成立后，推行了文明开化政策，开始大规模引进西方先进文明。资产阶级宪政思想、自由民主思想与西方先进科学技术一齐涌进日本。明治政府参照德国宪法，于1889年颁布移植的成果——《大日本帝国宪法》。明治维新使日本走上了富国强兵之路，但同时也使其走上了对内压制民权、对外侵略他国的军国主义道路，最终也是以失败收场。1945年8月，处于战争穷途末路中的日本宣布无条件投降；1946年，由驻日盟军最高统帅麦克阿瑟主持制定的《日本国宪法》公布了。这部新宪法与之前的宪法相比，主要特点表现在：①谴责战争，强调和平；②着重保护公民的民主权利，禁止特别立法予以限制；③削弱皇权，建立君主立宪的内阁制，确立了权力分立与制衡机制的资产阶级宪政体制。紧接着新宪法的出台，在刑法、行政法、经济法、诉讼法等公法领域和民法、商法等私法领域均进行了相对应的修订和改革，以达到内容与精神同宪法规定相一致的目的。但这一次移植不同于原来的移植，主要表现在对英美法系法律制度的有限移植。"二战"后的日本法律民主化改革中，移植的对象基本上都是英美法系的法律制度，集中从美国法中吸收借鉴。与大化改新、明治维新时的法律移植不同的是，引进英美法系法律制度，并非意味着对原有大陆法系法律的全盘否定，而是在原有的基础上的引进改良，并糅合以本国的法律传统。"二战"后日本向英美法系的借鉴并未改变日本作为大陆法系国家的特点，而只是掺入了英美法系的部分特色。这部宪法一直延续至今。

以上的实践活动，我们发现这些法律移植主要表现为法律制度上的大量照搬照抄或直接被另外一个国家的法律制度替代，抑或是被较为广泛地引进。这就涉及移植的分类，移植一般分为宏观上的移植和微观上的移植，宏观的法律移植是指一个国家对别的国家的法律规则和制度进行较为广泛地引进，其结果是使本土的法律制度在技术上发生根本的变化。而微观的法律移植主要是指特定的国家移植别国的某项或某类法律规则、法律制度。这种移植在方式上表现得尤为丰富多彩，对某一法典的引进，如票据法、公司法等，可称为移植；对某一法律中的一项重大原则的引进，如刑法中的无罪推定原则，民法中的过错责任原则等，也可称为移植；但对某些不具原则性的条文的引进则不能称为移植，否则，移植的内涵有过宽之嫌。

我们在域外的移植中不难发现，即便是宏观的法律的移植，也是可以成功的。也就是实践证明了法是可以移植的，包括立法。这是因为：

（1）法律的相对自主性，即法律相对独立于社会的其他领域。法律的自主性是现代社会中社会分工发达、社会关系复杂化的一种表现。社会分工是法律产生的基本条件，而法律一旦脱离社会的物质生产而独立起来，就会循着自身的运动方向运行。在人类历史发展演变的过程中，社会分工领域逐渐扩大，分工水平逐渐提高，社会关系日益复杂化，社会结构各部分的功能也越来越专门化。法律在其成长过程中也日趋摆脱宗教、伦理和政治因素的束缚，获得了真正的独立，日益鲜明地呈现出自主性。法律的相对自主性，使法律移植成为可能。

（2）法律的技术性，即许多国家在解决某一社会问题时，总是要采取某些类似的法律措施。同一时期不同国家的发展是不平衡的，它们或者处于不同的社会形态，或者处于同一社会形态的不同发展阶段。在这种情况下，后发的国家在发展过程中会遇到早发国家曾经遇到过的问题，而后者已为解决这些问题积累了丰富的经验，并形成一些行之有效、高度技术化的法律制度。因为这点，使法律移植成为一种有效解决问题的技术。

此外，从实践中可以看出，法律移植并非是无条件的。法律移植实际过程存在许多阻碍因素，若对这些阻碍因素视而不见，法律移植就有可能失败。首先是文化因素。法律文化作为一个国家文化的重要组成部分，与价值观念、风俗习惯、民族精神等有着广泛的联系。也就是要注意外来法律的本土化，即用本国法去同化和整合国外法。必须记住，法律是特定民族的历史、文化、社会的价值与一般意识形态与观念的集中体现。任何两个国家的法律制度都不可能完全一样。法律是一种文化的表现形式。如果不经过某种本土化的过程，它便不可能轻易地从一种文化移植到另一种文化。然后要注意的是法律移植的优选性。法律移植如同引进技术和设备，必须采用"优选法"。世界上有许多国家的法律可资借鉴，这就有一个选择移植对象的问题，只有优中选优，移植过来的法律才可能是最成熟、最先进、最实用的法律。其次，要注意法律移植的超前性，即移植国外法，无论是某一国家的，还是国际的法律和惯例，都要面向未来、面向现代化，前瞻世界法律发展的趋势。移植的时候，要对外来法进行必要的改进或改造，这样才能保持本国法的稳定性和进步性。最后要注意的是，要做到以上诸方面，前提是对外国法和国际法开展带有价值学和社会学性质的比较研究，即对被移植的法律的精神实质、价值取向和社会目的有充分了解和深刻理解，对它们的实际运行情况，即曾经起过什么作用、现在仍然起着什么作用和效果进行必不可少的调查研究，在此基础上做出科学的鉴别和真实的评价，并由此做出能动设定和理性选择。

三、立法的发展创新

法律具有稳定性，但并非静止不变，形式上如标点符号、词语、表述和法典结构等的调整，内容上如理念、原则、制度和规范等的更新，一直都在发生。其中，有些变化在于完善已有的规则，有些则在挑战传统规则，那些引起法律重大变化的活动可以被称为立法创新。法律在创新中发展，立法创新的意义不言而喻。

为何要立法创新或应如何去理解立法创新？在当代，任何一个国家要发展自己，都必须对外开放。对外开放反映了世界经济、政治和文化发展的客观规律。世界本来就是一个开放的世界，任何一个国家的发展都离不开世界。特别是像我们这样经济、文化和科技都比较落后的发展中国家，更有必要实行对外开放。我们所讲的对外开放，是全方位的，即对世界所有地区开放,对所有类型的国家开放;不仅经济上和技术上要开放,而且文化上和政治上也要对外开放。全方位的对外开放不仅使经济国际化,而且使其他社会或国家事务,诸如资源开发、环境保护、人权保护、惩治犯罪、维和行动、婚姻关系、财产继承等,越来越带有跨国性质,从而使一个国家的国内法越来越具有涉外性和外向型。法律在处理涉外问题和跨国问题的过程中,必然逐步与国际社会通行的法律和惯例接轨。

此外,在当今世界,法律制度之间的差异,不只是方法和技术上的差异,也是法的时代精神和价值理念的差异。正是基于时代精神和价值理念的差异,各种法律制度中间才有传统与现代、先进与落后的区分。对于其法律制度总体上仍处于传统型和落后状态的国家来说,要加速法制现代化进程,必然会关注到发达国家的法律,尤其是对于发达国家法律制度中反映市场经济、民主政治、社会文明共同规律和时代精神的法律概念和法律原则。这些都必然会涉及法律的移植,以及对其他国家的借鉴与经验吸收,这是当今世界立法发展的必然趋势。而此时外来的法律文化和法律指导思想也会与本国的法的传统形成矛盾抑或是冲突。前面有提到日本和拿破仑政府的实践例子,若一味地去照搬照抄,草率移植,而没有考虑到自身因素,外来与传统的矛盾也将会不可调和,给社会与国家带来灾难性后果。最好的方式是有效地移植和有效地借鉴,而这种有效就必须依托于立法的创新。

我国是一个外源型法强烈刺激作用下的尚未完全成功实现现代化的国家,如何实现外来法律资源与本土法文化之间的调和、良性融合、发展是决定中国法的现代化能否成功的一个关键。

鉴于中国法律现代化发展得并不成熟,我们认为,移植法律制度仅仅是为当前的社会现实和现在的实践需要服务是不够的,要注意其超前性,注意前瞻世界发展趋势,从而面向未来,在对外开放的时代,这就是对传统理念的突破,这就是创新。例如立法以完善法律度的变革为目的,将主导型的法的现代化的启动形式改为司法主导型,因为"法律的真实生命应当而且永远存在于司法实践中";减少法的现代化过程中浓厚的"工具"色彩和"功利性"。

同时,中国法的现代化应自己的主动、积极的选择(即实现内源型法的现代化),立足于自身的情况优先致力于实现法律观念的更新,而泻里的更新就是创新,立法活动中要改变固有传统的被动消极的立法观念,但又不能随意否定法的传统，应当调整好心态，不急功近利，充分认识自身固有的"法治"资源，深思本民族的习惯、思维模式等观念性的东西。同时，借鉴西方成功的经验，重新反省中国法的传统与法的现代化之间的关系，从本土出发，在借鉴移植的过程中，结合实际，建立有效的立法体系，从而寻找适应自身法律文化、法律思想、社会关系的法律体系，找到一条适合于自身的法的现代化之路，实现中国法传统的现代化，这就是立法本应该拥有的创新和客观的发展规律。

第三章 立法的主体体系与程序制度

　　立法主体是立法制度中的重要组成部分，也是重要的问题。立法主体与立法权的行使密切相关，也是立法权的载体。世界各国立法的立法主体都有共同之处，也有不同的特点，世界各国的立法主体主要称为立法机关，也是最重要的一类主体。因此，理解立法制度，就要求应当正确、全面地理解立法机关的功能，特别是需要把握我国立法机关在国家机关体系中的地位、立法主体所遵循的原则和所拥有的立法权的界定。此外，立法是一个有价值导向的运作过程，而不是与价值无涉的机械的时间流程。而这个过程从法的创制方面而言，是属于形式方面，这也是程序区别于实体内容的重要体现。也可以说立法程序是一定价值形态的外化物，正义、效率和秩序是评价和建构现代立法程序制度的三大价值标准。其中，正义奠定了立法程序的道德基石，效率赋予了立法程序经济性的内涵，秩序则给立法程序注入了制度化的理念。或者说，正义凸显了立法程序的道德性，效率强调了立法程序的经济性，秩序则呈现了立法程序的制度性。现代立法程序的建构和运作应遵循"正义优先，兼顾效率和秩序"的价值取向。同时，立法程序和立法实体内容也是密切相关的，实际上，严格、健全、合理的立法程序与其价值理念，也是立法民主、科学的必要保证。

第一节 立法主体

一、立法主体概述

(一) 立法主体释义

立法主体，就是指各种立法活动参与者的总称。但实际上立法主体的含义，在学术界人们对它的含义有着不同的界说。主要界说可以分为两种：法治说和功能说。①

1. 法治说

立法主体是依法有权进行或参与法的制定、认可和变动活动的国家机关的总称。法治说强调依法具有立法权和依法作为立法主体存在和运作，是立法主体必备的条件，不具备这一条件的社会组织和个人不是也不应该是立法主体。法治意义上的立法主体有以下基本特征：

(1) 立法主体是国家机关。立法主体之所以应当是国家机关，原因在于立法是表现国家意志和利益的最重要的活动，只有国家机关才更适合并能更准确、公正地表达国家意志和利益，而其他社会组织和个人通常不能或者不适宜表达国家意志和利益，抽象的国家则无法自行表达其意志和利益。

(2) 立法主体是有权进行或参与立法的国家机关。不是所有国家机关都是立法主体，只有根据宪法、法律可以行使立法权的国家机关和根据授权法规定可以行使授权立法权的国家机关，才是立法主体。立法活动是立法主体行使立法权的活动，立法过程是立法主体在自己的立法权限范围内进行或参与立法活动、完成立法任务的过程。有权进行完整立法活动的国家机关，都是立法主体。

(3) 立法主体是具有立法职能的国家机关。但立法主体的立法职能可以有大小或程度的区分，如立法机关或者权力机关的立法职能就不能强于

---

① 参见周旺生：《立法学教程》，北京大学出版社2013年版，第177页。

其他立法主体，但所有立法主体都不能没有立法职能。另外，具有立法职能虽然作为立法主体的必备条件，但立法主题的职能却并不都必须是立法。

（4）立法主体是依法行使立法权的国家机关。依法，具体是指依据宪法、法律关于立法的有关规定，也指依据有权立法的主体依法做出的授予有关主体一定立法权的授权决定，即授权法。是否具有法定立法权或者授权立法，是区分一个主体是否属于立法主体的特别重要的标准。有法定立法权或者根据合法授权而获得立法权的，便是立法主体，无论这种主体事实上还是实质上对立法起怎样的作用。

2. 功能说

立法主体就是有权参与或实际参与立法活动的机关，组织和人员的统称。它首先是指在立法活动中具有一定职权的立法活动参与者，在现代社会尤指议会或者代议机关，同时也包括虽然不具有立法功能的但却能对立法起实质性作用或能对立法产生重要影响的实体。

功能说强调的是：衡量一个主体是否为立法主体，不仅要看它是否依法具有立法权，还要看它事实上是否具有立法功能。也就是事实上具有立法功能的，即使没有法定立法权或者授权立法权，也是立法主体。在立法实践中，有些机关、组织和个人没有法定立法权，也没有获得法定主体授予的立法权，但在立法活动中却起着重要的甚至是实质性的作用，如现代国家的执政党。区别于法治说，这些机关、组织个人，也是立法主体。

总的来说，功能说的立法主体概念有两个特征：第一，不仅国家机关可以成为立法主体，各种有权参与或事实上参与立法的机构、组织和个人都可以。能对立法活动起实质性作用的，即便不具有法定立法权，或不具有被授予的立法权，也属于立法主体的范围。第二，并非所有参与者都是重要的或是主要的立法主体。立法主体尤其是现代立法主体固然包括多方面的立法参与者，但并非所有参与者都是重要的或者主要的立法主体，在注意立法主体具有多样化时，需要着重注意那些重要的或主要的立法主体。综上所述，法治说意义上的立法主体的范围具有确定性，法治说强调立法主体应当有法的依据，这些对于我国建设法治社会无疑是具有重要意义的。而功能说则注重实际，也不能否认其功效和重要性，我们不能仅仅关注形式上的立法主体，这是不符合立法实践要求的，也不能充分发挥各方面立法主体的作用，特别是不利于对那些实际上的立法主体予以制约，因而对我国法治社会建设是百害而无一利的。

（二）立法主体的范围和种类

因为立法主体事实上有法治意义上的和功能意义上的区分，也就是说作为确定的立法主体范围的标准相应地应该主要有两个：一是看是否具有立法权，二是看是否对立法活动起实质性作用。按照这一主要标准可以认为当代立法主体主要包括：①议会；②行使立法权或参与立法的政府；③解释法律和法规、创制判例法、监督议会立法和其他主体立法的司法机关；④对立法起实际作用或产生实质性影响的政党及其他社会团体；⑤作为主权享有者因而具有立法权如复决权的整体意义上的人民或公民；⑥作为立法者的个人。

而在这一范围基础上，立法主体的分类主要为四类：

（1）作为立法主体的国家机关。主要包括议会、政府和司法机关。这类立法主体是主要的、正式的立法主体，担负直接、广泛、具体的立法工作。其他立法主体一般只有通过作为国家机关的立法主体，才能实现自己的立法目的。特别是作为立法机关的议会和虽然是行政机关但在立法中起广泛作用的政府。

（2）作为立法主体的其他社会组织。主要包括政党、压力集团或利益集团、对国家和社会生活颇具影响力的公民社团。它们一般不像作为立法主体的国家机关那样担负直接、广泛、具体的立法工作，却能对立法起引导、支配、控制、制约以及其他作用，它们更多的是处于幕后策划和决策的环节中。

（3）作为立法主体的主权享有者。以对国家政权拥有最终权力的主权者的名义存在的立法主体，近代民主社会的作为整体的人民和公民。在近代以来的民主社会，主要指作为整体的人民或者公民，在国家法的缔结关系中还指作为整体的国家。但一般而言，这种立法的作用范围和作用的直接程度远不如作为立法主体的国家机关和其他社会组织机构。

（4）作为立法者个人的立法主体，也就是个人以一定的身份或名义在立法中起作用，如封建帝王、议员、总统还有法学专家。同任何国家活动都是人所进行的活动一样，立法活动也是由人来开展的。有些个人所处的重要地位或具备的其他某些条件，使其在立法活动中起着重大作用，其中，离开一定的身份或者名义，个人对立法的作用通常就难以发挥。

同时还应注意到，现代立法议案都是在诸多主体的合力作用下运行的。它总是在一定机关、组织和人员的主持下，在诸多机关、组织和人员的参与下，或者是在与诸多机关、组织和人员发生关系的过程中所完成的。

（三）立法机关概述

立法机关是国家政权机构中一般居于最高地位，以立法为主要的甚至是唯一职能的，以议事形式进行立法活动的，制定、认可和变动法律的国家机关。通常指议会和权力机关、代表机关。

1. 立法机关的主要特征

（1）立法机关是国家政权机构中地位最高的国家机关，是权力机关、决策机关。这主要是由立法和立法的性质、地位所决定的。

（2）立法机关是最主要的行使立法职能的国家机关。但不是唯一的，它是以立法为最主要标志、最主要职能甚至是唯一职能的立法主体。

（3）立法机关是由代表组成的主要采取议事形式进行活动的国家机关。主要以举行会议的方式实现自己的职能，做出最终决策，即代表制。

（4）立法机关是制定、认可和变动法律的国家机关。在法的渊源体系中属于法律的范畴，是高级别的法，区别于法规和规章。

2. 立法机关的主要分类

（1）法定立法机关和授权立法机关。法定立法机关是宪法规定设立的立法机关。宪法规定方式：①直接规定某机关为立法机关，较少见。②通过规定某机关享有立法权而间接确定其为立法机关。主要包括议会和人民代表机关，通常是常设的，拥有较为完整的立法权。授权立法机关是根据立法机关授权设立的以解决特定问题、在特定时限内存在的立法机关，如临时设立的宪法修改委员会。一般场合法定立法机关的地位高于授权立法机关。

（2）专门立法机关与非专门立法机关。这是根据立法机关的职能区分的。专门立法机关都是法定的、全权的或有较完整立法权的机关，可以立多种形式的法。以行使立法权为唯一的职能，颇为少见。非专门立法机关是既行使立法权又行使其他职能的机关。

（3）普通立法机关与特别立法机关。是从立法机关是否经常存在和它的任务来区分的。普通立法机关是所有国家都有的、经常存在的、可以就普通法律立法的机关，如各种形式的议会。它是一国主要的立法机关，承担大量的立法任务。特别立法机关通常是临时成立和存在的，用以制定和变动宪法或其他特别重要的法律，如有的国家为制定宪法而专门成立制宪会议。

（4）中央立法机关与地方立法机关。中央立法机关是以整个国家的名义进行立法的机关，包括享有国家立法权的机关和被授权制定全国性法律的临时性立法机关。地方立法机关是以地方的名义进行立法的机关。总的来说，中央立法机关的地位高于地方立法机关，地方立法机关一般不能与中央立法相抵触。

（5）一院制立法机关与两院制立法机关。目前采用一院制的居多。单一制国家的议会多采用一院制，联邦制国家的议会多采用两院制。应当根据具体国情而定。根据分类和一般性概念，这些立法机关的主要职权则包括：①立法权。可以行使提案、审议、表决和通过等方面的完整立法权，有的还有权公布法律。②有权监督法的实施。③一定的人事权，包括选举或决定有关国家机构和公职人员、罢免和弹劾有关人员、提出不信任案等。④批准或通过国家预算、决算权。⑤质询权。⑥国政调查权。

二、代议机关：主要的立法主体

（一）代议机关概述

立法机关是最主要的立法主体，而狭义的立法机关是指代议（或代表）机关等专门制定法律的场所，是代表讨论和决定国家、地方重大问题的国家机关。立法机关在资本主义国家通常被称为代议机关，在社会主义国家则多指最高国家权力机关。就其特点而言，统称为代议机关是比较合适的，代议机关的产生和全体选民（在直接选举议员的国家）或部分选民（在间接选举最高代议机构成员的国家）的意志和选择密切相关。

代议机关亦称代表机关、立法机关或权力机关。在西方国家，代议机关一般为立法机关，称之为议会、国会、国民大会。英国、日本等国的立法机关也是权力机关。西方的代议制是资产阶级在同封建专制统治做斗争的过程中建立起来的一种民意代表和实现机关，它是作为现代民主政治主要内容之一的代议制的物质载体，最早可追溯到13世纪初英国封建时代的等级会议。①

英国、美国、法国三国是世界上最早确立议会制度的国家。英国早在《自由大宪章》签订后就出现了议会的雏形,但一直到1689年和1701年,议会先后通过了《权利法案》和《王位继承法》,才最终确立了议会为最高立法机关,并享有批准税收、批准国内常备军的维持、决定王位继承的权力,从此确立了"法治"原则并一度确立了"议会至上"。美国现代国会是根据1787年宪法设立的。宪法第一条就规定了美国国会行使最高立法权。国会实行两院制,由参议院和众议院组成,其中参议院又称为上院,由各州选民直接选举产生的两名参议员组成,任期为两年,每年改选1/3。美国众议院由选民直接选举产生,但长期以来一直是按各州的人口比例分配,每3万人中选出一名议员。1929年通过的议席分配方案将议院的人数固定为435人,众议院议员任期同样为两年,但届满时必须全部改选。美国政治体制采用的是"三权分立"的制衡模式,使政府的任一分支都对其他两个分支具有某种约束力,因此,美国国会并不具有最高权力性质。法国议会同样起源于封建的等级会议,13世纪末,法国国王菲利普四世与教皇发生冲突,曾召开三级会议,命令贵族、僧侣、平民各推荐代表若干人参加,审议国事。但三级会议当时主要还是国王的咨询机构。1789年,路易十六为解决财政危机,被迫恢复召开三级会议,但会议中的第三等级同年宣布会议为国民会议,并进而单独组成国民议会,法国议会制度雏形形成。同年国民议会改为制宪议会。1791年法国宪法宣布设立一院制的国会为最高立法机关。英国、美国、法国作为最早确立议会制度的国家,在其议会制度确立以后迅速传播,"二战"以后,获得独立的民族国家大都建立了类似的代议制度。但20世纪以来,随着政党政治的发展和政府权力的膨胀,西方议会作为立法机关的功能不断下降,尤其是在议会内阁制国家,议会和内阁掌握在多数党手中,议会政治变成了"议会政党政治",议会民主成为"首相民主"。在美国,虽然政党纪律松散和"行政-立法僵局"的存在使美国国会相对保持了活力和重要性,但国会的权力仍然在向行政机关倾斜。

---

① 13世纪初,英王约翰逊向农民、市民、骑士和封建主无节制征税,社会各阶级就此联合发动了1215年起义,逼迫国王签署《自由大宪章》,由贵族组成25人委员会并监督国王遵守宪章,该机构被认为是最早的议会。

由于国家历史环境与社会制度上的差异，与西方代议制相对的，社会主义国家的代议机关往往是国家的最高权力机关。社会主义国家的代议机关最早起源于1917年俄国二月革命后召开的全俄苏维埃代表大会，十月革命后，苏维埃俄国成为世界上第一个社会主义国家，1918年7月，第五次全俄苏维埃代表大会通过了俄国第一部宪法。宪法规定，全俄苏维埃代表大会为最高国家权力机关，它有修改宪法、制定法律，决定国家内政外交等重大政策的权力。1922年，苏联成立，1924年制定的苏联的第一部宪法规定，苏维埃代表大会是苏联的最高国家权力机关。代表大会闭幕期间，苏联中央执行委员会为最高国家机关。1936年，苏联出台新宪法，新宪法规定，从中央到地方各级苏维埃的代表都由选民直接选举产生。苏联最高国家权力机关改为苏联最高苏维埃，并撤销了中央执行委员会，由最高苏维埃主席团取而代之，宪法明确规定联盟苏维埃代表大会是唯一立法机关。1989年，苏联修改宪法，对政治体制做了重大修改。苏维埃称苏联人民代表大会，代表大会设最高苏维埃为常设机构，分联盟院和民族院，两者职权相同，最高苏维埃主席团则主要负责召开代表大会，成了一个组织、执行和协调机构。苏联的这种苏维埃制度随着1991年苏联解体而消亡。[①] 但是苏维埃代表大会制度是第一个社会主义性质的代议机关，这种模式对我国以及以后的社会主义国家产生了深远的影响。

　　我国现行《宪法》规定：中华人民共和国全国人民代表大会是最高国家权力机关，是行使国家立法权的国家机关。宪法的这一规定表明了全国人民代表大会的性质和它在整个国家机构中的地位。作为掌握国家最高权力的全国人民代表大会，是由全国人民按照选举法的规定，在普选的基础上通过间接选举产生的代表组成的，它集中代表全国人民的意志和利益，行使国家立法权和决定国家生活中的一切重大问题，向人民负责，受人民监督。

　　对于国家立法权的归属，我国早在1954年的《宪法》第二十一条和第二十二条就明确规定，中华人民共和国全国人民代表大会是最高国家权力机关且是行使国家立法权的唯一机关，同时明确规定了中国立法机关采用的是一院制的体制。而现行《宪法》则规定，全国人民代表大会的常设机关，与1954年《宪法》相比较，现行宪法改变了我国立法机关的结构

---

① 参见周叶中：《宪法》，北京大学出版社2005年版，第317-318页

层次，因为全国人民代表大会常务委员会作为全国人民代表大会的常设机关，可以行使国家立法权，辅助、补充全国人大的立法职能。1982年《宪法》第六十二条以及第六十七条规定：全国人大"制定和修改刑事、民事、国家结构的和其他的基本法律"；全国人大常委会"制定和修改除应当由全国人民代表大会制定的法律以外的其他法律"；宪法也明确规定了全国人大常委会在全国人大闭会期间，可以对全国人民代表大会指定的法律进行部分补充和修补，但是不能同法律的基本原则相抵触。现行《宪法》的这些规定也同时表明，中国的立法机关在构成上仍然是一院制，且全国人大常委会的权力也有一定程度的修改。

从各个国家的宪法和政治实践来看，不可否认的是，代议机关起源于资本主义国家，而社会主义国家的代议机关对于前者具有继承性，在职权上拥有共同性，其中最重要、最基本的职权就是立法权。许多国家的宪法都明文规定立法机关的性质、地位、职权和活动等诸多事宜，但一国的政治体制、国家结构、历史传统等因素的不同，会导致有关规定的具体内容有很大的区别。在单一制国家，由于奉行单一主权的理论，因此，立法机关的立法范围通常不会明文限制；但在联邦制国家，由于实行联邦政府与其构成单位的分权制，因此宪法对立法机关的立法范围有较为明确的限制。①

代议机关的性质：现代立法机关是代议政治的产物，狭义上一般即指代议机关，其性质的最明显的特征，在于它的代议性，即由人民选举代表或议员，组成立法机关，以统一制定法律和监督行政。立法机关的性质的特征是代议性，但它具体地、直接地代表谁，以及代表与被代表的关系应当如何理解，各国学者在理论上是颇有争议的，主要有以下一些观点：

（1）委托说。立法机关委托说认为，立法机关的各个组成分子，各为其本选举区选民的受托人，议员被选派到立法机关之后，无言论、表决的自由，他们的言行应受本选区选民的支配。委托说是近代民主立法机关创建所依凭的最早的理论学说，发端于近代等级会议的代议制度。等级会议作为阶级、阶层或社区的代表机构并不代表国民，法国等级会议的代表、英国大会议的代表（后来是国会代表）、西班牙和葡萄牙立法会议的代表，均代表某一阶级、阶层、团体或社区，代表与被代表之间存在着被委托与

---

① 参见董和平：《宪法》，中国人民大学出版社2004年版，第159－160页。

委托的责任关系，代表在立法机关的权限由被代表者预做委托，代表的发言及表决受这种委托关系的约束和限制。因此，委托说通常包含两层意义：其一，承认立法机关组成分子与选民之间，存在着民法上的委托关系；其二，承认此种委托关系只存在于各组成分子与其本选区选民之间，而不存在于立法机关与全国选民之间，或者各组成分子与全国选民之间。但这存在不足，如果完全实施这一理论，议员之间将各行其是，议会随之将支离破碎。这种学说在实践上亦缺乏生命力。1789年时，立法机关委托说在法国被抛弃。法国1791年宪法明文规定，议员是全体国民的代表，国民不得对代表给予任何委托。法国宪法规定的这一内容，后来被移植到许多国家的宪法中，成为现代代议制度的一大特征。

（2）代表说。立法机关代表说认为，立法机关整体是全国人民的受托人，这是一种具有特殊性质的委托关系，即"代表式的委托"。代表说主要包括两层意义：第一，承认国家主权属于全体人民，而不是属于某个个人，所以，一个选举区的选民，只是全国人民的一部分，不能构成主权的主体，因而不能认为是主权者或委托人，而立法机关的组成分子也不能受托于本选举区的选民；第二，承认立法机关整体所表示的意志，与人民全体表示的意志相当，因而有拘束全体人民的效力，因此，立法机关整体与全体人民的关系是一种特殊的委托关系，即代表式的委托关系。也就是说，可以认为立法机关曾受全体人民的委托，对于任何选举区或任何选民都不具有具体的义务或责任，因为立法机关的各个组成分子，是全国人民的代表，而非本选区选民的代表，立法机关选举虽然分为若干选举区，但其目的是为了选举的方便，而非表示立法机关组成分子只代表该选区的选民。

在立法实践上，一些国家规定或认可了立法机关代表说的观点。日本现行宪法第43条规定，"两议院以代表全体国民之当选议员组织之"。德国宪法第38条规定，议员"是全体人民的代表，不受选民的委托和指示的约束，只凭他们自己的良心行事"。法国1958年宪法规定，"选民对议员的任何强制委托均属无效"。然而，在量化的操作层面上，一个立法者（代表）究竟代表多少人才最符合民主宪政的原则、最能够体现民主制度下立法权的作用，这是一个需要认真研究和对待的问题。过多地代表会使立法者忙于打理过多的事务，代议就会变得毫无意义，无法真实地反映所有人的意志。

（3）国家机关说。国家机关说主张，选民团体与立法机关都是国家的一种机关，各有其职能，前者的职能在于选举，后者的职能在于法定范围内行使其议决之权；在法律上，两者之间不具有委托关系，它们的职权，都来自于宪法。在立法实践上，真正实行国家机关说的国家尚不多见，其主要代表国为意大利。意大利宪法第67条规定，"议会的每个议员均代表国家，并在履行其职务时不受强制性命令之拘束"。

（4）政治学上立法机关的性质。在政治学学者看来，立法机关的性质可概括为如下四个特征：第一，代表民意。立法机关组成人员究竟应代表本选区的选民、本选区、全国人民、所属政党，还是本人良心，尽管说法不一，但立法机关代表民意，则是政治学界的共识。第二，议事公开。民主政治是公开的政治，代表民意的立法机关，其议事应尽可能地公开。代表的提案、发言、表决，都应当让人民知道。所谓议事公开，是指立法机关开会时，允许人民自由旁听及新闻记者自由采访；除关涉国防、外交及一经泄漏即可能对国家、社会产生不良后果的事项，须举行秘密会议外，会议均应公开举行。公开举行会议，除可以自由旁听和采访外，会议的一切文件及记录，均应公开发表。第三，言论自由。代表在立法机关开会时，必须不遭受威胁，无须顾及其言论、行为会对本身有不利的后果，才能敢于讲真话，畅所欲言，自由表决。为此，各民主国家对代表的言论自由，都从法律上予以保障。为了保障代表的言论自由，许多国家的宪法或代表法规定，代表在院内或在会议时所为之言论或表决，对院外或会外不负责任，即使其言论有错误或诘难政府官员、政策，以及言论关于如何表决，均不得成为追诉的对象。当然，代表也应当正确运用此免责权，不得恣意谩骂，人身攻击或揭人隐私等。第四，统一立法。同一政治系统内的所有法律，应由同一立法机关统一制定。如果各机关可以自行立法，则法与法难免彼此冲突、矛盾或抵触，人民便无所适从，法律也就失去了规范作用。立法机关的立法权具有概括的独占性，无论在总统制国家还是在内阁制国家，立法须经过国会的立法程序，由国会制定法律。

三、国家元首、行政机关与司法机关

（一）国家元首的立法职权

国家元首是主权国家对内对外的最高代表，是国家机构的重要组成部分,"有国家,就有元首"①。国家元首之于主权国家具有重要的意义,是任何一个完善的政治制度所不能或缺的:"所有政治制度都设有能够赋予制度自身以合法地位的国家元首职位。"②

一般而言,国家的立法权是掌握在立法机关(代议机关)手中的,国家元首可以是立法过程中的参与者,通常在立法过程中,国家元首只是有法律公布权。法案通过后,由国家元首公布,既是健全立法程序本身的需要,同时也是通过赋予法律颁布以庄严性和权威性,促进法律有效实施。国家元首公布法律权在一些国家仅仅具有程序上的象征意义,国家元首并不能实质性地对立法机关通过的法律表示批准或不批准,这种情况下,国家元首的这项行为虽然说是整个立法活动的一个组成部分,但只是形式上的。比如,在日本、意大利、中国等国家,它们的宪法都规定国家元首不拥有对法律批准或不批准的权力。

但在另外一些国家,国家元首的公布法律权构成整个立法活动的一个实质组成部分,换言之,国家元首拥有批准或不批准法案生效的绝对或相对权力甚至具备一定程度的立法权力。在实行君主立宪制的英国,法理上国会的一切议案非经英王同意不能生效,若英王不批准法律,则无论议会维持原案的表决票数达到多高的比例,都不得否决英王的决定。不过,英国人认为,由于英国已在资产阶级革命后确立了议会至上的传统,因此,英王若动用否决权,易导致政治危机。在实行总统制的美国,总统拥有对法案的相对否决权,任何意见法案在经参众两院通过后,都必须送交总统签署后才能生效,如果总统不同意,有权加以否决,即将议案连同他的反对意见一起送还国会,如果国会两院经复议后又都以 2/3 的多数通过原议案,则可以推翻总统的否决。③ 在实行半总统制的法国,在议会通过法案并送交政府后 15 天内,总统有权要求议会重新审议某些持有异议的条款,这时的议会不可拒绝,这在宪法上成为总统的法律复议权。另外,总统还有权将有关公共权力机构的组织、批准共同体协定或者旨在授权批准虽不

---

① 龚祥瑞:《比较宪法和行政法》,法律出版社 1985 年版,第 184 页。
② [英] 戴维·米勒、韦农·波格丹诺:《布莱克维尔政治学百科全书》,邓正来译,中国政法大学出版社 1992 年版,第 315 页。
③ 美国总统还有一种对法案的搁置否决权,称"口袋否决权"。因为美国宪法规定,任何一件议案在送至总统十日内总统既未签署也未否决的话,该议案即视为已经由总统签署而成为法律。但在议会休会期不满十日的情况下,总统将该法案搁置十日后,该法案则自动失效。

违反宪法但可影响现行制度运行的法律草案，直接交付公民来表决。

此外，一般国家元首都会拥有缔约权，缔约权是指国家元首对外缔结或者批准条约的权力。但元首的缔约行为也常会被看成一种立法行为，因为条约一旦批准往往被视同为法律而对批准国产生拘束力，而且完整的缔约行为往往由国家元首和国家立法机关结合行使。在行使缔约行为时，为了健全相关程序，许多国家都将缔结条约和批准条约分散给两个甚至两个以上的国家机关行使。如美国总统有谈判或缔结条约的权力，但这必须经参议院出席议员 2/3 以上多数同意；法国总统的缔约行为在诸多方面都会受到法律规定的限制。

（二）行政机关作为立法主体

自 19 世纪末 20 世纪初以来，社会生活发生了翻天覆地的变化，市场作用的自发调节日益显示出难以克服的弊端，自由主义国家观随之为国家干预论所代替，人们不再满足于政府仅仅充当"守夜人"的角色，而是希望政府能积极有效地进行改革，防止失业，消灭贫困，促进经济发展和社会进步。消极行政时代宣告结束，行政权力日渐扩张。由于科技的进步和经济的迅猛发展，各种社会关系越来越复杂，立法的技术性、专业性要求也越来越高，而代议机关因其规模、时间和能力，以及议员大多是政治家而非技术专家的限制，其立法远远适应不了社会、经济发展对法律的需求。"如果国家对公民从婴儿照管到死，保护他们生存的环境，在不同的时期教育他们，为他们提供就业、培训、住房、医疗机构、养老金，也就是提供衣食住行，这需要大量的行政机构。相对来说，仅仅靠议会通过的法律，……那只能做些微不足道的事。"①在这种情况下，由于行政机关直接从事对社会经济活动的管理，作为政府干预的重要手段的行政立法的出现和发展遂成为一种不可逆转的趋势，行政机关开始掌握部分立法权，似乎传统的由议会独占立法权的格局开始瓦解。

众所周知，立法权是国家的一项重要权力，属于国家的主权行为。立法权简言之就是创制法的活动。传统的立法权观念依据法的广义、狭义分类，将立法权划分为广义的立法权和狭义的立法权。广义的立法权泛指制定和修改宪法、法律、行政法规、地方性法规、规章等法的活动；狭义的

---

① ［英］威廉·韦德：《行政法》，徐炳等译，中国大百科全书出版社 1997 年版，第 4 页。

立法权仅指制定和修改宪法、法律的活动。

　　立法权这一概念本身包含着十分丰富的内容，除了广义、狭义分类以外，还有许多其他的分类。就立法权的类别、层次来说，有中央立法权，也有地方立法权；有国家立法权（权力机关立法权），也有行政立法权（政府立法权）。就立法的内容来说，立法权既包括制定、认可、修改、补充和废止法律、法规的实体性权力，也包括提出、审议、表决立法议案，公布或批准法律、法规的程序性权力。就立法权的特点来说，立法权可以分为完整的立法权和单项立法权。从立法权的多种分类中，我们可以看出，立法权是一个综合性的概念，是一个国家各方面立法活动权限的总称，是一个复合性权力，它构成了一个综合的权力体系，因此，立法权不可能由单一的国家机关来行使，而必须由诸多的国家机关来共同驾驭，在驾驭这个复合性权力的诸多的国家机关中，各机关行使的立法权限是有差别的，这样才有利于维护立法权的统一性。国家权力机关是这诸多机关中享有最大立法权的一个机关，政府的立法权仅次于权力机关。从世界各国的立法实践来看，政府享有多方面的立法权，如创议立法权或立法提案权、公布法律权、否决法案权、行政法规和行政法令的立法权，以及立法机关委托行使的立法权等。但是，我们必须看到，并非每一个国家都享有上述所有的立法权，更不是每一个国家的一切行政机关都享有立法权，能够享有政府立法权的只能是一定范围内特定的行政机关。在我国，根据现行宪法和2015年3月15日通过的新修正的《立法法》的有关规定，在我国，行使立法权的行政机关仅限于国务院及各部委、地方省级政府、省会市政府和设区的市人民政府、经授权的特区政府，能为我国行政机关行使的行政立法权仅限于制定行政法规或规章，授权立法权和立法提案权三种，且立法范围和程序都受到严格的法律限制。①

　　这里提到了"行政立法权"，其实即是基于立法权的一种类别划分，具体地说就是按行使立法权的机关，可以分为国家立法权（权力机关立法权）和行政立法权（政府立法权）。立法权是一个国家立法权的总称，而国

---

① 如我国2015年修改的《立法法》第七十二条规定，设区的市的人民代表大会及其常务委员会根据本市的具体情况和实际需要，在不抵触宪法、法律、行政法规和本省、自治区地方性法规相抵触的前提下，可以对城乡建设与管理、环境保护、历史文化保护等方面的事项制定地方性法规，法律对设区的市制定地方性法规的事项另有规定的，从其规定。设区的市的地方性法规须报省、自治区的人民代表大会常务委员会批准后施行。

家立法权是立法权的一部分，它一般指国家权力机关行使的那部分立法权，就是狭义的国家立法权概念；广义的则泛指国家权力机关和地方国家权力机关行使的立法权。而从狭义而言，国家立法权仅仅是立法权的一部分，可见，国家立法权是有别于立法权的，立法权的行使主体不局限于国家权力机关以及代议机关。行政机关作为立法主体拥有立法权是不能予以否认的。如宪法规定，我国的国家立法权由最高国家权力机关去行使，但这并不意味着我国全部的立法权都由最高国家权力机关亲自行使，也不意味着我国所有法律规范都必由最高权力机关亲自制定，而在实践中从数量上来看，由最高国家权力机关制定的法律比其他具有法律效力的规范性文件要少得多，这些都说明了行政机关作为立法主体的存在。

但我们必须注意到的是，行政立法解决了现代社会法律需求剧增与立法机关法律供给严重不足的矛盾，这对社会经济的发展无疑是必需的和有利的。然而，行政与立法结合毕竟改变了原有的权力制衡体系，失去平衡的权力制约必然导致对权力膨胀一方的制约产生萎缩，行政权的扩张使得传统的立法权和司法权变得软弱无力，我们不能期望没有外力约束的权力能够有多高的自制力，就像任何人都不能做自己的法官一样，失去约束的权力必然导致腐败、滥权的规律似乎是不可避免的。虽然行政立法的扩张存在着一种权力失控的危险，但现代社会又不得不依赖于行政立法，于是我们就有理由在享受它带来的好处的同时，在容忍的基础上尽可能地将损害程度降低到最小。

（三）司法机关作为立法主体

司法机关作为立法主体而行使立法权的这种行为，主要表现在司法立法上，司法立法的产生及其发展可以追溯到18世纪末19世纪初。1803年美国的马伯里诉麦迪逊一案直接推动了司法审查权的确立，司法立法从此进入了新的阶段。"司法立法"这一行为产生并多存在于英美法系国家，在大陆法系称为"法律续造"，是指通过法官在实际判案过程中对现已存在的成文法律的创造性解释、发展和运用。所谓"创造性"是超出现有法律的具体规定，根据一定的法律原则，结合具体的案件事实做出更加符合公平正义原则的决定。这表明，法官在司法过程中不能只是简单地扮演法律"守夜人"和法律"喉舌"的角色，而是应当在审理案件时发挥能动的自主创造性。随着社会生活日新月异的变化，需要法律予以规制的领域也逐渐增多，司法立法以其接触案件的全面性、生动性以及审理案件的灵活性等特点适应了时代的发展，受到了越来越多国家的认可。

促进司法立法产生和发展的原因可以从宏观和微观两个层面进行分析。从宏观层面讲，是在英美法系国家具有立法权力的议会权力的扩大，抑或说是制定法的急剧扩张。立法机关通过制定、修改法律法规，出台法律解释、修正案等形式来规制社会生活的方方面面。但是由于社会生活的不断发展，新颖棘手的案件层出不穷，立法机关的立法规制并不能及时将这些新型的案件纳入相应的法律中。另一方面，由于人类对事物尤其是新事物的认识是有限的，而作为人类精神思维活动之一的立法活动也无法避免认识的局限性，因此，即使花费巨大的人力、物力，运用先进的立法技术，所立之法仍会不可避免地出现漏洞，这就给司法立法留下了空间。制定法越多，可能的法律漏洞就越多，司法立法的空间就越大。简而言之，制定法的扩张给了法官发挥创造性解释、发展和运用法律，进而形成新的法律规范或者法律原则的更多机会。此外，民众希望自己在各种宪法性文件中相关的基本权利得到司法的保护，而不单单是行政力量的保护。如那些在美国的《独立宣言》与《权利法案》中规定的基本权利已经不再虚无缥缈，不再只具有哲学意义，而是愈发贴近民众生活，民众也越来越迫切地希望可以实实在在地享受到这些权利。从微观层面讲，司法立法的扩张主要是法官创造性的极大发挥所致。法官不再单纯扮演法律的"守夜人"的角色，不断更新的社会事实要求他们不能再简单地做法律的"宣示者"，在当今时代，法官需要承担更多的责任，才能实现法律的价值。当然，法官的角色也变得更加复杂化，因为选择意味着自由裁量，尽管并不必然是任意专断；它意味着评估和权衡；它也意味着考虑选择的实际结果和道德的结果；它还意味着不仅运用抽象逻辑的论证；等等。这些法官的创造性发挥已经成为维护法律至高无上的价值——公平正义的保障。

司法机关立法与立法机关立法是有很大区别的，而且这种区别也表现了司法立法的本质特征。首先，二者的立法作用有所不同。司法立法就是指法官在实际的判案过程中对于现有法律条文存在的漏洞或空白，根据一定的法律原则，联系具体的案件事实所做出的超越现有法律规定的判决。而立法机关的立法是指国家立法机构（议会）按照严格的立法程序制定在社会生活中普遍适用的法律。前者是在具体案件发生后进行的立法活动，属于"事后立法"或者"事中立法"，具有很强的针对性，其主要的作用是解决具体的纠纷和争议,同时也在日常法律发展的微观层面起到了对法律漏洞和空白的填补作用。后者一般是在案件发生之前在国家法律体系构建的宏观层面所进行的立法活动,属于"事前立法",具有普遍适用性和预见性,其主要的作用是预防某种纠纷或争议的发生。但是,司法机关针对特定案件做出的判决对日后发生的案件以及对人们的行为也会有一定的预见和警示作用。其次,二者的立法程序不同。这是二者的根本性区别。①司法程序的启动具有被动性。与之相对的则是立法程序的主动性,立法者立法的预防功能主要就是由立法程序的主动性保证的。②司法裁决的过程是在法官主持下对案件的事实进行调查辩论,进而根据一定的法律原则做出裁决。然而立法机关的立法活动则多是实行民主表决,不是以某人的意志为中心进行立法,现代国家的立法一般是多个政党之间为各自利益进行协商,相互妥协的结果。③为了保证审理过程的公正公平,法官处于完全中立的地位。这不仅意味着司法独立于立法和行政之外,不同级别的法院之间的相互独立性,更意味着法官与其所审理的案件之间的完全无涉性。而立法机关的独立性则不能与司法机关的独立性相提并论,立法的普遍适用性使得立法者无法将自己置身于所立之法之外,否则立法权威性和民主平等性将受到质疑。

第二节　立 法 体 制

一、立法体制概述

立法制度是关于立法权、立法权运行和立法权载体诸方面的体系和制度所构成的有机整体。其核心是有关立法权限的体系和制度。其是静态和动态的统一,立法权限的划分,是立法体制中的静态内容;立法权的行使是立法体制中的动态内容;作为立法权载体的立法主体的建置和活动,则是立法体制中兼有静态和动态两种状态的内容。

在结构上,立法体制由三要素构成:一是立法权限的体系和制度,包括立法权的归属、立法权的性质、立法权的种类和构成、立法权的范围、立法权的限制、各种立法权之间的关系、立法权在国家权力体系中的地位和作用、立法权与其他国家权力的关系等方面的体系和制度。二是立法权的运行体系和制度，包括立法权的运行原则、运行过程、运行方式等方面的体系和制度。这里所谓立法权的运行体系和制度，其含义与通常所说的立法程序不同。后者指行使立法权的国家机关在立法活动中所须遵循的有关提案、审议、表决，通过法案和公布规范性法律文件的法定步骤和方法。前者除包括这些内容外，还包括行使立法权的国家机关在提案前和公布后的所有立法活动中所须遵循的法定的和非法定的步骤和方法，以及所须遵循的原则。例如，在进行立法预测、立法规划、立法决策、立法解释、立法信息反馈、法的汇编和编纂过程中所有与立法权的运行有关的步骤、方法和原则。除包括行使立法权的国家机关所须遵循的步骤、方法和原则外，还包括不行使立法权但却担负立法工作或参与立法工作的机构在立法活动中应当遵循的步骤、方法和原则。三是立法权的载体体系和制度，包括行使立法权的立法主体或机构的建置、组织原则、活动形式、活动程序等方面的体系和制度。而这里提到的立法权的载体体系和制度，其含义与通常所说的立法机关的体系和制度不同。后者指专门制定和变动规范性文件的立法机关，或者虽非专门立法机关但却行使立法权的国家机关的体系和制度。前者除包括这些内容外，还包括上述国家机关中受命完成立法任务的工作机构和其他不行使立法权但参与立法活动的工作机构的体系和制度。这三方面的体系和制度构成的有机整体，即为立法体制。在这个体制中，立法权限是基础和核心，立法权的运行和立法权的载体是基于立法权限而产生和存在的，并成为立法体制的组成部分。

　　立法体制是多样化的。以立法权的归属和立法机关的设置来说：当立法权掌握在以民主、法治原则为基础的政权机关之手时，这种立法体制是民主立法体制；当立法权掌握在君主一人之手或法西斯独裁者一人之手时，这种立法体制是专制或独裁立法体制；当立法权由一个政权机关甚至一个人掌握时，这种立法体制是单一的立法体制；当立法权由两个或两个以上的政权机关共同掌握时，这种立法体制是复合的立法体制；当立法权虽然属于一个机关，但另外的机关对立法权也有相当制约作用时，这种立法体制则是制衡的立法体制。而所有这些立法体制，如果按立法权和立法机关是属于中央专有还是分别属于中央和地方来划分，又可以分为一级立法体制和两级立法体制。在立法权专属中央、不存在中央立法与地方立法的区分的情况下，可以称其为一级立法体制；如果中央和地方都可以立法，这种立法体制可以称为两级立法体制。

但由于国情不同，目前各国立法体制仍有许多差别，有些国家的立法体制之间还大相径庭。在我国法理学和立法学的有关著述中，对立法体制的表述有多种，并不完全一致。立法体制是一个国家法律制度的重要组成部分。一个国家采取的立法体制，是受该国的国体、政体、国家结构形式、历史传统、民族构成乃至经济、文化和科技等一系列因素的决定和影响的。而最直接决定一国立法体制的因素是该国的国家形式，即政体和国家结构形式。因为它们比较集中地体现了上述各种因素对立法体制模式的影响。也就是说，各国立法体制是在其国家形式的框架内形成的，立法权限的划分，不可能突破政体和国家结构形式的制约。而国体、历史传统和民族构成等因素，则间接地通过政体和国家结构形式，当然也是从更深的层次，对一国立法体制发生影响。总之，一国的立法体制，是多方面复杂因素相互作用的结果。其中，经济的因素起着最终的决定性的作用，政治的因素起着直接的集中的作用，而文化和历史传统方面的因素则起着间接而持久的影响作用。一国采用何种立法体制，主要决定因素不在于人们的主观爱好，而取决于客观因素。立法体制如同整个立法一样，是历史的范畴、国情的概念。

　　了解一国的立法制度，首先应该从国家形式对立法体制形成的决定和影响问题进行分析，本文主要就其中的国家政体和国家结构形式进行分析。所谓政体，即国家政权的组织形式。政体由国体所决定，同时又是国体的表现形式。就立法体制而言，国体在实质上决定立法权限属于哪个阶级；政体则在形式上直接决定立法权属于国家机构体系中的哪些机关。当今世界已不存在君主专制制度，由君主一人掌握立法权的立法体制早已消逝，代之而起的是以一系列民主、法治原则为基础的民主立法体制，因此政体决定横向立法权限的划分，即决定立法权限在立法、行政、司法三机关之间如何划分。政体不同，横向立法权限的划分也不同。当代世界各国的政权组织形式，基本可以分为两种有代表性的类型，即资本主义国家的议会制和社会主义国家的人民代表制。这两种类型的政体，在划分横向立法权限的理论基础和制度依据方面，既有形式上的某些共同性，又有本质上的区别和运行上的特点。例如，资本主义国家的议会制是以分权制衡理论为基础和指导的，社会主义国家的把人民代表大会制为最高权力机关作为基础和指导。这种不同将直接导致横向立法权限划分的不同。这两种类型的国家结构形式，在划分纵向立法权限的考虑和实际做法方面截然不同。例如，单一制国家和联邦制国家在中央和地方立法权限划分上的一个重要区别就是，前者的地方行政区的立法权不是其本身固有的，而是中央授予的，所以地方没有立法权或相对只有较小的立法权。而后者的成员在组成联邦时，将一部分主权包括某些立法权交由联邦中央行使，但联邦成员还保留其余主权包括某些立法权，所以地方不仅有立法权，而且立法权相对较大。

而所谓国家结构形式，指的是国家的整体和其组成部分之间的相互关系以及划分行政区划的问题。就立法体制而言，国家结构形式直接决定哪些立法权属于中央，哪些立法权属于地方。但是，无论学者们揭示的立法体制的概念内涵有何差异，大都一致同意对立法体制的界定不能离开对立法权限的划分，因为这是立法体制的核心内容。所以，我们探讨的立法体制，是指关于立法权限划分的制度，即在一个国家中，对各国家机关及其有关人员制定、修改、废止各种规范性法律文件和认可各种法律规范的权限进行划分的制度。国家结构形式决定纵向立法权限的划分，即决定在中央政权和地方政权之间立法权限如何划分。国家结构形式不同，纵向立法权限的划分也不同。同样，当代世界各国的国家结构形式，也基本上可以分为两种类型，即单一制和联邦制。

在立法体制的权限划分上主要包括横向立法权限与纵向立法权限。在对立法体制的研究中，学者们通常根据各国宪法和有关法律对政体的规定，将横向立法权限的划分从理论上分为四种模式[①]：①立法机关优越的模式。在这种模式中，立法机关在立法过程中处于中心地位。英国就是这种模式的典型。在英国的立法体制中，最重要的原则首推"议会至上"。根据这一原则，制定或不制定任何法律的权力属于英国议会，法律不承认任何人或机构有权超越或废除议会制定的法律。②行政机关优越的模式。在这种模式中，行政机关在立法过程中处于中心地位。法国被认为是这种模式的典型。法国在1958年对国家政权机构做了重大调整，加强了行政机关的权力，削弱了议会的作用和地位。法国现行宪法虽然还保留了某些传统的议会制形式，但作为议会制政体的一些基本特点，如议会拥有完全的立法主权，已基本消失。议会不再是至高无上的了，总统的地位得到前所未有的提高和加强，在国家机构中居于主导地位，成为国家权力中心。在

[①] 参见吴大英、任允志、李林：《比较立法制度》，群众出版社1992年版，第120-123页。

这种政体下，议会不再是唯一的立法机构，也不再可以对所有的事项进行立法，而只享有有限的立法权。③三权机关并列制约的模式。在这种模式中，立法、行政、司法三机关在立法过程中，从不同角度看，分别处于中心地位，互相之间的制约、平衡关系最为明显。而其中美国就是这种模式的典型。美国宪法第1条将立法权力赋予了由众议院和参议院组成的国会。美国宪法第2条将行政权力赋予了美国总统，总统也成为重大的立法角色。行政机关在立法过程中，总统有权向国会建议立法，发出有立法效力的行政命令、规例及章程，同时有权否决国会通过的任何法案，除非两院中各有2/3的多数票推翻总统的否决，否则该法案不能成为法律。而美国宪法第3条说明了联邦法院制度的基础，最高法院根据它对宪法的解释得出的理论是，"一项违反宪法的立法不是法律"，说明法律显然是司法部门的职权和责任。因此最高法院可以宣布国会的立法违宪。④立法机关至上的模式。在这种模式中，立法机关在立法过程中，与行政机关、司法机关不是处于平列的中心地位，也不是平列的制衡关系。作为国家最高权力机关，立法机关的法律地位高居于行政机关和司法机关之上。瑞士是这种模式的典型。

在对立法体制的研究中，学者们还根据各国宪法和有关法律对国家结构形式的规定，将纵向立法权限从理论上分为四种模式①：①中央完全集权的模式。这种模式是指在一个国家中，一切立法权为中央政权所有，地方政权没有自己的立法权。一些单一制国家，特别是较小的单一制国家，多采取此种模式。②地方完全分权的模式。有些学者认为，这种模式是指完全的分权，即国家作为一个政治整体，中央不能立法，一切立法权归地方政府所有，地方制定的法律规范只对于国家的不同地区生效。但这种情况是极其罕见的。③分权－集权的模式。这种模式是指在一个国家中，立法权分别由中央和地方共同行使。在某些事项上的立法权限属于中央，在某些事项上的立法权限属于地方。联邦制国家均属于此种模式。④集权－分权的模式。这种模式是指在一个国家中，立法权主要由中央行使，但是在一定的限度和条件下，地方享有中央授予的某些地方立法权。一些单一制国家特别是较大的国家，包括现在的中国，多采取此种模式。

---

① 参见吴大英、任允志、李林：《比较立法制度》，群众出版社1992年版，第272－274页。

二、专属立法与授权立法

(一) 专属立法

1. 专属立法的含义

专属立法即法定立法,是一国宪法和法律明确规定的法定立法主体所进行的立法活动。按照现代社会的分权原则,议会或人民代表机关享有专属的国家立法权,是法定的国家立法主体,其他任何个人或社会组织(包括其他国家机关)不能僭越其享有的专属立法权。一般来说,议会或人民代表机关所进行的立法,属于最狭义的法律范畴,一般通过宪法或立法程序基本法予以规定。在我国,全国人民代表大会及其常务委员会是我国的国家立法主体,享有关于"基本法律"和"非基本法律"的专属立法权;其他国家机关和社会组织只有经过全国人民代表大会及其常务委员会的法律授权,才可以根据相关立法权限进行某些立法。如我国现行《宪法》第五十八条规定:"全国人民代表大会和全国人民代表大会常务委员会行使国家立法权。"我国现行《立法法》第七条第1款做了相同规定。

2. 我国的专属立法

根据我国现行《宪法》和《立法法》的规定,全国人民代表大会和全国人民代表大会常务委员会是我国法定的国家立法主体,分别对"基本法律"和"非基本法律"享有专属立法权。根据我国现行《宪法》第六十二条的规定,全国人民代表大会有权修改宪法、制定和修改刑事、民事、国家机构的和其他的基本法律;同时第六十七条规定,全国人民代表大会常务委员会制定和修改除应当由全国人民代表大会制定的法律以外的其他法律,并且享有解释法律的职权。我国现行《立法法》第七条更具体规定,全国人民代表大会常务委员会制定和修改除应当由全国人民代表大会制定的法律以外的其他法律;在全国人民代表大会闭会期间,对全国人民代表大会制定的法律进行部分补充和修改,但是不得同该法律的基本原则相抵触。我国现行《立法法》第八条关于只能由全国人民代表大会及其常务委员会制定法律的事项范围进行了明确列举,具体涉及十一项:①国家主权的事项;②各级人民代表大会、人民政府、人民法院和人民检察院的产生、组织和职权;③民族区域自治制度、特别行政区制度、基层群众自治制度；④犯罪和刑罚；⑤对公民政治权利的剥夺、限制人身自由的强制措施和处罚；⑥税种的设立、税率的确定和税收征收管理等税收基本制度；⑦对非国有财产的征收、征用；⑧民事基本制度；⑨基本经济制度以及财政、海关、金融和外贸的基本制度；⑩诉讼和仲裁制度；⑪必须由全国人民代表大会及其常务委员会制定法律的其他事项。

（二）授权立法

1. 授权立法的含义

授权立法又称委任立法或委托立法，最早起源于西方。随着近代西方资本主义的发展、社会生活日趋复杂，国家立法机关的任务大大加重，在这种情况下，原有的严格意义上的三权分立制度已不适应日益发展和变化的社会生活的需要，于是国家立法机关将其部分具体立法权授予国家行政机关、司法机关或其他部门的情形逐渐增多。尤其是进入20世纪后，授权立法在理论上得到多数西方国家的认同，在实践中被广泛运用，已发展成为西方国家一项重要的法律制度。

从狭义上讲，它是指有权立法的国家机关通过一定的形式，将属于自己立法权限范围内的立法事项授予其他国家机关进行立法，被授权机关在授权范围内进行立法，被授权机关在授权范围内进行立法活动。通常可以分为法条授权立法和专门授权立法。

所谓法条授权立法，是指享有立法权的国家机关在自己制定的规范性文件中，授权其他国家机关制定执行性的规范性文件。例如在我国，由高阶的法律向低位阶的行政法规、地方性法规进行的，或者由高位阶的行政法规向低位阶的规章进行的法条授权大量存在，一般比较规范。

所谓专门授权立法，是指享有立法权的国家机关通过专门的决定，授权其他国家机关对于属于自己的立法事项先行立法。在立法实践中，主要是权力机关（或议会）向行政机关或中央国家机关向地方国家机关的授权立法。

2. 授权立法的兴起与发展

近现代意义上的授权立法，是资产阶级分权理论派生出的一个概念，是对传统的三权分立原则的调整和补充。资产阶级政权建立之初，为消除封建专制的影响，大都奉行严格的三权分立原则，将立法权、行政权、司法权分别交给议会、行政机关、司法机关行使。其中，立法权只能由代表人民公意的立法机关统一行使，不能授予其他人，其理由是"立法部门、行政部门和司法部门拥有的权力是人民授给它们的，既然这三个部门是人民所授的立法权、行政权和司法权的接受者，那么它们就必须是这种权力的唯一所有者"，①因此，行政及其他机关或部门都无权立法。

实际上，立法、行政、司法作为国家统治的最高权力，从根本上是统一不可分的，三权分立只不过是早期资产阶级思想家所设想的一种国家机关在职能上的分工原则，其目的是使各国家权力机关之间能够相互制约与监督，以期达到各权力之间保持平衡。三权分立作为一种权力配置原则，它最终取决于资本主义政治、经济发展的需要。近现代资本主义发展的历史表明，立法权是一项综合性权力体系，不可能由某一个机关来行使。以世界上议会发展最早的国家英国为例，18世纪都铎王朝亨利第八时期，1539年议会就曾经发布公告法，授权国王为了治理国家和维护秩序可以发布公告，公告的效力与议会制定的法律相等。美国是成文宪法制国家，宪法中依据三权分立原则明确规定国家的立法、行政、司法三权分别由国会、总统、最高法院行使；国会能否授予行政或其他部门立法权在宪法中没有明确规定，然而立法权力的委任从联邦政府成立时起就开始出现。1789—1791年第一届国会期间，曾通过几个法律委任司法和行政机关行使立法权力，如授权法院制定审判所必要的程序规则，授权总统制定有关军人薪金及受伤和残废军人抚恤金的条例，等等。这种授权立法的做法也曾被认为违背宪法规定的分权原则，并起诉到最高法院，然而最高法院的判决却肯定了授权立法的合宪性。由此可见，严格意义上的三权分立只是早期资产阶级思想家的政治理想，实践中这三权却从未、也不可能绝对地分开，出于种种实际需要，立法机关常常不得不把它的某些立法职能委托给行政或其他机关去行使。

19世纪70年代后，西方资本主义国家由自由竞争进入垄断时期，社会环境发生了极大的变化。科技与经济的巨大发展，产生了诸多新的社会问题，客观上要求国家主动干预社会，及时利用法律对各种社会矛盾和社会关系做出调整，而资产阶级议会常常囿于自身条件的限制（如时间不够、不具备相关的专业知识或经验、立法时间长且缺乏灵活性等），无法及时满足这一社会发展需要；与此同时，社会生活的日趋复杂导致政府行

---

① ［美］伯纳德·施互茨：《行政法》，徐炳译，群众出版社1986版，第31页。

政职能的全面扩张，政府不仅需要充分行使其管理权，而且需要一定条件下的决策权，即制定和发布具有法律效力的规范性文件的权力，在这种情况下，议会将自己的部分具体立法权授予行政或其他机关的做法便被西方国家广泛采用。进入20世纪后，授权立法不仅在英国，而且在其他主要的资本主义国家中都得到了迅速、广泛的发展。在美国，国会通过专门的法律将原属于自己的部分职权委任给总统及政府各部门，专门成立的机构和司法机关。尤其是30年代罗斯福总统执政期间，适逢资本主义经济危机，总统推行"新政"，扩大政府权力、主动干预社会经济，授权立法在美国历史上得到了最广泛的运用。同时，关于授权立法的理论，也从传统的禁止授权转变为反对无限制授权，司法实践中也更加注重对授权原则、范围的审查。第二次世界大战以后授权立法已为西方各国所普遍接受，法国、德国等成文宪法制国家还在宪法中对其做了专门规定，授权立法对健全与完善法制、调整社会生活所起的作用已被各国公认，西方国家已从禁止或不愿正视授权立法转向接受、承认这一做法，并努力探索对授权立法的改善，加强对其控制，以防止在授权过程中权力失去监控而被滥用，从而造成对民主制度的破坏。

3. 授权立法的形式与原则

西方国家中，普遍采用由议会制定并发布专门法律的形式实现对行政机关或其他部门的授权。但在具体做法上，大陆法系国家与英美法系国家又有所不同。第一，大陆法系国家（主要以法国、德国两国为代表），其行政机关依据宪法规定拥有行政法规制定权，因此在这些国家中行政机关依授权制定法规的行为不同于一般的行政立法，而且也受到较为严格的限制，行政机关因议会的专门授权而制定法令的情形并不是很多。第二，这些国家属于成文宪法制国家，授权立法的法律制度比较明确、规范。首先，授权立法在宪法上有明确的依据；其次，授权要通过议会具体的授权法来做出。

由于授权立法在当代的广泛运用，法规数量日益繁多，不少国家都存在混乱现象。因此，为防止行政权力的无限扩张侵犯到立法机关的地位和权力，从而增加非民主化的危险，各国在采用授权立法这一手段时都较为慎重，分别在宪法或议会的授权法中规定了一系列基本的原则及具体要求，对授权立法实行严格的控制，这些原则及要求主要是：

（1）立法机关对授权事项必须有授权的权力。议会是国家的立法机关，为了使权力分立、互相制衡不受到根本性的破坏，为保障民主与宪政的稳定发展，国外在授权立法上首先对哪些权力能够授权进行了严格的限制。一般来说，涉及公民的基本权利与自由，如所有权、税收、刑事及诉讼程序、选举中的权利与义务等事项的立法权不得授出，属于"保留事项"，因为这些权力与公民的自由、与民主政治的发展息息相关。如果确因形势需要议会不得不做出授权决定时，必须对此类授权下行政机关制定的法规进行更为严格的审查和监督。在英国，依授权制定的有关增加公民负担的行政法规（如财政部发布的变更税率的规定、对某种进口货物征税的规定等）必须经议会批准才能生效。在美国，最高法院对涉及人身权利的授权立法案件，比对财产权利的授权立法案件的审查更为严格。美国在长期的司法审查过程中形成了这样一条原则，即涉及财产权利的授权可以允许广泛的不明确的标准，而涉及人身权利的授权必须规定行使权力的一个明确标准。

（2）授权法中必须明确授权的范围，不得实行一般性的、无限制的概括性授权。如果议会在授权法中没有明确授权的范围，那么就等于向行政机关开出了一张"空头支票"，行政机关就可以任意制定法规，其结果必然使议会的立法权遭到侵犯。因此，授权法中必须对授权的事项、授权的目的、授权的范围以及能否再授权等问题予以明确规定。例如，意大利《宪法》第76条规定："立法权的行使，应规定指导的原则及标准，在限定的期限内且为特定的目的，始得委托政府。"德国《宪法》中也有类似的规定，同时，德国联邦宪法法院的有关裁决指出：对于授权的明确限定"不仅保护国民使之不致承受来自行政方面的不可预测的负担，而且——并且首要的是——保证法治国家中应有的立法与行政这两个机构在制定法律标准上的清楚分界。议会不能把一部分立法权授予政府而不考虑和不规定所授之权的界限，从而放弃自己作为立法机关而担负的责任"。

（3）行政机关依授权立法必须严格遵守宪法和法律，严格遵守授权法。国家采取授权立法的目的是为了更好地实施宪法和法律，因此作为接受授权的行政机关来说，其行使制定法规权也应当严格遵守宪法和法律，不得与宪法和法律相抵触，更不能擅自修改或废除国家现行的法律。当然，宪法和法律另有规定的例外，如法国宪法规定，政府依议会的授权制定的规范性法律文件称为法令条例，其地位和效力与法律相同，可以修改或变更原有的法律，但它必须遵守授权法的规定，不得超出授权法的范围,行政机关依授权立法除遵守宪法和法律外,还必须严格遵守授权法。行政机关依授权制定的法规必须符合授权法的目的及要求,必须在制定的法规中注明其立法权行使的法律依据(即由哪一部授权法所授权)。

(4)行政机关依授权立法必须遵守法定的程序。在西方,议会的具体授权法和国家的有关法律中都有关于行政机关制定法规的程序性要求,如接受授权的行政机关制定法规时必须首先向社会公布法规草案,听取公众的意见,如反对意见较多时,行政机关必须举行公开的调查或审判型听证会。涉及专业技术性较强或涉及某类团体利益较多的法规,必须向有关专家或团体进行咨询。此外还有,法规必须向原授权机关备案(重要的法规甚至必须经其批准),制定法规的期限以及法规必须统一公布,等等。行政机关对以上程序和时间期限必须严格遵守,否则所制定的法规即属越权无效。

三、中央立法与地方立法

中央与地方立法权力关系是国家法律体系建构中无法回避的理论和实践问题之一。西方资本主义国家对立法活动,包括中央(联邦)与地方(州)的权限划分在内的问题的研究起步比较早,从17世纪初就已经开始,至今已逐步形成了具有广泛和重要影响的立法思想和学说。美国是世界上第一个实行联邦制的国家,其政治生活的特点是广泛的分权,不仅立法机关、行政机关和司法机关之间存在横向上的三权分立,而且联邦政府与州政府、各州内州与市镇、县还存在着纵向的分权,各地方具有较大的立法权。在实行单一制的国家,如法国、日本等,也一直在推行地方自治和地方分权,法国20世纪80年代的地方分权改革具有非常大的影响。相应地,西方国家对中央与地方立法权限划分的研究也就集中在这样两种体制之内,一是联邦制,二是单一制。联邦制国家之内,由于以分权著称,宪法确立了分权框架,所以,相应的理论研究主要不是集中在是否分权,而是集中在分权的程度上。

19世纪60年代的美国内战,表面上看是奴隶制的存废之争,但是背后实际上隐含了联邦与各州之间的紧张关系。内战以联邦政府的胜利告终,联邦政府的权力得到了加强。其后,随着经济与社会的发展,联邦权力得到了扩张,一些原属于州的权力逐渐转移到联邦手中。对于单一制国家，虽然主流理论认为地方的权力不是固有的，而是中央授予的，地方不应当享有立法权或者只能享有相对较小的立法权，但是，随着世界形势的发展，地方自治和地方分权改革已经成为很多单一制国家的发展趋势。相应的理论研究主要集中于地方是否应当享有立法权，地方立法权的来源，地方立法权的范围等。由于现代社会的需要，在立法活动中，中央立法与地方立法的立法权权限界限日益鲜明，一方面是立法权的权力配置的优化，另一方面则是防止地方立法演化成一种越权行为，破坏法治秩序的完整。

其中中央立法主要是以宪法、法律、行政法规等重要的法的形式对国家、社会和公民生活的各个基本方面、基本环节进行必要的规范。相对地方立法而言，其地位和作用主要体现在它是国家立法体制中的前提性、主导性和基础性环节。其含义则指特定的中央国家政权机关，依法制定和变动效力可以及于全国的规范性法律文件活动的总称。而特定的中央国家机关是指依法行使立法权的中央国家机关。中央国家机关众多，但并非所有国家机关都有资格行使立法权，而只有其中部分国家机关依照宪法和法律的规定可以行使立法权，这些国家机关首先是议会或者代表机关，其次是行使部分立法权的国家行政机关以及其他立法主体。依法是指依照宪法、法律、法规或者授权所规定的立法权限、立法程序以及其他的立法要求。变动是指对法进行修改、补充、废止和解释等活动。规范性法律文件除法律、行政法规外，就中央立法而言，还包括部门规章等。

从广义上理解，中央立法还包括最高国家立法机关授权其他国家机关制定法规的活动，以及上级立法机关对下级立法机关制定法律、法规进行监督的活动。中央立法是相对地方立法而言的，在一国存在两级或多级立法体制的情况下，就存在中央立法和地方立法的区分问题。我国现阶段的立法体制是统一而又分层次的：全国人大及其常委会行使国家立法权；国务院即中央人民政府根据宪法和法律，制定行政法规；省、自治区、直辖市的人大及其常委会根据本行政区域的具体情况和实际需要，在不同宪法、法律、行政法规相抵触的前提下，可以制定地方性法规；较大的市的人大及其常委会根据本市的具体情况和实际需要，在不同宪法、法律、行政法规和本省、自治区的地方性法规相抵触的前提下，可以制定地方性法规，报省、自治区的人大常委会批准后施行；经济特区所在地的省、市的人大及其常委会根据全国人大的授权决定，还可以制定法规，在经济特区范围内实施；自治区、自治州、自治县的人大还有权依照当地民族的政治、经济和文化特点，制定自治条例和单行条例，对法律、行政法规的规定做出变通规定；自治区的自治条例和单行条例报全国人大常委会批准后生效，自治州、自治县的自治条例和单行条例报省、自治区、直辖市的人大常委会批准后生效；国务院各部、各委员会、中国人民银行、审计署和具有行政管理职能的直属机构，可以根据法律和国务院的行政法规、决定、命令，在本部门的权限范围内，制定规章；省、自治区、直辖市和较大的市的人民政府，可以根据法律、行政法规和本省、自治区、直辖市的地方性法规，制定规章。也就是说，目前我国的中央立法就是以全国人大及其常委会的国家立法为主导，以国务院及其所属部门立法为辅的中央有关国家机关立法的总称。①

中央立法在特征上，与地方相对的，有以下的特征：①中央立法的效力等级更高。中央立法产生的宪法和法律，其效力等级高于地方立法产生的法，尽管中央立法本身也由不同的效力等级所构成，但整体而言，地方立法一般不得和中央立法相违背，中央立法的效力等级高于地方立法。②中央立法的调整范围更大。中央立法可以调整社会生活的方方面面，政治、经济、社会、文化、军事、外交等各领域的社会关系中央立法都可以予以规范；刑事、民事、行政等各部门法的法律、法规中央立法都可以制定和变动。而地方立法一般不能调整军事、外交等方面事项；很多国家的地方立法在刑事等方面的法律、法规也无权制定；中央立法的效力一般可以及于全国，而地方立法的效力一般只能及于特定的行政区域。③中央立法的内容和形式更重要。中央立法一般调整一国范围内的重要事项，有的甚至是根本制度和关乎国计民生的重大事项；而地方立法则无权调整此类事项。④中央立法形式多样，其中包括极为重要的法的形式，而地方立法则一般不能就某些法的形式予以立法。在中国，中央立法可以就宪法、法律、行政法规、部门规章等形式立法，而地方立法则不能就宪法、法律、行政法规等形式立法。

地方立法则是相对中央立法而言，指特定的地方国家政权机关，依法制定和变动效力不超出本行政区域范围的规范性法律文件活动的总称。②

---

① 参见曾粤兴：《立法法》，清华大学出版社2014年版，第131页。
② 参见周旺生：《立法学教程》，北京大学出版社2006年版，第300页。

这里所说的特定的地方国家政权机关，在中国现阶段，指宪法和立法法确定的可以制定规范性法律文件的地方国家机关，以及根据授权可以立法的地方国家机关。依法，指依照宪法、法律、法规和授权决定规定的立法权限、程序和其他要求。效力不超出本行政区域范围，与"在本行政区域范围"不尽相同。前者既可以指效力在本行政区域全部范围都有效，又可以指在本行政区域范围的部分区域有效；后者则可以被人误解为任何法都在本行政区域全部范围有效。由于事实上不是每个法都在本行政区域全部范围都有效，因此前者比后者恰当。规范性法律文件，是地方立法的各种法的形式的总称，在中国现阶段包括地方性法规、地方政府规章、自治条例、单行条例、特别行政区的法律和其他规范性法律文件、被授权的主体制定的效力及于一定地方行政区域的规范性法律文件。

地方立法是相对于中央立法而言的立法，是构成国家整个立法的一个重要方面。不少国家的地方立法本身也是个体系，由多类别、多层次的立法构成。中国地方立法目前由一般地方立法、民族自治地方立法和特区地方立法所构成。特区立法又包括经济特区和特别行政区两方面的立法。在一般地方立法和民族自治地方立法内部，又有层次的区别。

相对中央立法，地方立法有以下特征：

（1）地方立法具有地方性。地方立法的主体只能是地方国家机关。中央国家机关不能是地方立法的主体，即使中央国家机关制定专门解决地方问题的法律、法规，如全国人大制定《香港特别行政区基本法》，这样的立法活动也不属于地方立法的范畴。地方立法的任务是解决地方问题，尤其是注重解决应当以立法解决而中央立法不能或不便解决的问题。地方立法可以有或应当有鲜明的地方特色，其基本原则之一是要从本地实际出发，保持地方特色。地方立法的效力范围限于本地行政区域内。

（2）地方立法更具复杂性。从总体上说，地方立法比中央立法更复杂。首先，地方立法有更多的关系需要处理。在中国，制定地方性法规，至少要处理六种关系：与宪法和法律的关系，与行政法规的关系，与部门规章的关系，与地方政府规章的关系，与上级或下级地方权力机关及其常设机关的地方性法规的关系，民族自治地方制定地方性法规还要处理与自治条例、单行条例的关系。其次，地方立法调整的社会关系更具体，在总体上规定的事项更多，许多不宜由中央立法解决的问题便由地方立法解决，这也增加了它的复杂性。最后，各地经济、政治、文化等发展不平衡的情况，在使地方立法异彩纷呈的同时，也使地方立法复杂化。当然，地方立法更具复杂性，是从地方立法的总体情况来说的，不是任何一种地方立法，都比中央立法更复杂。

（3）地方立法具有从属与自主两重性。一方面，地方立法与中央立法相比，处于相对次要的地位，一般要以中央法律、法规为依据，或者不能与其相抵触。在立法功能方面，地方立法一般都负有贯彻实施中央法律、法规的责任。在中国，地方立法还有补充中央法律、法规以及先行一步为中央立法积累经验的任务。一国法制统一原则还要求地方立法的法的体系、法的形式或渊源及其他有关方面，应当与中央立法保持一定的协调性。另一方面，地方立法作为一国立法体制的组成部分，也有相对独立的地位，地方立法存在的主要原因之一，是要以地方立法的形式调整地方社会关系、解决地方问题，它可以在不与中央法律、法规相抵触的前提下，独立自主地立法，积极地解决应当由自己解决的问题。地方也可以根据本地情况，在坚持或顾及法制统一的前提下，在法的体系、法的形式或渊源及其他方面，自主地形成自己的风格。在有的国家，地方立法的从属性是更主要的属性；在另一些国家，自主性是更主要的属性；还有些国家，这两重属性平分秋色。在中国现阶段，地方立法对中央立法的从属性，下级地方立法对上级地方立法的从属性，是更主要的属性。认清地方立法具有从属与自主两重性，就要防止两种片面性：一是只看到地方立法从属于中央立法的一面，把地方立法当作单纯是为执行、补充中央立法和为中央立法积累经验存在的，在地方立法问题上视野狭窄，认识保守，缺乏应有的主动性、积极性；二是过于强调地方的特殊性，把地方立法看成是可以脱离国家法制大局的一种纯粹的地方性活动，陷入偏狭的地方主义泥坑。

（4）城市立法在地方立法中逐渐占据重要位置。城市尤其是重要城市在现代生活中的重要地位决定了它们应当行使地方立法权。城市的发展状况是社会文明发展状况的标志。在现代社会，城市承担着比一般地方繁重和复杂得多的组织、管理经济文化和其他方面事项的职责，日益成为整个政治、经济、法制、科学、文化、教育和居住的中心。城乡融合的过程，城乡差别消灭的过程，主要是更多乡村实现城市化的过程。美国约有 2/3 的人口、英国约有 4/5 的人口生活在城市。这些情况，再加上城市自身的人口密度大、社会分工细、生活节奏快、矛盾和复杂问题多的特征，决定了应当注意给予城市特别是重要城市地方立法权。西方国家的市议会一般都有地方立法权。在中国,城市的地位和作用在中国社会生活中日益突出,尤其是这些年来,城市经济体制改革状况如何,逐渐成为整个改革成败的关键。因而城市地方立法也十分必要和重要。

四、我国现行的立法体制及其完善

(一) 我国现行立法体制发展概述

新中国成立以来,我们的立法体制经历了曲折的发展历程。1954 年《宪法》规定,全国人民代表大会是国家唯一的立法机关,它有权修改宪法和制定法律。而其常设机构全国人大常委会虽然没有立法权,但是拥有解释法律、制定法令的权力。行政部门国务院则只有制定行政措施的权力。1955 年第一届全国人大第二次会议授权全国人大常委会在全国人民代表大会闭会期间,制定单行法规。1959 年第二届全国人大第二次会议又授权全国人大常委会对法律中已经不适用的条文适时进行修改,做出新的规定。① 这种高度集权的全国人大一级立法体制,随后虽有所松动与调适,但总体上与当时社会发展、国家管理的需要极为不适应。

2000 年制定的《立法法》在宪法规定的基础上,对立法体制又做了更加具体的规定:①规定最高权力机关的专属立法事项,即十项只能制定法律的事项,而制定法律的机关只能是全国人大及其常委会。②规定授权立法制度,针对尚未制定法律的事项,根据国务院的实际需要,可以由全国人大及其常委会授权,对一些事项先行制定行政法规。③扩大地方立法权的主体范围,除省、自治区、直辖市的人大及其常委会外,也赋予较大的市的人大及其常委会自行制定地方性法规的权力;与此同时,在省、自治区、直辖市人民政府之外,较大的市的人民政府也有制定地方政府规章的权力。④扩大部门规章制定主体的范围,除了国务院各部、委员会外,还规定具有行政管理职能的直属机构也有权制定部门规章。

中国立法体制在宪法的基础上,又经过 2000 年《立法法》对立法制度进行的改革与完善,实现了由高度集中的一元化立法体制转变为统一而多层次的立法体制这一重大变化。由《宪法》和《立法法》共同规定的统

---

① 参见张文显:《法理学》(第 3 版),高等教育出版社 2007 年版,第 192 页。

一的多层级的立法体制,一方面保证了国家基本制度的统一,另一方面发挥了地方各级的积极性。这种立法体制是立足中国国情的创造性的设计,不仅区别于普通单一制国家的一级立法体制,同时也区别于联邦制国家的两极立法体制,是具有鲜明中国特色的立法体制创新。

中国现行立法体制是以宪法为基础,又由《立法法》加以具体规定而构建的。中国立法体制在宪法的基础上,又经过2000年《立法法》对立法制度进行的改革与完善,实现了由高度集中的一元化立法体制转变为统一而多层次的立法体制这一重大变化。由宪法和立法法共同规定的统一的多层级的立法体制,一方面保证了国家基本制度的统一,另一方面发挥了地方各级的积极性。这种立法体制是立足中国国情的创造性的设计,不仅区别于普通单一制国家的一级立法体制,同时也区别于联邦制国家的两极立法体制,是具有鲜明的中国特色的立法体制创新。总的来说,这一阶段的中国立法体制主要特征包含有:①集权和分权、中央与地方相结合;②具有鲜明的统一和民主原则;③是"一国两制"条件下的立法体制;④对中央的专属立法事项明确加以列举。

为了适应中国特色社会主义事业全面发展和不断进步的新形势新要求,党的十八届三中全会、党的十八届四中全会提出了完善立法体制机制的一系列改革举措。《立法法》修改决定于2015年3月15日在第十二届全国人大第三次会议上表决通过,修改后的《立法法》总结其施行以来的实践经验,共修改了35条规定,增加了11条规定。这次《立法法》修改,主要围绕完善立法体制,从税收法定原则的落实、授权立法制度的完善、设区的市地方立法权的赋予、规章权限的规范等方面进行了相应的修改、补充和完善。

(二) 新时期我国立法体制的完善

2015年3月15日新《立法法》表决通过,进一步完善了我国的立法体制,其主要表现在:

(1) 税收法定原则的落实。税收法定是我国《宪法》确立的一项基本原则。党的十八届三中全会对落实税收法定原则提出了明确要求,党的十八届四中全会则将制定和完善财政税收方面的法律法规作为需要加强的重点领域立法。为落实税收法定原则,修改后的《立法法》将"税收"专设一项作为全国人大及其常委会的专属立法事项,明确规定只能由法律来设定税种、确定税率、制定包括税收征收管理等在内的税收基本制度。

（2）授权立法制度的完善。党的十八届四中全会《中共中央关于全面推进依法治国若干重大问题的决定》（以下简称《决定》）提出，衔接立法和改革决策，做到凡属重大改革都能够找到法律法规上的依据，立法主动适应改革和发展的需要，对于一部分实践条件尚不成熟、需要进行先行先试的计划立法事项，可以按照法律规定的程序做出授权立法决定。根据上述要求，通过不断总结近年来的立法实践经验，修正后的《立法法》新增规定，根据改革发展的相应需要，全国人大及其常委会可以就行政管理等领域的特定事项决定在个别地方授权法律的部分规定的暂停适用。与此同时，针对以往部分授权立法的时限要求缺乏、授权范围过于笼统等一系列问题，修正后的《立法法》规定，不仅应当明确授权目的和范围，而且还要明确授权的期限和事项，以及被授权机关在实施相应授权决定的过程中所应当遵循哪些原则等；并且被授权立法的机关还需要在授权期限届满之前6个月，将实施授权决定的相关情况报告给授权机关。

（3）设区的市地方立法权的赋予。党的十八届四中全会《决定》提出，要明确地方立法权限和立法范围，按照法律的相应规定赋予设区的市地方立法权。设区的市在我国目前有284个，在本次《立法法》修正之前，只有其中27个省会市、18个国务院批准的较大的市以及4个经济特区所在市，共49个较大的市依法享有地方立法权。本次《立法法》修正之后，在原来49个较大市的基础上新增的另外235个设区的市拥有地方立法权。当然，赋予设区的市地方立法权，不仅要适应地方改革和发展的实际需要，同时还必须要明确地方立法主体的立法权限和范围，这样才能维护法制统一原则，避免重复立法。修改后的《立法法》在赋予设区的市以地方立法权的同时，还限定了设区的市只可以对部分事项，即城乡建设与管理、历史文化保护、环境保护等方面的事项制定相关的地方性法规。对设区的市制定相关法规事项另有法律规定的，从其规定。

（4）行政规章权限的规范。根据我国《宪法》和法律的规定，规章包括省级、设区的市级地方政府规章和国务院部门规章。规章数量众多、涉及领域广泛，在行政管理活动中发挥着重要作用。规章与上位法的关系适用"根据"原则，地方性法规与上位法的关系则遵循"不抵触"原则，两者存在明显区别。修改后的《立法法》根据党的十八届四中全会《决定》，进一步明确了制定规章的权限范围：一方面，除非有法律或者国务院的相关行政法规、命令、决定为依据，否则不得设定减少或损害公民、法人和其他社会组织权利的规定，也不得设定增加其义务的规定；部门规章既不得增加本部门的权力，也不得减少本部门的法定职责。另一方面，除非有法律、地方性法规、行政法规为依据，否则地方政府规章既不得设定减少或损害公民、法人和其他社会组织权利的规范，也不得设定增加其义务的规范。与此同时，修改后的《立法法》根据地方行政管理实际工作的需要规定，立法条件尚不成熟但是应当制定地方性法规的事项，如果行政管理迫切需要，可以先行制定地方政府规章，两年后规章实施期满，如果还需要继续实施规章所规定的行政措施的，应当提请本级人大或其常委会考虑制定地方性法规。

第三节 立 法 程 序

一、立法程序概述

（一）立法程序概念

立法程序（legislative procedure），是指具有立法权限的主体创制规范性法律文件所遵循的制度化的法定正当过程。这个定义表述中有三个需要进一步界定的词语：其一，具有立法权限的主体。严格来说，这些主体应当由一国的宪法或者宪法性法律决定。参与立法活动的主体很多，但并不是所有主体都享有立法权，那些不行使立法权却担负立法工作或者参与立法工作的机构和个人不在此列。其二，规范性法律文件。与一般文件不同，规范性法律文件是以规范化的成文形式表现出来的各种法的形式的总称，具有普遍约束力和反复适用性。其三，创制。此处的创制应做广义理解，包括制定、认可、修改、废止、解释这一系列的立法活动。

立法程序具有自身的基本特性[①]：

首先，立法程序具有正当性。立法作为制定普遍规则的活动，其程序

---

① 参见曾粤兴：《立法法》，清华大学出版社2014年版，第114—115页。

必须正当合理。第一，立法程序的参与者必须要有广泛的代表性。各个参与者都必须在立法程序中发挥作用，都享有部分的权力，任何主体都不能享有独断的权力。参与者能够独立地行使自己的权利。第二，所有参与者都有机会充分表达意见、诉求。当各个参与者的利益冲突时，得以互相讨论、交涉。参与者意见无法达成一致时，根据既定规则确定选择。第三，立法程序必须公开透明。未能直接参与立法程序的民众对立法活动享有知情权和监督权。第四，立法程序运行的各个环节的设置必须具有严密的逻辑关系和合理的时间间隔。总之，立法程序的正当性体现了立法的民主性和科学性，是立法程序最重要的属性。

其次，立法程序具有法定性。立法作为一项严肃的政治活动，其程序必须合法、规范。第一，立法程序参与者人选的确定遵循法定规则。第二，法律保障所有参与者在立法活动中可以畅所欲言，享有言论免责，并且不受其他单位、个人干涉的权利。第三，设置相关规范以限制程序参与者的恣意行为，并保证民众有效行使知情权和监督权。第四，立法程序的各个环节必须制度化、规范化、法定化，进而使立法活动有序并顺利地进行。总之，立法程序的法定性是规范立法活动、保证立法权有效运行的需要，亦为立法程序正当性的实现提供了法制保障。第五，立法程序具有自律性。立法程序是一个相对独立的过程，对外不受无端干涉，对内奉行参与者的自觉和自主，即自我约束、自我限制、自我负责等。自律性是现代立法程序的鲜明特征，是立法机关制度化的产物，对程序参与者提出了较高的责任标准和道德要求。立法程序的自律性确保立法机关（包括立法参与者）独立行使立法职权，实现相当程度的自主和自治，对实现立法程序的正当性和法定性具有重要意义。

（二）立法程序的分类

立法程序的种类都是多种多样的。这既与立法程序本身的繁杂性有关，也与立法程序划分的标准、方法不同密切相连。根据标准的不同，可对立法程序做如下划分[①]：

（1）成文法立法程序与判例法立法程序。这是依规范性文件是否法典化为标准而进行的划分。在我国，立法程序仅指成文法立法程序。

---

① 参见朱力宇、张曙光：《立法学》（第3版），中国人民大学出版社2009年版，第141页。

（2）宪法立法程序与普通法立法程序。这是依立法程序的复杂程度而做的划分。在现代国家，宪法的制定、修改等程序往往比普通法的相应程序复杂、严格。

（3）一般立法程序与特别立法程序。这是根据一般法与特别法的立法程序复杂程度不同而做的划分。一般来说，一般法的立法程序比特别法的立法程序更为严格一些。

（4）自主立法的立法程序与授权立法的立法程序。这是依立法程序启动的原因或个别授权而启动立法程序、实施立法行为的。

（5）立法机关立法的立法程序与行政机关立法的立法程序。这是基于立法主体不同而做的划分。在当代，行政机关进行大量立法，已成为世界潮流，即使是实行"三权分立"最为典型和严格的美国也不例外。

另外，在我国，还有自主性立法的立法程序与实施性立法的立法程序之分。例如，根据《宪法》《地方组织法》和《立法法》等的规定，省、自治区、直辖市的人大及其常委会可以对法律制定实施性的细则或条例。

二、普通立法程序

普通立法程序又称为正常立法程序，它是国家立法会制定法律时最常采用的程序。除法律本身内容特殊，或者时间紧迫、需要适用特别程序或紧急程序的外，所有立法均以正常程序进行。以正常程序立法，一般经过以下几个阶段：

（1）法律案的提出，这是立法程序中的重要组成部分，标志着立法程序的正式开始，它的重要性是不言而喻的。正如我国台湾地区学者朱志宏所说："提案厥为议员之政策主张、政党之政策理想、选区或团体之政治利益，能否实现，是形成正式法律关键性的阶段。即使一项法案在立法过程中功败垂成，但法案提出以后，议员及其政党就取得了一项能向选民交代比较具体的'政绩'。"[1]普通程序法律案的提出主要由法律规定的立法机关或者是最高权力机关施行。在我国，提出法律案，就是根据有关规定，享有相应职权的国家机关或个人向全国人大或其常委会提出关于制定、认可、修改、废止法律的议案。这里的"法律"是狭义上的，不包括

---

[1] 朱志宏：《立法论》，三民书局1995年版，第188页。

宪法。因为，《宪法》第六十四条对此规定了特别程序，即"宪法的修改，由全国人民代表大会常务委员会或者五分之一以上的全国人民代表大会代表提议"。这说明，修改宪法的议案是特别议案，其程序比起一般法律来也更严格、更复杂。

通常来说，各国对法律案的提出是有限制的，即提出法律案时必须遵守一定规则。这主要包括权限上、程序上、格式上和时间上四个方面：①权限上的限制。即提案人不能逾越其管辖权事项范围。如爱尔兰宪法规定，财政法案只能由众议院创议。②程序上的限制。即法律案的提出必须符合法定程序。一方面，有的法案须经政府议决之后再提请议会审议；另一方面，在有的国家，法案的提出须经一定数量以上议员的连署或附议。③格式上的限制。这主要有两个方面：一是一事一动议原则，一个法案不能超过一个议题，而且只能有一个议题；并且，一个时间只能处理一个议案。二是需以书面形式提出法律案，并说明案由、理由及相应的条文。需要说明的是，法律草案在形式上（或格式上）的要求，正是法律议案区别于法律动议的重要标志。法律议案从格式上或形式上来说必须包括法案的必要条款及其主要内容、提议案人署名、附议者联署等六个方面。④时间上的限制。一是对一般动议的限制，如有的国家对财政法案的提出有明确的时间限制。二是一事不再议原则，即已经议决通过或否决确定的议案，不可在同一会期中再行提出审议。确立这一原则，是为了使每一议员能够在有限时间内表达意见，不浪费时间，也是为了防止任何立法活动被突然冲动干扰，不致翻案频频，损及国会权威和立法的一致性；还可促使国会议员体认到慎重立法的重要性。三是对临时动议的限制，法律案不得以临时提案的形式提出。

（2）审议法律案，这是指立法机关（在我国是指全国人大及其常委会）就已经列入会议议程的法律案进行审查讨论。这是立法程序的第二个阶段，也是立法程序中的关键阶段。因为提案人提出的法律案在被列入会议议程之后，能否被通过而成为法律，取决于对该法律案的审议结果。

如在我国，全国人大审议法律案的程序主要包括：①听取关于法律草案的说明。对于列入全国人民代表大会会议议程的法律案，提案人须在大会全体会议上做关于该法律草案的说明。② 各代表团和有关专门委员会的审议。提案人在大会全体会议上对法律案进行说明以后，即由各代表团进行审议。这时，提案人应当派人听取意见，回答询问。并且，根据代表团的要求，有关机关、组织应当派人介绍情况。有关的专门委员会有权对法律案进行审议，向主席团提出审议意见，并印发会议。③法律委员会对法律案进行统一审议。法律委员会根据各代表团和有关的专门委员会的审议意见，对法律案进行统一审议，向主席团提出审议结果报告和法律草案修改稿，对于重要的不同意见应当在审议结果报告中予以说明，经主席团会议审议通过后，印发会议。④通过审议结果的报告和法律草案修改稿。大会主席团在法律委员会提出审议结果的报告和法律草案修改稿之后，要进行认真研究和审议，并决定是否同意这个报告和法律草案修改稿，或者提出进一步修改的意见，法律委员会则据此再做修改。大会秘书处要把法律草案修改稿、法律委员会审议结果的报告和有关专门委员会的审议意见一并印发给与会全国人大代表。

另外还需要说明的是，我国全国人大常委会审议法律案的程序步骤虽然基本趋同于全国人大审议法律案的程序，但内容要求上是有所区别的。

（3）表决通过法律案，是指立法机关（在我国是指全国人大及其常委会）通过表决来决定法律草案能否成为正式的法律的活动。这是立法程序中的重要一环，决定着一部法律草案能否最终成为正式法律。因此，世界各国都对法律草案的通过做了规定。而且，即使在同一国家里，对不同的法律草案往往也有不同的方式来加以通过。例如，只要立法机关通过，该法律案即成为正式的法律；立法机关通过后，还需要有职权的个人批准或决定才能成为正式法律；或者经过全民公决的方式获得通过等。

（4）公布法律，就是将立法机关通过的法律用一定方式和形式公之于众。在现代社会，法律经过立法机关通过之后，一般还不具备法律拘束力；只有在有权的机关或个人将已通过的法律加以公布之后，才能生效，具有法律效力。因此，公布法律也是立法程序中的一个重要阶段。

在我国，公布法律的权力主体，有一个演变过程。1954年《宪法》规定，中华人民共和国主席根据全国人民代表大会或全国人民代表大会常务委员会的决定，公布法律和法令。1975年《宪法》删去了1954年宪法的有关规定，但也没有明确规定法律、法令的公布主体。1978年《宪法》规定全国人民代表大会常务委员会委员长根据全国人民代表大会或全国人民代表大会常务委员会的决定，公布法律和法令。1982年《宪法》恢复了国家主席制度，规定由国家主席根据全国人民代表大会或全国人民代表大会常务委员会的决定公布法律。我国《立法法》第二十五条规定全国人民代表大会通过的法律由国家主席签署主席令予以公布。第四十四条规定常务委员会通过的法律由国家主席签署主席令予以公布。而主席令须表明该法律的制定机关、通过和施行日期。

三、特别立法程序

普通立法程序相对的则是特别程序，其最主要的区别是行使主体上的不同。特别立法其目的在于根据社会的需要，管理国家事务的需要，有关立法机关进行的立法活动，从而弥补中央立法的不足。最常见的如行政立法程序、地方立法程序。

（1）行政立法程序。行政立法有广义和狭义之分，广义的行政立法指行政法的规范体系，所有能成为行政法正式渊源的那些规则体系都是广义行政立法的内容。狭义的行政立法指由特定行政机关制定行政法规范的行为以及所制定的行政法规范。行政立法有动态和静态之分，静态的行政立法指行政立法所产生的结果，已经形成的行政法规范都是静态行政立法所能够包容的，动态的行政立法则是指能够制定行政法规范的机关制定行政法规范的行为过程。

行政立法程序是行政立法制度极其重要的一个部分。行政立法程序有各种各样的具体形态，从目的价值对程序的形态进行划分，可以将其分为两大类型：作为过程的程序和作为装置的程序。前者是指行政机关从开始行政立法任务至完成该任务所必经的自然过程。行政立法权限在运用过程中至少存在两项任务。一是证明自身行为的（形式意义上的）合法性，即证明行政立法行为自身具有法律根据；一是使行政立法权限的运作过程具有科学合理性，如从行政内部的领导关系和行政合理的需要出发，将行政立法程序设计为诸如由规划、起草、审批和发布等流程环节组成的程序。后者，即作为装置的行政立法程序是指在行政立法过程中，为了实现在作为过程的程序中难以实现的一定目的而以法律手段（包括立法和司法手段）设置的程序环节。在行政立法过程中，如何保护利害关系人的权益和调整利害关系人之间的利益关系（权利保护和利益调整目的）以及如何保障国民的民主参与（民主参与目的），这些目的并不是通过作为过程的程序可以当然地实现的，因此许多国家通过一定的法律手段在行政立法程序制度中设置了诸如（事实审型）听证、公听会、立法理由说明等程序，以求实现上述两个目的。这便是作为装置的程序所具有的意义。

世界上对于行政程序的确立，采用法典和分散立法是最主要的模式。采用法典确立，即一般性立法的方式建立行政立法程序法律规范的有美国和英国。1946年美国通过颁布了联邦行政程序法，在此法的基础上，1990年美国正式确立了行政立法的协商程序。英国于1893年由议会制定行政法规公布法，英国是着眼于行政立法的形式性，将制定法上的法规定义在依议会授权制定的法规、依枢密院令制定的法规以及各大臣或政府各个部局制定的法规。1946年英国颁布法定规范法以替代行政法规公布法。在该法中，法规的外延增加了大臣根据法定规范形式权限所制定的法规。

除美国、英国两国之外，其他国家基本上没有采用这种统一立法，即没有以一般法的方式制定行政立法程序，而是以分散立法，即个别法的方式在各个具体授权行政立法的法律之中同时规定相应的程序。此外，还有一些国家以行政规则，即效力只发生在行政系统内部的规范性文件的方式建立较为统一的行政立法程序制度。最为典型的如德国的各部共同事务规则和日本的关于设定、修改和废止规制的意见提出程序。

在参与主体上，行政立法程序，自然是法案起草的主管行政机关主持该活动的整个立法活动过程。但除此根据行政立法权限成为主体的行政机关（权限主体）之外，其他机关、组织团体以及国民也拥有参与主体资格（参与主体）。

根据各国的行政立法程序制度，参与主体大致可以分为三大类型：①议会参与型。如英国，内容程度重要的条例，如增加税收或负担的条例非经议会两院的批准（财政性条例只需经下院批准）则不发生效力。[①] 如美国国会两院或一院有权通过决议，撤销行政机关制定的法规。[②] ②利害关系人参与型。此种类型可分为两类：自认为与行政立法事项有利益关系的社会公众作为个人均可参与的普遍参与型和只限于有关团体或特定团体参与的特定主体参与型。③政府法制审议机构参与型。它是行政系统内部非立法的权限主体对行政立法过程的参与方式。如法国的最高行政法院作为中央行政机关中的咨询机关，对政府的行政立法负有提出意见的义务。[③]

---

① 参见王明扬：《英国行政法》，中国政法大学出版社1987年版，第115页、第118页。
② 参见王明扬：《美国行政法（上）》，中国法制出版社1995年版，第378－379页。
③ 参见王明扬：《法国行政法》，中国政法大学出版社1989年版，第65－66页。

（2）地方立法程序。地方立法，指特定的地方国家机关，依法制定和变动在本行政区范围实施的规范性法律文件活动的总称。这里所说的特定的地方国家机关，在中国现阶段，指《宪法》和《立法法》确定的可以制定规范性法律文件的地方国家机关，以及根据授权可以立法的地方国家机关。指依照宪法、法律、法规和授权决定规定的立法权限、程序和其他要求。规范性法律文件，是地方立法的各种法的形式的总称，在中国现阶段包括地方性法规、地方政府规章、自治条例、单行条例、特别行政区的法律和其他规范性法律文件、被授权的主体制定的在一定地方行政区域内实施的规范性法律文件。

地方立法程序关系到地方立法活动的效率和质量，直接影响着一个国家的法制建设。地方立法程序所表现的价值取向是其立法本质和特征的反馈，主要体现在：

（1）民主价值。民主与效率是任何一个法治社会在进行立法程序的制度构造和实际操作中所要实现的价值取向，是立法程序的生命力之所在。人们选择和规定立法程序，首先在于立法程序能保证立法集中和正确地体现人民的意志，它给立法者提供一个民主讨论、公正表决和公开议事的场合与机会，它也保证公众能参与立法，使多数人的意见能形成合意，少数人的意见得到尊重。同时，通过规范立法机关的活动，可以提高其效率，做到迅速、及时、适时地立法，成就出高质量的立法活动。因此，地方立法程序的法律价值取向应是民主与效率的结合。

（2）科学价值。严格把握地方立法程序，是提高立法机关自身运转效率的必然要求，地方立法机关要有效地行使好立法权，就必须在民主与公正的前提下，果断行事、迅速决议，集中反映本地区广大人民群众的利益和要求，体现地方特色，满足社会发展的需要。而且，由于地方立法对象的复杂性和技术性，地方立法机关在立法时不能盲目随意、拖延时间、滥用权力，这就要求地方立法机关通过程序的制约维护自己的权威，提高工作的效率。

（3）地方立法程序的控权价值。法律在赋予立法机关立法权力的同时，还必须对该权力行使进行有效的控制和监督。立法程序监督是对立法权进行监督的最有效方式。立法程序规范存在的最根本的功能，就是对立法权的行使进行监督。各国立法监督的实践已经表明，立法程序本身的特点以及立法权的固有属性，使得立法程序在所有的监督手段中脱颖而出，成为最广泛采用、效果最好的监督方式之一。主要表现在于，立法程序监督必然是一种全过程的监督。立法程序涉及立法活动的各个阶段和环节，因此在立法程序的设计过程中可以充分考虑立法的公正性、民主性、科学性以及监督的有效性之间的综合效果，在立法程序法律规范中预先设定某些必要的、专门的以实施监督为目的的程序形式或各种步骤，为立法程序实施过程中监督机关的介入提供窗口。同时，立法程序监督是前置的监督。因为立法活动的成果，是以某一地区、某一行业乃至全国范围内的人员、财产及行为为规范对象、以国家强制力为保障的规范性文件。这些规范性文件一经公布生效，就会对其调整范围内相应的公民和组织的财产、行为乃至生命产生决定性的影响。这也意味着这种监督不同于一般的事后监督，而可以在立法活动的结果，即规范性文件生效以前即已开始，从而真正起到防患于未然的功效，这一点对于立法活动而言，尤为重要。

第四章　立法解释与监督

　　立法解释是立法的补充形式。法律制定后并不是一成不变的，而要随着社会的发展、变化适时地进行解释和修正。法的修改与补充、法的废止、法的清理、法律汇编、法律编纂，都属于法的修正。适时地对法律进行解释和修正，是完善一国法律体系的重要体现。黑格尔说过："法律的范围一方面应该是一个完备而有系统的整体，另一方面它又继续不断地需要新的法律规定。"法的"完整性只是永久不断地对完整性的接近而已"。①这种接近就是通过立法解释这一方式不断地对法加以修正来实现的。如立法解释作为立法机关行使立法权的一种模式，虽效力及其意义不及法律的修改变更，但其并没有如法律修改变更废除活动那样有严格的程序限制，必然需要相应的监督制度加以限制，这就涉及立法监督。立法监督是立法过程中的一个重要环节。它对于提高立法质量、促进民主、保障权利和自由、防止权力滥用和加强责任等具有重要意义。没有健全监督的立法很容易蜕变为立法的专横，而立法的专横和任性是法律不公正的源头。

第一节　法的效力等级

一、法的效力等级概述

1. 法的效力等级概念

　　在法的效力理论中，法的效力等级似是近乎常识的问题。在当今世界

---

①　[德] 黑格尔：《法哲学原理》，范扬、张企泰译，商务印书馆1982年版，第225页。

的一国或地区中，不同形式的法都是按位阶纵向排列有序的，类似"金字塔"。

对法体系中不同形式的法的效力等级，国内学者多以法的位阶作为参照系揭示其内涵，意见又颇有分歧，第一种观点认为法的效力等级与法的位阶是等同概念（这里称为"等同论"），"法的位阶就是指法的效力等级"。第二种是传统的观点（这里称为"传统论"），认为法的位阶与法的效力等级是因果关系，"由于法律本身是有层次或等级划分的，因而其效力当然具有层次或等级性"。在法体系中"较低一级层次的法律效力是或应当是来自并服从于（即低于）较高一层次的法律效力"，这是"法治社会的基本要求"。第三种观点对传统观点提出质疑，主要是认为：其一，法的效力不同于法的位阶，在四维空间中不存在等级性，"法律效力不同于法律位阶，法律效力是法律在属时、属地、属人、属事四维空间中所具有的作用力。如果法律效力有层次之分，则应在四维空间中体现出其作用力的层次。然而，事实上在这四维空间中，法律的作用力并没有层次之分"①。其二，法的位阶可影响法的效力有与无，并不产生高与低层次上的影响，当低位阶的法律与高位阶的法律产生规范内容相矛盾时，低位阶的法律的应然法律效力就受到影响。但由此导致的不是低位阶的法律应然效力"高与低"层次的变化，而是"有与无"的问题，他们认为"高与低是量的区别，有与无是质的区别"。其三，国外"偶尔有个别学者谈到法律效力等级问题，也是与法律有效还是无效结合起来的"。这种"法律效力层次论实际上是有效和无效的层次，不是真正的层次"②。其四，根据同一有效的法在不同时间段的效力状态，法的效力可分为两个层次，即"完全的应然法律效力和相对的应然法律效力"两层次论。前者指某一法律生效之日后和失效之日前的连续时间段所具有的法律效力，后者指某一法律生效日之前和失效日之后的非连续时间段或说法律生效的"两头"所具有的效力。③

综上可以发现，研究法的效力等级或层次，可以选择不同的视角并由此得出相异的见解。如上述质疑论，从法的效力与法的位阶区别的视角研

---

① 张根大：《法律效力论》，法律出版社1999版，第190页。
② 张根大：《法律效力论》，法律出版社1999版，第182–184页。
③ 参见张根大：《法律效力论》，法律出版社1999版，第194–195页。

究法在不同时空中的对象效力,指出四维空间中不存法的效力等级之别;从同一有效的法在不同时间段效力状态的差别性出发,构想法的效力两层次论,应当说,这都不失为有价值的理论见解。至于从法的效力与法的位阶联系的视角分析,等同论实际是把二者联系绝对化,存在偏颇。但传统论认为,在一国或地区的法体系中,从法的位阶直接影响法的效力有与无的意义上定位法的效力等级概念,也即上位法是下位法效力直接渊源的意义上定位法的效力等级概念,并不具有科学性,没有存在价值。

在这种法体系的金字塔中,对位阶高低不同的法规范或规则之间的联系,可以认为法的"规则可以像金字塔那样按低级到高级排列。当规则发生冲突时,高级规则控制低级规则"①。高级规则对低级规则,也即上位法对下位法的控制关系,是位阶高低不同的法之间由高而低的纵向控制关系。这种控制关系是基于上位法对下位法的控制力发生的。所谓控制力,与通说"法的效力,即法对其所指向的人们的强制力或约束力"②。就其本原意义是同一的,实质都是法所具有的国家强制力。不过法所具有的国家强制力,可以表现在法规范与其指向的不同时空中对象之间,也可以表现在同一体系中位阶不同的法之间。在前一种情况下,法的效力即不同时空中的对象效力,不论法体系金字塔中哪一位阶的法,对其指向的对象来说同是一种国家强制力,并无高低之分,这是人们的共识。但在后一种情况下,上位法对下位法的控制力,不仅表现在实体内容和程序方面下位法的制定要受制于上位法,而且表现在效力方面上位法直接影响下位法效力的有与无,也即下位法效力直接渊源于上位法。传统的法的效力等级论,所谓低级层次法的效力来自并服从高级层次法的效力,实际就是从不同位阶的法之间效力渊源意义上立论的。下位法的制定必须遵循以上位法为依据或不得与上位法相抵触的原则,才能取得法的效力,否则即应归于无效;下位法的适用也必须服从上位法而不得与其冲突才是有效的,否则同样应归于无效。在法治时代,处于法体系金字塔顶尖的宪法及宪法性法律,可以创设各种立法主体和规定立法权性质,全方位地控制整个法体系中其他各种形式法的内容、程序和效力渊源关系,使一国或地区的各种法成为等

---

① [美]弗里德曼:《法律制度》,刘琼英、林欣译,中国政法大学出版社1994年版,第46页。

② 张文显:《二十世纪西方法哲学思潮研究》,法律出版社1996年版,第433页。

级有序的体系，从而体现统一的国家意识。总之，法的效力等级关系即不同位阶的法之间的效力渊源关系，是不同位阶的法律规范关系的一项重要内容，也是法治精神的体现。

综上所述，在直接效力渊源的意义上给法的效力等级概念定位，不仅是我国法学中的传统见解，而且在西方法学著作中也是普遍认同的，或直接论及法的效力等级，或遵从法的效力等级理念讨论法体系中不同位阶的法之间效力等级问题，而未见排斥或否定法的效力等级的主张。

2. 法的效力等级划分

不同形式的法可划分为不同的效力等级，有学者认为，由于"调整对象不同，效力等级也各异"①。也有学者认为"因其制定机关制定程序和依据不同，其效力等级也不一样"②。

把划分法的效力等级的根据归于法的调整对象或制定的机关、程序和依据的观点，对影响法的效力等级的诸因素的观察，停留在现象上，而非本质的认识，因此，难以全面正确地说明法的效力等级关系。如果说法的效力等级不同的根据在于制定机关不同，那么同一机关制定不同的法，如民族自治区的人民代表大会制定的自治性法规和地方性法规，其位阶和效力等级就应当相同。实则前者可以对法律、行政法规做出不同的变通规定，后者则不得与法律、行政法规相抵触。如果说法的效力等级不同的根据在于法的调整对象不同，那么不同的法的调整对象出现交叉或重叠，其效力等级则难以确定。

就本质而言，法所反映和调整的是社会利益关系，在民主的社会中法作为体现人民意志的国家意志，实质反映的是人民利益。法的位阶及效力等级不同，其根据是在不同层次和范围上反映的人民利益，或者说，法所反映的人民利益的层次和范围不同，决定其位阶及效力等级的不同。同时，人民利益又是由国家机关代表的，不同国家机关在不同层次和范围代表人民利益，并可通过各自享有的立法权以法的形式体现出来。法的位阶及效力等级，实质是由其制定机关所代表的人民利益的层次和范围决定的，直接表现为制定机关的地位和立法权的性质，因此，可以用制定机关的地位和立法权的性质做标准，衡量某种法的位阶及效力等级。在一般情

---

① 曹康泰：《立法法释义》，法律出版社2000年版，第191页。
② 马怀德：《中国立法体制、程序与监督》，中国法制出版社1999年版，第230页。

况下，法的位阶及效力等级与其制定机关的地位是一致的，但由于享有立法权的机关所行使的立法权，往往受不同因素的影响，如人民对立法机关的制约，权力机关对行政机关的制约，中央机关对地方机关的制约，就会对立法权性质产生影响，因此，认定法的位阶及效力等级，有时要考虑立法权性质。由于立法权性质不同，表现在法的调整对象、程序和制定依据方面也有所区别。如此说来，立法的调整对象、制定程序和依据，只有与制定机关的地位及其立法权的性质联系起来，对于识别法的效力等级才有意义。

二、我国的效力等级体系及其完善

就我国的效力等级体系框架而言，大体上是法的效力等级与制定机关的地位是一致的。也就是说权力机关所立的法与作为具体执行机关的行政机关所立的法，前者效力等级高于后者；中央机关所立的法与相应地方机关所立的法，前者效力等级高于后者；在国家权力机关中，人民代表大会所立的法，效力等级高于其常务委员会所立的法；在国家行政机关中，国务院的行政法规的效力等级高于其各部委行署的部门规章和地方政府规章，省级政府的政府规章的效力等级高于其所属的较大的市政府的规章。

但是，法的效力等级与制定机关地位一致，仅仅是一般原则，在特殊情形下还需要考虑立法权的性质，从我国《立法法》的规定看，我国的效力等级体系中还存有以下三种特殊情形：

首先，宪法与基本法律均由全国人民代表大会制定，而其效力等级却不同。因此，难于根据制定机关的地位区分二者的效力等级。宪法的效力等级高于基本法律，原因在于制宪权的性质不同于制定基本法律权，它代表全国人民各方面的根本利益，即全面性、根本性利益，是基本人权的集中体现，没有其他任何法对制宪权做出规定。基于制宪权所制定的宪法，在调整事项上属于全面性、根本性的事项，在制定和修改程序上要求严格，旨在更好地反映民意。至于基本法律制定权，代表的是人民某方面的根本利益，表现在调整事项上一项基本法律只能调整某方面具有根本性质的事项，并要把宪法作为立法依据，程序也不如行使制宪权那么严格，其效力等级自然要低于宪法。

其次，经济特区所在地的省、市权力机关制定的地方性法规与依据全国人民代表大会的立法授权决定而制定的经济特区法规，也不能因其为同一机关制定而认为二者效力等级相同。因为经济特区法规反映的并非经济特区局部利益，而是通过先行试验立法的形式反映全国人民的根本利益，所以，经济特区法规可以对法律、行政法规的某些规定做出适当的变通规定。基于这种立法变通权产生的规范，其效力等级当然高于依据法律、行政法规制定的地方性法规。

最后，民族自治地方的人民代表大会制定的自治性法规和地方性法规，虽由同一机关制定，但前者的变通性规范的效力等级也高于后者，其原因在于自治性法规的制定权是民族自治权的一部分，可以对法律、行政法规的某些规定做出变通规定，具有立法变通权的性质。

除此以外，我国的效力等级体系，还包含着国务院依据授权决定所制定的法规范性文件的效力等级。国务院依据宪法赋予的立法职权所制定的行政法规，其效力等级低于法律、高于地方性法规和规章，这是法律明文规定的，理论上也无争议。但是，国务院依据全国人大及其常委会的立法授权决定所制定的法规范性文件，其效力等级认定上还有争议，需要进一步完善。

对于该效力等级，主要有三种观点：其一，认为与全国人大及其常委会制定的法律的效力等级相同，高于国务院依据职权制定的行政法规的效力等级。[①] 其二，认为介于全国人大及其常委会制定的法律与国务院依据职权制定的行政法规之间，是低于法律而高于行政法规的新类型效力等级。其三，认为与国务院依据职权制定的行政法规的效力等级相同，低于全国人大及其常委会制定的法律的效力等级。[②] 其中第三种学说被称为"权力转移"，认为国务院依据全国人大及其常委会的立法授权决定所行使的立法权，其性质因授权而成为国务院立法权的组成部分，其效力等级与国务院依据职权制定的行政法规相同。这种权力转移理论始于西方国家，但同样适用于我国的情况。这种观点是植根于具有普遍价值的分权理论，同时也与我国现行宪法规定相符合，这是因为分权理论的实质在于揭示了"国家权力运作规律和政体模式构建的原则"。

分权理论和分权原则针对的是国家权力组织形式问题，应当归属国家

---

① 参见马怀德：《中国立法体制、程序与监督》，中国法制出版社1999年版，第138页。
② 参见陈伯礼：《授权立法研究》，法律出版社2000年版，第121页。

管理技术范畴，其价值取向在于科学性而不在于阶级性。无论什么性质的国家，只要存在国家权力被滥用的可能性，就毫不例外地需要分权制约这种有效的约束机制，分权理论及其原则是有普遍意义的，其精神实质是普遍适用的。当然，社会主义国家适用分权原则的具体模式，也即反映国家权力运作规律和体现政体模式构建原则的形式，有自己的特点，而不是简单移用西方三权分立的传统模式。例如，我国的人民代表大会制度作为一种政体模式，在不同国家机关的职权专有性和制约性方面，与西方国家没有什么本质区别。但是，它以全国人民代表大会为最高国家权力机关，在国家权力机构中居主导、核心地位，不是三权分立模式中任何一个国家机关能够相比的；同时，它又以"一府两院"即国务院、最高人民法院和最高人民检察院作为执行机关，并对其实行监督，属于一种单向制约，有别于三权分立模式的权力之间的双向制约关系。

因此，我国法的效力等级体系的完善关键在于善于运用分权体制，而不是传统执意地借助于民事委托理论，虽然委托理论视为被授权者代行立法权，即此种立法权在性质上仍归属于授权者的立法权的组成部分，所立之法也与授权者的其他立法的效力等级相同。但这明显忽略了授权立法制度中的"授权"，其和民事委托中的"代理"是有本质上的区别的。

此外，对于国务院依据授权决定所制定的法规范性文件效力等级归属问题，我国对此尚未有很明确的规定。而在我国，国务院依据授权决定制定法规范性文件是非常频繁的，对于明确其归属划分也符合法治要求，有利于我国法的等级效力体系的完善。人民代表大会制度，是根据并体现人民主权理论的。全国人大是最高国家权力机关，也是享有和行使国家立法职权的国家立法机关。由于我国宪法并未采用传统三权分立的原则或政体模式，在规定全国人大及其常委会享有国家立法权的同时，又赋予行政机关行政立法权，是分权的体现，且分权理论并行不悖。至于全国人大及其常委会把其享有的一部分国家立法权授予国务院，也是与分权理论相容的。无论西方还是我国，立法职权作为一种行使的权力在国家机关之间怎样划分，都本属分权理论的应有之义。由宪法赋予还是国家立法机关用立法授权决定授予国务院立法权，只是立法权划分方式的区别问题，并不会由此导致立法权性质的不同，只要是赋予或授予国务院的立法职权，所立之法就应归属行政法规的效力等级。

第二节 立法解释

一、立法解释概述

（一）法律解释含义

法律解释是指对法律文本的意思的理解与说明。在这个定义中，"法律文本"就是指法律法规的条文。"意思"包括内涵与外延两个方面。"理解"就是解释者对于法律文本意思的内心把握。"说明"就是对于理解的结果的外在展示。

根据解释主体和法律效力，可以分为法定解释和非法定解释。法定解释，又称为有效解释或有权解释，即由享有法定权限的特定主体对法律进行的具有普遍法律效力的解释。非法定解释指没有法定解释权的社会主体对法律所做的不具有普遍法律约束力的理解和说明。相较于非法定解释，立法学更为关注法定解释。因此，立法学中所谓的法律解释大多是指法定解释。

（二）法律解释的原则

为保证科学、合理地开展法律解释工作，解释者应当结合我国法制建设尚处于发展阶段、法律职业者的整体业务素质仍有待提高的实际，遵循以下基本的法律解释原则[①]：

1. 合法性原则

法律解释应该合乎法律的规定和基本精神。它包括三个方面的基本要求：第一，法定解释应该按照法定权限和程序进行，不得越权解释。法定解释是一项国家活动，从一定意义上说，也是"立法"活动，一般具有普遍的法律效力。因此，对具有普遍约束力的法定解释来说，必须依照宪法和法律有关法律解释的权限划分及解释程序的规定进行。宪法和法律对哪

---

① 参见张文显：《法理学》，高等教育出版社2007年版，第238-239页。

些国家机关具有何种性质的法律解释权都有相应的较为明确的规定；有的还在法律中专门规定了本法解释权的归属。法律明确时，必须依法办事。在解释法律的活动中，应该严格按照所确定的解释权限和程序进行解释，不得越权解释，不得滥用解释权。第二，对低位阶法律的解释不得与高位阶的法律解释相抵触。法律解释原则上必须符合被解释法律的基本精神，对低位阶法律的解释必须符合较高层次法律的规定，所有的法律解释最终都必须符合宪法规范、宪法原则、宪法精神。第三，对法律概念和规则的解释与法律原则必须保持一致。法是由法律概念、法律规则、法律技术性规定和法律原则等内容组成。在对法律概念、法律规则和技术性规定进行解释时，应该符合法律原则。因为，法律解释是对法律的补充性说明，必须符合被解释法律的基本精神。法律原则是法律基本精神的体现，遵守法律原则，就是捍卫法律的精神。

2. 合理性原则

合理性在此是指合乎情理、公理、道理，合理性原则包括三个方面的要求：第一，法律解释应当符合社会现实和社会公理。法律解释必须解决现实问题，根据现实需要提出、确定解决办法。人们在交往的过程中，既产生现实的问题，又会形成解决这些问题的各种方法。被人们普遍接受的符合社会大多数人的习惯和道德的方法，就是建立在礼会公理基础上的解决方法。法律解释符合社会现实的需求和社会公理的要求，才会具有针对性和说服力。第二，法律解释应当尊重公序良俗。公序良俗是人们在长期的共同生活与生产过程中形成的具有广泛群众基础的行为规范，有的还是经过长期的历史积淀才确立起来的，已经成为民间社会生活的组成部分，得到了普遍的尊重和遵守，构成了民间秩序的基本内容。法律解释应该切实尊重这些规范，这不仅关系到法律的实效，而且涉及法律的社会效果及民族传统的延续问题。第三，法律解释应当顺应客观规律和社会发展趋势，尊重科学。在充分尊重本国法律传统和现实的同时，法律解释应该具有一定的超前性，能够对社会发展和法律进步起引导作用。法律持久的生命力从根本上说来源于它与社会发展相一致的程度。因此，在本国实际允许的情况下，在法律原则的范围内，法律解释应该具有一定的变革性，要从发展的角度考虑法律的解释工作。

3. 法制统一原则

法制统一是法治的一项基本原则。法制统一原则要求法律解释应该在法治的范围内进行。一国的法制统一是指法律的形式、内容和精神实质应该是高度一致的，法律的实施及其结果也应该是相同或相似的。因此，法制统一原则包括四个方面的要求：第一，要将需要解释的法律规则、概念术语、技术性规定等方面的法律条款置于相应的法律、法规、条例中理解和把握，使解释活动从属于该法律文件的整体；将对个别法律部门有关规定的解释纳入更高级的法律部门和整个法律体系全面掌握。第二，不能把法律解释看成是个别的局部的行为。一个国家的法律和一个法律部门的各项规定及各具体法律制度要相互协调，优化配置，整体应大于部分之和，才能更好地体现法的内容与精神的统一，更好地贯彻各项具体规定。法律解释工作应该有助于加强而不是削弱法律之间、法律内在的统一性。第三，要坚持各种法律解释之间已经建立的效力等级关系，解释工作要有全局观念、法治观念。我国的法律解释体制，从纵向上看，是以全国人大常委会的宪法、法律解释权为统率的；从横向上看，是以权力机关的常设机构的解释权为核心的。这与我国的立法体制存在着内在联系。加强权力机关的常设机构，特别是全国人大常委会在法律解释中的解释权、领导权，建立法律解释的约束机制，规范行政与司法解释，是我国法制统一的重要保证。需要注意的是，全国人大常委会的法律解释权，主要是从立法角度规定的，强调的是立法解释权。但是，我们并不能因此排斥或者否定司法解释权和行政解释权。第四，在法律解释过程中，要建立和贯彻规范化的解释技术。例如，法律概念语言文字的统一，解释文件体例的统一，各法律解释主体所做法律解释中的名称的规范化等，从技术上保证法律解释活动服从法制统一的大局。

4. 历史与现实相结合的原则

任何法律、法规都有自己制定时的特殊历史背景和历史原因，包括当时的社会经济发展需要、政治关系、某一历史事件等，法律解释需要结合法律制定时的历史背景，深入了解立法意图，把握立法原意。但是，仅仅从历史的角度，说明立法当时的法律意图，应该说是不够的。因为，对法律的解释是为法律在现实中的运用服务的。这就要求法律解释工作要将历史与现实结合起来，既考虑法律制定时的历史条件和历史要求，又考虑社会经济政治状况的变化。其中，现实的需要是两者统一的基础。事实上，由于解释者总是从自己的视角看问题，他与法律的制定者一样，都有自己的历史局限。所以，要求解释者与几十年甚至几百年前的法律制定者持相同的立场和观点，客观上是很难做到的，主观上也是不必要、不合适的。这当然不是说可以不顾法律的文字含义任意解释法律，而是说法律解释应该立足于法律实践的现实性。

二、立法解释的方法体系

法律解释的方法是指解释者为了准确地理解和说明法律文本的含义而使用的一些具体的操作技术和技巧。法律解释方法主要有文义解释、体系解释、历史解释、目的解释、社会学解释和比较法解释。

1. 文义解释

文义解释，又称为字义解释、语义解释、文理解释等，是指依照语法规则对法律文本用语的文字含义进行分析和说明。一般可以通过以下几种方法来确定法律文本的文字含义：其一，以日常语言文字的含义来确定待解释的法律文本的文字含义。这主要是因为法律文本所运用的大量文章是直接来自于日常语言的，并没有被立法机关专门加工。也就是说，这些语言在立法的时候也是从日常运用的角度来理解其内涵与外延的。其二，从法律专业的特殊要求来理解法律文本的文字含义。由于法律本身就是一套特殊的规范体系，为准确地表达其规范要求，一般会在日常语言的基础上创造出一些具有特定内涵和外延的专业法律术语。其三，通过语境来确定法律文本的文字含义。因为几乎所有种类的语言中都存在着一词多义或一义多词的现象，为了更准确地探寻到这种容易导致不同理解的用语，就必须回到该用语的法律条文或法律章节或某个法律的整体，甚至整个国家的法律体系中去。文义解释是法律解释的起点，是法律解释的最基本方法。假如单独运用文义解释可能产生多个合理的解释结果，则必须辅之以其他解释方法，从多个文义解释结果中选出最佳的一个。

2. 体系解释

体系解释，又称为系统解释，是指将待解释的法律条文置于其所属的法律体系之中，根据它在该法律体系中的具体地位以及它与相关法律规范的逻辑联系，系统全面地分析它的含义和内容。法律解释的法制统一原则尤其要求解释者重视运用体系解释方法，以避免孤立、片面地理解特定法律条文的含义。

3. 历史解释

历史解释是指通过对立法时的历史背景材料、立法机关审议情况、草案说明报告及相关档案资料，来理解和阐明法律条文的内容和含义。历史解释方法要求解释者结合立法时社会的政治、经济和文化状况、主流的社会价值观念、立法的各种辅助材料来理解某一法律规定的内涵。

4. 目的解释

目的解释是指从法律的目的出发对特定法律条文加以理解和说明。可据以解释特定法律条文的恰当的目的有时是整部法律的目的，有时是特定法律条文的目的。法律的目的有时是明确表述的，有时是藏于法律规定之后的，有的是立法当时的目的，有的则是后来赋予的。通常情况下，在运用目的解释时，解释者仅限于考虑制定法律时的最初目的，即立法目的，只有发生重大社会变迁时，才需要确定原来的立法目的是否符合当前的需要，是否需要赋予法律新的目的。

5. 社会学解释

社会学解释是指通过对特定法律的社会效果的预测和其所分配和保护的社会利益的衡量去分析和说明法律条文的内涵。社会学解释不仅有利于更深刻地理解法律的社会内容和利益所在，更好地发挥法律的社会功能，而且可以适应社会的发展变化，在法的实施中做出符合社会要求的政策性调整。社会学解释一般是在文义解释的基础上进行的。解释者首先对解释的法律条文做文义解释，然后预测每一种合理的文义解释结果所可能产生的社会效果，最后根据主流社会意识形态来衡量这些社会效果并选出与主流社会意识形态最相匹配的解释结果。

6. 比较法解释

比较法解释是指通过比较外国的立法和判例及其原则、经验和效果对本国法律进行解释。当前世界各国在法律实践中无不参考借鉴外国法的经验。我国在立法过程中也特别重视参考吸收外国立法例。比较法解释有助于准确理解立法原意，同时可以对于弥补法律漏洞提供一定的帮助。

三、我国现行的立法解释制度

我国法律解释制度由于受苏联法制的影响，呈现出与西方国家法律解释制度的很大的不同。在西方国家，法律解释与法律适用是一种合二而一的关系，法律适用机关是法律解释的当然主体，也是唯一主体。但在苏联社会主义法制中，法律解释往往被设定为一项单独的权力，分别由不同的国家机关行使。我国的法律解释制度也遵循了这一社会主义法制特点，形成了我国以立法部门（全国人大常委会）为主导、各部门间分工负责、部门领域内法律解释权集中行使为基本特点的法律解释体制。立法解释在我国法律解释体制中具有举足轻重的地位，但立法解释同时也是争议最多的一项法律解释制度。

（一）立法解释主体

从法律解释的主体出发，学界一般将我国的法律解释大致分为立法解释、行政解释和司法解释。按照这种分类方法，立法解释就是指以立法机关为主体所做出的法律解释。根据1981年全国人大常委会通过的《全国人民代表大会常务委员会关于加强法律解释工作的决议》（以下简称《决议》），我国立法解释主体包括全国人大常委会和省级人大常委会。但另有一种观点则认为，如果从广义上来理解立法解释的话，不能将立法解释简单理解为立法机关做出的法律解释，而应该理解为法的制定机关对其所制定之法的解释。如此，广义的立法解释就包括制定行政法规和行政规章的行政机关对其所制定之法的解释。[①]

在法理上，虽然享有行政立法权的行政机关对其所立之法进行解释同样是根据"谁制定，谁解释"的原则，但它本质上仍是以行政机关为主体而做出的行政行为，因此不管是从主体角度还是从行为性质角度看，行政机关对其所制定之法的解释和行政机关在适用法的过程中所做出的具体应用解释都应当属于行政解释。在这个意义上说，从狭义的角度来认定我国的立法解释主体更具合理性。从1981年《决议》和《立法法》的规定来看，我国立法解释的法定主体是全国人大常委会以及享有地方性法规制定权的立法机关之相应的地方人大常委会。

（二）立法解释对象

我国宪法以及有关法律既规定了法的制定机关对普通法律的解释权，也规定了全国人大常委会对宪法的解释权。另外，港澳基本法还特别规定

[①] 参见张文显：《法理学》（第3版），高等教育出版社2007年版，第282页。

了全国人大常委会对两个基本法的解释权。但关于立法解释的对象是否包括宪法和基本法，理论界存在一些争议。

按照我国《宪法》关于全国人大及其常委会职权的规定，我国宪法解释的法定主体是全国人大常委会。虽然说宪法也是法律，应该与普通法律一样得到实施。但笔者认为，我国宪法实施的方式具有特殊性，即通过全国人大常委会解释宪法的方式来实施对其他法律、法规的违宪审查。因此，全国人大常委会对宪法的解释权宜理解为我国宪法保障制度的一个重要组成部分，而不宜理解为我国法律解释制度的重要组成部分。一方面，解释宪法的目的是为了确保下位法的合宪性；而解释普通法律的目的是为了弥补法律的漏洞和明晰法律的模糊含义，以确保法律的正确实施。另一方面，从我国《立法法》关于法律解释的规定来看，其解释的对象也是限于普通法律。而关于宪法的解释，虽然没有明确规定的程序，但可以确定的是，宪法解释的程序必然应当在宪法中做出规定，不宜与普通法律的立法解释程序相混淆。因此，将全国人大常委会解释宪法的权力理解为我国违宪审查制度的内在组成部分，并将其与普通法律解释权区别开来似更为合理。

至于全国人大常委会对"基本法"的解释权，虽然"基本法"在港澳地区具有宪制性法律的地位，但"基本法"在制定主体和程序上仍属于普通法律，其解释程序和效力等应适用《立法法》中全国人大常委会法律解释权的有关规定。

（三）立法解释程序

早在新中国成立初期，我国即开始逐步建立法律解释制度，至1981年《决议》，我国已建立了法律解释制度的完整框架，赋予了全国人大常委会、省级地方人大常委会、国务院及其主管部门、省级人民政府以及最高人民检察院相应的法律解释权。2000年制定的《立法法》从其立法目的来说本应吸收1981年《决议》的规定，对立法解释制度进行完整、统一的规定，以解决"法出多门"的问题。但当时的立法者们考虑到有关条件还不成熟，仅在"法律解释"一节规定了全国人大常委会的立法解释。因此，就立法解释程序来说，《立法法》仅对全国人大常委会解释法律的程序做出了规定，没有对地方人大常委会的立法解释程序做出规定，并由各地方在参照《立法法》相关规定的基础上，各自在规范其立法权的法律文件中做出规定。一般说来，二者遵循大致相同的程序。具体包括：①立法解释的启动。立法解释权力的启动方式有两种：首先，立法解释作为人大常委会所享有的一项权力，全国人大常委会可以主动行使。根据《立法法》第四十五条的规定，在以下两种情况下全国人大常委会可以主动启动立法解释：第一种是法律的规定需要进一步明确具体含义的；另一种则是法律制定后出现新的情况，需要明确适用法律依据的。其次，全国人大常委会还可以在相应机关提出法律解释要求的情况下做出法律解释。根据《立法法》第四十六条的规定，这些机关包括国务院、中央军事委员会、最高人民法院、最高人民检察院和全国人民代表大会各专门委员会以及省、自治区、直辖市的人民代表大会常务委员会。②立法解释的起草。立法解释的草案根据所解释法律的性质由常务委员会相应的工作机构负责拟定，其后由委员长会议决定列入常务委员会会议议程。经常务委员会会议审议的法律解释草案，由法律委员会根据常务委员会成员的审议意见进行审议、修改，提出法律解释草案表决稿。③立法解释的表决与公布。立法解释草案表决稿由常委会全体组成人员的过半数通过，由全国人大常务委员会发布公告予以公布。

（四）立法解释效力

从法律解释的性质来看，立法解释是对法律原文具体含义或适用依据的释明，是为了使法律更便于适用的一种技术手段。从此意义上说，其法律效力理所当然等同于其所解释对象的效力。并且，立法解释的主体和程序等规定均与法的制定与修改的主体和程序具有高度的一致性和相似性，这也有助于保证立法解释的权威性。《立法法》第五十条就明确规定了"全国人民代表大会常务委员会的法律解释同法律具有同等效力"。

（五）中国立法解释的完善

我国立法解释在实践中出现了诸多问题以及未被经常性地行使、处于荒废状态。立法解释制度虽然在实践中存在很多问题，但它是与我国人民代表大会制度相配套的一项制度，且有其存在的阶段合理性，应谋求在现有规范和实践基础上的改进和完善。遗憾的是，新《立法法》的修改并没有涉及立法解释的内容，但对立法解释加以重视的进程则不能停滞。我国立法解释大致可从主体、程序、监督等三个方面予以完善。

（1）明确立法解释主体。《立法法》虽然对全国人大常委会的法律解释问题做了规定，但鉴于我国立法解释主体还包括一定级别的地方人大常委会对地方性法规所做出的解释，在今后对《立法法》的期待中，也包括该法能对地方性法规的立法解释做出规定，明确地方性法规立法解释的主体和程序。

（2）完善立法解释程序。《立法法》中已有关于全国人大常委会对法律进行解释的程序规定，但这一规定仍然显得过于原则化，对于立法解释程序的启动，以及立法解释草案的拟定、审议、表决通过和公布等程序均缺乏具体的规定。另外，《立法法》只对全国人大常委会的立法解释程序做了规定，并没有对法规、规章的立法解释程序做出规定，以至于在法律解释问题上形成多头立法现象。

对于立法解释程序的完善，应当坚持程序启动的被动性原则，立法解释权没有被经常行使主要基于两方面的原因，一方面是由于相关制度的不完善导致该权力没有发挥正常功能，另一方面则是由该权力本身的性质决定了其不需要被经常性地行使。基于我国立法解释制度的实际困境，要让立法解释制度正常运转，除了完善相关法律制度之外，也需要明确该权力启动的被动性原则，这样或可以退为进，使该制度的功能能够正常发挥，同时通过权力行使的克制也可使其与其他权力的边界更为清晰；此外，最直接的是通过法律的完善来达成制度的完善发展，即《立法法》应对立法解释的草案拟定、审议、表决通过及公布等程序做出更为具体的规定和完善；同时，应对地方性法规的立法解释做出规定，这当然也包括对法规、规章的立法解释程序在《立法法》中做出统一规定，以解决在法律解释问题上形成的多头立法现象。

（3）加强立法解释监督。立法解释在实践中处于一种没有被经常性行使的状态，也使得该权力存在被滥用的可能性。需要认识到的是，任何一项没有受到有效监督的权力都容易被滥用。除了借助更为严格明确的程序对其进行规范之外，也需要借助外在的权力对其进行有效的监督。在我国的全国人民代表大会制度下，这种对立法解释的外在权力监督只能来自于全国人大。全国人大常委会作为立法解释的主体，既可以解释自己所制定的法律，也可以解释全国人民代表大会所制定的基本法律。而根据我国《宪法》和《立法法》的有关规定，全国人大制定的基本法律在效力位阶上高于全国人大常委会制定的法律。然而根据《立法法》的规定，"全国人民代表大会常务委员会的法律解释同法律具有同等效力"，当全国人大常委会对全国人民代表大会制定的基本法律进行解释时，其在效力上与基本法律的效力等同。在应然层面上，全国人大常委会的立法解释只是对条文原义的明确和解释说明，并不会构成对原文规范的替换和修改。但立法解释的空间本身就很大，且立法与立法解释的边界模糊不清，如果全国人大常委会不能严格地恪守其权力边界，就容易出现越权解释，其权力将逾越其宪法地位，因此需要对此项权力加以监督。我国《宪法》规定，全国人大有权改变或者撤销全国人民代表大会常务委员会不适当的决定。这里不适当的决定应包括不适当的法律解释，当全国人大常委会的解释突破限度时，全国人大应及时改变或撤销该解释，如确实需要突破的，应按照立法程序修改法律。对地方人大常委会的该项立法解释权，应以同样方式进行监督。

第三节　立 法 监 督

一、立法监督概述

（一）立法监督的概念

不同的学者基于不同的立场对立法监督的内涵和外延有着不同的理解，主要形成了如下三种观点：

（1）立法机关监督说。此种学说认为，立法监督就是立法机关的监督，认为立法监督的主体只能是立法机关，其他国家机关和社会团体因为不享有法定的立法权，因而不能成为立法监督的主体。立法监督的内容除了对立法活动本身进行监督外，还包括人事监督、财政监督和工作监督等，只要是立法机关依法实施的监督活动，都被认为是立法监督。

（2）立法权监督说。此种学说认为，立法监督就是对立法权的监督，是"权力机关（中央和地方）对制定法律规范性文件的权力行使（即立法权的行使）进行监察和督导的一种专门活动"[1]，他们认为立法权是立法监

---

[1] 王勇飞、张贵成：《中国法理学研究综述与评价》，中国政法大学出版社1992年版，第465页。

督的客体，立法权的运行是立法监督的唯一内容。

（3）立法活动监督说。此种学说认为，立法监督是特定的机关对立法活动的审查和督促。特定机关是指享有立法权的国家机关，立法活动则包括立法权的运行过程、运行机制和立法权行使的结果（规范性法律文件或称立法文件）。他们认为立法监督的对象是立法活动，持这类观点的学者，有的认为对立法活动的监督应侧重监督立法权的运作过程；有的认为对立法活动的监督应着重于对立法文件的监督，有权制定法律、法规的机关，对有关机关制定的法律性规范性文件是否违反法律、法规，是否相互矛盾和协调，进行检查并做出处理。

与立法机关监督说、立法权监督说相比，立法活动监督说已经成为学界通说，它一方面强调有权进行立法监督的主体是特定主体；另一方面强调立法监督的客体（对象）是立法活动，认为立法监督应该贯穿于规范性法律文件创制的全过程，不仅要监督立法权的运行过程，还要监督立法权的运行结果——立法文件。概言之，此种通说将立法监督界定为：立法监督是指特定的监督主体在法定的权限内，依照法定程序，对立法过程及结果所进行的审查和监控。

（二）立法监督的特征

立法监督是贯穿于整个立法过程中的一项重要活动，它具有以下几方面特点：

1. 立法监督主体的特定性

从最为广泛的意义上说，一切国家机关、组织和公民都有权对国家事务、对法律的创制及实施发表意见、建议和批评等。这也是对立法及法的实施予以监督的一种形式，但这种一般意义上的监督与我们这里讲的专门的立法监督不同。立法监督作为立法体制的一个必要组成部分，首先是专门的国家机关的法律行为。它对立法监督的主体提出了特定要求，即这种主体是能够直接受理和处理立法监督事项的专门机关。立法监督主体的特定性具有如下内涵：第一，主体的法定性。立法监督的主体只能依照宪法和法律的规定取得立法监督权，其主体资格、权限范围、监督方式等都由法律明确规定。第二，主体的权威性。立法权在国家权力体系中居于较高地位，要实现对立法权运行过程和运行结果的监督，必须赋予监督主体一定的权威地位，这是监督主体实施监督活动、有效完成监督任务的保证，这一方面要求立法监督主体的法律地位高于被监督的主体，另一方面要求立法监督主体组织上和工作上的相对独立性。第三，主体的专业性。立法监督主体应具有专业的法律知识，尤其是立法方面的知识是其胜任立法监督工作的必要前提。

2. 立法监督过程的程序性

程序作为"恣意"行为的对立面，能够约束各种"恣意"行为，保障宪政制度和法治追求的限制公权力、保障公民基本权利和自由的目标。与产生、维持、强化法律的公信力同理，立法监督的程序是对立法监督权的保障，也是对立法监督权的规范与限制。严格的程序性，可以最大限度地保障立法监督权力行使的合法性、合理性。这就要求把立法监督的各种形式、各个环节，即整个过程，都具体化为严格而合理的程序。

3. 立法监督对象的法定性

立法监督活动是一个系统的过程，它所涉及的监督目标需要有宪法和法律的具体设定和安排。各监督机关在立法监督对象、内容的设定上，应当形成合理的体系，而且要通过法律予以明确规定。对立法监督对象的合理的法律安排，其实是立法监督权设置中的核心问题之一。立法监督的对象包括立法过程和立法结果两个方面。首先，在监督过程中，立法监督主体必须遵循法律的规定，进行过程监督和结果监督。其次，监督的标准也不是任意的，通常要求将立法民主化、科学化等抽象标准具体化为法定标准。一般而言，立法行为与立法结果是否合宪是立法监督的首要标准，一切违反宪法的立法行为和立法结果都不应具有法律效力。同时，下位法不能同上位法相抵触，同位阶的法律也不应相互矛盾。

（三）立法监督的意义

立法监督作为贯穿整个立法过程中的一项重要活动，我们可以从公民权利的保障这一一般的层次和法律体系的完善这一具体的层次两个方面来理解其重要意义。

1. 保障公民的权利和自由

立法活动所产生的立法结果——立法文件具有规范性，是通过公权力的行使规定人们的权利和义务，为人们提供行为模式，并设定违反其所要求的行为模式应当承担的法律责任。可见，立法活动与立法结果事实上是为人们设定权利和义务，"权力导致腐败，绝对的权力导致绝对的腐败"，为了防止公权力以立法的形式侵害公民个人的权利和自由，立法活动必须受到制约。立法监督就是限制和制约立法活动的重要机制。

2. 保障法律体系的一致性和科学性

首先，立法监督可以保证部门和下位法的制定围绕着法律体系的协调统一展开和进行。恩格斯曾指出："法不仅必须适应总的经济状况，不仅必须是它的表现，而且必须是不因内在矛盾而自己推翻自己的内部和谐一致的表现。"[①] 法律体系是一国现行的全部法律规范，按照一定的原则和要求，根据不同的调整对象和调整方法，划分为若干法律部门，并由这些法律部门及其所包括的不同法律规范，形成的有机联系的统一整体。法律体系的内在和谐与统一，是立法的尊严和权威性的基本前提之一，任何国家的法律体系都强调和谐有序，要求不同层次、类别的法律在效力和等级上有一定的排序，同一层次的不同法律以及统一规范性法律文件的不同条文之间都应当协调一致。

在立法实践中，一方面，由于立法主体的多元化、法律渊源的多样性、立法体制的复杂性、立法者的局限性等原因，处于不同层次、位阶的法律、法规、规章之间存在冲突和矛盾是难以完全避免的。另一方面，"公共利益部门化，部门利益法律化"也是现代社会的一个突出现象，政府部门的一些非正常利益诉求，不仅形成了事实上的利益集团，而且也企图形成以反映该部门利益的法律，"借法扩权""借法逐利"的现象时有发生。[②] 这就使得立法监督制度的建立成为必然，立法监督可以有效地抑制各种规范性文件之间的矛盾，促进国家法制的统一，确立上位法的权威性，从而实现法律体系的内在和谐与统一。

其次，除了使立法在形式上达到内在协调统一之外，立法监督还可以增加立法在内容上的科学性与合理性。通过立法监督，可以发现和纠正立法体制中存在的问题，健全和完善立法体制。其一，立法监督通过程序和实体的审查，能够预防不当立法的发生，及时发现立法活动中的错误并纠正；其二，立法监督能够促使立法者树立科学的立法观，培养深入实际、调查研究、从实际出发、实事求是的作风，克服长官意志和主观随意性，

---

① 中共中央马克思恩格斯列宁斯大林著作编译局：《马克思恩格斯选集（第四卷）》，人民出版社1995年版，第702页。

② 参见张永和：《立法学》，法律出版社2009年版，第187页。

防止立法中的经验主义和主观主义；其三，立法监督还可以对立法者的立法行为及其结果做出评判，明确立法者的责任，提高立法的科学化程度。总之，合理的立法监督体制，既能够对各立法主体的立法行为进行有效监督，又有利于发挥各立法主体的自主性，使之能够制定出符合实际，符合选民的最大利益，也符合社会发展长远要求的法律、法规和规章。

二、我国立法的批准、备案和审查

（一）我国立法的批准制度

立法批准制度，既属于某些立法活动过程的一道程序，也属于某些立法活动过程的一种监督形式。有人习惯于将立法监督仅仅视为对立法结果即所立之法的监督，而未能理解立法监督既包括对立法结果的监督，也包括对立法活动过程的监督，因而把立法批准制度仅仅当作某些立法活动过程的一道程序看待，这是有失偏颇的。当代中国的立法批准制度，不同于其他国家的立法批准制度，它既不是指授权机关对受权机关所立之法的批准，更不是指立法机关将已通过的法案送交国家元首或行政机关批准。当代中国立法中主要有两种立法须遵循批准制度，一是民族自治地方的自治法规立法，二是设区的市的地方性法规立法。这两种地方立法须履行报请批准的程序，它们所产生的自治法规和地方性法规须报请有关国家机关批准后方可施行。因而这两种立法批准制度，属于兼有立法程序和立法监督两重性的立法制度。

1. 民族自治立法的批准制度

自治法规即自治条例和单行条例须报请有关国家机关批准，这一制度在1954年《宪法》中就确立了。当时的规定是：自治区、自治州、自治县的自治机关可以依照当地民族的政治、经济和文化的特点，制定自治条例和单行条例，报请全国人大常委会批准。1975年《宪法》没有规定民族自治地方有权制定自治条例和单行条例。1978年《宪法》重新确立了1954年《宪法》所规定的制度。1982年《宪法》则在肯定民族自治地方享有制定自治条例和单行条例的权力的同时，修改了原来的批准制度，即把原来一律报请全国人大常委会批准，改为自治区的自治条例和单行条例报请全国人大常委会批准，自治州、自治县的自治条例和单行条例报请省、自治区人大常委会批准。这一修改，既增强了自治立法的自主性，亦减轻了全国人大常委会的审查负担。

立法批准制度多适用于较为重要的立法活动和立法结果。在中国，自治法规即自治条例和单行条例之所以须报请有关国家机关批准，主要有两方面的原因。一方面，因为民族自治地方的自治机关主要是根据自治权制定自治法规的，而自治权比一般地方国家机关所行使的权力要大得多。例如，自治地方的自治机关有权依照当地民族的特点对法律、行政法规的规定做出变通规定，有权在执行职务时使用当地通用的一种或几种语言，有权组织本地维护社会治安的公安部队，等等。这些权力是一般地方国家机关不可能享有的。在这样大的权力范围内制定自治法规，如无必要的并且有力和有效的制约，是危险的。另一方面，也因为所有民族自治地方都有权制定自治法规。中国是单一制国家，同时又是充分实行民族区域自治的国家，不仅自治区，而且自治州和自治县，都有权制定自治法规。而在一般地方，县级国家政权机关是不可能享有制定地方性法规的权力的，相当于自治州一级的地级市也极少有制定地方性法规的权力。既然自治法规的立法权，为包括县级自治地方在内的所有自治地方所享有，为了既能充分发挥自治地方的高度的自主性，又能有效地保障单一制国家的统一大局，避免出现危害国家统一和各民族团结的事端，并有利于国家的统一领导，对相当分散的民族自治立法实行批准制度，是完全必要的。

2. 设区的市的地方性法规立法以及较大的市的立法的批准制度

设区的市的立法权，从发端到较为完整地确立，经历了一个发展过程。1982年《宪法》和1982年修改的《地方组织法》都没有规定较大的市享有制定地方性法规的权力。1982年第五届全国人大第五次会议修改《地方组织法》时，考虑到实际需要，增加规定省、自治区政府所在地的市和经国务院批准的较大的市的人大常委会，可以拟订本市需要的地方性法规草案，提请省、自治区人大常委会审议制定，并报全国人大常委会和国务院备案。这一新的规定，将省、自治区政府所在地的市和经国务院批准的较大的市的人大常委会纳入立法主体范围是有积极意义的，但立法主体只是常委会而没有包括人大本身，立法权只是拟订而不是制定地方性法规，仍然是不够的。于是，到1986年修改《地方组织法》时，又做出新的变化，规定省、自治区政府所在地的市和经国务院批准的较大的市的人大及其常委会，都可以根据本市的具体情况和实际需要，在不同宪法、法律、行政法规和本省、自治区的地方性法规相抵触的前提下，可以制定地方性法规，报省、自治区人大常委会批准后施行，并由省、自治区人大常委会报全国人大常委会和国务院备案。到了2000年，《立法法》进一步将省、自治区政府所在地的市、经济特区所在地的市和经国务院批准的较大的市合称为较大的市，确认这三种城市都有权制定地方性法规，同时都须经过省或自治区人大常委会批准。而后，党的十八届三中全会决定提出，逐步增加有地方立法权的较大的市的数量，十八届四中全会决定进一步提出，明确地方立法权限和范围，依法赋予设区的市地方立法权。为落实好党中央的精神，既要依法赋予所有设区的市地方立法权，以适应地方的实际需要，又要相应明确其地方立法的权限和范围，以避免重复立法，维护国家法制统一。为此，2015年颁布的新《立法法》对设区的市一级地方立法制度做了重大修改，既赋予了所有设区的市、自治州以及东莞、中山、嘉峪关、三沙这四个地级市地方立法权，又对其地方立法权限范围做了一定的限制，但《立法法》第七十二条的规定仍然保留了之前较大的市的立法权。

2015年修改的《地方组织法》第七条明确规定，省、自治区、直辖市的人民代表大会根据本行政区域的具体情况和实际需要，在不同宪法、法律、行政法规相抵触的前提下，可以制定和颁布地方性法规，报全国人民代表大会常务委员会和国务院备案。

设区的市的人民代表大会根据本市的具体情况和实际需要，在不同宪法、法律、行政法规和本省、自治区的地方性法规相抵触的前提下，可以制定地方性法规，报省、自治区的人民代表大会常务委员会批准后施行，并由省、自治区的人民代表大会常务委员会报全国人民代表大会常务委员会和国务院备案。

但必须要注意到的是，我国宪法没有赋予设区的市一级地方人大及其常委会地方立法权。《宪法》第一百条规定："省、直辖市的人民代表大会和它们的常务委员会，在不同宪法、法律、行政法规相抵触的前提下，可以制定地方性法规，报全国人民代表大会常务委员会备案。"《宪法》第一百一十五条规定："自治区、自治州、自治县的自治机关行使宪法第三章第五节规定的地方国家机关的职权，同时依照宪法、民族区域自治法和其他法律规定的权限行使自治权，根据本地方实际情况贯彻执行国家的法律、政策。"而省、直辖市、自治区具有地方立法权，是宪法明确赋予的。

且新《立法法》把设区市的立法范围严格限制在了"城乡建设与管理、环境保护、历史文化保护"这三类事项。

综上所述，设区的市一级人大及其常委会并不具有省级人大及其常委会一样完整的地方立法权，其立法权是省级人大地方立法权所派生的。根源就在于《宪法》赋予省级人大及其常委会地方立法权，但没有赋予设区的市一级人大及其常委会地方立法权。设区的市一级人大及其常委会制定的地方性法规，在未经省级人大常委会批准之前，是没有生效的，其制定的地方性法规的效力，是由省级人大常委会赋予的。

（二）我国立法的备案制度

中国的立法监督，无论是制度建制、实际运作，还是理论构建，都还相当薄弱。然而，在这薄弱的立法监督之中，立法备案制度比之其他立法监督制度，却显得规范和完整些。这突出地表现在，《宪法》对立法备案制度有一定的规定，《立法法》对立法备案制度有较为集中的规定，国务院制定的《法规规章备案条例》对法规和规章的备案制度有较为系统的规定。而其他立法监督制度，则未能受到这样多层次的相对完整的制度规制。这是中国立法备案制度的一个特点。

立法备案制度在许多国家首先和主要是适用于授权立法的一种监督制度，然而在中国，立法备案制度却是一种适用范围非常广泛的立法监督制度，它不仅适用于授权立法，也适用于其他许多立法。如果认为中国的立法备案制度首先和主要也是适用于授权立法，那就不符合实际情况。中国现行立法备案制度的适用范围，通常包括两个方面：哪些国家机关有权接受备案，哪些法应当备案。具体来说，接受备案的主体范围和应当备案的法的范围都是广泛的：其一，全国人大常委会、国务院、省、自治区、直辖市和较大的市的人大常委会，都有权接受备案。其二，除宪法、法律无须备案外，行政法规、地方性法规、自治条例和单行条例、部门规章和政府规章、经济特区法规、根据授权制定的法规，都应当备案。这是中国立法备案制度的又一个特点。这一特点表明，在中国，立法备案制度是一种具有普遍意义的、关涉立法全局的制度。

在中国，全国人大常委会是最主要的接受立法备案的机关。所有的行政法规、地方性法规、自治州和自治县的自治法规（自治条例和单行条例）、经济特区法规，以及根据全国人大及其常委会的授权而产生的授权法规，都要报送全国人大常委会备案。这主要是因为，中国是实行人民代表大会制度的国家，国务院是非常重要的接受立法备案的机关。不仅所有的国务院部门规章和地方政府规章都要报送国务院备案，所有的地方性法规都要报送国务院备案，而且自治州和自治县的自治条例和单行条例也都要报送国务院备案。这是因为，中国是统一的单一制国家，国务院作为中央政府，在国家权力体系中有着极为重要的地位。省级人大常委会在中国立法备案制度中也有不可忽视的作用，较大的市的地方性法规、自治州和自治县的自治条例和单行条例要经由所在地省级人大常委会报送全国人大常委会和国务院备案，经济特区法规要经由经济特区所在地的省、市人大常委会报送全国人大常委会和国务院备案，省级政府规章要报送省级人大常委会备案，设区的市的地方政府规章也都要报送所在地省级人大常委会备案。

（三）我国立法的审查制度

立法审查在立法监督制度和实践中都具有重要意义。通过审查，发现所立之法存在的问题，从而及时予以解决，这样既可以减少或避免损失，也可以进一步完善立法和法的体系，因而法治国家对立法审查都非常重视。中国对立法审查也较为重视，有关法律和法规就立法审查做出了若干规定，实践中立法审查也有相当程度的开展。

中国立法制度和实践中的立法审查，有多种表现形式，其中基本的形式有两种。一是在立法过程中对法案实行审查，这是参与立法的有关组织和个人，依据法定职权和程序所进行的具体的立法行为。二是有关立法主体对报请批准的法规所进行的审查。三是在立法结果产生后，有关组织和个人依法对所产生的法进行的审查。后两种审查，就是通常所说的作为立法监督的审查。

作为立法监督的立法审查，它的发生或启动，在中国主要基于三方面的原因：其一，享有法规批准权的国家机关依法对报请批准的法规进行审查。其二，享有接受法规和规章备案权的国家机关依法对报送备案的法规和规章进行审查。其三，法定国家机关及其他组织和个人认为有关规范性法律文件同宪法或法律相抵触，依法向有关国家机关提出进行审查的要求或建议，再由有关国家机关依法组织审查。由这三方面原因所引致的立法审查，也是中国作为立法监督的立法审查的三种基本形式。

（1）基于立法批准的审查。基于立法批准的立法审查，在中国立法审查制度和实践中，所涉及的范围是比较小的。这种审查只适用于两种立法：自治法规的立法和部分地方性法规的立法。其一，根据《宪法》《立法法》和其他有关法律的规定，民族自治地方的人大有权依照当地民族的政治、经济和文化的特点，制定自治条例和单行条例。自治区的自治条例和单行条例报全国人大常委会批准后生效。自治州、自治县的自治条例和单行条例，报省、自治区、直辖市的人大常委会批准后生效。宪法和法律没有规定对报请批准的自治条例和单行条例如何进行审查，但可以推定为应当审查其合法性、违宪性和适当性。其二，根据《立法法》第七十二条的规定，自治区、直辖市的人民代表大会及其常务委员会根据本行政区域的具体情况和实际需要，在不同宪法、法律、行政法规相抵触的前提下，可以制定地方性法规。设区的市的人民代表大会及其常务委员会根据本市的具体情况和实际需要，在不同宪法、法律、行政法规和本省、自治区的地方性法规相抵触的前提下，可以对城乡建设与管理、环境保护、历史文化保护等方面的事项制定地方性法规，法律对设区的市制定地方性法规的事项另有规定的，从其规定。设区的市的地方性法规须报省、自治区的人民代表大会常务委员会批准后施行。省、自治区的人民代表大会常务委员会对报请批准的地方性法规，应当对其合法性进行审查，同宪法、法律、行政法规和本省、自治区的地方性法规不抵触的，应当在四个月内予以批准。

（2）基于立法备案的审查。中国立法监督制度中的审查，更多的是同备案制度密切相连的。实行立法备案制度，不是为了履行一道形式上的程序，而是有着实际目的的。目的之一，就是为了使报送备案的法规和规章，能够接受有关国家机关的审查监督。这种审查监督是一种主动的审查监督。审查的主体、审查的内容、审查的程序和其他有关事项，都应当遵循法定制度。2001年国务院制定的《法规规章备案条例》，对报送国务院备案的法规和规章的审查事项做出了若干明确规定：其一，国务院审查报送备案的法规和规章的机关，是国务院法制机构，即现在的国务院法制办公室。其二，审查的内容包括下列事项：①是否超越权限；②下位法是否违反上位法的规定；③地方性法规与部门规章之间或不同规章之间对同一事项的规定不一致，是否应当改变或撤销一方的或双方的规定；④规章的规定是否适当；⑤是否违背法定程序。其三，审查的程序或有关要求主要是，国务院法制机构审查法规和规章时，认为需要有关国务院部门或地方政府提出意见的，有关机关应当在规定期限内回复；认为需要法规和规章的制定机关说明有关情况的，有关制定机关应当在规定期限内予以说明。其四，经审查发现问题，则根据情况进行相关处理。这些规定是对多年来的实际经验的固化。有了这些规定，对国务院的立法备案审查监督来说，便有了可以遵循的主动实行备案审查监督的规则。

（3）基于法定国家机关和其他主体提议的审查。这是中国现行立法审查制度中由全国人大常委会所进行的一种立法审查制度，是一种被动的立法审查监督制度。根据《立法法》第九十九条的规定，在中国，基于法定国家机关和其他主体提议的立法审查，由两方面的基本制度构成：其一，国务院、中央军委、最高人民法院、最高人民检察院和各省、自治区、直辖市的人大常委会，认为行政法规、地方性法规、自治条例和单行条例同宪法或法律相抵触的，可以向全国人大常委会书面提出进行审查的要求，由常委会工作机构分送有关的专门委员会进行审查、提出意见。其二，其他国家机关和社会团体、企事业单位以及公民，认为行政法规、地方性法规、自治条例和单行条例同宪法或法律相抵触的，可以向全国人大常委会书面提出进行审查的建议，由常委会工作机构进行研究，必要时，送有关的专门委员会进行审查，提出意见。

《立法法》接着在第一百条对全国人大专门委员会审查法规的程序做出框架性规定：其一，全国人大专门委员会审查认为行政法规、地方性法规、自治条例和单行条例同宪法或法律相抵触的，可以向制定机关提出书面审查意见；也可以由法律委员会与有关的专门委员会召开联合审查会议，要求制定机关到会说明情况，再向制定机关提出书面审查意见。制定机关应当在两个月内研究提出是否修改的意见，并向全国人大法律委员会和有关的专门委员会反馈。其二，全国人大法律委员会和有关的专门委员会审查认为行政法规、地方性法规、自治条例和单行条例同宪法或法律相抵触而制定机关不予修改的，应当向委员长会议提出予以撤销的议案、建议，由委员长会议决定提请常务委员会会议审议决定。

三、我国立法的改变、撤销和裁决

完整的和健全的立法监督，是包括立法处理在内的。在立法监督过程中，监督主体发现被监督的立法活动或其所产生的法律、法规和规章之类存在合法性、适当性或其他重要问题，或是有关组织和个人提出要求处理某些违宪、违法或不当的立法行为和立法结果，可以或应当在自己的法定职权范围内，依照法定程序，就相关事项做出必要的处理。处理的方式通常包括五种：其一，宣告监督对象无效。西方国家的宪法委员会、宪法法院和其他有关机关，宣告某项法律因违宪而无效，即为这种处理。中国将这种处理方式称为撤销。其二，对监督对象做出变动。上位阶的立法主体要求所属立法主体或较低层次的立法主体，停止某项立法活动，撤销或改变某项违宪、违法或不适当的法律、法规或其他规范性法律文件，即属此类处理。此类处理方式在中国称为改变。其三，对监督对象做出裁决。有权机关就法和法之间的不一致之类的问题做出某种决定，就是这样的处理。在中国立法制度和实践中，这一处理方式称为裁决。其四，要求有关机关处理监督对象。这种处理方式通常适用于下位阶的立法主体，要求上位阶的立法主体处理违宪、违法或不适当的立法行为和立法结果，如国务院提请全国人大常委会处理同国务院部门规章有矛盾的地方性法规；也适用于作为主权者的立法监督主体，向有关立法主体提出处理某项违宪或违法的立法活动或规范性法律文件的要求。其五，责令有关机关处理监督对象。立法监督主体发现有关立法活动或立法结果，有违法或不适当问题，自己又不宜解决，可以责令所属立法主体或有问题的立法主体予以改正，或要求其予以适当解决。例如，国务院发现所属部门制定的规章同法律、行政法规相违背，就既可以予以撤销或改变，也可以责令制定规章的主体予以改正。

这五种处理方式，都具有独立性，它们都可以为立法监督主体分别使用。同时，它们之间也可以有直接关联，比如，宣告监督对象无效，对监督对象做出变动，或者对监督对象做出裁决，就可以是因有关机关要求处理或有关机关责令处理而发生的。立法监督中的这几种处理方式，未必是各国立法监督制度和实践中都采用的，有的国家的处理方式也未必仅此几种。然而这几种处理方式对多数国家的立法监督而言，是常用的。在中国立法监督制度和实践中，这几种处理方式都是不时使用的，其中更为常用也是更主要的处理方式是前三种，即改变、撤销和裁决。这三种处理方式，也是更直接、更严厉和更有效的处理方式。

（一）中国立法的改变和撤销制度

用改变和撤销的方式对立法实行监督，是中国立法监督的一个显著特色。根据《宪法》和《立法法》的规定，有关立法主体可以改变或撤销别的立法主体所制定的法律、法规或规章。改变，指修改、补充、删除法律、法规或规章的部分条款或内容；撤销，指废止整个法律、法规或规章。法律、法规或规章经有权机关依法改变后，可以施行；经有权机关废止后，则完全失去效力，不得施行。实行改变和撤销制度，可以直接对监督对象施行较为有效的强制，可以有效地避免因立法违宪、违法或不适当而造成无端的损失，因而对立法的健康发展，无疑是大有益处的。

现行《宪法》第六十二条、第六十七条、第八十九条、第九十九条、第一百零四条规定了有关国家机关有权改变或撤销有关国家机关的决议、决定和规范性法律文件的制度。地方组织法亦有关于改变和撤销制度的规定。《宪法》和《地方组织法》的这些规定，部分地包含了中国立法的改变和撤销制度。而《立法法》更以第九十七条规定专门且集中系统地规定了中国立法的改变和撤销制度。这些规定，形成了中国现时期作为立法监督方式的改变和撤销的制度框架。

中国现时期的立法改变和撤销制度，在改变和撤销的主体、权限和对象诸方面，是由如下要素构成的：①全国人大有权改变或撤销它的常委会制定的不适当的法律，有权撤销全国人大常委会批准的违背《宪法》和《立法法》第六十六条第2款规定的自治条例和单行条例。②全国人大常委会有权撤销同宪法和法律相抵触的行政法规，有权撤销同宪法、法律和行政法规相抵触的地方性法规，有权撤销省、自治区、直辖市的人大常委会批准的违背《宪法》和《立法法》第七十二条、第七十五条规定的自治条例和单行条例。③国务院有权改变或撤销不适当的部门规章和地方政府规章。④省、自治区、直辖市人大有权改变或撤销它的常委会制定和批准的不适当的地方性法规。⑤地方人大常委会有权撤销本级政府制定的不适当的规章。⑥省、自治区政府有权改变或撤销下一级政府制定的不适当的规章。⑦授权机关有权撤销被授权机关制定的超越授权范围或违背授权目的的法规，必要时可以撤销授权。这种改变和撤销制度表明，在中国立法监督中，不仅享有改变和撤销权的主体是广泛的，这些主体的改变和撤销权限范围是广泛的，而且，处于改变和撤销权的监督和威慑之下的规范性法律文件也是广泛的，一切法律、法规、规章都可以基于违宪、违法或不适当而被改变或撤销。因此，中国的改变和撤销制度，是一种强力性的立法监督制度。

中国现时期的立法改变和撤销制度，在条件设定和适用范围方面，则强调对超越职权范围、同上位法抵触、与同位阶的法冲突、违背法定程序以及规定不适当等现象的规制。这从《立法法》第九十六条的规定可以清晰获知。按照该条规定，法律、行政法规、地方性法规、自治条例和单行条例、规章有下列情形之一的。由有关机关依照法定权限予以改变或撤销：①超越法定权限的。立法应当具有合法性，而合法性的一个关键性要求，是立法主体应当根据法定权限立法，不得超越法定权限。②下位法违反上位法规定的。在中国法的形式体系中，不同法的形式之间有着层级和类别的区分。宪法、法律、行政法规、地方性法规、规章之间是不同层级的关系；自治法规（自治条例和单行条例）、授权法规（国务院和经济特区根据授权制定的法规）同行政法规、地方性法规之间，地方性法规同国务院部门规章之间，是不同类别的关系，没有层级区分。不同层级之间的关系，也就是不同位阶之间的关系，如果下位法违反上位法，则应当予以改变或撤销。至于不同类别的法之间，没有上位法和下位法之分，发生冲突不适用改变和撤销制度，而是由法定机关通过裁决的方式来解决。③规章之间对同一事项的规定不一致，经裁决应当改变或撤销一方规定的。按照《立法法》第九十一条的规定，部门规章具有同等效力，部门规章和地方政府规章也具有同等效力，它们在各自效力范围内施行。如果它们之间发生冲突，比如它们就同一事项的规定不一致或有矛盾，由国务院裁决。这种冲突如果是由于其中一方的违法或不适当导致的，国务院应当对其予以改变或撤销。④规章的规定被认为不适当，应当予以改变或撤销的。现代立法不仅要注重合法性，也要注重科学性。规章的制定，不仅要合法，也要适当。所谓适当，主要指合理、正当、符合实际生活需要、能反映客观规律。如果所立之法不适当，对国家、社会和公民生活有负面影响，也应当予以改变或撤销。⑤违背法定程序的。现代立法的显著特征，不仅在于强调依照法定立法权限立法，也在于非常讲究程序，只有符合法定立法程序的立法，才是可以成立的，它所产生的法律、法规、规章才是有效的。因此，对于违背法定程序的法律、法规、规章，有关机关应当予以改变或撤销。

需要注意的是，改变制度只适用于同一系统的立法主体之间，如上位阶的权力机关可以改变下位阶的权力机关所制定的规范性法律文件，上位阶的政府可以改变下位阶的政府所制定的规范性法律文件；而不同系统的立法主体之间不适用改变制度，如权力机关不可以改变政府的规范性法律文件，政府更不可以改变权力机关的规范性法律文件。撤销制度则既可以适用于同一系统的立法主体之间，也可以适用于不同系统的立法主体之间。另外，中国实行改变和撤销这样的立法监督制度，而不像西方国家那样实行宣告监督对象无效制度，是有其缘由的。在西方国家，多实行分权制衡之类的体制，在这种体制下，宪法委员会、宪法法院和其他有关机关，有权监督议会的立法，有权因某项法律违宪而宣告其无效，但它们不能高居于议会之上，无权撤销或改变议会制定的法律。中国则不同：①人民代表大会虽然行使立法权，却同行使行政权的政府并非处于平行的相互制约和平衡的关系之中，它是国家权力机关，政府是由它产生的，是它的执行机关，对它负责，因而它完全有权撤销政府的行政法规和规章，在它闭会期间则由其常设机构行使这种职权。②在人民代表大会内部，全国人大是最高国家权力机关，它享有宪法所确定的监督宪法实施的权力，它完全有权改变和撤销它的常设机构——全国人大常委会的法律，有权撤销常委会批准的规范性法律文件。③同样地，在地方立法中，人大同政府的关系，人大同其常设机构的关系，人大同其下级的关系，也是照此办理的。④中国有着悠久的单一制传统，在政府方面，中国向来注重中央对全国的统一领导，注重上级对下级的统一领导。在当代中国，国务院是中央政府，是最高国家行政机关，它统一领导国务院各部门的工作，统一领导全国各地方国家行政机关的工作，因而国务院也就有权改变或撤销不适当的部门规章和地方政府规章。在这样的体制下，省级政府也相应地有权改变或撤销下一级政府制定的不适当的规章。

（二）我国的立法裁决制度

立法裁决是中国立法监督制度的重要一环，也是中国立法监督的一种重要处理方式。这种监督制度和处理方式，是同立法冲突紧密关联的，是基于立法冲突而发生而运作的。立法冲突是法的冲突的一种，无论人们对立法冲突做何界说，有一点可以肯定，这就是立法冲突主要指立法活动和立法结果的不和谐现象。

立法冲突的存在几乎是不可避免的。首先，立法的层级和类别是多样化的，这些不同层级和类别的立法之间，难免发生冲突。有的国家，立法体制颇为复杂，其立法层级和类别的复杂性远甚于其他国家，因而更难避免立法冲突。其次，立法是由不同立法主体所进行的，这些不同立法主体的立法观念，立法者对立法的认识水平，他们所具有的立法技能，他们参与立法的动因，有种种差异，这些差异也容易导致他们所从事的立法和经由立法所产生的规范性法律文件之间，发生这样那样的冲突。最后，立法活动是在不同时间和不同历史条件下进行的，而不同时间和历史条件下的立法也难免发生冲突。比如，不同的国情，不同的法治状况，不同的经济、政治和文化环境，对立法冲突的严重化程度，就有直接的影响。

在中国现时期，立法冲突尤其难以避免。一方面，同立法体制较为单一化的国家相比，中国的立法体制颇为复杂，有诸多层级和类别的立法，它们之间难免经常发生冲突。另一方面，中国的立法尚不发达，立法者往往不懂立法，立法者的立法技术水平普遍低下，不少立法者的法治意识也不强，这些情形就使他们所立之法不可避免地存在严重的质量问题，也容易使他们所立之法经常发生冲突。再一方面，中国现时期正值改革开放和社会转型的历史时期，立法发展总的来说是比较快的，在比较快的情况下，冲突也比较多些；同时，在改革开放和社会转型时期，如果上位法不能适时变化，下位法就容易甚至难免同其相冲突。

应对和抑制立法冲突，需要明了立法冲突表现在哪些方面。观察中国现时期的立法制度和实践，可以看到立法冲突这种不和谐的现象是有种种表现的。不同层级和类别的立法之间，不同立法主体的立法之间，不同时空条件的立法之间，不同理念指导的立法之间，以及这些不同的立法本身，都有冲突存在。这些冲突，又具体地表现为所立之法之间存在种种冲突，尤其是表现为各种法的形式之间、各种法的部门之间、各种法的形式和法的部门内部的具体的规范性法律文件之间存在冲突。

对立法冲突的裁决，都同法的效力等级问题直接相连。因此，《立法法》首先将中国现时期各种法的形式的效力等级或位阶顺序予以明确：宪法具有最高的法的效力，一切法律、行政法规、地方性法规、自治条例和单行条例、规章都不得同宪法相抵触。法律的效力高于行政法规、地方性法规、规章。行政法规的效力高于地方性法规、规章。地方性法规的效力高于本级和下级地方政府规章。省、自治区政府制定的规章，效力高于本行政区域内的较大的市的政府制定的规章。部门规章和地方政府规章，具有同等的效力。《立法法》的这些规定，为裁决中国现时期法的冲突问题，提供了直接的法律根据。

裁决立法冲突，须确立裁决立法冲突的基本原则。确立这样的原则须明确立法冲突产生的原因和立法冲突的主要表现。我们已知立法冲突在很大程度上是基于立法层级和类别的多样化、立法主体的差别、立法时空条件的不同等原因而发生的，就中国的情形而言，冲突尤其表现在法和法之间的规定不一致方面。针对中国现时期立法冲突的主要原因和表现，《立法法》着重就特别法和一般法的冲突、新法和旧法的冲突问题，确立了两个有限优先的原则：

（1）同一机关制定的法，特别法优越于一般法。长期以来，人们总是信奉所谓特别法优越于一般法的说法。其实，这种说法是不够准确的。道理并不难懂：法是非常复杂的，不同层级和类别的法之间不可能一概适用所谓特别法优越于一般法的原则。事实上，不可能存在一般的或抽象的特别法优越于一般法的原则。比如，北京市的地方性法规中的特别法，不可能优越于全国人大及其常委会制定的法律中的一般法。因此，只能确立有限的特别法优越于一般法的原则。《立法法》第九十二条规定，同一机关制定的法律、行政法规、地方性法规、自治条例和单行条例、规章，特别规定与一般规定不一致的，适用特别规定；新的规定与旧的规定不一致的，适用新的规定。这种以"同一机关制定"为前提的方法，就使特别法优越于一般法这个处理立法冲突的古老原则，获得了科学且富有新意的含义。

（2）同一机关制定的法，新法优越于旧法。正如人们总是长期信奉特别法优越于一般法一样，人们也总是认为新法优越于旧法。而事实上，也不可能存在一般的或抽象的新法优越于旧法的原则。比如，上海市新制定的地方性法规，就不可能优越于国务院先前已经制定的行政法规。因此，只能确立有限的新法优越于旧法的原则。除了《立法法》第九十二条关于新法优先的规定以外，第九十三条还规定了有限的法不溯及既往的原则：法律、行政法规、地方性法规、自治条例和单行条例、规章不溯及既往，但为了更好地保护公民、法人和其他组织的权利和利益而做的特别规定除外。

裁决立法冲突，更须遵循法定权限和程序。按照《立法法》所规定的制度，中国现时期裁决立法冲突的权限和程序包括以下几点：①法律之间对同一事项的新的一般规定同旧的特别规定不一致，不能确定如何适用时，由全国人大常委会裁决。②行政法规之间对同一事项的新的一般规定同旧的特别规定不一致，不能确定如何适用时，由国务院裁决。③同一机关制定的地方性法规，新的一般规定同旧的特别规定不一致时，由制定机关裁决。④同一机关制定的规章，新的一般规定同旧的特别规定不一致时，由制定机关裁决。⑤地方性法规同部门规章之间对同一事项的规定不一致，不能确定如何适用时，由国务院提出意见，国务院认为应当适用地方性法规的，应当决定在该地方适用地方性法规的规定；认为应当适用部门规章的，应当提请全国人大常委会裁决。⑥部门规章之间、部门规章同地方政府规章之间对同一事项的规定不一致时，由国务院裁决。⑦根据授权制定的法规同法律规定不一致，不能确定如何适用时，由全国人大常委会裁决。

技术编

按照中国《辞海》的解释,"技术"一词,泛指人们根据生产实践经验和自然科学原理发展而成的各种工艺操作方法与技能。所谓立法技术,可泛指人们在立法工作实践中所发展而成的方法和技巧的总称。但是在学术意义上,"立法技术"一词存在"规则说""活动说"和"方法说"三类界说。① 其中,"规则说"以吴大英为代表,存在广义与狭义并存论,认为广义上的立法技术就是同立法活动有关的一切规则,具体包括规定立法机关的组织形式的规则,规定立法程序的规则以及关于法律的内部结构和外部结构的形式、法律的修改和废止的方法、法律的文体、法律的系统化的方法等方面的规则,只有第三类规则才是狭义上的立法技术。②"活动说"即过程说,认为立法技术是一种特殊的活动或过程,如中国台湾地区的罗成典认为:"立法技术乃依照一定之体例,遵照一定之格式,运用妥帖之词语(法律语言),以显现立法原则,并使立法原则或国家政策转换为具体法律条文之过程。"③"方法说"是一种技术论,为当代中国立法学界通说,以周旺生为代表,认为"立法技术是立法活动中所遵循的用以促使立法臻于科学化的方法和操作技术的总称"④。本书主要采用"方法说",但同时认为法治语境中的立法技术也是一种规则,而且是一种技术规则,必须予以规则制度化。不过它不同于存在明确行为模式的一般法律规则,它不是一种活动或过程,而是贯穿于整个立法活动或过程中;它不同于立法原理与立法制度,而是具有工具性、技巧性的特点,是科学立法原则的主要体现。为此,我们认为:所谓立法技术就是在创制规范性法律文件过程或活动中的一切方法和技术(主要涉及语言、逻辑和法律三个层面的方法和技术)的总称。立法技术属于制定法的立法技术,在不

---

① 参见侯淑雯:《新编立法学》,中国社会科学出版社2010年版,第202页。
② 参见吴大英、任允正、李林:《比较立法制度》,群众出版社1992年版,第629页。
③ 罗成典:《立法技术论》,台北文笙书局1987年版,第1页。
④ 周旺生:《立法学教程》,北京大学出版社2006年版,第403页。

同法系传统下存在不同的立法技术差别。一般而言，大陆法系国家或地区侧重法典编纂技术，对立法的体例、结构和语言逻辑存在严格要求，一般存在完整的总则与分则格式；而普通法系传统国家或地区侧重单行法制定，技术方面注重实用性与灵活性，文本的语言与逻辑不如大陆法系严谨精准。我国属于大陆法系传统国家，对法典与单行法的文本表述与制作技术都有严格的语言规范与逻辑规则要求，前者如我国现行《立法法》第六条第2款的规定，"法律规范应当明确、具体，具有针对性和可执行性"；后者如第二章第五节"其他规定"部分，则涉及立法预测、立法规划、法案的起草与审议，以及法案文本的体例结构、法律完善等有关文本制作技术规定。与此同时，全国人大常委会2000年通过了《中华人民共和国国家通用语言文字法》（以下简称《国家通用语言文字法》），而全国人大常委会法制工作委员会（以下简称"法工委"）也分别于2009年和2011年发布《立法技术规范（试行）（一）》和《立法技术规范（试行）（二）》，对我国法律法规的立法技术问题做了更为详细的内部制度规范，广东、云南等省级人大常委会也相继制定通过了相应的地方性法规——《广东省人民代表大会常务委员会立法技术与工作程序规范》（2007）和《云南省人民代表大会常务委员会立法技术规范》（2014）等。可以说，我国初步形成了立法技术规范制度体系。本书技术编包括四章内容，分别为立法的语言与逻辑、立法准备、法案制作、立法完善，这些章节主要涉及两大部分三大规范内容，即涉及法案表述技术与立法制作技术两大部分，着重论及立法的语言规范性、逻辑规范性和法律规范性标准内容建设。

第五章　立法的语言与逻辑

关于立法的语言和逻辑问题，法国思想家孟德斯鸠在《论法的精神》第二十九章"制定法律的方式"有过许多精彩论述[①]：法律文体应该质朴平实，直接表达总比深沉迂回表达好得多，如东罗马帝国的法律是没有任何威严的，这是因为人们把东罗马帝国诸君王说成是用词华丽的演说家，而当法律文体变得十分夸张时，法律就会被看成一部卖弄炫耀的作品；法律用语在所有人身上都要能够唤起同样的观念，否则会产生歧义甚至相互矛盾，例如，黎塞留同意一个人可以向国王控告大臣，但是他又规定如果这个人证明的事情并不重要的话，就应加以刑罚；法律用语也应足够的坦率纯洁，否则可能引起不必要的相互冲突，如西哥特法存在可笑的规定，犹太人可以不吃猪肉但却必须吃所有与猪肉一起烹制的食物；立法必须存在充足理由，不要随意修改法律，如查士丁尼法律规定，一个男子订婚两年后未能成婚，被抛弃的女子可以退婚而不损失她的嫁妆，后来这个法律改变了，对穷苦人改为三年，在相同的案件里，两年与三年一样，三年并不比两年的作用大。这些论述带给我们诸多的启示和思考：立法必须符合语言规范性要求，如法律语言应简明扼要而具体；同时也必须符合逻辑规范性要求，如法律规定应具有确定性和一致性，不能模棱两可或前后矛盾，概念的运用、推理和论证必须充分周延等。

[①] 参见［法］孟德斯鸠：《论法的精神（下册）》，张雁深译，商务印书馆1963年版，第296-303页。

第一节 立法语言

据国内媒体披露,我国最高立法机关日益重视立法的语言表述问题:在制定1982年宪法时,吕叔湘等语言文字专家曾受邀对宪法草案的语言文字进行审校;2007年7月,全国人大常委会法工委成立立法用语规范化专家咨询委员会,聘请14名国家通用语言文字专家为法律草案用语号脉把关;2008年,全国人大常委会法工委制定《立法用语规范化专家咨询委员会工作规则》,使法律草案语言文字审校成为法律通过前的一个制度性安排;2014年5月,全国人大常委会法工委续聘、增聘17位语言专家咨询委员,这些语言专家自2007年至今共审校法律草案49部,使得我国立法质量较之前大为改观。① 的确,作为制定法的客观物质载体,立法语言的不同词汇形式选择与语法修辞遵守状况直接关系到立法技术的表述规范化程度,进而影响法律文本所载的法律信息的传递、转换与反馈的准确程度与实施效果。因此,恩格斯举例告诫我们:"如果说民法准则只是以法律形式表现了社会的经济生活条件,那么这种准则就可以依情况的不同把这些条件有时表现得好,有时表现得坏。"② 为此,我们必须高度重视不同立法语言表述技术手段的有效运用和规范化操作,及早预防并化解由于语言失范问题而可能导致与立法目的或宗旨相悖的不利法律后果。

一、立法语言的概念

立法语言是法的语言的一种,它是立法主体按照特定的语言规范表述立法意图、设定行为规范、形成规范性文件的一种专门语言文字。立法语言是一国语言的重要组成部门,是全体公民共同使用的特殊语言文字表现形式。一般而言,各国或地区会通过法律明确本国或本地区通用的立法机关专门语言,即立法机关官方语言。立法机关官方语言具体可分为官方语

---

① 参见李敬欣、张渝:《他们为法律之言咬文嚼字》,载《大河报》,2015-03-08。
② 中共中央马克思恩格斯列宁斯大林著作编译局:《马克思恩格斯全集(第四卷)》,人民出版社1979年版,第248-249页。

言的使用、同声翻译和官方文件语言的使用三种情况,当今世界大多数国家立法机关使用一种官方语言。根据学者对83个国家立法语言使用情况的统计分析:有51个国家立法机关使用一种语言讨论法案,22个国家立法机关使用两种语言讨论法案,有6个国家立法机关使用三种语言讨论法案,有4个国家立法机关使用三种以上语言讨论法案;在立法机关官方文字语言使用中,使用一种语言的有57个国家,使用两种语言的有19个国家,使用三种语言的有3个国家,使用三种以上语言的有4个国家;同时有7个国家的立法机关提供同声翻译服务;英语毫无悬念成为各国立法机关最为通用的官方语言,无论是讨论法案(26个国家),还是公布立法文件(25个国家)。[①] 立法语言是立法者的专门工作语言,具有高度的专业技术性和时空性的特点:所谓专业技术性就是指立法语言必须同时具有语言与法律的双重规范性,立法者既要遵循所指定官方语言特有的词汇、语法和修辞等方面的特殊性规定,也要注意立法用语本该具有的法律规范性,即它不同于日常用语,而是具有庄重、严肃、简明、具体等特性。时空性即立法语言存在的法律语境,这就是,一方面,立法者要注意法律适用上的时间性,这主要指法律不溯及既往的时效性规定和有关程序性的期间规定,因此立法用语不能使用过去时的语态形式;另一方面,要注意法律发生效力的空间区域限制,是全球性的还是主权性的,是一国通用的还是限于国内某行政区域或行业领域的,不同的时空性也必然会影响立法语言的选择。

本书中的"立法语言"主要指立法机关官方文件的使用语言。我国将普通话和规范汉字列为国家通用语言文字,同时各民族也有使用和发展本民族语言文字的权利和自由。遗憾的是,我国现行宪法和《立法法》都没有关于立法语言的专门性规定,而是散见于若干法律文本,如根据全国人大常委会2000年通过的《国家通用语言文字法》第九条规定,国家机关以普通话和规范汉字为公务用语用字;同时第十八条规定,国家通用语言文字以《汉语拼音方案》作为拼写和注音工具。这些规定间接表明我国的通用立法语言为普通话和规范汉字。不过,我国某些法律还规定其他语言文字可以作为立法语言,如我国现行宪法第一百二十一条和《中华人民共和国民族区域自治法》(以下简称《民族区域自治法》)第二十一条也规

---

① 参见吴大英、任允正、李林:《比较立法制度》,群众出版社1992年版,第521–527页。

定，民族自治地方的自治机关在执行职务的时候，依照本民族自治地方自治条例的规定，使用当地通用的一种或者几种语言文字；同时使用几种通用的语言文字执行职务的，可以以实行区域自治的民族的语言文字为主。此外，《香港特别行政区基本法》第九条规定，香港特别行政区的行政机关、立法机关和司法机关，除使用中文外，还可使用英文，英文也是正式语文；《中华人民共和国澳门特别行政区基本法》（以下简称《澳门特别行政区基本法》）第九条规定，澳门特别行政区的行政机关、立法机关和司法机关，除使用中文外，还可使用葡文，葡文也是正式语文。

作为语言文字的一种，立法语言与其他语言文字存在共同的属性，都是记载、表达和传递信息的符号组合。不过，立法语言又是一种特殊的语言文字，是立法活动和语言文字长期融合积淀的产物和成果。人类以法的形式表现自己的意志或利益的初始时期，并不能自觉地选择一种特定语言文字以遂其意；最初的法是习惯法，谈不上以一种专门的语言文字来予以表现；即使成文法问世后，立法语言也并未立即形成，只有当民族国家出现、一种或几种语言成为通用语言和成文法的立法活动达到一定规模后，才形成相对稳定而独立的立法语言文字。立法语言与文学语言、学术用语及非规范文件用语存在较大的区别：①立法语言不是美学意义上的享受和升华，立法者不能采用小说、诗歌、散文等文学手法来组织法的语言文字，不能采用形容的、夸张的和带有感情色彩的方式来组织法的语言文字，而必须严肃通俗、简洁明了。邓小平曾有一句令无数国人动容的话——"我是中国人民的儿子，我深情地爱着我的祖国和人民"。但是这句话如果出现在现行宪法第五十五条第1款，作为"保卫祖国、抵抗侵略是中华人民共和国每一个公民的神圣职责"的情感缘由，显然是不合适的。②立法语言也不是学术意义上的精密求证，而是必须明确、具体而肯定，立法者不能以探索的语气或讨论的、商榷的、争论的论据来组织法的语言文字。为说明某项立法的原因、目的或必要性、可行性，可采用适当论证的方式来组织法的语言文字，这常见于法律文本第一条立法宗旨。如我国现行《国家通用语言文字法》第一条规定："为推动国家通用语言文字的规范化、标准化及其健康发展，使国家通用语言文字在社会生活中更好地发挥作用，促进各民族、各地区经济文化交流，根据宪法，制定本法。"该条款不能采用学术界常用的甲说乙说的方式，通过罗列语言学者或人大代表的立法争议来强化立法论证，这些内容只能出现在媒体报道或有关法律草案的说明等立法背景材料中。③立法语言还不能沦为立法报告、会议纪要和宣传提纲之类的非规范性文件语言，必须规范严谨并具有国家权威性。立法报告只能作为立法者的参考资料，或者作为立法实施前后的准确适用依据及其评估成果。会议纪要与宣传提纲不具有语言和法律的规范性。我国的某些法律文件确实出现过此类非规范用语，如我国1975年《宪法》第九条规定，"国家实行'不劳动者不得食''各尽所能、按劳分配'的社会主义原则"；第十五条规定，"中国人民解放军永远是一支战斗队，同时又是工作队，又是生产队"。又如我国2015年底修改的《中华人民共和国人口与计划生育法》（以下简称《人口与计划生育法》）第十八条规定，"国家提倡一对夫妇生育两个子女"，该条款是中国共产党第十八届中央委员会第五次全体会议公报中所提及的"全面实施一对夫妇可生育两个孩子政策"之法律翻版，特别是"提倡"二字非常不严谨，具有浓郁的政策色彩，并不符合现行《立法》第六条所指的"明确、具体"以及"可执行性"要求。

二、立法语言的词汇、语法与修辞

（一）词汇

词是基本的语言单位和构成要素。立法语言中的"词"又称为"法律术语"，其来源多样化，有的是日常用语转化而来，有的是对旧的立法或公文的继承，有的来自本国或本地区的立法实践创造，还有的从国外立法移植过来。总的说来，作为立法词汇的法律术语主要分为日常用语、专门法律术语、技术性术语三类。

1. 日常用语

日常用语是人们关于各种物体、现象、特性、行为等认识对象最为常用的语言符号载体，它作为法律术语又可分为两种具体情况：一是大多数法律术语基本保留日常语言的本来含义，这类术语是人类语言词汇的基本构成部分，简单易懂，它在立法文件中与生活用语、文艺作品、科学著作和政府公文用语中通用。作为立法语言的日常用语用其常用的含义，没有特别专门的法律内涵。如宪法文本中的"公民""选举""权利"等，民事立法中的"财物""房屋"和"银行"等，刑事立法中的"立功""自首"等。二是有的法律术语虽然从日常用语转化而来，但却被赋予了崭新的法律内涵，一般需要在立法中予以明确地界定和分类，以免混淆该术语的日常内涵与法律意义。如民事立法中的"善意"意指"不知情"，它在日常语言中仅指"慈善心肠"，为道德伦理术语；民事诉讼立法中的"第三人"是指原告与被告之外的其他当事人，但在日常语言意指"排列次序为第三的人"；刑事立法中的"死亡"与"失踪"等，它们不但意指日常语言中关于"人的生理死亡或失踪"，而且包含法律特指的"宣告死亡"或"宣告失踪"，即还可能指人的非真正的生理死亡或失踪。

2. 专门法律术语

法律同其他任何专业领域一样，也有其自身特有的专门术语，如行政立法的"政府采购"，金融立法的"信用证""有价证券"和"信托"，知识产权立法的"特许"和"专利"，民事诉讼立法的"自诉""公诉""举证责任倒置"，民事立法的"当事人"和"不当得利"，等等。专门法律术语可以准确、扼要地表述立法中所有专有的概念，一般在立法中予以明确界定，在日常生活领域很少使用。但在总量上，法律专门术语的比重不是很大，只有当一般日常用语没有对应的词汇时才会出现。专门法律术语的来源主要有三类：①有些是沿袭继承旧的法律制度，如"宪法"源自《国语·晋语》，"赏善罚奸，国之宪法也"；"诉讼"见于《后汉书·陈宠传》，"西州豪右并兼，吏多奸贪，诉讼日百数"；等等。有些古代法律汉语发展至今，词义已有所变化，如《国语·晋语八》"端刑法，缉训典，国无奸民"与《汉书》等历代史书中的"刑法志"所说的"刑法"包含了普通法律与司法制度的更广泛含义，如今的"刑法"一词泛指作为"关于犯罪和刑罚的法律规范总称"的法律部门，或者仅指刑法典。还有沿袭古义但改其名的做法，如《秦汉律·贼杀》中的"故杀"，今天刑法采用"故意杀人"一词表达其义，今天所指的"上诉"或"申诉"源自古汉语的"乞鞫"等。②有些则从国外法律移植而来，如"公民"（古希腊、古罗马）、"民事行为"（1901年德国民法典）、"法人"（19世纪英国）、"信托"（中世纪英国用益制即受托契约制）、"缓刑"（最早见于1870北美波士顿缓刑制）、"诉讼标的"（古罗马），以及来自近邻日本的有"遗嘱""人犯""共犯""人格""不作为""不动产"等，但是它们最后还是由中国语言转换而来或由中国语言创造的词汇构成。③还有的则是本国现实需要的创造，如"贪腐"（"贪污腐败"的简称）、"酒驾"（饮酒后驾驶机动车)、"醉驾"(醉酒后驾驶机动车)、"毒驾"(吸毒后驾驶机动车)等。中华人民共和国公安部发布的现行《机动车驾驶证申领和使用规定》第十二条第4、5、6项规定了三类情形人员不得申请机动车驾驶证:"饮酒后或者醉酒驾驶机动车发生重大交通事故构成犯罪的","醉酒驾驶机动车或者饮酒后驾驶营运机动车依法被吊销机动车驾驶证未满五年的","醉酒驾驶营运机动车依法被吊销机动车驾驶证未满十年的"。而中华人民共和国国家质量监督检验检疫总局和中国国家标准化管理委员会发布的《车辆驾驶人员血液、呼气酒精含量阈值与检验》(即国家标准 GB 19522—2010)更明确界定了"饮酒后驾车""醉酒后驾车"的科学内涵:血液中酒精含量$\geqslant$20 mg/100 mL、<80 mg/100 mL 的属于饮酒后驾车,血液中酒精含量$\geqslant$80 mg/100 mL 的就属于醉酒后驾车。现行《中华人民共和国刑法修正案(八)》[以下简称《刑法修正案(八)》]第二十二条规定:"在道路上驾驶机动车追逐竞驶,情节恶劣的,或者在道路上醉酒驾驶机动车的,处拘役,并处罚金。""毒驾"虽然尚未入刑,但它的入刑问题日益受到立法部门的重视。

3. 技术性术语

在许多立法特别是专业性很强的立法(如行政立法、金融立法和知识产权立法)领域,我们经常可以见到从科学、艺术、技术等各领域借用的术语以及各种职业用语。这些技术含量高的法律术语很有存在的必要,因为立法所调整的领域涉及自然和人类社会的方方面面,各领域有各领域的特点,并产生了本领域独有的专业术语。立法调整的领域越广,其所使用的专业技术用语越多。技术性术语可以准确地、简短地表明它所反映的概念对象,消除把相近的概念混淆的危险,有助于我们更加准确地理解和把握这些术语的特定含义。但是,技术性术语具有封闭性,对立法者和法律适用者存在较高的专业素养要求。如2009年全国人大常委会法工委颁布的《立法技术规范(试行)(一)》第三部分"法律常用词语规范"借用了不少语言逻辑学的技术用语,现以第13条关于"和""以及""或者"和第19条关于"制定""规定"的内容为例[①]:

  13 和,以及,或者

---

① 参见全国人大常委会法工委:《立法技术规范(试行)(一)》,法工委发〔2009〕6号。

13.1 "和"连接的并列句子成分,其前后成分无主次之分,互换位置后在语法意义上不会发生意思变化,但是在法律表述中应当根据句子成分的重要性、逻辑关系或者用语习惯排序。

示例1:一切法律、行政法规和地方性法规都不得同宪法相抵触。

示例2:较大的车站、机场、港口、高等院校和宾馆应当设置提供邮政普遍服务的邮政营业场所。

13.2 "以及"连接的并列句子成分,其前后成分有主次之分,前者为主,后者为次,前后位置不宜互换。

示例1:开庭应当公开,但涉及国家秘密、商业秘密和个人隐私以及当事人约定不公开的除外。

示例2:国务院和省、自治区、直辖市人民政府根据水环境保护的需要,可以规定在饮用水水源保护区内,采取禁止或者限制使用含磷洗涤剂、化肥、农药以及限制种植养殖等措施。

13.3 "或者"表示一种选择关系,一般只指其所连接的成分中的某一部分。

示例:任何组织或者个人不得侵占、买卖或者以其他形式非法转让土地。土地的使用权可以依照法律的规定转让。

……

19 制定,规定

19.1 表述创设法律、法规等规范性文件时,用"制定";表述就具体事项做出决定时,用"规定"。

示例1:省、直辖市的人民代表大会和它们的常务委员会,在不同宪法、法律、行政法规相抵触的前提下,可以制定地方性法规,报全国人民代表大会常务委员会备案。

示例2:全国人民代表大会代表名额和代表产生办法由法律规定。

19.2 在表述制定或者规定的语境下,与"规定""制定"相近似的用语"确定""核定""另订"等,今后立法中一般不再使用,统一代之以"规定""制定"或者"另行制定""另行规定"。

(二)语法

在语言学家看来,语法主要包括词法和句法。其中,词法研究词的结构规律、词的语法类别和特征等，而句法研究词组、句子的组织规律，如词组、句子的结构和类型以及时态等。这里，我们先了解句法的具体内容，如句式、句类、超句、时态以及数字和标点符号等句子构成的必要元素。其实，句子也只是词或词组之间有规律的排列组合，是能够独立表达相对完整意思的基本语言单位，而任何法律文本都是句子之间有规律的排列组合。

1. 句式

句式就是句子构成的形式。在语言学家看来，一个完整的句子应当包括主语、谓语、宾语、定语、状语和补语（表语）等要素。汉语中的典型句式有五种：主语＋谓语、主语＋谓语＋表语、主语＋谓语＋宾语、主语＋谓语＋间接宾语＋直接宾语、主语＋谓语＋宾语＋宾语补语。但是，现实中的汉语句式则更多表现为长句和短句、主谓句和非主谓句、整句和散句、松句等形式。在立法语言中，句子结构也具有自身的特点：

（1）多使用长句而不是短句。立法文句中普遍使用结构复杂的同位成分以及复杂的附加、修饰成分，因此法律文本经常出现长句子。如全国人大常委会1983年通过的《中华人民共和国海上交通安全法》的53个条款由73个句子组成，其中长句为64个，占87.7%。又如全国人大常委会2000年通过的《国家通用语言文字法》的28个条款由45个句子组成，其中长句31个，占68.9%。

（2）多用动词性的非主谓句，而不是典型的主谓句。在汉语中，非主谓句由单个词或非主谓词组构成，又可分为名词性的非主谓句、动词性的非主谓句和形容词性的非主谓句三种，但立法语言多采用动词性的非主谓句。这是因为，其一，立法文句所表述的为法律规范，而大多数法律规范所设定的权利（权力）、义务（职责）适用于一般的人，很少针对个别的人或事，所以没有行为主体也不会产生歧义，反而显得简洁明快；其二，行为主体一般会在法律文本的总则里集中规定，分则中法律规范的行为主体可省略或少提。如现行《中华人民共和国婚姻法》（以下简称《婚姻法》）第二条有3个条款："实行婚姻自由、一夫一妻、男女平等的婚姻制度。""保护妇女、儿童和老人的合法权益。""实行计划生育。"都是由完整的句子组成，却没有出现主语"国家"。

（3）"非名词性"词语充当宾语句式的普遍使用。一般来说，能够带宾语的动词大多要求带名词性宾语，但在立法文句中经常出现一些要求带非名词性宾语的动词,如"禁止""给予""予以""加以"等。它们与被支配的动词组成动宾结构,如"分别给予警告、拘留""给予适当鼓励"等。在立法语言中,动词性宾语往往几项并列,把表示同范围、同性质行为的词语按照一定逻辑顺序排列,如现行《中华人民共和国行政处罚法》(以下简称《行政处罚法》)第五十八条规定:"行政机关将罚款、没收的违法所得或者财物截留、私分或者变相私分的,由财政部门或者有关部门予以追缴,对直接负责的主管人员和其他直接责任人员依法给予行政处分;情节严重构成犯罪的,依法追究刑事责任。"该法第五十九条、第六十条和第六十一条都存在类似表述。

(4)文言句式的使用。我国立法文本中至今保留某些文言句式,虽然其类型有限,但出现的频率较高。如"凡……的"句式,现行《中华人民共和国刑法》(以下简称《刑法》)第六条规定:"凡在中华人民共和国领域内犯罪的,除法律有特别规定的以外,都适用本法","凡在中华人民共和国船舶或者航空器内犯罪的,也适用本法"。第十条规定:"凡在中华人民共和国领域外犯罪,依照本法应当负刑事责任的,虽然经过外国审判,仍然可以依照本法追究,但是在外国已经受过刑罚处罚的,可以免除或者减轻处罚。"法律文本中文言句式的出现,与法律语体的规范严谨的要求是一致的。

(5)一般用散句、松句。在汉语句式中,根据句与句之间的结构是否相同,可以分为整句和松句两种类型,前者是句与句之间的结构相同或相似,后者则是句与句之间的结构不同。立法语言要求准确、凝练、严谨、朴实和庄重,不刻意追求语言的艺术化,不讲究文句形式的对仗工整和音韵匀称,因此一般选用散句、松句。如我国现行《立法法》第四十五条包括两个不同结构的句子,其中第1款为主谓宾结构的短句:"法律解释权属于全国人民代表大会常务委员会。"而第2款则是宾主谓结构的长句:"法律有以下情况之一的,由全国人民代表大会常务委员会解释:(一)法律的规定需要进一步明确具体含义的;(二)法律制定后出现新的情况,需要明确适用法律依据的。"

2. 句类

在现代汉语中,句类包括陈述句、疑问句、感叹句和祈使句。但在立法语言中,只能使用陈述句和祈使句。不可否认,我国的立法语言中曾出现过感叹句,如我国1975年《宪法》序言的最后一句:"全国各族人民团结起来，争取更大的胜利！"这是立法技术不成熟的表现。

（1）关于陈述句的使用。陈述句在立法语言中主要用于表明说明性或授权性的规定，又可以分为两种表述手段：一是直接陈述，用于表述说明性的规定或者正面授权的规定，前者的句式为"……是……"或"……是指……"，如我国《民法通则》第十六条规定，"未成年人的父母是未成年人的监护人"；后者的句式为"可以""有权""有……自由"等，如《民法通则》第十九条规定，"精神病人的利害关系人，可以向人民法院申请宣告精神病人为无民事行为能力人或者限制民事行为能力人"。又如现行《中华人民共和国反家庭暴力法》（以下简称《反家庭暴力法》）第十三条规定："单位、个人发现正在发生的家庭暴力行为，有权及时劝阻。"二是间接陈述，一般用否定之否定的方式授予自然人或社会组织某种权利（力），常用句式为"非经……不受（得）……"等，如我国现行《宪法》第三十七条规定："任何公民，非经人民检察院批准或者决定或者人民法院决定，并由公安机关执行，不受逮捕。"又如现行《中华人民共和国全国人民代表大会和地方各级人民代表大会代表法》（以下简称《人民代表大会代表法》）第三十二条规定："县级以上的各级人民代表大会代表，非经本级人民代表大会主席团许可，在本级人民代表大会闭会期间，非经本级人民代表大会常务委员会许可，不受逮捕或者刑事审判。"

（2）关于祈使句的使用。祈使句在立法语言中主要用于表述义务性的规定，即要求人们必须为一定行为（积极义务或职责）或不得为一定行为（消极义务或职责）。前者为肯定祈使句，其常用语为"应当""应该""必须""得"等，如我国现行《民族区域自治法》第十八条规定："民族自治地方的自治机关所属工作部门的干部中，应当合理配备实行区域自治的民族和其他少数民族的人员。"又如现行《中华人民共和国领海及毗连区法》第八条规定："外国船舶通过中华人民共和国领海，必须遵守中华人民共和国法律、法规，不得损害中华人民共和国的和平、安全和良好秩序。"后者为否定祈使句，其常用语为"禁止""不得""不能"等。如我国现行《反家庭暴力法》第三条规定："国家禁止任何形式的家庭暴力。"又如我国现行《中华人民共和国合同法》（以下简称《合同法》）第三条规定："合同当事人的法律地位平等，一方不得将自己的意志强加给另一方。"

3. 超句（句群）

所谓超句，就是指简单句以上的复合句和句群。按照关联词逻辑属性的不同，复合句可以分为选择复句、条件复句、转折复句、因果复句和目的复句。句群则是指两个或两个以上在意义上有密切联系、在结构上各自独立的单句或复句，按照句法结构规则组合而成的具有特定逻辑关系的法律条款。

（1）选择复句。选择复句即或然句，它根据逻辑关系的不同，可以分为相容选择复句和不相容选择复句。前者的关联词通常为"或者……或者……""也许……也许……"等，如我国现行《宪法》第四十一条规定，"对于公民的申诉、控告或者检举，有关国家机关必须查清事实，负责处理"；后者的关联词通常为"要么……要么……""不是……就是……"等。关联词"或者"也可以用于不相容选择复句，如我国现行《刑事诉讼法》第十五条规定，"有下列情形之一的，不追究刑事责任，已经追究的，应当撤销案件，或者不起诉，或者终止审理，或者宣告无罪"，这就是一个不相容选择复句。不过，法律条款中的选择复句关联词有时会被省略掉，法律适用者应准确地判断这些选择复句的逻辑性质究竟是相容关系还是不相容关系。如我国现行《行政处罚法》第二十七条规定："当事人有下列情形之一的，应当依法从轻或者减轻行政处罚：（一）主动消除或者减轻违法行为危害后果的；（二）受他人胁迫有违法行为的；（三）配合行政机关查处违法行为有立功表现的；（四）其他依法从轻或者减轻行政处罚的。"该法律条款即为相容选择复句。又如我国现行《民法通则》第二十三条规定："公民有下列情形之一的，利害关系人可以向人民法院申请宣告他死亡：（一）下落不明满四年的；（二）因意外事故下落不明，从事故发生之日起满二年的。"该条款即为不相容选择复句。

（2）条件复句。根据条件性质的不同，它可分为充分条件复句和必要条件复句，前者的关联词通常为"如果……，……""……的，……"等。如现行《刑事诉讼法》第九十八条规定："人民检察院在审查批准逮捕工作中，如果发现公安机关的侦查活动有违法情况，应当通知公安机关予以纠正，公安机关应当将纠正情况通知人民检察院。"又如现行《民法通则》第二十条规定："公民下落不明满二年的，利害关系人可以向人民法院申请宣告他为失踪人。"后者的关联词通常为"只有……才……"等，如现行《刑事诉讼法》第一百零二条规定："附带民事诉讼应当同刑事案件一并审判，只有为了防止刑事案件审判的过分迟延，才可以在刑事案件审判后，由同一审判组织继续审理附带民事诉讼。"

（3）转折复句。它是指立法语言中在形式上以"但"字开头，在内容上规定例外、限制和附加条件的文字。① 法律虽然调整的是一般行为，但也有例外，此类立法条款通常称为"但书条款"，主要存在以下六种具体类型：①排除型但书，采用"但是……""但……除外""除……外"等语言形式。如现行《刑法修正案（八）》第三条在《刑法》第四十九条中增加一款作为第二款："审判的时候已满七十五周岁的人，不适用死刑，但以特别残忍手段致人死亡的除外。"②授权型但书，采用"但是可以……""但是……可以……""但是……有……"等语言形式。如现行《民法通则》第七十八条规定："按份共有财产的每个共有人有权要求将自己的份额分出或者转让。但在出售时，其他共有人在同等条件下，有优先购买的权利。"③要求型但书，采用"但是应当……""但是……应当……""但是……要……"等语言形式。如现行《中华人民共和国民事诉讼法》（以下简称《民事诉讼法》）第二百四十三条规定："被执行人未按执行通知履行法律文书确定的义务，人民法院有权扣留、提取被执行人应当履行义务部分的收入。但应当保留被执行人及其所扶养家属的生活必需费用。"④命令型但书，采用"但是必须……""但……必须"等语言形式。现行《刑事诉讼法》第九十条规定："公安机关对人民检察院不批准逮捕的决定，认为有错误的时候，可以要求复议，但是必须将被拘留的人立即释放。"⑤禁止型但书，采用"但不得……""但……不……""但是……不能……"等语言形式。如现行《中华人民共和国行政诉讼法》（以下简称《行政诉讼法》）第九十条规定："当事人对已经发生法律效力的判决、裁定，认为确有错误的，可以向上一级人民法院申请再审，但判决、裁定不停止执行。"⑥否定型但书：它采用"但是……不认为……"等语言形式。如现行《刑法》第十三条规定："一切危害国家主权、领土完整和安全，分裂国家、颠覆人民民主专政的政权和推翻社会主义制度，……以及其他危害社会的行为，依照法律应当受刑罚处罚的，都是犯罪，但是情节显著轻微危害不大的，不认为是犯罪。"

（4）因果复句。即表示因果关系的复句，是偏句说出原因，正句说出

---

① 参见朱力宇、叶传星：《立法学》（第4版），中国人民大学出版社2015年版，第283页。

结果的法律条款形式，通常使用"因……""因……而……"等关联词，如我国现行《合同法》第二百八十一条规定："因施工人的原因致使建设工程质量不符合约定的，发包人有权要求施工人在合理期限内无偿修理或者返工、改建。"又如该法第二百八十五条规定："因发包人变更计划，提供的资料不准确，或者未按照期限提供必需的勘察、设计工作条件而造成勘察、设计的返工、停工或者修改设计，发包人应当按照勘察人、设计人实际消耗的工作量增付费用。"

（5）目的复句。它是偏句表示一种行为，正句表示这种行为的目的的法律条款形式。在立法中，它常使用"为了……制定……""为……特制定"等关联词表示立法目的或宗旨，如全国人大常委会法工委2009年制定的《立法技术规范（试行）（一）》第5条规定："法律一般需要明示立法目的，表述为：'为了……，制定本法'，用'为了'，不用'为'。立法目的的内容表述应当直接、具体、明确，一般按照由直接到间接、由具体到抽象、由微观到宏观的顺序排列。""法律一般不明示某部具体的法律为立法依据。但是，宪法或者其他法律对制定该法律有明确规定的，应当明示宪法或者该法律为立法依据。表述为：'……根据宪法，制定本法。'或者'……根据《中华人民共和国××法》的规定，制定本法。'""立法目的与立法依据（需要规定立法依据时）一般在第一条一并表述，先表述立法目的，再表述立法依据。"此外，它还通过使用"以……为目的"来强调或突出法律规范的目的，如我国现行《刑法》第一百五十二条规定："以牟利或者传播为目的，走私淫秽的影片、录像带、录音带、图片、书刊或者其他淫秽物品的，处三年以上十年以下有期徒刑，并处罚金；情节严重的，处十年以上有期徒刑或者无期徒刑，并处罚金或者没收财产；情节较轻的，处三年以下有期徒刑、拘役或者管制，并处罚金。"又如该法第一百七十五条规定："以转贷牟利为目的，套取金融机构信贷资金高利转贷他人，违法所得数额较大的，处三年以下有期徒刑或者拘役，并处违法所得一倍以上五倍以下罚金；数额巨大的，处三年以上七年以下有期徒刑，并处违法所得一倍以上五倍以下罚金。"

（6）句群。在法律文本中，句群可分为单句句群和复句句群。前者如现行《中华人民共和国法官法》第四十六条规定："法官提出申诉和控告，应当实事求是。对捏造事实、诬告陷害的，应当依法追究其责任。"后者如该法第三十七条规定："法官实行定期增资制度。经考核确定为优秀、称职的，可以按照规定晋升工资；有特殊贡献的，可以按照规定提前晋升工资。"在句群中，各句以核心句子为价值中心，其他句子则从并列、补充、说明、界定、递进、假设的角度发挥、阐明核心句子的思想。句群具有价值上的完整性和逻辑上的关联性，它是立法语言中语法手段高层次运用的结果。如我国现行《立法法》第二条规定："法律、行政法规、地方性法规、自治条例和单行条例的制定、修改和废止，适用本法。""国务院部门规章和地方政府规章的制定、修改和废止，依照本法的有关规定执行。"这是关于《立法法》的适用范围条款，由独立的两款简单句子组成，其中第1款为核心句子，指明《立法法》的主要适用范围为法律法规立法；第2款为辅助句子，服务于第1款，参照法律法规立法程序进行。该法第二十九条则是一组复句群，通过独立的5款法律条文详细规定了法律案的三审程序条款："列入常务委员会会议议程的法律案，一般应当经三次常务委员会会议审议后再交付表决。""常务委员会会议第一次审议法律案，在全体会议上听取提案人的说明，由分组会议进行初步审议。""常务委员会会议第二次审议法律案，在全体会议上听取法律委员会关于法律草案修改情况和主要问题的汇报，由分组会议进一步审议。""常务委员会会议第三次审议法律案，在全体会议上听取法律委员会关于法律草案审议结果的报告，由分组会议对法律草案修改稿进行审议。""常务委员会审议法律案时，根据需要，可以召开联组会议或者全体会议，对法律草案中的主要问题进行讨论。"该句群的核心句子为第1款，第2～4款是对第1款的详细说明，第5款则是补充。

4. 数字

立法语言的词汇离不开数字符号，以明确标示句子与句子之间的排列组合顺序与逻辑关系。数字分为本国语言数字和国际通用数字。我国立法语言包括汉字数字和阿拉伯数字。如我国现行《立法法》第六十一条规定："编、章、节、条的序号用中文数字依次表述，款不编序号，项的序号用中文数字加括号依次表述，目的序号用阿拉伯数字依次表述。"同时，全国人大常委会法工委2009年制定的《立法技术规范（试行）（一）》第11条也规定[①]：

[①] 参见全国人大常委会法工委：《立法技术规范（试行）（一）》，法工委发〔2009〕6号。

11.1 序数词、比例、分数、百分比、倍数、时间段、年龄、人数、金额,以及表示重量、长度、面积等计量数值的数字,均用汉字数字表述。

示例:宪法的修改,由全国人民代表大会常务委员会或者五分之一以上的全国人民代表大会代表提议,并由全国人民代表大会以全体代表的三分之二以上的多数通过。

11.2 公历年、月、日,统计表中的数字,需要精确到小数点后的数字,法律条文中"目"的序号等,均用阿拉伯数字表述。

示例1:承运人对货物的灭失或者损坏的赔偿限额,按照货物件数或者其他货运单位数计算,每件或者每个其他货运单位为666.67计算单位,……

示例2:本章下列用语的含义:

……

(三)"托运人",是指:

1. 本人或者委托他人以本人名义或者委托他人为本人与承运人订立海上货物运输合同的人;

2. 本人或者委托他人以本人名义或者委托他人为本人将货物交给与海上货物运输合同有关的承运人的人。

5. 标点符号

标点符号是用来标明字词、语气和专名的书写符号,它在立法语言中也是一种表情达意的必要技术工具,它的主要功能是指明法条连接内容的逻辑关系,而不在于标点停顿的长短。在法律文本中,标点符号的使用应遵循四个规则[①]:一是标点符号使用应服务于立法目的;二是标点符号仅为书面语言结构服务,口头语言无须标点符号;三是标点服务应符合语言习惯,不同的语言文字有不同的标点符号规则,如句号在英文中表示为".",而汉字则用"。"表示,英文没有汉字特有的顿号"、"和感叹号"!"及省略号"……"等;四是使用习惯用语时,只能使用公众认可的结构模式来使用标点符号。在我国,立法语言使用的标点符号主要包括逗号、顿号、分号、冒号、句号、括号、书名号和引号,很少使用问号、感

---

① 参见吴大英、任允正、李林:《比较立法制度》,群众出版社1992年版,第723-724页。

叹号等表达感情色彩和语气方面的标点符号。标点符号可分为两类，一类是点号，起停顿作用，包括逗号、顿号、分号、冒号和句号；另一类是标号，起标示作用，使用较多的是括号、书名号和引号。全国人大常委会法工委2009年制定的《立法技术规范（试行）（一）》第6条和第12条对中国立法语言使用的标点符号有详细的规范标准①：

6　引用法律名称的表述

6.1　引用本法时，表述为："本法……"。

6.2　引用其他法律时，在特指具体法律时，所引法律的名称用全称加书名号。

示例：商业银行的组织形式、组织机构适用《中华人民共和国公司法》。

6.3　引用《中华人民共和国宪法》时，不用全称，也不加书名号，直接表述为"宪法"。

…………

12　标点符号的使用

12.1　主语和谓语都比较长时，主语和谓语之间加逗号。

示例：全国人民代表大会常务委员会、国务院、中央军事委员会、最高人民法院、最高人民检察院、全国人民代表大会各专门委员会，可以向全国人民代表大会提出法律案，由主席团决定列入会议议程。

12.2　一个句子内部有多个并列词语的，各个词语之间用顿号，用"和"或者"以及"连接最后两个并列词语。

示例：国家保护公民的合法的收入、储蓄、房屋和其他合法财产的所有权。

12.3　一个句子存在两个层次以上的并列关系时，在有内在联系的两个并列层次之间用顿号，没有内在联系的两个并列层次之间用逗号。

示例：全国人民代表大会常务委员会1957年10月23日批准、国务院1957年10月26日公布的《国务院关于国家行政机关工作人员的

---

① 参见全国人大常委会法工委：《立法技术规范（试行）（一）》，法工委发〔2009〕6号。

奖惩暂行规定》，1993 年 8 月 14 日国务院公布的《国家公务员暂行条例》同时废止。

12.4 在多重复句中，各并列分句内已使用逗号的，并列分句之间用分号。

示例：……人员，有……行为之一的，依法给予行政处分；情节严重的，依法开除公职或者吊销其从业资格；构成犯罪的，依法追究刑事责任。

12.5 在修正案、修改决定中，使用引号时，根据下列情况确定：

12.5.1 引用内容是完整的条、款的，条、款末尾的标点符号标在引号里边。

示例：将刑法第一百五十一条第三款修改为："走私珍稀植物及其制品等国家禁止进出口的其他货物、物品的，处五年以下有期徒刑或者拘役，并处或者单处罚金；情节严重的，处五年以上有期徒刑，并处罚金。"

12.5.2 引用内容是条文中的局部或者是名词、短语的，在引号内引用部分的末尾不加标点符号，但是在引号外的句末，应当加注标点符号。

示例：将本法其他各条款中的"全民所有"改为"国家所有"，"国营"改为"国有"。

12.5.3 引用内容是分款（项）的条文，每款（项）的前面用前引号，后面不用后引号，但是在最后一款（项）的后面，应当用后引号。

示例：第一百七十九条第一款改为第一百七十九条，修改为：
"当事人的申请符合下列情形之一的，人民法院应当再审：
"（一）有新的证据，足以推翻原判决、裁定的；
"（二）原裁决、裁定认定的基本事实缺乏证据证明的；
"（三）原判决、裁定认定事实的主要证据是伪造的；
…………
"（十三）据以作出原判决、裁定的法律文书被撤销或者变更的。
"对违反法定程序可能影响案件正确判决、裁定的情形，或者审判人员在审理该案件时有贪污受贿，徇私舞弊，枉法裁判行为的，人民法院应当再审。"

6. 时态

在语言学中，时态是指语言文字的时间存在状态，一般分为现在时、将来时和过去时。不同的语言文字存在不同的时态规则，汉语文字的时态规范较英语、日语等要少得多。根据各国立法实践，立法语言的时态规则主要包括[①]：第一，法律用语通常使用现在时，因为法律的适用是一个持续的过程，是一个经常性的动作。法不溯及既往也是法律规范的基本特征，如1804年《法国民法典》第328条规定："子女关于主张身份的诉权，不因时效而消灭。"第二，是尽可能地避免使用将来时；即使不得已使用将来时，也只能用于表示在正常规则或主要规则之后的时间，并常用以表述禁令或命令，如我国现行《行政处罚法》第六十四条规定："本法自1996年10月1日起施行。本法公布前制定的法规和规章关于行政处罚的规定与本法不符合的，应当自本法公布之日起，依照本法规定予以修订，在1997年12月31日前修订完毕。"第三，表述一个先决条件时，可用过去时表示适用法律之前所应具备的条件，现在时则用来表示与适用法律同时存在的条件。如我国现行《刑法》第十二条关于"从旧兼从轻"的原则性条款规定："中华人民共和国成立以后本法施行以前的行为，如果当时的法律不认为是犯罪的，适用当时的法律；如果当时的法律认为是犯罪的，依照本法总则第四章第八节的规定应当追诉的，按照当时的法律追究刑事责任，但是如果本法不认为是犯罪或者处刑较轻的，适用本法。本法施行以前，依照当时的法律已经做出的生效判决，继续有效。"

（三）修辞

修辞是加强和提高言辞与文句使用效果的技术手段，可分为积极修辞和消极修辞两类。其中，积极修辞是借助比喻、比拟、借代、粘连、夸张等辞格形式，以形象、生动地表达说话者内心情感、生活体验为目的的修辞活动，重在表情，常用于诗歌、小说、散文等文学艺术领域；而消极修辞则是以平实、客观地表达事物概念，阐明事理为目的的修辞活动，重在说理，常用于科学技术、法律条文和公文写作等领域。法律修辞的核心是消极修辞，它服务于法律语体的明确、简洁、庄重和严谨的风格，也服务于立法政策和立法意志的记载、表达和传递。立法语言的消极修辞主要涉

---

① 参见吴大英、任允正、李林：《比较立法制度》，群众出版社1992年版，第719页。

及词法、句法和章法等方面。

1. 词法

词法即词语的使用规则。立法语言的词汇多选用实词，并采用消极修辞手法，主要存在四个方面的基本规则①：

（1）必须使用规范的书面语言词汇，不得随意采用口语词、方言词和土俗俚语等非规范语言词汇。我国现行法律条款就存在不少口语化问题，如现行《立法法》第五条规定："立法应当体现人民的意志，发扬社会主义民主，坚持立法公开，保障人民通过多种途径参与立法活动。"该条款的语序不当，把目的和过程颠倒了，采用了日常的口头讲话格式，好像是领导人在发言。我们应当将其改为书面语言格式，即："立法应当发扬社会主义民主，坚持立法公开，保障人民通过多种途径参与立法活动，体现人民的意志。"又如现行《刑法》第四条规定："对任何人犯罪，在适用法律上一律平等。"有学者指出，该条款中的介词"对"是不当使用了汉语口语，这是因为这里的"对"是一种对对方的口语表达方式，它指示的是动作的对象而不是行为主体，该条款本意是为了表达不同的犯罪主体在法律面前一律平等；但由于介词"对"的存在，可能让人理解为"对任何对象而为犯罪行为在适用法律上一律平等"，这明显不妥，由于犯罪对象不同，犯罪性质也不同，不同的犯罪不具有可比性。② 由此可见，该法条的介词"对"是多余的，应予以删除。

（2）立法词汇必须严格准确，不得将文学艺术用语写入法律文本。立法语言所选词语必须呈现单义化，没有同义词，而选择色彩浓重的中性词、贬义词及少量的褒义词，做到褒贬适当。如果选用词语可能导致多重理解、产生歧义的，必须附加限定词或限定成分，使词义精确限定，准确贴切。如我国1979年颁布的《中华人民共和国森林法（试行）》第三十六条规定："有下列先进事迹之一的个人，按照贡献大小，由国家或者各级革命委员会，给予精神鼓励或者物质奖励：……（五）扑救森林火灾，英勇顽强，奋不顾身，事迹突出的。"该条款中的"英勇顽强""奋不顾身"等词语明显与立法语言风格不相符。此条款在后来1984年正式颁布实施的《中华人民共和国森林法》中予以删除。又如1998年广东省人民政府颁布

---

① 参见孙潮：《立法技术学》，浙江人民出版社1993年版，第78－79页。
② 参见黄震云、张燕：《立法语言学研究》，长春出版社2013年版，第100页。

的《广东省见义勇为人员奖励和保障规定》第一条规定:"为弘扬社会正气,匡扶社会正义,鼓励公民见义勇为并确保其合法权益,使之在政治上有荣誉、社会上有地位、生活上有保障、经济上不受损失、身体有伤病得到治疗、亲属子女有困难得到照顾。根据《宪法》《民法通则》和《全国人民代表大会常务委员会关于加强社会治安综合治理的决定》的有关规定,结合我省实际,制定本规定。"此条款使用的"在政治上有荣誉、社会上有地位、生活上有保障、经济上不受损失、身体有伤病得到治疗、亲属子女有困难得到照顾"之类词语具有明显的口语化倾向。2012年广东省人大常委会颁布实施的《广东省见义勇为人员奖励和保障条例》第一条用语更符合立法语言简洁明快的词法特征:"为了弘扬社会正气,鼓励见义勇为并保障见义勇为人员的合法权益,根据有关法律法规,结合本省实际,制定本条例。"

（3）必须运用词语的直接意义和本来意义。对于立法语言而言,应尽量避免主观感知色彩的词汇,象征、比喻、夸张等修辞格不得使用,描绘性、情感类词语以及摹状、双声、叠韵词语一般不用。立法词语采用本义形式来表达,必须实现辞面义与辞里义的密合。所谓辞面义就是指词语的字面意义;所谓辞里义就是立法者所要表达的意义,通过辞面义所蕴含的深层含义,两者密合就可以完全照辞直解。如我国现行《婚姻法》第二条规定:"实行婚姻自由、一夫一妻、男女平等的婚姻制度。"该条款所指的"一夫一妻",只能理解为"一个丈夫一个妻子",即一个符合结婚条件的中国公民只能有一个异性配偶;而不能理解为一个男性可以拥有"一个夫人"和"一个妻子";也不能理解为允许两位女性可以成为合法夫妻。因此,正如学者指出的,立法语言的词义必须具有准确性、单义性、客观性、不可替代性和系统性等特点。①

（4）立法语言不刻意追求词语运用的声调、节律的配合和谐。因此,立法语言不能完全遵照文学作品的诗歌或散文语体,也不能采用歌曲、戏曲或乐曲的体裁格式。不过,这并不意味着立法语言不注意用语的音韵特征。总的来说,中国的立法词汇多运用双音节词和多音节词,并在法律术语的构词方法方面某种程度上遵从着"术语形成经济律":即术语系统的经济指数、单词的术语构成频度以及术语的平均长度之间,存在着相互依

---

① 参见黄震云、张燕:《立法语言学研究》,长春出版社2013年版,第91-93页。

存和相互制约的关系；一个术语系统要提高其经济指数，应该尽量在不过大改变术语平均长度的情况下，增加单词的术语构成频度，尽量使用原来的单词型术语来构成各种词组型术语。[①]

2. 句法

句法即句子的构成规则。法律修辞在句法上强调连贯、周密和简洁，在句型上多采用主谓句和无主句，多采用完全句，少用省略句；在句形上倾向长句、复句和超句，在短句上采用松散句；在句序上，大多采用顺叙，如普遍采用并列结构和复杂同位语成分，不宜使用倒叙、插叙方式表达。下面就立法文句中普遍采用的"的"字词组、限制性定语、并列结构和复杂同位语成分等句法结构详解如下：

（1）"的"字词组。它是名词性的偏正词组省略了中心语的句法结构形式，具有名词性质，因中心语不受某一名词的限制，具有概括性强、包容性大、重点突出的特点。[②] 在立法语言中，我们常常将假定因素（不管是主谓结构还是动宾结构）都浓缩于一个"的"字词组中，并使之具有类属意义，以求表述简洁严谨并能突出重点。如我国现行《立法法》第四十五条第2款规定："法律有以下情况之一的，由全国人民代表大会常务委员会解释：（一）法律的规定需要进一步明确具体含义的；（二）法律制定后出现新的情况，需要明确适用法律依据的。"又如现行《中华人民共和国教师法》第三十五条的规定："侮辱、殴打教师的，根据不同情况，分别给予行政处分或者行政处罚；造成损害的，责令赔偿损失；情节严重，构成犯罪的，依法追究刑事责任。"

（2）限制性定语。在现代语言学中，定语既可以是修饰性的，也可以是限制性的。立法语言只使用限制性定语，目的是通过定语限制的手段，强调限制之内的事物，排除限制之外的事物，以使条文周密，防止宽严失度、无法操作的情况发生。如我国现行《中华人民共和国保守国家秘密法》第九条规定："下列涉及国家安全和利益的事项，泄露后可能损害国家在政治、经济、国防、外交等领域的安全和利益的，应当确定为国家秘密：……（七）经国家保密行政管理部门确定的其他秘密事项。"而1951

[①] 参见那日松、揭春雨、冯志伟：《香港"双语法例资料系统"法律术语的统计分析》，载《术语标准化与信息技术》2008年第2期，第35页。

[②] 参见王洁：《法律语言研究》，广东教育出版社1999年版，第51页。

年政务院通过的《保守国家机密暂行条例》第二条所指国家秘密的兜底条款第 17 项则为"其他一切应该保守秘密的国家事务"。两相对比,我们可以发现现行法律关于国家秘密的兜底条款第七项增加了定语成分"经国家保密行政管理部门确定的",比上述失效条款用语更周密具体也更具有可操作性。当然,立法用语的定语成分使用不当也会造成法律适用的困惑,如现行《民法通则》第八十三条主语前的定语修饰不当,因为该条款规定:"不动产的相邻各方,应当按照有利生产、方便生活、团结互助、公平合理的精神,正确处理截水、排水、通行、通风、采光等方面的相邻关系。"有学者指出,本条主语是"不动产的相邻各方",这就使得本条的主体是"物"而不是"人",造成这一问题的原因是不应该用"不动产"作定语直接限制"相邻各方",而应改为"拥有不动产的相邻各方"。①

(3) 并列结构。在社会生活中,各种法律关系、法律行为错综复杂,同类的、异类的、相对的、相关的,性质不同,情况不同,其规范和处理方式也不同。为了严谨地表述如此复杂的内容,立法语言常将同类并列、异类对举,以求其界限分明、区别对待。立法语言中的并列结构主要存在三种情形:①词语并列。如我国现行《刑事诉讼法》第二百四十一条规定,"当事人及其法定代理人、近亲属,对已经发生法律效力的判决、裁定,可以向人民法院或者人民检察院提出申诉,但是不能停止判决、裁定的执行"。该条款共有三次采取了词语并列的形式,即申诉主体并列"当事人及其法定代理人、近亲属",行为对象并列"已经发生法律效力的判决、裁定"和受理主体并列"人民法院或者人民检察院"。又如现行《中华人民共和国文物保护法》(以下简称《文物保护法》)第四条规定:"文物工作贯彻保护为主、抢救第一、合理利用、加强管理的方针。"该条款采用了限制宾语的定语并列。②短语并列。如我国现行《立法法》第六条规定:"立法应当从实际出发,适应经济社会发展和全面深化改革的要求,科学合理地规定公民、法人和其他组织的权利与义务、国家机关的权力与责任。"该条款是一个完整的复合句,由三个并列短语组成,后两个短语又分别由两个并列词语组成。③句子并列。具体包括两类,一类为单句并列,如现行《中华人民共和国社会保险法》(以下简称《社会保险法》)

---

① 刘永红:《我国当前立法语言中语法失范分析》,载《山西高等学校社会科学学报》,2006 年第 10 期,第 79 页。

第六十六条由两个单句构成:"社会保险基金按照统筹层次设立预算。""社会保险基金预算按照社会保险项目分别编制。"另一类为复句并列,如我国现行《社会保险法》第二十五条由三个复合句构成:"国家建立和完善城镇居民基本医疗保险制度。""城镇居民基本医疗保险实行个人缴费和政府补贴相结合。""享受最低生活保障的人、丧失劳动能力的残疾人、低收入家庭六十周岁以上的老年人和未成年人等所需个人缴费部分,由政府给予补贴。"

(4)复杂同位语。这样的修辞处理虽然以牺牲可读性为代价而显得枯燥乏味,但是确保了法律条文的表达严谨、内容完整与条理清晰。以"有下列情形之一的"与"有下列行为之一的"等"的"字结构形式和关于法律主体的权利(权力)义务列举表述最为常见,如我国现行《婚姻法》第七条规定:"有下列情形之一的,禁止结婚:(一)直系血亲和三代以内的旁系血亲;(二)患有医学上认为不应当结婚的疾病。"又如现行《中华人民共和国律师法》第二十八条规定:"律师可以从事下列业务:(一)接受自然人、法人或者其他组织的委托,担任法律顾问;(二)接受民事案件、行政案件当事人的委托,担任代理人,参加诉讼;(三)接受刑事案件犯罪嫌疑人的委托,为其提供法律咨询、代理申诉、控告,为被逮捕的犯罪嫌疑人申请取保候审,接受犯罪嫌疑人、被告人的委托或者人民法院的指定,担任辩护人,接受自诉案件自诉人、公诉案件被害人或者其近亲属的委托,担任代理人,参加诉讼;(四)接受委托,代理各类诉讼案件的申诉;(五)接受委托,参加调解、仲裁活动;(六)接受委托,提供非诉讼法律服务;(七)解答有关法律的询问、代写诉讼文书和有关法律事务的其他文书。"

3. 章法

所谓章法,既可以指文章的组织结构,也可以比喻办事的程序和规则。[①] 作为修辞形式的章法,主要指法律文本的整体布局。立法语言在章法上强调整个法律文本的通顺流畅、明白清楚,在结构上注重条与条之间、章节与章节之间的紧密衔接、前后照应,在布局上做到匀称和谐、疏

---

① 参见中国社会科学院语言研究所词典编辑室:《现代汉语词典》,商务印书馆1983年版,第1454页。

密有致。① 具体说来，有如下特征：①法律文本在章法结构上存在严格的体例格式。一个标准的法律文本，一般包括法律名称、序言和正文，正文又由总则、分则和附则三部分组成，并借助数字、标点和文字符号进行不同的排列组合。在我国，已初步形成完整的制定法格式：凡以"法"（法律形式专用）、"条例"（法律、法规形式通用）、"规定"（法律、法规、规章通用）、"办法"（法规、规章通用）等形式出现的法律文本一般采用法典式，通过编、章、节、条、款、项、目的形式排列，并可以采用目录形式统管全局；凡以"规定""决定""解释"等形式出现的法律文本，则可采用条款式，直接采用汉语汉字的数字形式（一、二、三、……；第一条，第二条，……；或1、2、3、……）予以表述。②讲究法律文本的条、款、项、目之间的关联照应。同一法律文本中，在法律条款的具体表述上，前后或彼此之间周密照应，浑然形成统一的整体。同样，法律文本正文的总则、分则、附则之间、权利（权力）义务（职责）规定与法律后果（法律责任）设定之间，以及实体性规定与程序性规定之间，都应有一个周密照应的有序安排。③讲究法律文本的总体匀称和疏密有致。法律名称应精简明了，法律序言的总字数不能盖过正文，文本正文的总则和附则应当简单粗略，而分则则应当具体翔实。法律文本的重心应当放在主要关于行为规则和罚则规定的分则中，否则会出现法律体例上的轻重失衡与比例失调。

三、立法语言的失范与规范

（一）立法语言的失范

失范（anomie 或 anomy）一词来自希腊文，在16世纪的神学中指不守法，尤其是亵渎神；后来由怀特海（A. Whitehead）引入学术和政治领域，并由法国社会学家涂尔干（Emile Durkheim 又译为迪尔凯姆、杜尔凯姆）在《社会分工论》等书中予以系统研究，指称一种与正常现象相对的反常现象，它是一种负面的社会状态，其本质特征是社会整合的病态征兆；美国社会学家R.K.默顿则发展了失范理论，将失范视为异常或不轨行为，即因人们对现行规范缺乏认同而导致的规范缺席状态，因此它并不完全是

---

① 参见孙潮：《立法技术学》，浙江人民出版社1993年版，第79-80页。

一个负功能概念。① 如今，失范一词在哲学、政治学、社会学、语言学、立法学等领域得到了广泛运用与传播。在立法学研究领域，失范主要是相对于立法技术规范而言的，它是指一种立法技术规范不充分、欠缺规范或没有规范的失衡状态，具体表现为语言失范、逻辑失范和法律失范等三个不同层次，本节着重分析立法的语言失范问题，通过列举某些实例（以全国人大及其常委会制定通过的现行法律文本为主）来分析立法语言在词汇、语法和修辞等三大方面的失范问题。

1. **词汇失范**

词汇失范即立法语言的词语运用没有完全遵循语言学的词汇规则。在我国立法领域，词汇失范主要表现为用词不当、重复多余、关系不当、指向不明、用语歧义等诸多不合语言词语规范的方面。②

（1）用词不当。如现行《中华人民共和国证券法》（以下简称《证券法》）第十六条规定："公开发行公司债券，应当符合下列条件：……（二）累计债券余额不超过公司净资产的百分之四十。"该条款中的"余额"改为"总额"更为恰当。又如我国现行《刑法》第七十三条第3款规定："缓刑考验期限，从判决确定之日起计算。"该条款中的"确定"二词欠妥，其法律内涵不规范，改为"生效"更为贴切，因为判决书的制定、下达和生效在法律上有不同的期间规定，存在明显的时间差。还如《刑法》第十三条规定："一切危害国家主权、领土完整和安全，分裂国家、颠覆人民民主专政的政权和推翻社会主义制度，……以及其他危害社会的行为，依照法律应当受刑罚处罚的，都是犯罪，但是情节显著轻微危害不大的，不认为是犯罪。"该条款中的"显著"用词值得推敲，按照现代汉语用词规则，它不能用来修饰"轻微"，二者的词义正好相反。笔者建议删掉"显著"一词，因为"轻微"一词所表达的犯罪情节程度已很明显，与"严重""极其严重"存在巨大反差。

（2）重复多余。如我国现行《婚姻法》第二十一条第2款和第3款规定："父母不履行抚养义务时，未成年的或不能独立生活的子女，有要求父母付给抚养费的权利。""子女不履行赡养义务时，无劳动能力的或生活

---

① 参见朱力：《失范范畴的理论演化》，载《南京大学学报（哲学·人文科学·社会科学）》，2007年第4期，第131-137页。
② 参见黄震云、张燕：《立法语言学研究》，长春出版社2013年版，第36-43页。

困难的父母，有要求子女付给赡养费的权利。""的"字名词性词组，可以省略相同的定语或中心语，使语句更为简洁。同时，该条款不该省略的词语却被省略了，前句要求父母抚养的"子女"指称未成年子女和不能独立生活的成年子女，后句需要子女赡养的"父母"指称无劳动能力的父母和有劳动能力但生活困难的父母。因此，该条款建议改为："父母不履行抚养义务时，未成年或成年不能独立生活的子女，有要求父母付给抚养费的权利。子女不履行赡养义务时，无劳动能力或有劳动能力生活困难的父母，有要求子女付给赡养费的权利。"又如我国现行《证券法》第一百二十五条规定："经国务院证券监督管理机构批准，证券公司可以经营下列部分或者全部业务：（一）证券经纪；（二）证券投资咨询；（三）与证券交易、证券投资活动有关的财务顾问；（四）证券承销与保荐；（五）证券自营；（六）证券资产管理；（七）其他证券业务。"该条款中的"部分"和"全部"可考虑删除，因为后面列举的七个事项已经穷尽证券公司可以经营的业务，既可以是部分，也可以是全部，已蕴含在列举条款中，纯属多余的限制性规定。

（3）关系不当。如我国现行《立法法》第十八条规定："列入全国人民代表大会会议议程的法律案，大会全体会议听取提案人的说明后，由各代表团进行审议。各代表团审议法律案时，提案人应当派人听取意见，回答询问。"该条款的操作性差，这是因为全国人大代表团有几十个，如2015 年为 35 个代表团，提案人要到几十个代表团处接受询问，可能面临分身乏术的尴尬境地。因此，建议将有关词语修改为"提案人或人大法律委员会应当派人听取意见"，以使法律关系更为通畅。又如现行《中华人民共和国母婴保健法》第十六条规定："医师发现或者怀疑患严重遗传性疾病的育龄夫妻，应当提出医学意见。育龄夫妻应当根据医师的医学意见采取相应的措施。"该条款是个并列结构的复合句，其主语都是"医师"，谓语分别是"发现"和"怀疑"及"提出"，宾语分别是"育龄夫妻"与"医学意见"，但是可能错误地省略了副词"时"，或"对"，导致本法的医患关系规定得不够简洁紧凑。因此笔者建议修改为："医师发现或者怀疑患严重遗传性疾病的育龄夫妻时，应当提出医学意见。育龄夫妻应当根据医师的医学意见采取相应的措施。"或者修改为："医师对发现或者怀疑患严重遗传性疾病的育龄夫妻，应当提出医学意见。育龄夫妻应当根据医师的医学意见采取相应的措施。"

（4）指向不明。如我国现行《刑法》第一百六十六条规定："国有公司、企业、事业单位的工作人员，利用职务便利，有下列情形之一，使国家利益遭受重大损失的，处三年以下有期徒刑或者拘役，并处或者单处罚金；致使国家利益遭受特别重大损失的，处三年以上七年以下有期徒刑，并处罚金：（一）将本单位的盈利业务交由自己的亲友进行经营的；（二）以明显高于市场的价格向自己的亲友经营管理的单位采购商品或者以明显低于市场的价格向自己的亲友经营管理的单位销售商品的；（三）向自己的亲友经营管理的单位采购不合格商品的。"该条款中三次出现的"亲友"一词指向不明，因为当事人的亲友经营与徇私舞弊之间不存在必然的法律关系，非当事人的亲友经营也可能造成当事人徇私舞弊的法律后果。因此，建议将"亲友"一词改为"私人关系"更周延，实际上现实生活中确实出现过国家公职人员利用非亲友（如托、情人等）徇私舞弊的犯罪案件。又如我国现行宪法中出现了大量的政治性术语和习惯用语，如"人民""劳动者"等，它们的法律内涵往往存在不确定性。如第二十一条第2款规定："国家发展体育事业，开展群众性的体育活动，增强人民体质。"同时第二十七条第2款规定："一切国家机关和国家工作人员必须依靠人民的支持，经常保持同人民的密切联系，倾听人民的意见和建议，接受人民的监督，努力为人民服务。"这两个条款的"人民"一词，政治色彩太浓，改为"公众"或"群众"更为明确中性。又如第四十三条规定："中华人民共和国劳动者有休息的权利。"那么，什么是"劳动者"呢？按照该法第十九条规定，"劳动者"指称"工人、农民、国家工作人员和其他劳动者"，显然不包括学生等，难道非劳动者就没有休息的权利吗？显然该词语的指向存在问题，不如用"公民"一词取代。

（5）用语歧义。如我国现行宪法第四十九条规定："婚姻、家庭、母亲和儿童受国家的保护。禁止破坏婚姻自由，禁止虐待老人、妇女和儿童。"而现行《婚姻法》第二条规定："保护妇女、儿童和老人的合法权益。"这些条款中的"母亲"和"妇女"表述不一致，错把"妇女"和"母亲"当作等义词，但是这两个词语处于不同的关系语义场中，"妇女""儿童"和"老人"处于同一个语义场，"妇女"和"男子"对举只是对人的性别和年龄的分类；"母亲"与"父亲"和"子女"处于同一个语义场，"母亲"与"子女"对举，没有"子女"就无所谓"母亲"，因此《婚姻法》第二十一条至第三十条关于"父母"和"子女"的关系表述是准确的；同时，按照汉语习惯，一般将已结婚的女性称为"妇女"，它比"母亲"的概念外延大，现代社会"丁克"家庭的出现，将结婚的女性称为"母亲"明显不妥，但称之为"妇女"则合适，因此建议将现行宪法第四十九条改为"婚姻、家庭、妇女和儿童受国家的保护"。① 又如现行《婚姻法》第五条规定："结婚必须男女双方完全自愿，不许任何一方对他方加以强迫或任何第三者加以干涉。"同时第十五条规定："夫妻双方都有参加生产、工作、学习和社会活动的自由，一方不得对他方加以限制或干涉。"以上两个条款重复出现中的"他方"一词容易产生歧义，按照现代汉语词典的解释，"他方"的"他"指称人时是指"自己和对方以外的某个人"或"另外的""其他的"人。② 因此《婚姻法》中的"他方"可以理解为本人以外的所有人（不限于配偶），也可理解为"夫妻"以外的其他人。因此，为准确起见，建议将"他方"改为"另一方"或"对方"。

2. 语法失范

词法失范即立法语言的词语和句子运用没有完全遵循语言学的语法规则。在我国立法领域，语法失范主要表现为句子成分要素（主语、谓语、宾语、定语、状语、补语、数字与标点）的搭配不当、成分残缺、虚词错用、标点不妥、语序紊乱等诸多不合语言的语法规范方面问题。③

（1）虚词错用。①"和"（联言关系连词）与"或者"（选言关系连词）混用。如现行《中华人民共和国行政许可法》（以下简称《行政许可法》）第四十五条规定："行政机关做出行政许可决定，依法需要听证、招标、拍卖、检验、检测、检疫、鉴定和专家评审的，所需时间不计算在本节规定的期限内。"该条款中的"和"为错用，这是因为行政机关做出行政许可决定前，依法需要做出该条款所列举的八项事项的一项或多项，而不是全部，所以应当使用选言关系词"或者"。又如现行《中华人民共和国公务员法》（以下简称《公务员法》）第九十七条第 2 款规定："聘任合同的签订、变更或者解除，应当报同级公务员主管部门备案。"该条款中

---

① 黄震云、张燕：《立法语言学研究》，长春出版社2013年版，第42-43页。
② 中国社会科学院语言研究所词典编辑室：《现代汉语词典》，商务印书馆1983年第2版，第1106页。
③ 刘永红认为，我国当前立法语言中的语法失范问题主要表现为成分搭配不当、成分残缺、虚词错用和词语的位置不当四个方面。参见刘永红：《我国当前立法语言中语法失范分析》，《山西高等学校社会科学学报》，2006年第10期，第78-81页。

的连词"或者",应当改为"和"。②"对"错用为"对于"。介词"对"与"对于"与其他词语组成介词短语,指示行为对象或行为关涉范围。但是"对"比"对于"适用面广,前者涵盖后者,除了"对于"的含义外,还有"对待"等含义,后者不能替代前者。"'对'和'对于'的用法差不多,但是'对'所保留的动词性较强,因此有些用'对'的句子不能改用'对于'"。① 如我国现行《刑法》第六十一条规定:"对于犯罪分子决定刑罚的时候,应当根据犯罪的事实、犯罪的性质、情节和对于社会的危害程度,依照本法的有关规定判处。"该条款中的介词"对于"是"对"的错用,因为这里有"对待"之意。③"为"错用为"对"。两个介词的区别是,"对"指示动作的对象,而"为"则引进动作的受益者。② 如我国现行《行政诉讼法》第九条第 3 款规定:"人民法院应当对不通晓当地民族通用的语言、文字的诉讼参与人提供翻译。"该条款中的"对"的宾语"不通晓当地民族通用的语言、文字的诉讼参与人"是动作"提供翻译"的受益者,而不是该动作的对象,因此应当改为介词"为"更准确些。

(2) 标点不妥。①逗号不当。如我国现行《刑法》第三十九条规定:"被判处管制的犯罪分子,在执行期间,应当遵守下列规定:……"。该条款中的"在执行期间"后的逗号","可删除,该条款因而更为紧凑:"被判处管制的犯罪分子,在执行期间应当遵守下列规定:……"。而该法第六十五条的规定少了一个逗号:"被判处有期徒刑以上刑罚的犯罪分子,刑罚执行完毕或者赦免以后,在五年以内再犯应当判处有期徒刑以上刑罚之罪的,是累犯,应当从重处罚,但是过失犯罪除外。"该条款中的"在五年以内再犯"后应添加一个逗号,使句子更为顺畅。②句号不妥。如我国现行《刑事诉讼法》第一百零二条规定:"附带民事诉讼应当同刑事案件一并审判,只有为了防止刑事案件审判的过分迟延,才可以在刑事案件审判后,由同一审判组织继续审理附带民事诉讼。"该条款实际上由两个完整的句子组成,"附带民事诉讼应当同刑事案件一并审判"后面应该是句号,而不是逗号;如果使用逗号,说明立法者对完整的句子把握不准,

---

① 中国社会科学院语言研究所词典编辑室:《现代汉语词典》,商务印书馆1983年第2版,第273页。

② 参见吕叔湘:《现代汉语八百词》(增订本),商务印书馆1999年版,第551页。

缺乏主谓语的概念。同时，"才可以在刑事案件审判后"后的逗号可删掉。如此，该条款的句子结构就变为："附带民事诉讼应当同刑事案件一并审判。只有为了防止刑事案件审判的过分迟延，才可以在刑事案件审判后由同一审判组织继续审理附带民事诉讼。"③分号缺损。如我国现行《立法法》第二十七条规定："常务委员会组成人员十人以上联名，可以向常务委员会提出法律案，由委员长会议决定是否列入常务委员会会议议程，或者先交有关的专门委员会审议、提出是否列入会议议程的意见，再决定是否列入常务委员会会议议程。"该条款中的"或者"为选言关系词，表示上下文是不同的选项，因此需要选用分号将上下文适当分开。由此，该条款变为："常务委员会组成人员十人以上联名，可以向常务委员会提出法律案，由委员长会议决定是否列入常务委员会会议议程；或者先交有关的专门委员会审议、提出是否列入会议议程的意见，再决定是否列入常务委员会会议议程。"

（3）搭配不当。①主语与谓语搭配不当。这常出现于复句的分句中，往往是几个分句的主语不同，而后面的分句承前省略主语不当，造成后面分句主语谓语搭配不当。如我国现行《刑事诉讼法》第一百六十条规定："公安机关侦查终结的案件，应当做到犯罪事实清楚，证据确实、充分，并且写出起诉意见书，连同案卷材料、证据一并移送同级人民检察院审查决定；同时将案件移送情况告知犯罪嫌疑人及其辩护律师。"这是一个复杂的递进同位复句，立足立法本意，前后分句的主语都应该是"公安机关"。但是该条款的实际主语却是"公安机关侦查终结的案件"，如果补充完整就会造成不必要的误读："公安机关侦查终结的案件，应当做到犯罪事实清楚，证据确实、充分，并且公安机关侦查终结的案件写出起诉意见书，连同案卷材料、证据一并移送同级人民检察院审查决定；同时公安机关侦查终结的案件将案件移送情况告知犯罪嫌疑人及其辩护律师。"笔者建议在"并且写出起诉意见书"前的逗号改为句号，并且添加主语"公安机关"。该条款改为两个独立的复句后，会更便于理解适用："公安机关侦查终结的案件，应当做到犯罪事实清楚，证据确实、充分。公安机关应当写出起诉意见书，连同案卷材料、证据一并移送同级人民检察院审查决定；同时将案件移送情况告知犯罪嫌疑人及其辩护律师。"又如我国现行《行政诉讼法》第二十七条规定："当事人一方或者双方为二人以上，因同一行政行为发生的行政案件，或者因同类行政行为发生的行政案件、人民法院认为可以合并审理并经当事人同意的，为共同诉讼。"该条款中的主语为"行政案件"，谓语为"共同诉讼"，二者之间明显地存在不对应关系，因为该句最终可简化为"行政案件是共同诉讼"，建议将"行政案件"改为"行政诉讼"。②述语与宾语搭配不当。述语又名动语，是用来指称跟宾语依存共现成分的句法成分，它表示的是行为动作。如我国现行《公务员法》第一百零一条规定："对有下列违反本法规定情形的，由县级以上领导机关或者公务员主管部门按照管理权限，区别不同情况，分别予以责令纠正或者宣布无效……"该条款中的"予以"是准谓宾动词，它所带的宾语不能是主谓、述宾、连谓结构，而只能是某些双音节动词或者以体语、形容词为修饰语的偏正短语，将该条款的"予以"删除即可。③修饰语与中心语搭配不当。如我国现行《民法通则》第八十三条规定："不动产的相邻各方，应当按照有利生产、方便生活、团结互助、公平合理的精神，正确处理截水、排水、通行、通风、采光等方面的相邻关系。"该条款的主语是"不动产的相邻各方"，是"物——不动产"而不是"人——拥有不动产者"，原因在于"不动产"不恰当地限制了"相邻各方"。由此，可以将该条款的主语改为"拥有不动产的相邻各方"。又如我国现行《刑事诉讼法》第二百五十九条规定："对被判处剥夺政治权利的罪犯，由公安机关执行。"该条款中的"对被判处剥夺政治权利的罪犯"是状语，"执行"是谓语中心。在这个状谓结构中，"执行"指向的对象是"罪犯"，存在明显的搭配不当。该条款可修改如下："对罪犯被判处剥夺政治权利的刑罚，由公安机关执行。"

（4）成分残缺。①残缺主语。如现行《中华人民共和国行政复议法》第二十二条规定："行政复议原则上采取书面审查的办法，但是申请人提出要求或者行政复议机关负责法制工作的机构认为有必要时，可以向有关组织和人员调查情况，听取申请人、被申请人和第三人的意见。"该条款是一个转折复句，前一分句的主语是"行政复议"，后一分句的主语是谁呢？是"行政复议"，还是行政复议"申请人"，还是"行政复议机关负责法制工作的机构"呢？不清楚。此外，后句中的"或者"一词运用也不妥当，该词的前后表达的是递进并列关系，而不是不相容选择关系，改为"并且"更准确。因此，该条款可修改为："行政复议原则上采取书面审查的办法，但是申请人提出要求并且行政复议机关负责法制工作的机构认为有必要时，行政复议机关可以向有关组织和人员调查情况，听取申请人、被申请人和第三人的意见。"②残缺谓语。如我国现行《婚姻法》第三十六条第3款规定:"离婚后,哺乳期内的子女,以随哺乳的母亲抚养为原则。"该条款缺少谓语,可修改为:"父母离婚后,哺乳期内的子女,原则上由哺乳的母亲抚养。"又如我国现行《刑法》第七十一条规定:"判决宣告以后,刑罚执行完毕以前,被判刑的犯罪分子又犯罪的,应当对新犯的罪作出判决,把前罪没有执行的刑罚和后罪所判处的刑罚,依照本法第六十九条的规定,决定执行的刑罚。"这是一个数罪并罚条款,存在一个缺乏谓语的"把子句",应当增加"并罚"二字,变动为"……把前罪没有执行的刑罚和后罪所判处的刑罚并罚,依照本法第六十九条的规定,决定执行的刑罚。"③残缺宾语。如我国现行《民法通则》第七十九条第1款规定:"所有人不明的埋藏物、隐藏物,归国家所有。接收单位应当对上缴的单位或者个人,给予表扬或者物质奖励。"该条款的第二句中存在不通畅的词语"上缴的单位或者个人",单位或者个人怎么可以"上缴"呢?很明显,这里缺少了一个指称物的宾语成分。该条款的后句可修改为:"接收单位应当对上缴上述不明物的单位或者个人,给予表扬或者物质奖励。"④残缺必要的虚词。如我国现行《公务员法》第三十七条规定:"定期考核的结果作为调整公务员职务、级别、工资以及公务员奖励、培训、辞退的依据。"该条款中的动词"奖励、培训、辞退"的对象是"公务员",应当添加一个介词"对"就完整了,即:"定期考核的结果作为调整公务员职务、级别、工资以及对公务员奖励、培训、辞退的依据。"又如现行《中华人民共和国道路交通安全法》(以下简称《道路交通安全法》)第八十三条规定:"交通警察调查处理道路交通安全违法行为和交通事故,有下列情形之一的,应当回避:(一)是本案的当事人或者当事人的近亲属;(二)本人或者其近亲属与本案有利害关系;(三)与本案当事人有其他关系,可能影响案件的公正处理。"该条款中的列举项应当使用"的"字短语,修改为:"交通警察调查处理道路交通安全违法行为和交通事故,有下列情形之一的,应当回避:(一)是本案的当事人或者当事人的近亲属的;(二)本人或者其近亲属与本案有利害关系的;(三)与本案当事人有其他关系,可能影响案件的公正处理的。"根据全国人大常委会法工委2009年颁布的《立法技术规范(试行)(一)》第8条规定,对于使用"有下列情形之一的,……"和"有下列行为之一的,……"之类结构的,当所列项为动宾结构时,应当用"的",该条款所列举的三项都存在动宾结构,而不是名词或名词性短语。

(5) 语序紊乱。如我国现行《婚姻法》第二十七条第 1 款规定:"继父母与继子女间,不得虐待或歧视。"该条款中的"虐待"和"歧视"的违法情节轻重不同,"歧视"要轻于"虐待"。因此,该条款应当重新排列:"继父母与继子女间,不得歧视或虐待。"又如我国 1989 年全国人大通过的《行政诉讼法》第六十八条第 2 款曾规定:"行政机关赔偿损失后,应当责令有故意或者重大过失的行政机关工作人员承担部分或者全部赔偿费用。"该条款中的"故意"与"重大过失"应分别对应"全部"赔偿费用或者"部分"赔偿费用,应当将"故意"与"重大过失"对换位置,或者将"全部"与"部分"对换位置,这样,行为主体的主观程度与其承担的法律责任之间才构成比例。不过,该条款在 2014 年全国人大常委会的有关修正案中被废止。

3. 修辞失范

修辞失范即立法语言的词法、句法和章法运用没有完全遵循语言学的语用修辞规则。在我国立法领域,修辞失范主要表现为语义失范、语用失范、语言转换失误、行文款式失范等诸多不合语言的修辞规范方面的问题。

(1) 语义失范。如我国现行《证券法》第七十九条第 1 款规定:"禁止证券公司及其从业人员从事下列损害客户利益的欺诈行为:(一)违背客户的委托为其买卖证券;(二)不在规定时间内向客户提供交易的书面确认文件;(三)挪用客户所委托买卖的证券或者客户账户上的资金;(四)未经客户的委托,擅自为客户买卖证券,或者假借客户的名义买卖证券;(五)为牟取佣金收入,诱使客户进行不必要的证券买卖;(六)利用传播媒介或者通过其他方式提供、传播虚假或者误导投资者的信息;(七)其他违背客户真实意思表示,损害客户利益的行为。"该条款存在语义残缺现象,这是因为本条款的第一项规定的买卖说可能是盈利的,那么对客户利益没有损害,损害的只是真实意思或者权益,所以本条款第 7 项的表达比较合理,而第 1 项表达不确定也无意义,同时第七项的逗号要去掉而改为"或者";由于本法第七十八条与此相关,建议将该条款的开始语修改为"禁止证券公司及其从业人员从事下列违背客户真实意思表示或者损害客户利益的行为:……"[①]。又如我国现行《刑法》第二百五十三条

[①] 黄震云、张燕:《立法语言学研究》,长春出版社 2013 年版,第 50-51 页。

第 1 款规定：" 邮政工作人员私自开拆或者隐匿、毁弃邮件、电报的，处二年以下有期徒刑或者拘役。"该条款存在语义过当现象，这是因为当代社会已不再使用"电报"，该邮品已成为历史，所以建议该条款删除"电报"二字，而改为"等邮品"词组，这样既照顾了法律规范的灵活性，也兼顾了法律术语的周延性。还如我国现行《婚姻法》第九条规定："登记结婚后，根据男女双方约定，女方可以成为男方家庭的成员，男方可以成为女方家庭的成员。"该条款存在语义烦琐现象和不周延问题，不如修改为如下表述更为简洁明确："登记结婚后，根据男女双方约定，夫妻均有选择成为对方家庭成员的自由。"然而实际上，现在的丁克家庭和不与对方父母等亲人居住在一起的单独家庭（夫妻与子女）越来越多，而家庭成员的选择可能还存在夫妻与其他家庭成员的约定问题，因此本条款的语言表述已经显得不合时宜，如果修改为如下表述，其语义可能来得更为直接和富有人情味："登记结婚后，夫妻双方根据约定均有选择家庭成员的自由。"

（2）语用失范。即立法语言中的词语和句子使用不符合特定语言的使用习惯。如我国现行《证券法》第一百二十八条第 2 款规定："证券公司设立申请获得批准的，申请人应当在规定的期限内向公司登记机关申请设立登记，领取营业执照。"该条款中主谓结构"证券公司设立"应改为动宾结构"设立证券公司"；该条款在某种意义上更像用口语入法，设立是一种行为，按照汉语书面语习惯不能做主语。① 又如我国现行《婚姻法》第三十八条第 2 款规定："行使探望权利的方式、时间由当事人协议；协议不成时，由人民法院判决。"立法语言应该符合语言使用通俗习惯（时间在前），本条款的"方式"和"时间"排列不妥，应当相互交换位置。该条款可修改为："行使探望权利的时间、方式由当事人协议；协议不成时，由人民法院判决。"再如我国现行宪法第五十五条规定："保卫祖国、抵抗侵略是中华人民共和国每一个公民的神圣职责。依照法律服兵役和参加民兵组织是中华人民共和国公民的光荣义务。"该条款中使用的宗教用语"神圣"和文学用语"光荣"二词不妥。"神圣"一词曾出现于法国人权宣言，但该宣言首先是政治宣言，这不符合法典的简洁明了和严肃庄重的语言使用风格。我国现行宪法第十二条（"社会主义的公共财产神圣不

---

① 参见黄震云、张燕：《立法语言学研究》，长春出版社 2013 年版，第 39 页。

可侵犯")同样出现了"神圣"一词。而文学用语"光荣",并不能强化服兵役的法律责任。建议删除二词,或者在二词前面都加上限定词"应尽",以提升宪法规范的权威性与庄重感。因此,该宪法条款宜变动为:"保卫祖国、抵抗侵略是中华人民共和国每一个公民的职责。依照法律服兵役和参加民兵组织是中华人民共和国公民的义务。"或者为:"保卫祖国、抵抗侵略是中华人民共和国每一个公民的应尽职责。依照法律服兵役和参加民兵组织是中华人民共和国公民的应尽义务。"还如我国现行《刑事诉讼法》第二条规定:"中华人民共和国刑事诉讼法的任务,是保证准确、及时地查明犯罪事实,正确应用法律,惩罚犯罪分子,保障无罪的人不受刑事追究,……"该条款中的"犯罪分子"一词似乎有"文革"气息。[1] 实际上,该词语属于政治动员术语,是贬义词,存在将犯罪人笼统地归结为"人民"的对立面——"敌人"的嫌疑,实际上被法院宣判为罪犯的人依然为一国公民,大部分的仍可归为"人民"范畴。因此,建议将这里的"犯罪分子"改为中性词"犯罪的人"更为妥当,与后文的"无罪的人"相对应。

(3)语言转换失误。法律移植是各国法律发展和创新的必要途径,我国立法领域就存在大量的外来语言,并不可避免地存在某些翻译错误或立法处理的失误问题。如我国现行宪法第四十二条第3款第4句:"国家提倡公民从事义务劳动。"该句中的"义务劳动"一词系翻译错误,它的英文词为"volutary labour",原意为志愿劳动,是指自愿参加、不计报酬的,在法定义务之外的劳动,不参加这种劳动不会产生任何法律责任问题;并且,"义务劳动"与"劳动义务"容易混淆,使法律术语"义务"失去了严肃性和明确性。[2] 建议将该条款改为:"国家提倡公民从事志愿劳动。"或者改为:"国家提倡公民从事义工活动。""义工"为目前通用的日常用语,其"志愿劳动者"的内涵比较确定明了。又如现行《中华人民共和国劳动法》(以下简称《劳动法》)第二十九条规定:"劳动者有下列情形之一的,用人单位不得依据本法第二十六条、第二十七条的规定解除劳动合同:(一)患职业病或者因工负伤并被确认丧失或者部分丧失劳动能力的;……"该条款第1项中的"丧失劳动能力",既可能是部分丧失劳动

---

[1] 参见黄震云、张燕:《立法语言学研究》,长春出版社2013年版,第57页。
[2] 参见刘大生:《我国当前立法语言失范化之评析》,载《法学》2001年第1期,第12页。

能力，也可能是全部丧失劳动能力；"部分"应该限定"劳动能力"，而不是限定动词"丧失"。书写者可能受英语语法的影响，使得句子处于半中半英的句法状态，该条款第 1 项应改为："患职业病或者因工负伤并被确认丧失全部或者部分劳动能力的。"① 还如民法学界广泛争议的"法律行为"之法律术语的翻译与使用问题，有学者指出既存在日本翻译对我国的误导，是日本学者将德文"Recht-shandlung"翻译为"法律行为"，但是"法律行为"与"法律交易"是不同的概念，德文"Recht-shandlung"实为"法律交易"概念内涵；同时也存在西方法律翻译所造成的错觉，法律交易是一个典型的德国术语，但在由德文"Recht-shandlung"转译为英文时产生了不同翻译用词，如"juristic act""juristic transaction""legal act"等，于是，英文翻译与德文原意之间便产生了一定程度的差别。②

（4）行文款式失范。立法文本存在相对稳定的行文体例和格式，但是我国《立法法》等法律所规定的规则并没有被普遍遵守，甚至《立法法》本身也存在这方面的问题。如我国现行《立法法》第九十七条规定："改变或者撤销法律、行政法规、地方性法规、自治条例和单行条例、规章的权限是：（一）全国人民代表大会有权改变或者撤销它的常务委员会制定的不适当的法律，有权撤销全国人民代表大会常务委员会批准的违背宪法和本法第七十五条第二款规定的自治条例和单行条例；（二）全国人民代表大会常务委员会有权撤销同宪法和法律相抵触的行政法规，有权撤销同宪法、法律和行政法规相抵触的地方性法规，有权撤销省、自治区、直辖市的人民代表大会常务委员会批准的违背宪法和本法第七十五条第二款规定的自治条例和单行条例；……"但是根据该法第六十一条第 2 款规定："编、章、节、条的序号用中文数字依次表述，款不编序号，项的序号用中文数字加括号依次表述，目的序号用阿拉伯数字依次表述。"也就是说，第六十一条规定款不编序号，但是第九十七条却为第七十五条第二款编了序号，该法第八十二条等也存在同样问题。修改的办法是具体做出规定，款就是条下位的自然节，说明彼此关系。③ 或者将"不"字改为"可"字而作如下表述："编、章、节、条的序号用中文数字依次表述，款可编序

---

① 黄震云、张燕：《立法语言学研究》，长春出版社 2013 年版，第 39 页。
② 参见米健：《论"民事法律行为"命名的谬误》，载《人民法院报》，2003 - 10 - 10 第 3 版。
③ 参见黄震云、张燕：《立法语言学研究》，长春出版社 2013 年版，第 59 页。

号,项的序号用中文数字加括号依次表述,目的序号用阿拉伯数字依次表述。"全国人大常委会法工委颁布的《立法技术规范(试行)(一)》和《立法技术规范(试行)(二)》没有就法律文本中的"款"的引用问题做出具体规范,而单就"项"的引用问题做出了具体规范(参见《立法技术规范(试行)(一)》第9条)。

(二)立法语言的规范

我们必须明确,立法语言具有双重性:一方面,它具有普通语言文字的共同属性,因此我们必须遵守普通语言文字的规范和标准;另一方面,它又是一种特殊的法律语言,是直接体现国家意志的法言法语,我们又必须遵守法律行业语言的规范和标准。在我国,立法语言必须符合国家通用语言文字——普通话和规范汉字与中国法律行业语言文字的双重规范。总的说来,我国目前调整立法语言的规范体系主要分为法律、国家标准和立法规章性文件三个层次。[①] 具体说来,第一层次为法律,主要包括《宪法》《立法法》和《国家通用语言文字法》。其中,现行《宪法》没有关于立法语言的专门条款,但是第十九条第5款规定:"国家推广全国通用的普通话。"现行《立法法》为全国人大2000年3月15日通过、2015年3月15日修改的立法程序专门法,该法的第二章第五节"其他规定"部分存在不少关于立法语言规范的规定,特别是第六十一条规定了法律文件格式方面的规范要求。2000年10月31日,全国人大常委会通过《国家通用语言文字法》,这是我国第一部关于语言文字的单行法律,该法明确规定了国家机关、教育机构、新闻出版、广播电视、公共服务行业等使用国家通用语言文字即以《汉语拼音方案》作为拼写和注音工具的普通话和规范汉字的权利义务关系,作为国家机关的立法机关必须接受《国家通用语言文字法》的法律调整。第二层次为国家标准,主要包括《行政法规制定程序条例》(国务院2001年颁布)、《规章制定程序条例》(国务院2001年颁布)、《法规规章备案条例》(国务院2002年颁布)以及《标点符号用法》(国家质量监督检验检疫总局1996年首次发布)和《出版物上数字用法》(国家质量监督检验检疫总局和国家标准化管理委员会2011年联合发布)等。要说明的是,我国还存在相应的立法语言地方标准,这主要散见于有

[①] 参见黄震云、张燕:《立法语言学研究》,长春出版社2013年版,第180页。

关地方立法程序规则或立法技术的地方性法规或地方政府规章。第三层次是与立法质量直接相关的非法律规范性文件，如全国人大常委会法工委分别于 2009 年和 2011 年颁布的《立法技术规范（试行）（一）》和《立法技术规范（试行）（二）》。作为特殊的法律语言，立法语言毕竟不同于普通语言文字，除了必须遵循普通语言文字的通用语言规范外，还必须符合法言法语的特定规范要求，即必须注意准确肯定、简洁凝练、庄重朴实和规范严谨，现在分述如下：

1. 准确肯定

立法语言的准确肯定，是指立法者使用清楚、具体、明白无误的语言文字，在法律条文中规定人们的条件、行为模式和法律后果，表述法的其他内容。这里所指的"准确"，即立法语言能够明白无误、正确地传递立法信息，词义语义所指应当唯一，彼此之间不能也不允许互相替代。所谓"肯定"，即立法语言所传递的信息确定无疑、不存在歧义和模棱两可，不可使用问句或祈使句，不可使用文学艺术修辞手法。正如梁启超先生在《中国成文法编制之沿革》一书中所指出的："法律文辞有三要件：一曰明，二曰确，三曰弹力性。明确就法文之用语言之，弹力者是曰不明。此在古代以法愚民者恒用之，今世不敢也。确也者，用语之正确也。"① 要做到立法语言的准确肯定，最重要的是要准确地使用词汇表达立法文本中的法律概念和规则条款，为此，立法者必须遵循以下基本要求：①尽量摈弃使用同义词或近义词，做到一词一义，保证语义的唯一。在同一规范性文件中，同一个概念尽量用一个词语来表达，不同的概念不宜使用同一词语来表达；不同的词语之间不能相互替代或混同。正如孟德斯鸠所言："重要的一点，就是法律的用语，对每个人要能够唤起同样的观念。"② ②用同样的方式使用同样含义的语言文字，在同一语句或段落中，不能随意地转换词语，以避免出现混淆概念或偷换概念的语用逻辑错误。③正确看待立法用语的模糊性，因为立法语言的准确肯定是相对的，法律规范在保证稳定性的同时也必须表现出一定的灵活性，以克服制定法存在的刻板僵化倾向，并适应不断变化中的社会立法需求。为了实现立法语言的准确肯定，

---

① 莫洪宪、王明星：《刑事立法语言之技术特点》，载《现代法学》2001 年第 5 期，第 136 页。

② ［法］孟德斯鸠：《论法的精神（下册）》，张雁深译，商务印书馆 1963 年版，第 297 页。

我们还可以通过多使用法律专业术语，对法律适用的情形、条件和对象等进行分项列举，根据需要设置但书或兜底条款；而对于可能模糊不清易产生歧义的术语和语句，多采用定义界定或者约定、法律解释等方式来厘清其内涵和外延。

2. 简洁凝练

立法语言的简洁凝练，是指通过使用负载较大信息量的语言，用尽可能少的语言材料表达尽可能多的内容，做到言简意赅、词约而事倍。[①] 简洁凝练是大陆法系国家或地区制定法立法的优良传统，也是法律规范对人们行为进行规范性调整的重要特点。中国宋代陈骙在《文则》"论简约"一则中说："事以简为上，言以载事，文以著文，则文贵其简也。文简而理周，斯得其简也。读之疑有阙焉，非简也。"制定法的立法同样要求言简意赅、要言不烦，切中要害，具体说来，立法者必须遵照两个基本要求：一方面，立法者在立法时要摈弃晦涩难懂、诘屈聱牙、故作深奥的语言和文风，避免使用地方语言，而应采用绝大多数公众容易接受的语言文字和文风，重直接陈述，弃蜿蜒曲折；另一方面，立法者要用简洁扼要的语言文字来起草法律、法规和其他规范性法律文件。[②] 当然，简洁凝练不应当有损于立法所必须包括的内容，不应出现人为遗留的漏洞；也不能为了实现立法语言的简洁凝练，而在法律文本中不列入必要的内容以致损害立法的完整性；更不能为了追求简洁凝练而滥用简语或省略，以免引起各种误解和歧义。

3. 庄重朴实

立法语言的庄重朴实，是在指立法语言选择的协调一致而具有稳定的特点，并在文风上注意用词质朴、通俗易懂，尽量选用为社会公众易接受的通用语言文字立法。正如董必武指出的，"法律和法令是一种庄严慎重的东西"[③]。要保证立法语言的庄重严肃，立法者必须做到：一是不用怀疑性的、询问性的、商榷性的、讨论性的、建设性的以及其他不肯定性的语言来表达立法的内容；二是一般不用简称，涉及组织机构、时间和文件等的专用名词，应当使用全称，如拟定法律条款时不能将"全国人民代表大

[①] 参见孙潮：《立法技术学》，浙江人民出版社1993年版，第66-67页。
[②] 参见周旺生：《立法学教程》，北京大学出版社2006年版，第516-517页。
[③] 董必武：《董必武政治法律文集》，法律出版社1986年版，第338页。

会"简称为"全国人大",将"广州市中级人民法院"简称为"广州中院";三是避免使用口语或者感情色彩鲜明的语言。作为法律专业语言,立法语言以法律规范载体形式为人们的日常生活和工作提供行为模式或准则,必须平实素淡,实现"三易"(易看、易读、易懂)。为此,立法者必须遵守五点基本要求:①不用深奥生僻不常使用的词语或句式,妥善处理法律文本中的专业术语;②不用形象性的词汇和艺术化句式,语言应朴实无华,不应当采用文学上的夸张、比喻、形容等各种修辞手法;③不应使用隐语、诙谐语、双关语,立法不是猜谜逗乐;④尽量避免使用地方方言、生僻的古语生字;⑤不使用已经过时的公文程式套话。

4. 规范严谨

立法语言的规范严谨包含两层意思:一是指立法语言一般要符合常规,必要时可以超出常规使用语言文字,以表达立法的内容,但是必须严格控制;二是指立法中的语言文字必须字斟句酌,力求严密周详、无懈可击,不能出现矛盾和漏洞。① 立法语言的规范严谨,主要是关于立法语言的逻辑规范性要求,将在下节详述,在此只是简要提出语言方面的几点技术规范要求:①尽量使用格式化、标准化的词语和句式,这些语言经过时间检验已成为立法中经常使用的固定搭配,是周密严谨的。如表述列举的"的"字结构、表述转折例外的但书规定、表述选择性情形的"或者"复合句、表述法律责任的假言复合句等;②避免在立法中不恰当地注入个人感情色彩,现代立法强调合议民主制,应避免一言堂式的家长说教或长官命令;③遵循语言修辞的基本规律,尽量使用消极修辞,并多选用中性词汇;④语言表达上注意每个词汇和语法运用千锤百炼,反复琢磨等。

第二节 立法逻辑

不可否认,立法语言具有特定的逻辑规范性需求,如强调语言运用的确定性、一致性和系统性,但它没有涵盖立法活动的全部逻辑问题。这是因为,除了法律文本表述存在的语言语用逻辑外,在法律规范形成和制作

---

① 参见朱力宇、叶传星:《立法学》(第4版),中国人民大学出版社2015年版,第277-278页。

过程中同样存在大量的形式逻辑问题，如立法推理与立法论证，并存在价值、利益、权力、情理、习俗等非语言层面的诸多实质逻辑元素考量。的确，立法中的逻辑问题，可能是语言本身使用不当造成的，如2004年西藏人大常委会修订的《西藏自治区施行〈中华人民共和国婚姻法〉的变通条例》序言规定："根据中华人民共和国婚姻法第三十六条的规定，结合西藏自治区各少数民族婚姻家庭的实际情况，对中华人民共和国婚姻法的有关条款作如下变通。"[①] 该自治单行条例中的立法根据"婚姻法第三十六条"系语词使用错误，因为现行《婚姻法》对应内容早于2000年调整为第六条。又如我国现行《民法通则》第四章第一节出现的"民事法律行为"概念就广受学者批评，认为该法律概念中的"民事"一词纯属多余，《民法通则》就是民事基本法律，民事法律所规制的行为自然属于民事行为，而不可能为行政行为或刑事行为。再如我国现行宪法第十三条第1款规定，"公民的合法的私有财产不可侵犯"，受宪法保护的私有财产难道还有不合法的？显然，此条款中的"合法"一词也系重复使用，同样存在同语反复问题。当然立法中的逻辑问题，也可能是非语言原因造成的，如广受争议的"强奸幼女罪"，该概念并不存在逻辑问题，因为将强奸罪按照受害女性年龄分为强奸妇女罪和强奸幼女罪（受害者14周岁以下），符合形式逻辑的概念划分规则（即划分概念的子项外延之和与母项外延重合），但是实质上却与保护未成年人的立法宗旨相违背；再如现行《中华人民共和国刑法修正案（九）》[以下简称《刑法修正案（九）》] 所废止的走私武器、弹药罪，走私核材料罪，走私假币罪，伪造货币罪，集资诈骗罪，组织卖淫罪，强迫卖淫罪，阻碍执行军事职务罪，战时造谣惑众罪这九类犯罪的死刑处罚，则主要基于人道主义的价值评判，而不是因为法律条款本身存在的形式逻辑问题。

一、立法逻辑的概念

立法逻辑是法律逻辑的一种形式，它是相对于法律适用逻辑（其典型

[①] 不过，该单行条例序言已于2010年修改，调整为："根据《中华人民共和国婚姻法》的有关规定，结合西藏自治区各少数民族婚姻家庭的实际情况，对中华人民共和国婚姻法的有关条款作如下变通。"编者注。

表现为司法逻辑）而言的，特指法律人在立法运行环节或阶段中所进行的逻辑思维活动。可以说，立法技术问题，不但关涉立法语言技术问题，而且关涉立法逻辑技术问题。我们知道，在制定法的形成或创制过程中，立法者必须借助通用自然语言载体（如当代中国为普通法和规范汉字）来传递法律规范信息。不可否认，自然语言具有表达灵活、交际便利、贴近生活、应用范围广阔等优点，但是它的使用也存在歧义性、模糊性和民族性等诸多的缺陷和不足，这必然影响到人们对自然语言的确定性、一致性和通用性等方面的语用担忧或困惑。况且，立法语言虽然使用了通用自然语言，但是立法语言并不等同于自然语言本身，自然语言只有经过必要的语言转换才能变为具有人工语言特点的立法语言，即我们所说的"法言法语"，并达到上文所提及的准确肯定、简洁凝练、庄重朴实和规范严谨等立法语言规范要求。立法者关于通用自然语言的甄选和重新界定过程，同时也是自然语言到立法语言的逻辑转换过程，因为逻辑规则本身具有的确定性、一致性和充足性等规范要求，正好吻合了立法的语言规范要求。此外，不管在立法准备阶段，还是法案的制作阶段与立法完善过程，无不充满法律概念的生成与法律命题的推理或论证活动。为此，我们可以把立法逻辑分为立法词项逻辑、立法推理逻辑和立法论证逻辑。由于上一节已详细分析了立法语言的语言规范问题，即实质上的语词语用逻辑问题，因此本节将着重介绍立法推理和立法论证的逻辑规范问题。

立法推理是发生在立法活动或过程中的逻辑推理，它贯穿于法律立项、法案起草与前期论证、立法审议通过、立法后评估与法规清理等不同的立法环节和过程，并实际地存在于作为立法活动结果的法律文本中。立法推理一般由前提（事实或法律规范）和结论（法律规范）两大部分组成，其推理基础是前提与结论之间的必然或或然逻辑关系。它的有效性，既取决于前提的有效性（正当性），也取决于推理方式的有效性（合规则性）。立法推理是一种决策性的逻辑思维活动，与作为法律适用基本类型的司法推理存在重大差别：一是人性论哲学基础不同。立法推理秉承人性恶论，力图为违法犯罪行为提供可控性的制度框架，旨在防范与控制权力恣意和权利滥用；而司法推理主张人性善论，凡未经司法机关处理不得认为违法犯罪，如刑事司法的无罪推定原则和民事司法的监护代理制度。二是法律推理标准不同。立法推理主要是一种价值推理，坚持法律推理的目的标准，强调对不同利益主体价值诉求的甄别与平衡，因此它本质上是一种政治决策过程；而司法推理通过执行操作标准来间接体现和贯彻目的标准，主要是一种规则推理，强调独立公正地选择适用不同的法律规则。三是法律推理主体不同。立法推理主体为立法者（主要是民意代表和专职立法工作者）；而司法推理主体主要为法官和律师。四是推理方法与路径选择不同。立法推理更多采用个别到一般的归纳推理与因果推理方法，而司法推理则以一般到个别的演绎推理和个别到个别的类比推理为主。五是存在不同的推理结论方式。立法推理尊重民意，一般采用多数决的民主决定方式；而司法推理强调司法独立公正，注重法官能动作用，甚至可以采用独任裁判制。[①] 在我国现行法律体系中，关于立法推理的法律规范散见于各类法律文本。如关于形式的类比推理，法律文本一般采用"比照""参照"等词语来表达，我国2015年通过的《全国人民代表大会关于修改〈中华人民共和国立法法〉的决定》第四十六条规定："广东省东莞市和中山市、甘肃省嘉峪关市、海南省三沙市，比照适用本决定有关赋予设区的市地方立法权的规定。"我国《反家庭暴力法》第三十七条规定："家庭成员以外共同生活的人之间实施的暴力行为，参照本法规定执行。"又如关于实质的经验法则推理，在我国的《最高人民法院关于民事诉讼证据若干问题的规定》第九条和《最高人民法院关于行政诉讼证据若干问题的规定》第六十八条都有具体的法律规定。

立法论证是立法推理的延伸与应用，是立法者通过列举立法理由来支持或推翻某项或某类立法主张的思维过程或方法，一般包括论题（立法项目或法律规范）、论据（事实或法律规范）和论证方式（主要指推理方式）三部分。立法论证贯穿于法律立项、法案起草与前期论证、立法审议通过、立法后评估与法规清理等不同的立法环节和过程，并沉淀于最终的法律文本中。在当代中国，立法论证主要包括立法项目论证、法律草案论证（起草和审议）和法律清理论证等三种基本类型。立法论证具有公共决策性质，与作为法律适用形式的司法论证存在诸多区别：一是两者指向不同。立法论证指向将来拟产生效力的立法规范，它所要证立的是可能产生法律效力的法律规范本身；而司法论证指向过去发生的事实和已经生效的法律规范，它要确定过去发生的事实是否能够被纳入既定的法律规范，从而适用该规范。二是两者性质不同。立法论证是实践推理，关涉所论证规

[①] 参见姚小林：《法律的逻辑与方法研究》，中国政法大学出版社2015年版，第17-18页。

范的正当性、合理性,即它不仅要评价论证立法目的,还需要联系目的对手段进行评价衡量,从而证成立法的正当性和合理性;而司法论证是涵摄性质的推理,它是将已经发生的事实涵摄在既定法律规范之下,通过解释和推理确定其是否符合一定的法律规范,最终确定是否适用该法律规范。三是两者目的不同。立法论证是证成具有普遍效力的立法规范,立法规范通过它获得正当性和合理性,立法论证的质量越高,意味着立法的质量也越高;而司法论证是为了证成司法判决,它是对法官解释和推理过程的显明,通过将已经发生的事实涵摄在既定的法规范之下,以证成其对当事人发生效力的判决。四是两者应对的问题不同。司法论证面临的问题包括:特定事实是否发生?其是否符合某法律规范的构成要件?某法律规范的构成要件是如何规定的?如果特定事实符合某法律规范的构成要件,其法律后果是什么?立法论证面临的问题则包括:如何描述被视为问题的状况?这一状况应当如何解释(这一状况为何会发生)?应当采取什么措施?需要达到的目的是什么?如何在这些不同的目的之间进行平衡?[①] 在我国法律文本中,立法论证首先在现行《立法法》的修正案中得到全面体现,如该修正案第十一条、第十八条分别规定了法律草案和立法项目草案的立法论证程序。而一些地方也出台过立法论证的内部规则,如 2008 年北京市第十三届人大常委会主任会议通过《关于开展法规立项论证试验工作的意见》,2013 年广东省第十二届人大常委会主任会议通过《广东省人民代表大会常务委员会立法论证工作规定》,等等。此外,立法论证还存在一种特殊表现形式——立法辩论,它是论辩各方(特别是正反双方)围绕同一个立法话题展开的法律论证活动,一般适用于关乎公众重大利益又存在激烈争议的立法拟定项目或法律条款草案。如 2008 年 9 月 10 日,深圳市人大常委会关于《深圳经济特区无线电管理条例(草案)》的听证会就引入过辩论程序,律师和公司代表等就"能否率先为对讲机增设免费公共频率"和"手机信号放大器随便卖该不该管"等关键议题展开了激烈辩论。[②]立法辩论是欧美普遍采用的立法程序,它源于英国的议会辩论制度,蕴含了现代社会对民主、法治等法律基本价值的程序规范要求。

[①] 参见王锋:《由司法论证转向立法论证——中西比较视域下对我国立法论证的思考》,载《烟台大学学报(哲学社会科学版)》,2015 年第 6 期,第 49 页。

[②] 参见《深圳举行无线电管理立法听证会》(2008 – 09 – 11),载广东省经济和信息化委员会官网,http://www.gdei.gov.cn/zwgk/dsdt/200912/t20091223_92466.html,2016 – 03 – 10 访问。

二、立法逻辑的形式与实质

逻辑是人类思维活动的一种非常重要的工具和方法。基于不同的思维层次和方法考量，它一般分为形式逻辑和实质逻辑（亦称为辩证逻辑）。当代逻辑学家冯契认为："有两种逻辑。人们要通过概念、判断、推理等思维形式来把握世界，概念必须与对象相对应，所以思维有相对静止状态。在相对静止状态中，撇开具体内容而对思维的形式进行考察，就有了形式逻辑的科学。为了把握现实的变化发展，把握具体真理，概念必须是对立统一的、灵活的、能动的。而密切结合认识的辩证法和现实的辩证法来考察概念的辩证运动，就有了辩证逻辑科学。"[①] 作为两种不同层次的思维方法和工具，形式逻辑与实质逻辑是有根本区别的，但是这并不意味着实质逻辑可以完全撇开甚至违背形式逻辑的规范要求。这是因为，实质逻辑是在形式逻辑的基础上发展的，它虽然突破了形式逻辑的眼界（比如，它不仅肯定思维形式的确定性，也进一步揭示了思维形式的运动、变化和发展），但是始终遵循形式逻辑规律和规则的要求；违背形式逻辑规律和规则的要求，实质逻辑就不成为其为辩证逻辑，就有可能沦为诡辩和谬误。[②] 而在作为法律逻辑具体表现形态之一的立法逻辑问题上，同样存在形式的与实质的两种不同的逻辑思维层次和方法。进而言之，立法推理可分为形式的立法推理和实质的立法推理，立法论证可以分为形式的立法论证和实质的立法论证。

1. 立法推理的形式与实质

立法推理的形式与实质即立法推理存在形式的立法推理和实质的立法推理两种逻辑形态。

所谓形式的立法推理，它是一种必然性法律推理，以追求法律概念的确定性和法律条款的一致性与充足性为逻辑依归，主要遵循全称归纳或演绎推理规则。形式的立法推理为立法文本普遍采用，最为典型的就是法律总则的立法宗旨条款，如我国现行《立法法》第一条规定："为了规范立

[①] 冯契：《逻辑思维的辩证法》，载《冯契文集（第二卷）》，华东师范大学出版社1996年版，第227页。

[②] 参见彭漪涟：《辩证逻辑基本原理》，华东师范大学出版社2000年版，第36页。

法活动，……根据宪法，制定本法。"该条款将宪法作为推理的规范前提，将《立法法》的制定作为推理的规范结论，这是一种直接的演绎规范推理，因为宪法效力具有周延性，高于《立法法》和其他普通法律效力。为此，全国人大常委会法工委 2009 年颁布的《立法技术规范（试行）（一）》第 5 条明确规定："法律一般不明示某部具体的法律为立法依据。但是，宪法或者其他法律对制定该法律有明确规定的，应当明示宪法或者该法律为立法依据。表述为：'……根据宪法，制定本法。'或者'……根据《中华人民共和国××法》的规定，制定本法。'"现行《立法法》第二条关于《立法法》适用范围的规定也是如此，因为现行《立法法》是我国规范所有立法活动的基本法律，《立法法》的效力及于法律、行政法规、地方性法规、自治条例和单行条例、国务院部门规章和地方政府规章的制定、修改和废止等立法活动。前文立法语言关于超句（句群）规则提到的但书条款、条件复句（包括假言复句）、因果复句等分别采用了形式逻辑的选言命题、假言命题、因果归纳命题等复合命题形式，它们不但本身是立法推理的规范产物，而且为法律生效期间的法律适用推理活动提供了法律规范大前提。

所谓实质的立法推理，它是一种或然性法律推理，以确认、评判和权衡不同的立法价值冲突为现实考量，主要遵循类比推理规则，或者是关于形式逻辑规则的综合运用。实质的立法推理主要体现于立法项目确定、法案制作和法律清理等立法活动或过程中。由于法律自身是稳定性与灵活性、合法性与合理性等诸多矛盾的统一体，因此，立法活动在坚持形式的立法推理同时也必须坚持实质的立法推理。当下的中国正处于急剧变革的社会转型时期，立法决策与改革决策不可避免地会产生矛盾和冲突，为此立法者必须辩证地协调和处理二者之间的关系，现行《立法法》的及时修改正是此类立法回应。正如全国人大常委会副委员长李建国在《关于〈中华人民共和国立法法修正案（草案）〉的说明》中指出的："通过修改立法法，完善立法体制，做到立法决策和改革决策相统一、相衔接，重大改革于法有据，立法主动适应改革需要，改革和法治同步推进。……这一次修改立法法是部分修改，不是全面修改，对可改可不改的暂不改；对认识比较一致、条件成熟的，予以补充完善；对认识尚不统一的，继续深入研究；对属于工作机制和法律实施层面的问题，通过加强和改进相关工作予以解决。与此同时，需要强调的是，立法法的修改，要遵循宪法，并处理好与其他有关法律的关系。"① 也就是说，《立法法》的修改遵循并实现了合法性与合理统一、稳定性与灵活性的统一。我国《宪法》第三条关于民主集中制原则的立宪确认、港澳基本法序言关于一国两制原则的立法确认以及我国民法通则关于私法自治与公序良俗原则的立法确认等，无一不是经过实质立法推理的产物。此外，根据现行《宪法》《立法法》和《民族区域自治法》的授权规定，我国民族自治地方的自治条例和单行条例可以做出与上位法某些条款不一致的变通规定，关于同一事项的立法活动也必然涉及实质的辩证推理。如我国现行《婚姻法》第六条规定，结婚年龄，男方不得早于 22 周岁，女方不得早于 20 周岁。但是该法第五十条又规定："民族自治地方的人民代表大会有权结合当地民族婚姻家庭的具体情况，制定变通规定。"因此，2010 年修订的《西藏自治区施行〈中华人民共和国婚姻法〉的变通条例》第一条规定："结婚年龄，男不得早于二十周岁，女不得早于十八周岁。"新疆、内蒙古、宁夏、广西等民族自治区相关条例也有类似规定。

当然，形式的立法推理毕竟不同于实质的立法推理，它们之间也存在若干重要区别：一是推理目的不同，前者是立法规范与形式逻辑的有机结合，它追求立法规范的形式合法性，强调法律规范形成中的立法技术规范统一，可以说是一种价值无涉的逻辑推理形式；后者是辩证逻辑在立法中的具体体现，强调立法规范的合情合理性，主张推理目的必须符合公序良俗和社会主流价值。二是推理方法不同，前者主要采用必然性的演绎推理和全称归纳推理方法；而后者则更多采用类比推理、二难推理等或然性推理方法。三是推理模式不同，前者侧重广义上的逻辑推理模式，即从前提到结论，着重推理规则的有效性与推理结果的真值性要求，合规则性是其主要追求；而后者侧重广义意义的逻辑论证模式，即从结论反推前提的真实有效性与推理形式的合规则性，即使逻辑谬误也被视为特殊的论证模式，可接受性、结论的合情理性也是推理的重要目标考量。

2. 立法论证的形式与实质

与立法推理一样，立法论证也存在形式的和实质的两种不同逻辑层次：其中，前者主要运用形式逻辑方法证明（证实）或反驳（证伪）某一主张的正当化，由论题、论据和论证方式三要素构成，最终可归结为线性

---

① 《中华人民共和国立法法》（含草案说明），中国法制出版社 2015 年版，第 51 页。

的逻辑真值追求（非真即假）；后者特别重视语言修辞和对话辩驳等非形式逻辑方法运用，其基本要素不再是命题而是陈述与对话，它以似真的非形式逻辑观念追求其论证结论的可接受性，只要读者或观众被说服或者形成共识就算达到论证目的。因此，我们也可以认为立法论证存在广义说和狭义说两种不同的认识论模式[①]：其中，狭义上的论证仅仅是一个命题系列，其中一个命题是结论，其余的命题是前提，即仅仅指作为结果的论证，也就是传统形式逻辑所关注的对象；而广义上的论证则是一种多个人之间进行的对话交流，其中需要根据给定的对话规则和对话程序来提供支持结论的前提，即包括作为结果的论证和作为过程的论证，为此，人与人之间的争吵和论辩也可纳入论证范畴。

德国法学家阿列克西从法律判断证成角度为我们深入把握立法论证等法律论证问题提供了另一思维路径。按照他的观点，法律论证涉及的是规范性命题的特殊情形即法律判断的证成（justification），它可具体分为内部证成和外部证成两个不同的逻辑层面：其中，前者处理的问题是法律判断是否从为了证立而引述的前提中逻辑地推导出来；后者的对象是这个前提的正确性问题。[②] 在他看来，外部证成是所有法律论证的核心和主题，其所要解决的核心问题是按照法律的标准，在内部证成中所运用的论述是否可以接受；而内部证成则可简化为以下逻辑形式：① (x) ($T_x \to ORx$)；②Ta；③ORa (1), (2)。其中，x 是有关自然人和法人域的个体变项，a 代表个体常项（常量）；T 是任一复合的谓词，它将规范 (1) 的事实前提概述为人（格）的属性；R 也代表任一复合的谓词，它所表述的是（规范）所涉主体必须做什么。他认为，上述逻辑公式符合可普遍化原则所规定的一般规则之证成要求。可普遍化原则确立了形式正义原则的基础，而形式正义原则提出了遵守一定规则的义务要求和责任担当，它们构成内部证成的基本规则：一是欲证立法律判断，必须至少引入一个普遍性的规范；二是法律判断必须至少从一个普遍性的规范命题连同其他命题逻辑地推导出来。其实，这些就是规范三段论的规则要求，即大前提的真实性与推理方式的有效性。相比较而言，他更看重法律论证的外部证成。他认

[①] 参见［美］道格拉斯·沃尔顿：《法律论证与证据》，梁庆寅、熊明辉等译，中国政法大学出版社2010年版，译序Ⅲ。

[②] 参见［德］罗伯特·阿列克西：《法律论证理论——作为法律证立理论的一种理性论辩理论》，舒国滢译，中国法制出版社2002年版，第274-286页。

为，外部证成的对象是对在内部证成所使用的各个前提的证立。这些前提大致可分为三类：实在法规则，经验命题，既非经验命题也非实在法规则的前提。与这些不同的前提相对应的是其不同的证立方法：对实在法规则的证立即指出它符合该法秩序的有效标准；对经验命题的证立则可能引出一整套的程序，它们的范围涵盖从经验科学的方法到合理推测的公理直至诉讼的证明负担规则；而对既非经验命题也非实在法规则的前提的证立，则可以运用逻辑意义上的法律论证规则。阿列克西关于内部证成和外部证成之法律论证观，实际上也是对立法论证概念做出形式的与实质的不同逻辑层面的区别化处理和类型研究。

此外，美国法学家沃尔顿提出法律论证还存在第三种特殊类型。在他看来，除了形式逻辑的演绎论证与归纳论证外，还存在第三种论证类型，"即相对于案件中的证据来说，具有某种推定力或者似真性的论证类型。……在大多数情况下，它们都是可废止论证或非决定性论证。虽然在某些情况下它们被错误地使用，但是在法律语境下它们通常都是一个合理论证，作为证据承载了一定的证明力"[1]。沃尔顿所发现的第三种论证类型本质上是一种非形式逻辑的实质论证，正是他发现了传统逻辑谬误所具有的辩证价值，这种建立在非形式谬误基础上的论证类型也可称为"回溯论证"或者"假定论证"，这是"一种在暂定基础上支持结论的论证，但当新的相关证据进入案件时结论就应当被收回。有时它被叫作可废止的，意思是说在面临新的反对结论的证据时，它容易被击败"[2]。他为此详细列举了第三种论证类型的诸多具体表现形式，包括诉诸类比论证、诉诸既定规则论证、诉诸征兆论证和回溯论证、诉诸从位置到知道论证、诉诸言词分类论证、诉诸承诺论证、实践推理、诉诸人身攻击论证和滑坡论证等。因此，作为法律论证形式之一的立法论证，也可以说，它除了演绎论证与归纳论证外，也存在第三种论证模型——立法谬误，该分类方法有助于我们正视并科学看待逻辑谬误或诡辩即立法逻辑失范问题。

---

[1] [美] 道格拉斯·沃尔顿：《法律论证与证据》，梁庆寅、熊明辉等译，中国政法大学出版社2010年版，第35页。

[2] [美] 道格拉斯·沃尔顿：《法律论证与证据》，梁庆寅、熊明辉等译，中国政法大学出版社2010年版，第68页。

三、立法逻辑的失范与规范

（一）立法逻辑的失范

立法逻辑的失范是立法技术的逻辑失范，它是指立法者在立法技术运用过程中出现的逻辑规范部分或完全缺失状态，这既可能指立法者没有遵循一般的逻辑规则要求，如形式逻辑的同一律、矛盾律、排中律和充足理由律，实质逻辑的辩证统一规律等；也可能指立法者没有遵循语词语用和推理论证的具体逻辑规则要求，如语词运用的定义与划分规则、限制与概括规则，演绎推理、归纳推理与类比推理的规则，论证的论题、论据和论证方式规则等。在逻辑学中，立法逻辑的失范现象一般称之为谬误。我们应该正确地面对和认知谬误，这是因为谬误一词实际上包含了三层完整含义：首先，它是一种推理或论证；其次，这种推理和论证在逻辑上是有缺陷的；最后，这种推理和论证可能误导人们认为其在逻辑上是正确的。此外，我们还应该注意另一种更隐蔽的逻辑谬误形式——诡辩，它是人们有意制作的一种逻辑失范现象，这与人们无意造成的一般逻辑谬误有别。诡辩常常具有欺骗性，因为它是人们为达到某一特定目的而进行的混淆视听、似是而非的推理或论证活动，进而有意识地违反逻辑规律或规则要求。在立法实践中，既普遍存在形式的逻辑失范或谬误，也广泛存在实质的逻辑失范或谬误，下面我们分别将举例分析。

1. 形式的逻辑失范

形式的逻辑失范即立法活动及其结果（法律文本）不符合形式逻辑的规律规则要求，并在法律概念、立法推理和立法论证等方面都有某些表现：

（1）法律概念模糊或混淆不清。如我国现行《刑法》第二十条第3款规定："对正在进行行凶、杀人、抢劫、强奸、绑架以及其他严重危及人身安全的暴力犯罪，采取防卫行为，造成不法侵害人伤亡的，不属于防卫过当，不负刑事责任。"该条款中的"行凶"一词属于日常语言，其法律内涵和外延均不确定，与"杀人""抢劫""强奸""绑架"等法律术语不能并列，甚至与这些概念存在交叉关系。这是因为，按照《现代汉语词典》的解释,"行凶"一词是指"打人或杀人"。① 又如我国现行婚姻法的法典名称为《中华人民共和国婚姻法》,但该法第一条明确规定:"本法是婚姻家庭关系的基本准则。"实际上,该法的正文第三章即是"家庭关系"专章。法律名称为"婚姻法",法律内容却是"婚姻家庭法"。因此有学者指出,这使得法律名称中的"婚姻"与法条中的"婚姻"内涵不相吻合,同一概念不能保持自身的同一,这势必影响到法典立法技术的科学规范性。②

(2)立法事项划分不甚周全。我国现行《婚姻法》第二条第2款规定:"保护妇女、儿童和老人的合法权益。"该条款中的"妇女""儿童"和"老人"三个概念之间存在两个不同的划分标准,其中"妇女"是性别概念,它与"已婚男子"对举;而"儿童"和"老人"是按照年龄标准划分的,并且二者之间是反对关系而不是矛盾关系,它们并没有涵盖所有年龄阶段的人群,如12~18岁之间的"少年"和18岁以上的"中青年",因此存在划分不全的逻辑错误。又如现行宪法第四十九条第1款规定:"婚姻、家庭、母亲和儿童受国家的保护。"该条款的立法原意是特别保护婚姻家庭关系中的"老人、妇女和儿童",正如该条第4款所规定的:"禁止破坏婚姻自由,禁止虐待老人、妇女和儿童。"因此在逻辑的意义上,该条第1款存在"母亲"使用不当和遗漏"老人"的逻辑错误。我们知道,"母亲"一般指称生育养育子女的妇女,它的外延小于"妇女"概念。此外,由于现代家庭出现了众多的独身家庭和不生育养育子女的"丁克"家庭,因此该条款的法律适用范围实质上将"独身妇女"和不生育养育子女的妇女排除在外。为此,基于逻辑周延性的考虑,我们建议将该条款改为"婚姻、家庭、妇女、老人和儿童受国家的保护。"再如,我国《行政许可法》立法审议过程中关于行政许可事项划分周延性问题展开过激烈讨论③:其中,《行政许可法征求意见稿》第十三条规定了12种可以设定行政许可的事项,但由于这些列举并不周全,并且对列举的某些事项是否应

---

① 中国社会科学院语言研究所词典编辑室:《现代汉语词典》,商务印书馆1983年第2版,第1291页。

② 参见刘永红:《我国当前立法语言中的逻辑失范分析》,《北京人民警察学院学报》,2005年第6期,第46页。

③ 参见周汉华:《制定〈行政许可法〉的背景及主要问题》,载《中国社会科学院院报》2003年9月4日,第1版。

该设定行政许可尚有不同意见,因此《行政许可法草案》采用对可以设定行政许可和不得设定行政许可的事项都做原则性规定的方式,不具体加以列明。在全国人大常委会审议阶段,这种概括性规定的弊端同样受到了各方面的批评,被认为含义不明,无法操作。主导意见认为,应该明确规定不得设定行政许可的事项,除此之外的不必规定,因此应该取消《行政许可法草案》第十三条的规定。最终通过的《行政许可法》第十二条集中规定了可以设定行政许可的六种情况,其中,除了第六种是兜底条款以外,其他五种实际上是将《行政许可法草案》中行政许可的设定范围与五种不同类型的许可适用范围进行合并,并以五种许可的适用范围来确定行政许可的设定范围。对于哪些事项不得设定行政许可,争论与改动要小得多。最终通过的《行政许可法》第十三条成为经典之作,被法学学者誉为《行政许可法》的最大亮点。为解决立法事项的不周全问题,我国立法部门一般通过设定不完全列举的兜底条款来解决。

(3)立法推论前后自相矛盾。如我国现行《刑法》第十五条第2款规定:"过失犯罪,法律有规定的才负刑事责任。"该条款既然使用"过失犯罪"一词,就意味着犯罪行为的定性,进而意味着行为人不能逃避刑罚,何谈"法律有规定的才负刑事责任"?这显然违背了逻辑的不矛盾律,存在自相矛盾的逻辑谬误。[1] 再如我国现行《刑事诉讼法》第二百二十七条规定:"第二审人民法院发现第一审人民法院的审理有下列违反法律规定的诉讼程序的情形之一的,应当裁定撤销原判,发回原审人民法院重新审判:……(三)剥夺或者限制了当事人的法定诉讼权利,可能影响公正审判的;……(五)其他违反法律规定的诉讼程序,可能影响公正审判的。"有学者指出,该条款第3项所指的"剥夺"或者"限制"了当事人的法定诉讼权利,必定影响到对当事人的公正审判,因而不存在"可能"与否的问题;该条款第5项所指"其他违反法律规定的诉讼程序",本身就有了不公正的性质,同样不存在"可能"与否的问题,这两项的前半部分和后半部分都形成了表意上的矛盾。[2] 再如针对2012年修改前的《刑事诉讼

---

[1] 参见黄震云、张燕:《立法语言学研究》,长春出版社2013年版,第209页。
[2] 参见刘永红:《我国当前立法语言中的逻辑失范分析》,《北京人民警察学院学报》,2005年第6期,第46页。

法》第四十二条，有学者指出过该条款存在的自相矛盾问题①。该条款规定："证明案件真实情况的一切事实，都是证据。证据有下列七种：……以上证据必须经过查证属实，才能作为定案的根据。"该条款的第 1 款以定义的形式揭示了证据概念的内涵，即表明"证据"就是"证明案件真实情况的一切事实"，换言之，非属实者非证据；但是这会与第 3 款发生矛盾，后来，该款表明"证据必须经过查证属实，才能作为定案的根据"。而根据第 1 款规定，既然证据都是"证明案件真实情况的一切事实"，就不必重新需要"查证属实"。由此可见，第 3 款所指的"证据"包括"不真实的证据"。该条款经过修改后调整为第四十八条，第 1 款和第 3 款也分别修改为："可以用于证明案件事实的材料，都是证据。""证据必须经过查证属实，才能作为定案的根据。"上述所论的证据界定自相矛盾问题得到了基本解决，证据不再强调事实材料的真实与否，而只要具有证明案件事实的功能即可。

（4）法律行文混乱不一致。立法活动必须遵循同一律、充足理由律等逻辑规律的规范要求。也就是说，针对同一立法事项，不但要求同一法律文本内部的同一条款或同一章节应保持协调一致，而且要求不同法律文本之间应保持协调一致，以维护一国法律体系的统一完整性和高度权威性。如我国《刑事诉讼法》2012 年修改前的第六十五条曾规定："公安机关对于被拘留的人，应当在拘留后的二十四小时以内进行讯问。在发现不应当拘留的时候，必须立即释放，发给释放证明。对需要逮捕而证据还不充足的，可以取保候审或者监视居住。"同时第六十九条规定："公安机关对被拘留的人，认为需要逮捕的，应当在拘留后的三日以内，提请人民检察院审查批准。……对于流窜作案、多次作案、结伙作案的重大嫌疑分子，提请审查批准的时间可以延长至三十日。"这两个条款中的介词"对"和"对于"应当统一为介词"对"，以避免因语词不当的差异使用造成法律适用的争议与矛盾。按照《现代汉语词典》的解释，作为介词的"对"在用法上基本上跟"对于"相同。② 可喜的是，这些条款存在的此类问题在该法 2012 年的修正案得到了纠正解决。又如我国针对妇女、未成年人、老年

---

① 参见毛淑玲、何家弘：《立法的语言和逻辑分析》，载《人民检察》，2009 年第 23 期，第 14-15 页。

② 参见中国社会科学院语言研究所词典编辑室：《现代汉语词典》，商务印书馆 1983 年第 2 版，第 273 页。

人、残疾人、归侨侨眷等特定人群的合法权益分别进行了立法：《中华人民共和国妇女权益保障法》《中华人民共和国未成年人保护法》《中华人民共和国老年人权益保障法》《中华人民共和国残疾人保障法》和《中华人民共和国归侨侨眷权益保护法》（以下分别简称《妇女权益保障法》《未成年人保护法》《老年人权益保障法》《残疾人保障法》《归侨侨眷权益保护法》）。我们可以发现，这些法律文本的法律名称极不统一，在关于法律关系的客体上，有的使用"权益"，有的则没有出现"权益"；在关于法律关系义务主体的行为方式上，有的使用"保护"，有的则使用"保障"，这些词语实际上表达的是同一概念，很难解释它们各自在法律意义上存在什么实质差别。还如我国现行《刑事诉讼法》第二编第二章关于侦查主体规定前后不一致的现象，该法关于侦查的"一般性规定"中只明确"公安机关"的侦查主体地位，如第一百一十三条规定："公安机关对已经立案的刑事案件，应当进行侦查，收集、调取犯罪嫌疑人有罪或者无罪、罪轻或者罪重的证据材料。"同时第一百一十四条规定："公安机关经过侦查，对有证据证明有犯罪事实的案件，应当进行预审，对收集、调取的证据材料予以核实。"根据这些表述，我们可以断定本章所规定的"侦查主体"似乎是公安机关，而不是检察机关。但是，同一章第二节却同时出现"人民检察院"和"公安机关"两个侦查主体，并出现"侦查人员"一词，如第一百一十六条规定："讯问犯罪嫌疑人必须由人民检察院或者公安机关的侦查人员负责进行。讯问的时候，侦查人员不得少于二人。"这些不同词语的频繁交叉使用加剧了法律统一适用的困难：法律文本所指的侦查主体究竟是"侦查人员"还是"侦查机关"？如是侦查机关，仅仅是"公安机关"，还是同时包括"人民检察院"呢？相关法律规定的逻辑混乱不堪可见一斑。

2. 实质的逻辑失范

实质的逻辑失范主要指立法活动及其结果（法律文本）可能符合形式的逻辑规范要求，但是却违背法律价值、习俗伦理、法理学说、用语规范等非形式规范层面的立法失范状态。如果说形式的逻辑失范主要是逻辑形式的立法技术问题，那么实质的逻辑失范则应归结为利益价值等立法内容方面的立法技术问题。

（1）法律价值或习俗伦理的缺损：任何立法都存在基本的价值位阶考量，但并非总能综合平衡和协调各种立法价值之间的冲突。如我国现行

《妇女权益保障法》第四十条规定:"禁止对妇女实施性骚扰。"该条款第一次将性骚扰问题写入法律规范,具有标志性的法治意义,有利于保护处于弱势地位的女性的性隐私和人身安全。该法律条款不存在明显的形式逻辑问题,但是却折射出立法者的性平等价值理念缺失。"妇女权益保障法是第一个对妇女遭受男性的性骚扰说'不'的法律,却忽视了女扰男或者同性骚扰的现实。既然男女平等,男人也有权对性骚扰说'不'。……立法者也应将对男性的性骚扰列入法律禁止的范围,以体现法律的公平、公正。……此法条不妨改为:'禁止被迫和不受欢迎的与性有关的行为。'"① 在现实生活中,性骚扰的对象并不限于妇女和男性,还应包括女童;性骚扰问题不仅可能发生在异性之间,也可能发生在同性之间。在地方人大关于《妇女权益保障法》的实施性立法中,同样没有解决此问题,只是丰富和具体化了此上位法的"性骚扰"内涵,如2007年广东省人大常委会通过的《广东省实施〈中华人民共和国妇女权益保障法〉办法》第二十九条第1款规定:"禁止违反妇女意志以带有性内容或者与性有关的行为、语言、文字、图片、图像、电子信息等任何形式故意对其实施性骚扰。"如果说《妇女权益保障法》存在对男性的反向歧视的话,那么现行《中华人民共和国农村土地承包法》则存在对女性的反向歧视问题,该法第十五条虽然规定"家庭承包的承包方是本集体经济组织的农户",但是该法第五十四条又规定:"发包方有下列行为之一的,应当承担停止侵害、返还原物、恢复原状、排除妨害、消除危险、赔偿损失等民事责任:……(七)剥夺、侵害妇女依法享有的土地承包经营权;……"按照当今中国农村传统的父权制伦理规范,家庭承包是以户为单位,户主通常为作为一家之主的丈夫或父亲,女性结婚后往往"从夫居",在出嫁或离婚后几乎不会独立拥有自己名下的农村土地承包权,所以在一些地方才出现了出嫁女的权益保护问题,真可谓"娘家的土地带不走,婆家没有土地分",因此更谈不上"剥夺、侵害妇女依法享有的土地承包经营权"问题。因此出于农村土地承包平等权保障的现实考虑,有学者建议将第十五条修改为:"家庭承包的承包方是本集体经济组织的农户或者有承包经营能力的个人。"②

(2)法律惯性与现实需求的两难。法律是有惯性的,不能朝令夕改,

---

① 黄震云、张燕:《立法语言学研究》,长春出版社2013年版,第214-215页。
② 黄震云、张燕:《立法语言学研究》,长春出版社2013年版,第213页。

但也是僵硬的,可能不能及时跟上社会的立法需求。2016年全国"两会"("中华人民共和国全国人民代表大会"和"中国人民政治协商会议")期间,来自广东省的全国人大代表朱列玉提交了一份议案,建议全国人大删除现行《中华人民共和国人民检察院组织法》(以下简称《人民检察院组织法》)第四条关于镇压"反革命"与打击"反革命分子"的语词表述,并修改现行《中华人民共和国人民法院组织法》(以下简称《人民法院组织法》)和《人民检察院组织法》涉及保卫、维护"无产阶级专政"术语的法律条款。① 事实上,随着社会主义法治国家建设的不断推进,人权、平等、秩序等价值理念已深深植根于我国的现代化法制进程。现行的1982年《宪法》第一条明确规定:"中华人民共和国是工人阶级领导的、以工农联盟为基础的人民民主专政的社会主义国家。"该条款早就采用"人民民主专政"概念取代1975年宪法第一条关于我国国家性质"无产阶级专政"的表述。然而经过2006年修改的现行《人民法院组织法》第三条和1986年修改的现行《人民检察院组织法》第四条仍保留了关于我国国家性质的"无产阶级专政"概念表述。同时,现行《人民检察院组织法》第四条还保留了镇压"反革命"与打击"反革命分子"的语词表述,这与现行宪法第二十八条(1999年修改)明显存在价值冲突。1999年《中华人民共和国宪法修正案》第十七条规定:"宪法第二十八条:'国家维护社会秩序,镇压叛国和其他反革命的活动,制裁危害社会治安、破坏社会主义经济和其他犯罪的活动,惩办和改造犯罪分子。'修改为:'国家维护社会秩序,镇压叛国和其他危害国家安全的犯罪活动,制裁危害社会治安、破坏社会主义经济和其他犯罪的活动,惩办和改造犯罪分子。'"

(3) 立法语言的内在逻辑冲突。在立法实践中,可能会出现立法的语言形式与其内容价值的隐性冲突。如我国现行《刑法》第二十条第1款规定:"为了使国家、公共利益、本人或者他人的人身、财产和其他权利免受正在进行的不法侵害,而采取的制止不法侵害的行为,对不法侵害人造成损害的,属于正当防卫,不负刑事责任。"该条款是关于法律概念"正当防卫"的内涵界定,也是关于"正当防卫"构成要件的法律规定。从字

---

① 参见付丹迪、吴笛:《人大代表建议修改法院检察院组织法,删除"镇压反革命"表述》,载"澎湃新闻网"(2016-03-03公布),http://www.thepaper.cn/www/v3/jsp/newsDetail_forward_1438463,2016-03-11访问。

面上看,"正当防卫"构成要件之一就是:只有侵害行为"正在进行"时,被侵害人才能实施正当防卫,但是该条款暴露了立法者的性别意识缺乏,即立法者假定了一个前提:侵害方和被侵害方都是男性或都是女性,且基本上势均力敌。有学者以家庭暴力为例:就家庭暴力而言,事实上,施暴方往往是男性(丈夫),受侵害方往往是女性(妻子)。妻子在丈夫"正在进行"家庭暴力时实施正当防卫,防卫的结果很可能是给自己带来更大的伤害。"正当防卫在家庭暴力发生时是否具有实行的基础值得深思,并且令人质疑正当防卫的立法原意,仅仅是为了告知权力——告知受侵害者还击的权利是正当的,却不管是否真正受到保护?显然,刑法中正当防卫的界定,忽视了家庭暴力中男女双方的生理差异,造成立法上的'性别盲点',有违立法原意。"[①] 可见,现行《刑法》在立法技术上存在立法语言形式("正在进行")与法律规范内容("正当防卫")之间的内在紧张关系与逻辑冲突。

(二) 立法逻辑的规范

我国目前不存在真正法律意义上的逻辑规范体系,有关立法技术规范实际上属于立法语言的制度规范范畴。本节关于立法逻辑的规范主要是指立法的逻辑规范,即立法活动及其结果(法律文本)必须遵循的形式逻辑规则与实质逻辑规则。具体说来,在形式逻辑层面,立法者必须遵循演绎与非演绎的各种推理论证规则,特别是遵循同一律、矛盾律、排中律和充足理由律等四大基本逻辑规律要求;在实质逻辑层面,立法者必须遵循辩证的对立统一规律并坚守三大推论评价标准,结合法律规范的效力位阶关系,妥善处理和平衡不同立法价值之间的矛盾冲突。

1. 四大基本逻辑规律规范

(1) 同一律。它是指同一思维过程中,每一思想必须与其自身是同一的。所谓同一思维过程,是指同一对象、同一时间、同一关系等"三同"。同一律可用公式简化为:A 是 A。即如果 A,那么 A(A→A)。其中"A"表示任一词项(概念)或命题。从逻辑真值来看,"A(A→A)"就是"A = A",A 真则 A 真,A 假则 A 假。同一律要求我们在同一思维过程即在同一时间、同一条件下对同一对象而言,所运用的词项以及由此做出的断定必

[①] 黄震云、张燕:《立法语言学研究》,长春出版社 2013 年版,第 217 页。

须是确定的。具体说来，同一律要求我们做到：第一，在同一思维过程中，每个思想都必须是确定的；第二，在同一思维过程中，每个思想应当前后保持一致。而在具体的立法推理或论证过程中，最终确立的法律规范本身必须具有确定性和同一性，即法律规范本身须有可明确的法律内涵和可界定的调整对象，立法工作者须准确把握立法意图，保持法律术语、法律概念和法律原则的确定性与同一性。如果不遵守同一律，我们就会犯"混淆概念""偷换概念""转移论题"或"偷换论题"的逻辑谬误。如我国现行《刑法》第二百九十六条规定："举行集会、游行、示威，未依照法律规定申请或者申请未获许可，或者未按照主管机关许可的起止时间、地点、路线进行，又拒不服从解散命令，严重破坏社会秩序的，对集会、游行、示威的负责人和直接责任人员，处五年以下有期徒刑、拘役、管制或者剥夺政治权利。"该条款中的语句"或者未按照主管机关许可的起止时间、地点、路线进行"之关联词"或者"应当予以删除，否则该法条在理解上存在前后含糊不清、语句使用不同一的问题，在适用中很容易造成这样的误解："只要未依照法律规定申请或者申请未获许可就举行集会、游行、示威，便成立本罪。"实际上，该法的立法本意强调"未依照法律规定申请或者申请未获许可"与"未按照主管机关许可的起止时间、地点、路线进行，又拒不服从解散命令"之间是并存递进关系，而不是选择性关系，"或者"属于选言命题关联词。又如我国《中华人民共和国物权法》（以下简称《物权法》）第十条规定："不动产登记，由不动产所在地的登记机构办理。""国家对不动产实行统一登记制度。统一登记的范围、登记机构和登记办法，由法律、行政法规规定。"该法规定的不动产登记主体为"不动产所在地的登记机构"。但是，概念"机构"与"机关"之间是属种关系，前者的外延大于后者的外延，"机构"泛指"机关"和社会团体；我国现行宪法第三章即为"国家机构"，该章七节都是关于"国家机关"职权的规定。因此，《物权法》第十条关于"登记机构"概念的使用，出现了与宪法规范不一致的逻辑问题。我国民法学者发现了物权法存在的这个逻辑问题，后来梁慧星先生的《中国民法典草案建议稿附理由·物权编》和王利明教授的《中国民法典学者建议稿及立法理由·物权编》所使用的概念都是"登记机关"。[①]

---

① 参见李康宁：《民事法律立法语言失范问题检讨》，载《法律科学（西北政法大学学报）》2010年第5期，第134页。

(2) 矛盾律。它是指在同一思维过程中，两个互相否定的思想不能同真。因此，矛盾律又名不矛盾律。所谓"互相否定"，就是指不可同真的矛盾关系、反对关系。矛盾律可用公式表示为：并非（A 并且非 A），或表示为：¬（A∧¬A）。其中，"A"表示任一词项（概念）、命题；"¬（A∧¬A）"表示 A 与¬A 不可同真，即 A 假或¬A 假。矛盾律要求我们做到：第一，在同一思维过程中，不能用两个相互否定的概念指称同一对象；第二，在同一思维过程中，不能用互相矛盾或互相反对的两个命题陈述同一对象，或者说，对互相矛盾或互相反对的两个命题，不能同时肯定，而必须否定一个命题。矛盾律要求在同一思维过程中的思想必须前后一贯，避免自相矛盾，但是下列情况下不适用矛盾律：一是在不同的时间或从不同的方面对同一对象做出两种相反的论断，即在不同的思维过程中处于相互否定的思想并存，这并不违反矛盾律；二是这里的矛盾律不同于实质逻辑的辨证矛盾律，因为后者真实反映了对象的现实矛盾性与对立统一状况。在立法推理或论证过程中，我们必须遵循矛盾律，因为这有助于我们保证立法文本的首尾一致，避免前后矛盾。如果我们不遵守矛盾律，就会犯"自相矛盾"的逻辑谬误。如我国现行《物权法》第一百零八条规定："善意受让人取得动产后，该动产上的原有权利消灭，但善意受让人在受让时知道或者应当知道该权利的除外。"该但书条款存在前后自相矛盾的逻辑问题，因为按照民法法理，"善意"即不知情，即不知道或应该不知道；而本法条的后句中的"善意受让人"与"受让时知道或者应当知道该权利"（即知情受让人）之间是矛盾关系，不能并列放在一起。为解决此但书条款前后矛盾的问题，有学者建议删除但书中的"善意"二字，并在但书条款中的"权利"一词之后加上"真实状况"，该条款由此变动为："善意受让人取得动产后，该动产上的原有权利消灭，但受让人在受让时知道或者应当知道该权利的真实情况除外。"[①] 又如现行《中华人民共和国土地管理法》（以下简称《土地管理法》）第五十六条规定了"有关行政主管部门"对改变建设用地用途方面的"同意"权而非"批准"权："建设单位使用国有土地的，应当按照土地使用权出让等有偿使用合同的约定或者土地使用权划拨批准文件的规定使用土地；确需改变该幅土地建设用

[①] 李康宁：《民事法律立法语言失范问题检讨》，载《法律科学（西北政法大学学报）》2010 年第 5 期，第 133 页。

途的，应当经有关人民政府土地行政主管部门同意，报原批准用地的人民政府批准。其中，在城市规划区内改变土地用途的，在报批前，应当先经有关城市规划行政主管部门同意。"而我国现行《物权法》第一百四十条规定的却是"有关行政主管部门"对改变建设用地用途方面的"批准"权："建设用地使用权人应当合理利用土地，不得改变土地用途；需要改变土地用途的，应当依法经有关行政主管部门批准。"可见，关于同一主体对同一事项的行政管理权规定，在《土地管理法》与《物权法》两部法律的有关条款之间出现了不一致、相互冲突的逻辑问题。

（3）排中律。它是指在同一思维过程中，两个互相矛盾的思想不可同假。公式表示为：A 或者非 A，或者 A∨¬A。公式中 A 和¬A 是表示两个互相否定的命题。"A 或者非 A"是说，任何一个思想 A 及其与之处于矛盾关系或反对关系的思想非 A 不可能同时为假，或者 A 真，或者非 A 真，两者必居其一，除此之外无第三者。排中律要求我们做到：第一，在同一思维过程中，不能同时否定反映同一对象的两个矛盾关系的概念；第二，在同一思维过程中，不能同时否定两个矛盾关系的命题。此外，根据排中律的实质，在同一思维过程中，不能同时否定两个具有不同假关系的命题。但是，排中律也存在排除范围：第一，具有矛盾关系形式的两个性质命题（直言命题）的主项共同反映的那类（个）对象事实上并不存在时，如按照排中律要求推出必有一真，则毫无实际意义；第二，排中律要求两个同假的矛盾命题不能同时被否定，但是当这两个命题所反映的对象不确定，或者除了这两种情况外还存在第三种情况时，不适用排中律。在实际的立法推理或论证过程中，排中律要求我们务必排除"两不可"的态度，以避免和防止使用模棱两可的法律术语或规范条款，使法律规范更为明确具体。如1986年《陕西省计划生育条例》第九条规定："农民除适用第八条规定外，符合下列情况之一的，可以生育第二个孩子：一、兄弟几人只有一人有生育能力的。"该条款对农民有两个或两个以上姐妹且只有一个能生育的、能否生育两个孩子的情况，既没有明确肯定，也没有明确否定。因此，该地方性法规有可能造成法规实施阶段规范适用处于模棱两可的境地。又如我国现行《物权法》第一百八十条第 1 款规定："债务人或者第三人有权处分的下列财产可以抵押：……（七）法律、行政法规未禁止抵押的其他财产。"该条款最后第七项中的"未禁止"一词存在模棱两可的逻辑问题，并与物权法的抵押法定原则存在冲突。这是因为，法律意义上的"未禁止"一词是个开放性的概念,这意味着只要法律没有禁止的其他任何财产都是可以抵押的,因为"未禁止"包含了"法律明确规定的"与"法律虽然不规定但没有被宣布违法的"两种情形。但是根据我国现行《物权法》第六条规定了包括抵押权在内的物权法定原则:"不动产物权的设立、变更、转让和消灭,应当依照法律规定登记。动产物权的设立和转让,应当依照法律规定交付。"抵押权客体不适合动产,而适用于抵押的不动产,必须依法登记。由此可见,现行《物权法》第一百八十条第1款中的"未禁止"一词容易造成语词的理解歧义,建议修改为"允许",如此能够设定抵押的财产仅限于法律明确规定的范围。[1]

(4)充足理由律。它是指在论证过程中要确定一个论断是真的,就必须有充足的理由,即在论证过程中,一个思想被确定为真,总有其充足理由。充足理由律的公式可以表示为:$B \wedge (B \rightarrow A) \rightarrow A$,即 A 真,因为 B 真,且能从 B 真推出 A 真。这里 A 代表论断,B 代表理由。充足理由律要求我们做到:第一,理由必须是真实的。在法律论证中,既要做到所运用的法律必须恰当,又要做到证据真实。第二,理由必须是充分的,从证据能必然推出论题。在实际的立法推理或论证过程中,我们必须遵循充足理由律,全面把握认识对象的前因后果关系,尽可能做出完整周全的立法决定。如果我国不遵守充足理由律,就会犯"理由虚假"或"推不出"的逻辑谬误。我国现行《刑法》第一百条曾被学者批评该法条关于"报告受刑事处罚记录"内容的规定与刑法的角色定位毫不相干,而缺乏充分的立法理由。现行《刑法》第一百条规定:"依法受过刑事处罚的人,在入伍、就业的时候,应当如实向有关单位报告自己曾受过刑事处罚,不得隐瞒。"该法律条款要求报告受刑记录的规定,应当是《中华人民共和国兵役法》和《中华人民共和国劳动法》中的内容,而不应该规定在《刑法》中,这是因为当事人是否报告受刑记录,与《刑法》不存在任何关系;即使当事人不报告受刑记录,也不会被处以刑罚,这更与《刑法》无关,因此该法条的规定完全没必要。[2] 又如现行地方性法规《黑龙江省反不正当竞争条例》第七条规定:"经营者不得实施下列假冒他人注册商标的行为:

---

[1] 参见李康宁:《民事法律立法语言失范问题检讨》,载《法律科学(西北政法大学学报)》2010年第5期,第135页。

[2] 参见莫洪宪、王明星:《刑事立法语言之技术特点》,载《现代法学》2001年第5期,第137页。

（一）未经注册商标所有人的许可，在同一种商品或者类似商品上使用与其注册商标相同或者近似的商标的；（二）伪造、擅自制造他人注册商标标识的；（三）给他人的注册商标专用权造成其他损害的。"但是，该法律条款第三项存在概念的概括过宽、列举不周全、不充分的逻辑问题。这是因为，该条款首句中的概念"假冒他人注册商标的行为"为属概念，其外延应该涵盖下文所列举的三种行为概念，但是第三项的兜底条款"给他人的注册商标专用权造成其他损害的"规定过于宽泛，大大超出了"假冒他人注册商标的行为"的概念外延，因此建议将"假冒他人注册商标的行为"修改为"侵犯他人注册商标的行为"。①

2. 三大推论评价标准规范

综观古往今来的逻辑论证或法律推论理论，我们发现，学界普遍认为存在逻辑的、对话的和修辞等多元的推论评价方法或标准。如古希腊时期，亚里士多德最早系统提出论证评价的三种标准：分析标准即逻辑标准，见《分析前篇》和《分析后篇》；论辩标准，见《辩谬篇》；修辞标准，见《修辞学》。荷兰现代法学家普拉肯进一步提出了逻辑的、对话的、程序的、策略的四层次观，德国法学家 Neumann 则区分了逻辑分析方法、论题学－修辞学方法以及涉及对话（协商）理论的方法，荷兰法学家伊芙琳·T. 菲特丽丝明确提出关于逻辑学方法、修辞学方法和对话方法的区分等。以上关于论证或法律论证的评价标准理论同样适用于实际的立法推理与论证实践，不过，这里的逻辑标准实为形式逻辑标准，而论辩标准和修辞标准则应归入实质逻辑范畴。

（1）推论评价的逻辑标准：一个推论是好的，当且仅当，它在逻辑上是有效的。逻辑标准是最为历史悠久的法律推论评价标准，实际上属于传统形式逻辑的有效性标准。荷兰法学家菲特丽丝认为，"从逻辑的角度看，某一法律证立之可接受性的一个必要条件是：支持该证立的论述必须是逻辑有效的论述，另一个条件是，支持某一证立的理由依据法律标准是可以接受的。只有当某一论述在逻辑上有效时，才能从法律规则和事实（前提）当中得出裁决（结论）"。② 按照此类评价标准，逻辑形式的有效性被

---

① 蒙启红、石晶玉：《黑龙江地方立法语言失范现象评析》，载《黑龙江省政法管理干部学院学报》2009 年第 1 期，第 31 页。
② [荷] 伊芙琳·T. 菲特丽丝：《法律论证原理——司法裁决之证立理论概览》，张其山、焦宝乾、夏贞鹏译，商务印书馆 2005 年版，第 11 页。

当作立法推理论证的合理性标准，逻辑语言被用来重构各种法律论述。德国法学家阿列克西为此提出系列公理性命题规则：欲证立法律判断，必须至少引入一个普遍性的规范；法律判断必须至少从一个普遍性的规范命题连同其他命题逻辑地推导出来；需要尽可能多地开展逻辑推导步骤，以使某些表达达到无人再争论的程度，即它们完全切合有正义的案件；应尽最大可能陈述逻辑的展开步骤等。① 而立法论证等法律论证的逻辑有效性意味着我们必须遵循同一律、矛盾律、排中律和充足理由律等形式逻辑的基本规律要求。这是因为，在立法实践过程中，只有当一个立法论证在逻辑上有效时，才能从已有的立法规则或事实前提中得出相关结论。正如人大工作者王爱声指出的：立法论证的目的是为立法主张寻找理据以求得广泛的支持，因此，特别强调论证的合理性和可接受性；而按照逻辑方法，一个立法要求或主张得以证立且可被接受必须具备两个条件，一是论证应当是在逻辑上形式有效的论述，二是进行论证所用的论据及得出的结论应当具有可接受性。② 一项法案要正式提上议程、通过各种审查并获得认可，首先而且应当具备这样一个形式的逻辑规范基础。

（2）推论评价的论辩标准：一个推论是好的，当且仅当，当事人通过理性的协商讨论解决法律争议。立法推论的论辩标准也就是理性的法律对话标准，它本质上是一套方便当事人协商讨论的程序规则标准。"在此程序中，法律主张根据理性商谈的特定规则获得支持。在这种称作对话的方法中，法律论述被看成是一场关于某种法律观点可接受性对话的组成部分。"③ 关于立法推论的论辩标准，荷兰法学家菲特丽丝提出语用－辩证理论之理想模型，并为此归纳出十条"理性论辩者行为准则"④：①讨论各方不得阻碍对方提出论点或对论点提出质疑；②提出论点的一方有义务在对方提出要求的情况下，对其论点予以辩护；③攻击某个论点必须与对方实际上已经提出的论点相关；④一方只有提出与论点相关的论证，才能对其

---

① 参见[德]罗伯特·阿列克西：《法律论证理论——作为法律证立理论的一种理性论辩理论》，舒国滢译，中国法制出版社2002年版，第276–282页。
② 参见王爱声：《立法论证的基本方法》，载《北京政法职业学院学报》，2010年第2期，第33页。
③ [荷]伊芙琳·T. 菲特丽丝：《法律论证原理——司法裁决之证立理论概览》，张其山、焦宝乾、夏贞鹏译，商务印书馆2005年版，第16页。
④ [荷]伊芙琳·T. 菲特丽丝：《法律论证原理——司法裁决之证立理论概览》，张其山、焦宝乾、夏贞鹏译，商务印书馆2005年版，第171–172页。

观点进行辩护；⑤一方不得错误地将未予表达的前提归予对方，或者对自己留存的模糊前提推卸责任；⑥一方不得错误地提出某个前提作为可接受的出发点，也不得否定作为可接受的起点的某个前提；⑦如果辩护不是借由被正确适用的适当的论证方案进行，某一论点就不能被视为得到了终局性辩护；⑧论辩中，一方只可采用逻辑有效或者通过阐明一个或多个未表达的前提便可使之有效的论述；⑨对某一论点未能成功辩护必然导致提出该论点的一方收回论点，同时，另一方对其论点的最终辩护，也必然导致对方收回他对该论点的质疑；⑩一方不得使用不够明确的或者模棱两可的表达方式，并且要尽量仔细、准确地解释对方的表达方式。这些行为准则本质上就是承认当事人各方提出论点和质疑论点的权利，以及通过论证为本方的法律观点进行辩护的权利和义务，主张某种根据共同的起点和评论方法成功得到辩护的观点的权利，以及认同某种依此方式得到辩护的观点的义务。实际上，对话式的论证是我们经常看到的立法论证的实际场景。立法论证是一种通过论辩机制进行商谈、表达、解释、批评和修改论证的活动。因此，有人提出以下观点也不为过："在许多场合，立法论证差不多成为法律论辩的典型模式；也可以说，论辩式的论证是立法论证的一种典型模式。"[1] 因为在这种模式下，参与讨论者在一些重要问题上存有分歧，但每一个讨论者都能理性地参与，积极寻求合理性的方案，都愿意将这种讨论实践作为实现共同利益的手段，并能为共同利益的实现而相互妥协。

（3）推论评价的修辞标准：一个推论是好的，当且仅当，它对于目标听众来说是可接受的。修辞标准是立法推论的语用学标准，是用来衡量法律推理论证的实际功效的。"作为对逻辑方法及其强调法律论证形式方面的回应，修辞方法注重论述的内容以及可接受性之语境的依赖向度。依此方法，对于所面对的听众而言，论证的可接受性取决于论证的有效性。"[2] 这里所指的"听众"，主要是指作为立法论辩评判主体的法律职业者，如民意代表、立法工作者等；而"可接受性"并不是指形式逻辑的非真即假，而是更具有似真性，掺杂了法律的和社会的综合标准。亚里士多德将

---

[1] 王爱声：《立法论证的基本方法》，载《北京政法职业学院学报》，2010年第2期，第34页。

[2] [荷] 伊芙琳·T. 菲特丽丝：《法律论证原理——司法裁决之证立理论概览》，张其山、焦宝乾、夏贞鹏译，商务印书馆2005年版，第13页。

修辞术当作人的一种艺术和技能来对待，提出逻辑、情感和伦理三种修辞证明，识别了辩论、协商和夸奖三种修辞类型。佩雷尔曼和奥尔布莱希特-蒂特卡认为论证功效与听众有关，并区分了特定听众和普通听众。论证结果即使符合逻辑标准和论辩标准，听众也并非一定会接受。听众可以接受的是作为法律职业共同体认同的一般观点，如在大陆法系国家的制定法优先判定规则，包括新法优先于旧法、上位法优先于下位法和特别法优先于一般法等效力处理规则，又如普通法国家的遵循先例和公平、良心、正义等衡平规则。也有中国学者具体探讨了中国式法律论证评价的四大修辞标准："以理服人""以辞服人""以情感人"和"以德/势服人"[①]。其中，"以理服人"侧重于运用理性的逻辑推理的方式来使听众信服，这体现在亚里士多德所提出的"logos"这种修辞要素，即当修辞者运用"logos"说服听众时，一般要使用演绎三段论或归纳三段论，而在修辞式推论中，论辩者往往需要前文论及的"论题"（topoi）来获得论据，维护自己的立场；"以辞服人"即突出直接运用的言辞手法来说服人，具体说来，这包括了诸如比喻、重复、详略、妙语等，可以让人直接从字面上深切感受到身临其境效果的言辞手法；"以情感人"是指通过口头的或书面的言语表达技巧，触动听众内心的情感，使其接受修辞者所要传达的意图或观点，这种修辞方法尤其适用于口头方式的论辩中，并具有多种灵活的表达方式与技巧，如音节、音调、姿态等细微的环节都会影响到修辞的效果；"以德/势服人"注重修辞者本人的人格威望和道德修养这种"情"与"理"以外的因素在说服中的运用。实际上，修辞标准作为一种增强法律说服力的方法，比形式逻辑更容易被社会公众所接受并产生更为直接的立法效果和影响。这是因为："首先，修辞论证理论的引入有助于保障立法的合理性，进而实现立法的民主化、科学化与合法化。其次，修辞论证理论的引入有助于提高立法效益。由于修辞论证理论能够保障参与立法的主体在最大限度上达成理性的共识，使立法能够最大限度地反映民众的意志，这就使得法律的遵循具备了良好的民意基础从而能提高立法效益。"[②]

---

① 焦宝乾：《法律中的修辞论证方法》，载《浙江社会科学》，2009年第1期，第47-51页。

② 杨贝：《法律论证的修辞学传统》，载《法律方法与法律思维（第4辑）》，第76页。

第六章 立法准备

立法活动是由一系列动态的环节构成,活动过程具有阶段性、关联性和完整性。一般来说,立法过程分为立法准备、由法案到法和立法完善三阶段。[①] 立法准备是立法活动过程中的前期准备阶段,是立法活动过程中的重要基础环节和第一个阶段,进行立法准备工作是立法主体正式启动立法程序进行具体某一项立法的前提。所谓立法准备是指立法活动在真正提上立法机关审议之前所进行的立法预测、立法规划和决策、法律立项、法案起草等一系列工作而形成的相关制度总和。这一阶段的内容主要包括:进行立法预测、编制立法规划、形成立法创意、做出立法决策、组织法案起草班子、起草法案草稿、协调因立法而引起或存在的种种关系。[②]可见,立法预测、立法规划与决策、法律立项和法案起草构成了立法准备制度的基本内容。

第一节 立法预测、规划与决策

一、立法预测

(一) 立法预测的概念和任务

立法预测是根据社会发展规律和法律自身发展规律,运用科学的方法

---

① 参见周旺生:《立法学教程》,北京大学出版社2006年版,第2页。
② 同上。

和手段，对未来社会的法律发展趋势、法律需求所进行的科学推测。立法预测是立法准备的基础和必要环节，是立法主体组织有关专家、学者以及其他人员获取有关立法的未来状况和发展趋势的预测资料的活动。科学的立法预测涉及社会、政治、经济、文化等多领域，需要立法主体在一定科学方法指引下获得立法未来状况和发展趋势预测资料的立法活动。

古人云："凡事预则立，不预则废。"[①] 立法活动也不例外。立法预测应用科学的方法和手段揭示、获取社会发展的客观需要和立法的社会需求状况，确保立法最大限度地反映社会现实，最大限度地反映社会发展和法律自身发展的客观规律。立法预测的目的在于真正做到立法能与社会发展规律相符合、相一致，科学地预见法律的综合社会效果，以及预见法律调整的形式和方法中可能发生的变化。只有建立在科学的立法预测基础上，对立法实施现实性、需求性、可行性、顺序性的整体筹划，才能保证所立的法适应社会发展，起到立法引领社会发展的作用，避免立法的滞后性和盲目超前性。

立法预测作为立法准备的第一个基础环节，其基本任务具体包括以下几点：

一是科学的预测立法的发展规律和趋势，既包括整个立法及其发展规律和趋势，也包括具体部门法律的发展规律和趋势。

二是考察和预测现行立法的某一个部门或某一项立法所能达到的社会效果，以及今后的可行性程度，未来需要进行修改、补充、废除或进一步完善的各种相关问题。

三是科学预测今后一段时间需要了解社会立法需求及其立法需求程度，从而确定需要制定哪些法律规范。

四是预测法律调整方法和手段可能发生的变化，以及立法部门可能出现的新的原则，确定对社会关系进行法律调整的最有发展前途的方法和形式。

（二）立法预测的作用

随着科学技术和立法实践的发展，立法预测在立法活动过程中日益受到重视，主要因为立法预测对整个立法活动具有重要作用。

---

① 《礼记·中庸》。

首先，科学的立法预测有助于协调立法与社会发展的关系。社会是永恒向前发展的，而法律是静止的，滞后于社会发展的。这时，立法需要考虑社会向前发展，需要积极主动适应社会发展需求。在立法活动中，涉及立法是否与社会发展的客观规律相符合、立法是否能够满足社会的规范要求、立法是不是满足社会规范需求的最佳方式、立法是否具有现实的可操作性等问题，都需要立法预测。也就是说，立法预测要考察社会对立法的需求，哪些领域需要立法、何时立法、何种方式立法，立法是否适合社会发展需求，以及立法所达到的社会效果，等等。这些问题直接关系到立法的质量和实施的社会效果，都需要科学的立法预测来解决。

其次，协调立法、执法、司法、守法之间以及法律体系内部之间的关系。法制体系是一个协调的系统工程，立法、执法、司法、守法之间任何一个环节的状况和最大限度实现立法效果，都受制于其他环节。科学的立法预测，将立法、执法、司法、守法置于一个系统考虑，测算和考察立法、执法、司法、守法之间的协调关系，有助于立法者立法时找到立法、执法、司法、守法之间协调的技巧和方法。立法预测从社会、政治、经济、文化领域着手，预测社会发展趋势以及社会对立法的需求之间的关系，全面规划、统筹安排，加强立法组织和指导，集中力量，明确重点，有计划、有步骤地制定各种法律，并且使各种法律和谐一致，避免互相矛盾和互不衔接的现象，建构和谐的、统一的社会主义法律体系。

最后，立法预测是立法准备的基础环节，为立法准备的其他环节提供服务。立法预测获得的立法信息和资料，为立法规划、立法决策和法案起草提供了立法信息资源，使立法建立在科学基础上，从而提高立法质量，发挥立法的最佳社会效果。

可见，立法预测具有多种作用，但最根本的作用正如学者所说："立法预测具有多种作用，其中，根本的作用就在于为立法决策、立法规划等服务，使法律与社会协调发展，从而使法律达到调控社会的最佳效果。"①

（三）立法预测的分类

1. 全国性立法预测和地方性立法预测

我国现行立法体制一定程度上是中央统一领导和一定程度分权的，多

---

① 朱力宇、张曙光：《立法学》（第3版），中国人民大学出版社2009年版，第165页。

级并存、多类结合的立法体制。与该立法体制相适应的,我国存在中央立法和地方立法多层次区分的问题。中央立法和地方立法适用范围存在区域不同,中央立法适用于全国范围,地方立法仅在本地方区域适用,与该立法体制相对应,立法预测也存在全国性立法预测和地方性立法预测之分。全国性立法预测是一个国家范围的立法发展趋势所做的预测,在我国,全国性立法预测既包括全国人大及常委会的立法,也包括国务院及其部门的行政法规和部门规章。地方性立法预测是国家一个地方区域的地方立法发展趋势所做的预测。在我国,地方性立法预测指享有地方立法权的权力机关和行政机关所做的在本行政区域生效的地方立法。

全国性立法预测主体是中央立法主体,地方性立法预测主体是地方立法主体,其中,全国性立法预测在立法预测中居于主导地位,指引着地方性立法预测。

2. 宏观立法预测和微观立法预测

宏观立法预测是从总体上对立法前景和发展趋势进行考察和测算,既包括对国家和某个地方,也包括某个部门的整个立法原则、立法制度、立法技术的发展前景和趋势进行的考察和预算。微观立法预测仅是对某一单项立法或法律制度或法律规范未来产生的社会效果、发展趋势和未来状况所进行的考察和测算。

宏观立法预测相对比较抽象,对国家某一阶段的社会发展趋势和立法需求进行的综合性分析研究和测算;微观立法预测比较具体,主要是基于立法和司法实践中的大量素材进行分析,为具体部门的某一单项立法或法律规范的变动进行测算。宏观立法预测对微观立法预测具有指导作用。但"宏观和微观的分类只具有相对意义,并无严格标准,不排除牵一发而动全身的效果,因此,微观预测结果也会为宏观的预测提供重要的补充"[①]。

3. 长期立法预测、中期立法预测和短期立法预测

这种分类方法主要受我国国民经济和社会发展规划的影响,以五年作为一个时间段,通常会根据国民经济和社会发展规划来预测立法活动。

长期立法预测是指对未来十年以上或更长期限的立法发展趋势和前景所进行的预测。长期立法预测主要是确定长时期内立法工作方针、规划或任务的重要依据。长期立法预测适合国家立法机关采用,一般呈现覆盖面

---

① 张永和:《立法学》,法律出版社2009年版,第72页。

大、容量大、粗线条、较笼统、较模糊的预测。

中期立法预测是指对未来五年至十年期间的立法发展趋势和前景所进行的预测。中期立法预测主要是确定中期内立法工作方针、规划、任务的重要依据。中期立法预测更适合行政机关，也适合立法机关，一般覆盖面大和容量大小，线条粗细、详略和明晰程度，介于长期立法预测和短期立法预测之间，处于中间状态。

短期立法预测是指对未来五年以内的立法发展趋势和前景所进行的预测。短期立法预测主要是确定近期立法工作方针、规划或计划和对近期立法进行决策的重要依据。短期立法预测更适合地方和具体部门的立法机关进行，短期立法预测的时间短，覆盖面小，但考察和测算的准确度高，要求结果具体、明确、详尽且尽可能完备。

长期立法预测和中、短期立法预测之间相互影响、相互作用。长期立法预测指导中、短期立法预测，中、短期立法预测为长期立法预测提供支撑。

4. 其他立法预测分类

除上述立法预测分类外，还有其他类型的分类。如从立法预测主体来划分，享有立法权的机关自行或委托其他组织进行的预测，如全国人大及其常委会的立法预测、国务院的立法预测。非立法机关的预测即不具有立法权的组织或个人对立法所进行的预测。再如，定性立法预测和定量立法预测。定性立法预测是指预测在今后应当制定、修改、补充或废止哪些法律，或者预测法律的调整对象有什么变化以及法律的调整有什么变化。定量立法预测是指预测今后一定时期内应该修改、补充或废止多少法律，或对立法预测所取得的未来社会信息资料进行量化分析，从而寻觅立法发展规律。①

（四）立法预测的原则

1. 合宪性原则

立法预测建立在对具体材料进行科学分析的基础上，科学地预测社会发展规律及立法需求，预测立法的社会效果，以及今后需要进行修改、补充、废除或完善的各种有关问题。立法预测活动要严格依据宪法，建立在

---

① 参见刘和海、李玉福：《立法学》，中国检察出版社2001年版，第90页。

宪法基础之上，下位阶的法要依据上位阶的法，不得与上位阶的法相抵触。具体立法实践中，立法机关组织相关立法机构、其他机构、专家和其他参与人员进行立法预测，要进行合宪性解释，确保立法预测符合宪法原则和精神。

2. 科学性原则

立法预测是一项科学活动，需要利用科学的方法和手段，对我国社会发展和立法需求进行具体分析，比较客观地提出意见和建议。立法预测结合科学的分析手段以及科研机构和高等学校的有关人员的科学分析，既要尊重客观实际，又要利用现实生活中法治实践的材料，获取和研究与立法预测相关的信息。只有进行科学的立法预测，才能选择最佳的立法方案。

3. 协调性原则

立法预测揭示了法律的一般发展规律以及各个具体立法部门、各项具体法律制度、各个具体法律规范的发展趋势，预测立法的某一个部门或某一项立法文件所达到的预期的社会效果以及今后需要进行修改、补充、废除或完善的各种有关问题。对某一部门法或某一法的预测，必须考虑到其他相关部门法或法的现实情况和未来发展情况对其的影响，避免部门法之间或不同法之间的冲突与矛盾，确保整个法制机制的协调性。

（五）立法预测的步骤

立法预测是一项专业性和科学性很强的活动，需要遵循一定的步骤才能保障立法预测的良好效果。人们对于立法预测的步骤存在不同的认识，有学者认为大多数立法预测分为七个步骤，也有学者主张立法预测分为四个步骤，等等。

我们认为立法预测的步骤要根据具体立法项目来确定，特殊的或专门的立法预测项目步骤可以适当灵活，不必拘泥和僵化。但对于一般的立法预测项目应遵循以下几个步骤：

一是确立立法预测的目标。就是明确需要预测的具体立法项目及该立法项目的发展趋势及未来状况，在预测立法的质和量方面达到什么标准。

二是组建立法预测团队。立法预测项目明确具体后，就可以根据具体项目的情况，组建具有相关知识背景的专业团队。

三是搜集立法信息。包括与该项目相关的国内外理论与实践情况，党和国家在这方面的政策，与该项目密切相关的社会背景及发展趋势，与该项目相关的法律法规及实施状况。

四是分析立法信息。立法预测机构及其人员对搜集来的立法信息进行审查、分类、汇总,并在科学地分析的基础上做出取舍。

五是提出立法预测报告。立法预测机构及其人员在对立法预测信息科学分析的基础上,可得出初步立法预测结论。为提高立法预测结论的科学性,还需要在进一步论证和充分听取意见的基础上,再正式提出立法预测报告。

二、立法规划

(一) 立法规划的含义与性质

1. 立法规划的含义

立法规划是有权的主体,在自己职权范围内,为达到一定的目的,按照一定原则和程序,所编制的准备用以实施的关于立法工作的设想和部署。[①] 具体地说,立法规划是一定的国家机关,依照一定的职权,在立法政策与原则的指导下,根据一定的方式、程序与技术,对立法及其进程进行的系统安排与设计。立法规划是在立法预测的基础上,立法主体做出制定立法目标、措施及步骤的基本安排,根据社会发展和经济建设需要从中提炼出立法项目、制定的法律的名称、大致内容、立法的依据、立法的效果、立法的期限以及相关的论证资料。进而,立法规划主体对提炼出立法项目要进行细致全面的审查,确定多个立法项目,对多个立法项目的立法进行系统安排。

立法规划不仅为以后的立法工作提供了最权威的方向性指导,也为立法者在完成立法任务的时间、内容、步骤等具体事项方面提供了行为准则。

2. 立法规划的性质

立法规划已逐渐发展成为一项立法惯例并形成一套严谨而规范的制度。但关于立法规划的性质是什么,迄今尚没有出现一个有说服力的共识性观点。

第一种观点认为,立法规划具有准法的性质。"立法规划属于一种准

---

① 参见周旺生:《立法学教程》,北京大学出版社 2006 年版,第 452 页。

法性质的文件：它具有准法的性质，但又不是完全意义或典型意义上的法，即'准法'或'半法'。"①

第二种观点认为，立法规划具有立法准备的性质。《立法法》制定后，乔晓阳主编的《立法法讲话》在"法律的制定程序"一讲中，介绍的第一个程序就是立法规划和立法计划，并将立法规划和立法计划定性为"立法准备程序"。②

第三种观点认为，立法规划具有管理或者计划的性质，因为"科学的管理工作的特点之一，是加强管理的计划性，在实施一项计划措施以前，需要预先拟定它的具体内容和实施的步骤"；"立法规划也需要有计划地进行，只有这样，才能发挥法律对管理经济和社会生活各个领域的重大作用"③。

第四种观点认为，立法规划具有立法预测的性质。"立法规划工作是同立法预测工作紧密地联系在一起的，并且是依靠立法预测而进行的。如果没有立法预测，要制定切实可行的立法规划是不可能的。"④

我们认为，立法规划不具有法的性质，立法规划是规范性法律文件。首先，立法规划不具有法律效力。立法规划由一定主体对未来一段时间的立法进行安排，经过一定的制定程序形成的规划，不具备强制执行的效力。三十多年来，全国人大常委会从来没有表决通过一件立法规划。因此，不具有"法"的性质。其次，立法规划是规范性法律文件。立法规划一般是由拥有相应立法权的主体依法定程序审议通过（批准），并以正式决议的形式予以公布，这是立法机关对立法的重大决策，其主要内容是对需要完成的各个具体立法项目做出的安排和布置，是具有与该立法机关公布的规范性文件相同的法律地位的规范性法律文件。立法机构通常会严格遵照立法规划的安排开展立法工作，并由此启动正式立法程序。2013年10月底，全国人大常委会法工委副主任信春鹰在接受媒体采访时强调说："立法规划是全国人大常委会在统筹各方面意见基础上形成的重要文件。"⑤

---

① 周旺生：《立法学》（第2版），法律出版社2009年版，第422页。
② 乔晓阳：《立法法讲话》，中国民主法制出版社2000年版，第100页。
③ 吴大英、任允正、李林：《比较立法制度》，群众出版社1992年版，第783页。
④ 同上。
⑤ 信春鹰：《提高法律草案质量 努力完成立法规划——法工委副主任就立法规划答本报记者问》，载2013年10月13日《法制日报》。

但立法规划不同于一般的规范性文件，具有自身特质。首先，立法规划是正式立法程序的前准备阶段，是正式立法程序的开端，具有一定的程序性和过程性；其次，立法规划需要对立法项目进行科学的规划，因此也具有一定的技术性；最后，立法规划通常要求与党和国家的立法政策保持一致，编制立法规划要以立法政策为指引，对立法政策实现具体化、成文化，使立法规划与立法政策的原则、精神和要求协调一致。

可见，立法规划是兼具程序性、技术性和政策性特质的规范性法律文件。

（二）我国立法规划发展情况

在我国，立法规划肇始于20世纪80年代初期，后逐步受到重视。1981年，国务院发布《国务院经济法规研究中心关于加强经济立法工作的几点建议》，明确了立法规划的重要性。同年，经国务院批准，制定了1982—1986年经济立法规划，开启了我国立法规划的先河。

1986年，国务院批准了"七五"期间立法规划，并按年度制定每一年的立法规划。1988年4月，第七届全国人大常委会委员长万里在会上首次正式提出要制定五年立法规划，拉开了全国人大常委会制定立法规划的序幕。同年，第七届全国人大常委会通过了《全国人民代表大会法律委员会关于五年立法规划的初步设想》。1991年，第七届全国人大常委会制定了1991年10月至1993年3月的立法规划，这也是全国人大常委会制定的第一次正式的立法规划。自第八届全国人大常委会起，历届全国人大常委会均在届初制定五年立法规划，已成惯例。地方人大自1988年以来，也逐渐开始制定立法规划。

全国人大常委会的立法规划工作是在我国依法治国、建设社会主义法治国家的过程中，随着立法工作的逐步法制化、规范化，不断推进和完善的。为了使立法规划和立法计划的编制和实施工作更加规范化、科学化，全国人大常委会还加强了相关的制度建设，研究制定了《关于全国人大常委会立法规划及年度立法计划的制定工作程序》《关于法律草案起草和审议工作的若干规定》和《立法工作联系制度》等规范性文件，明确了立法规划和立法计划制定的指导思想和具体起草工作程序，规范了法律草案的起草和审议工作，以及立法协调工作的具体职责。全国人大及其常委会的立法工作始终围绕着立法规划所确定的立法项目展开。立法项目只要能进入立法规划，基本上能保证在正式立法程序中获得通过。第八、第九、第十届全国人大及其常委会审议通过的法律基本上都是立法规划内的项目，即使没有完成的立法项目基本都会继续列入下一届的立法规划中。

目前我国已形成具有中国特色的立法规划制度。在实践中，《关于全国人大常委会立法规划及年度立法计划的制定工作程序》规定，人大常委会办公厅会向有权提出法律案的机关如全国人大各专门委员会、国务院有关部门、最高人民法院、最高人民检察院、中央军委法制局和各人民团体发出通知，征集立法项目建议。所以，人大立法规划中立法项目的主要来源，一是政府部门提出的立法建议；二是人大常委会及人大有关专门委员会、工作部门提出的立法建议。全国人大常委会法工委对各方立法建议进行汇总，审查编制立法规划草案，交由委员长会议审议、表决，委员长会议通过后，报请中共中央批准，最后再由全国人大常委会公布该立法规划。

（三）立法规划的原则

立法规划是对今后一个阶段立法活动的设想和部署，对随后的立法过程有实质性影响。如在我国，一般只有被列入全国人大常委会五年立法规划的法律案才可能进一步列入年度立法计划，再由全国人大或者全国人大常委会审议通过，最后颁布施行。在立法需求不断增加的情况下，立法规划的重要性凸显。编制和实施立法规划应坚持的原则，目前我国尚无这方面的规定。但要使立法规划在实践中切实可行，立法规划应遵循一定的原则。只有坚持一定的基本原则，才能较好地实现自己的目的，才能取得较好的实效。具体来说，我们认为立法规划应包括几个原则：

1. 合法性原则

立法规划的合法性原则，是指依法编制和实施立法规划，不得与现行法的原则和精神抵触。合法性原则包括三方面的内容：

首先是主体合法。立法规划应由享有立法权的机关来进行，享有哪一级的立法权，也就相应地享有该级的立法规划权。除此之外，任何国家机关、社会团体、公民个人都不享有立法规划权。

其次是程序合法。立法规划必须依照一定的程序进行，按照一定步骤，具体包括立法项目建议征集、立法项目的提出、立法项目审查、编制和实施法定立法规划进行。立法规划主体编制立法规划时应遵循这一步骤，严格按照程序进行。立法规划程序为立法规划主体完成立法规划任务提供了明确的模式和行为准则，使立法规划具有可操作性。

最后是内容合法。立法规划项目的内容和范围应当有法的依据，应当以经济和社会发展为规划的背景依据，找到立法规划项目的法律和政策依据，再依照法定程序制定为正式的立法规划。立法规划的立法项目制定出的法要符合上位阶法，也需要保持与法律体系的其他法律法规协调，避免冲突。

2. **科学性原则**

科学性原则是指编制和实施立法规划，要合乎客观规律的要求，做出最佳选择，具有科学性。[①] 立法规划对未来社会立法需求的设想和部署，绝不是凭空构建的，而是建立在科学的基础上，坚持立法规划科学性原则。首先，编制立法规划必须立足现实，对各种社会关系进行深入调查研究，使立法规划所定立法项目尽可能满足立法需求。其次，在立法规划建议项目的协调、论证过程中，很多地方都注意听取专家意见，通过专家论证，增强了规划的科学性。最后，既考虑全局又兼顾个别，分清轻重缓急，合理安排各个项目的先后次序，突出重点，均衡立法结构。

3. **民主性原则**

民主性原则，就是在整个立法规划过程中，坚持民主的价值取向，使社会公众参与和监督立法规划的全过程，建立充分反映民意、广泛集中民智的立法规划机制。立法规划不仅是立法主体的事，广大的国家机关、社会团体、企事业组织及公民个人对立法规划均可以提出建议和设想。因为立法规划作为对未来立法工作的部署和设想，直接关系到所有社会关系参与者的利益，贯彻立法规划民主性原则，发挥专家和社会公众参与立法规划活动的积极性，可以集思广益，提升立法规划的质量和社会效果。

4. **可行性原则**

可行性原则是指编制和实施立法规划，要充分考虑到立法规划的未来社会发展的变数，立法规划可在多大程度上转为现实立法活动的可操作性。规划中的立法项目、任务可以变为现实，才具有可行性。如无可能实现或实现的可能性不大，那么制定出的立法规划就意义不大了。可行性原则要求立法规划坚持从实际出发，立足现实，深入调查研究，尊重客观规

---

① 参见周旺生：《立法学教程》北京大学出版社2006年版，第462页。

律。首先，研究和洞悉现实社会的立法需求，编制和实施立法规划满足社会的这种需求。其次，研究立法规划中的法在规划的期限内能否具备人力、物力来保证合格制定出来。最后，研究立法规划中要立的法在将来现实生活中能否行得通，社会效果如何？此外，还需要考虑是否符合上位法，是否与法律体系相协调。否则，将导致立法规划中的法无法实现。

（四）编制立法规划的程序

2014 年 8 月 31 日，全国人大常委会通过中国人大网向社会公布征求意见的《立法法》修正案草案，明确将立法规划作为"立法准备"一章的一项法定的内容规定下来。但正式颁布的《立法法》没有规定有关立法规划的内容，这说明立法规划没有纳入法律程序的规制中。但借鉴国内外的立法规划实践，编制立法规划一般遵循以下程序：

1. 提出立法项目

在立法预测的基础上，根据一定时期社会、经济发展的立法需求，提出立法项目，即立法规划主体在规划活动中所要达到的具体目标，这是立法规划的核心内容。在我国，立法项目提出的主体是广泛的。因为立法项目并不是立法提案，立法机关应该广泛征求立法项目以集思广益。国家机关、企事业单位、社会团体、科研单位及社会各界都可以提出立法项目建议，但立法项目的取舍决定权掌握在立法机关手中。

立法项目的提出方式是多种多样的，公民、社会组织和国家机关通过广播、电视、报纸杂志、电子邮件、电子论坛等向立法机关提出或直接向立法机关提出立法项目的建议。提出立法项目不仅仅是提一个立法项目名称，而且需要提出一个建立在立法预测基础上的立法报告书。立法项目的具体内容一般包括：拟立法的法律名称，拟立法调整的社会关系，拟立法解决的社会问题，该立法项目主要内容和主要制度，立法依据、立法目的、立法期限以及相关的论证资料，等等。

2. 审查和确定立法项目

审查立法项目是立法规划工作中的一个关键步骤，它的意义在于决定各立法项目在立法规划中的取舍。所以，接受立法项目的立法规划主体要对立法项目进行细致全面的审查。审查立法项目的具体内容主要有以下方面：①审查立法项目是否属于立法规划主体的权限范围，如不属于权限范围，应移交有关有权主体审查或不予受理；②审查立法项目是否可行，立法项目是否具有现实基础和未来实现的可能;③审查立法项目形式是否合法、合理,如名称是否正确、内部结构是否合理等;④审查立法项目内容是否明确、具体,是否与我国的法律体系协调。

立法机关在对所有立法项目进行审查的基础上,根据客观形势的需要和各个立法项目之间的关系做出适当的调整,最终确定立法项目。

3. 编制立法规划草案

立法机关根据对立法项目的审查和调整后确定的立法项目,按照一定的原则进行编排与部署立法规划草案。制订立法规划草案,立法机关应根据立法项目的内容、数量,根据重点和轻重缓急,对需要列入规划的立法项目根据实际情况编制立法规划草案。编制立法规划草案要突出重点、先后有序。根据现实需要的迫切程度、现实的物质条件、未来的可行性等安排立法项目的先后顺序,优先考虑目前迫切需要调整的立法项目以及现行法律急需配套实施的立法项目。

4. 审议通过立法规划

这是立法规划的最后一道工序,立法规划草案制订出来后必须报请上级有权规划主体批准,全国的立法规划草案必须报请全国人大批准,省级立法规划草案须报请全国人大常委会批准,其他地方立法规划草案须报请省级人大常委会批准,经审批无误后由有权主体公布。

(五) 立法规划与立法计划

立法计划是立法活动中的一个重要环节,是立法准备的内容之一。通常,立法计划是指年度立法计划,是对每一年度立法主体立法工作的具体安排。在我国,立法机关根据五年立法规划,详细制定每年的立法工作计划,称之为"年度立法计划"。立法计划是有立法权的立法主体每年都要根据政治、经济和社会发展的实际需要,在立法规划的总体框架内,制定年度立法计划,对全年地方立法工作任务所做的安排和部署。年度立法计划的"主要任务之一就是把中长期规划落实到实处、变为现实",它要"比中长期规划更具体、更精确、更注重可操作性",因而也"更有现实意义"。[①]

立法计划和立法规划一脉相承,立法计划主要是贯彻五年立法规划的

---

① 周旺生:《立法学》,法律出版社2009年版,第428页。

原则要求，细化落实本届立法规划，确定立法项目的审议安排。立法计划将立法规划编制的立法项目进行统筹考虑，根据立法项目的轻重缓急，进行统筹安排，分年度实施，确保立法规划分步实施到位。

为了有计划、分步骤地落实五年立法规划，从1993年起，全国人大常委会每年制定年度立法计划。第九届全国人大对立法规划做出了进一步改进，提出"年度有计划、五年有规划、长远有纲要"的要求，这就将立法计划工作正式列为立法工作的内容。为了使立法规划和立法计划的编制和实施工作更加规范化，全国人大常委会制定了《关于全国人大常委会立法规划及年度立法计划的制定工作程序》，明确立法规划和立法计划制定的指导思想和具体起草工作程序，我国的立法规划和立法计划走上了规范化道路。

立法规划对立法计划具有指导性、方向性，立法计划是对立法规划的具体安排，是对立法规划的细化落实。一般来说，立法计划的项目是依据立法规划，根据立法轻重缓急来确定立法项目。立法计划以立法规划为基础，但立法计划并不完全局限于立法规划。根据经济和社会发展需要，年度立法计划可以对立法规划进行必要的补充和调整。因为，立法规划是对未来五年立法工作的预期安排，在实施过程中，立法主体可以根据情况变化通过年度立法计划的形式对立法规划做出适当补充和调整。对于个别未列入立法规划的项目，但现实必需的、立法条件成熟的、各方面意见比较一致的，可适时列入立法计划。但立法计划具有确定性、刚性的特点，一般应按时完成，没有特殊情况不可改变。所以，在制定立法计划时也要体现出一定的灵活性，以便遇到特殊情况时为其执行预留一定的空间。

三、立法决策

（一）立法决策的内涵

立法是对社会关系的调整，也就是法律对社会利益的分配。而现代社会是一种多元利益的格局，哪些利益需要由立法来调整和分配，这需要立法主体权衡、做出抉择。立法主体在深入了解民情、充分反映民意、广泛集中民智的基础上，通过立法预测、立法调研、立法听证和立法论证等多种手段，在众多的利益中进行取舍与权衡的基础上，就立法活动中的实际问题，做出某种选择和决定。简单地说，立法决策是立法主体在自己职权范围内，就立法活动中的实际问题，做出某种决定的行为。①

立法决策是法定立法主体在法定职权范围内做出的。立法决策的主体有多种，就法律而言，立法决策主体是全国人大及其常委会，通过民主表决做出立法决定。日常的决策权力机构则是全国人大常委会的委员长会议（全国人大开会时为其主席团）和专门委员会，其中法律委员会具有较大的权威，所有立法案都要经它统一审议修改后，才提交全国人大常委会或全国人大审议。全国人大常委会法制工作委员会作为一个立法工作机构（非权力机关），是处于辅助决策的地位，参与立法决策过程。所有立法规划、计划、立法草案大都先由它提出建议和拟订方案，根据常委会和法律委员会及其他专门委员会审议的意见做出修改补充，再提交法律委员会或委员长会议做出决策。②

立法决策是立法权的具体运用。立法权既包括法的制定、认可、修改、补充和废止权，也包括法案提出、审议、表决权和法的公布或批准、否决权。③只要涉及行使某一项立法权，就要做出立法决策，立法主体根据相关法律的规定就特定的立法事项做出相应的选择。

立法决策是一种旨在解决立法实际问题的行为。立法问题都需要解决，但像立法理论、观念、方法论这类理论问题通常不是立法决策解决的，立法决策要解决的是立法实际问题。当立法实际问题呈现在立法主体面前，需要立法主体做出抉择时，立法决策就自然产生了。立法实际问题需要用什么方式解决、哪一个先解决、选择哪一个方案解决等，这些问题由立法主体在讨论研究的基础上做出抉择，即立法决策。

（二）立法决策的步骤

立法决策作为一种活动和过程，必须遵循相应的步骤，这样才有可能做出科学的、正确的决策。立法决策可分为以下四个步骤：

1. 明确需要做出决策的实际问题

立法决策首先要明确决策什么问题，而这种问题必须是适合用法律来

---

① 参见周旺生：《立法学教程》，北京大学出版社2006年版，第464页。
② 参见郭道晖：《论立法决策》，载《中外法学》1996年第3期，第17-24页。
③ 周旺生：《立法学》，法律出版社2000年版，第256-257页。

解决的。只有针对具体问题，立法主体才能做出立法决策。立法决策主体可以充分利用相关的立法预测、立法论证、立法听证等信息或民主的手段对实际问题进行立法决策。

2. 明确解决问题的程度

明确需要做出决策的实际问题，下一步就是根据立法实际问题，选择、论证、提出解决立法实际问题的对策。立法实际问题通过法律要解决到什么程度才能达到预期的效果，这就需要立法决策主体根据现有的种种社会条件，进行一系列细致的预测、调研、论证等立法准备工作。

3. 制定出解决方案

立法主体解决立法实际问题需要有相应的解决问题的方案，才能使立法达到预期的目标、程度。这样就需要制定出解决实际立法问题的多种可能的方案，进行合法性、必要性、可行性分析与论证，力求最佳方案。

4. 做出抉择

立法主体对各个方案进行评估、论证、比较，选择比较科学的解决方案，做出立法决策，即决定采用什么策略和办法来制定法律。选定什么样的方案，这是立法决策过程中最重要的步骤。立法决策一旦做出，就应立即着手起草、审议。

5. 完善决策

立法决策做出后，在实施过程中，可能会因认识不够或社会条件变迁等诸多原因，需要对立法决策进行修改甚至多次进行修改和补充，以不断完善。

第二节 法律的立项与法案起草

一、法律的立项的内涵

法律的立项是立法主体对未来审议哪些立法建议项目进行讨论和判断，决定是否应当某一时间段就特定管理事务制定法律的立法活动。制定法律，一般需要经历立项、起草、审查、决定与公布等几个不同步骤。法律的立项是立法准备阶段中的重要环节，是法律案起草前的必要程序，是法律制定过程的第一个环节。在我国法律的立项实践中，法律的立项由立法主体依职权决定，主要表现形式体现为编制立法规划和年度立法计划。

立法实践中，人大常委会在法律的立项中发挥着主导作用。人大常委会集思广益，积极拓宽立法项目的来源渠道，广泛征集立法建议项目。一般来说，立法建议项目的来源主要有三个方面：一是政府及其职能部门提出的立法建议；二是人大常委会及人大有关专门委员会、工作部门提出的立法建议；三是人大代表提出的立法议案。对于立法建议和立法议案，由人大及常委会、政府法制部门、立法专家、拟立法涉及的利害关系人等组成的立项审查主体，对收集到的立法项目进行公开、公正、细致的论证、筛选、取舍，形成立法建议项目。

但目前从征集的立法建议项目的来源看，大多数来自于政府及其职能部门，人大及其各部门、其他国家机关、社会团体等提出的立法立项所占比例较小。立法建议项目来源过于单一，这与民主立法、开门立法的精神不太吻合，因此需要积极拓宽立法建议项目的来源渠道。人大各专门委员会，常委会各工作部门，政府各部门，人民法院，人民检察院，中国人民政治协商会议，工会、共青团和妇联等单位以及人大代表，包括广大群众，都可以成为立法建议立项的来源。

立法主体广泛征集立法建议项目，在立法建议项目中进行甄选，决定将哪些立法建议项目进行立项。但现代社会事务复杂多变，立法需求将越来越多，立法涉及的领域也将更广、专业性更强、内容更细，对于哪些法律该立，哪些法律不该立；哪些法律该先立，哪些法律该缓立，需要立法主体对征集的立法建议项目做出判断。

立法主体对征集的立法建议项目做出判断需要一定的标准。解决法律立项的核心问题就是要建立科学的法律立项标准，而科学的法律立项标准需要立项论证来实现。法律的立项论证主要是对立法建议项目进行论证，通过立项论证搞清楚何时立法和哪些事情需要立法。通过立项论证搞清楚立法要解决的主要问题，设置的主要制度，充分征求社会各方面的意见，该立法可能产生的积极、消极影响。法律的立项论证可以确保法律立项科学性和民主性，减少法律立项的随意性和盲目性，促使法律立项规范化和法制化。

法律的立项制度在我国立法中发挥了积极的作用，有效地提高了立法的质量，但也存在着诸多问题，制约了法律立项作用的充分发挥，主要表现在：立项的法定标准缺乏统一的规范，法律立项存在重点不够突出、随意性较强等。

二、法律的立项论证

法律的立项论证是指就某一事项是否需要、是否可能建立法律制度所进行的研究活动。它是科学确定立法项目和编制立法计划的基础，编制立法规划和立法计划的重要依据。对欲纳入立法规划和立法计划的项目，均应论证其有无立法的合法性、必要性和可行性。具体而言，立法的立项论证主要包括法律立项合法性、必要性和可行性。也就是说，对欲纳入立法规划和立法计划的立法项目，论证其有无立法的合法性、必要性和可行性。

（一）合法性论证

法律立项的合法性是指立法建议项目是否符合上位法，不仅要符合上位法宪法的明文规定，也要符合上位法宪法的基本原则，不能与之相抵触。具体来说：一是立法建议项目立法事项是否在立法主体权限范围内；二是立法建议项目的内容与其他法律是否存在冲突；三是立法建议项目的主要制度和措施是否符合宪法。

（二）必要性论证

法律立项的必要性是指立法建议项目纳入立法规划或立法计划，需求要符合国家经济社会发展迫切所需，符合立法引领深化改革的大局，解决国家尚未立法而又亟须立法解决的问题。

法律的立项不仅是一种社会经济发展客观的需求，而且是一种主观的认识或判断。作为一种立法建议项目，可能反映了真实的立法需求，也可能没有反映出真实的立法需求，这就需要对立法建议项目进行论证。通过对立法建议项目涉及的主要制度进行全面分析、审查，考察是否社会经济发展确实需要立法来弥补法律规范缺失，立法亟须解决社会经济发展所遇到问题的急迫性，等等，最终决定是否将立法建议项目列入规划或计划中。

（三）可行性论证

立法可行性是指立法建议项目能够顺利制定及其拟设定的主要制度在实践中是否能顺利有效实施。立法建议项目列入立法规划或立法计划不仅包括对拟制定的法律制度本身的论证，还涉及法规的具体实施条件、立法时机是否成熟等多方面内容。通过论证考察拟制定的法律制度是否具有科学合理性，即是否能够为大多数社会成员所接受和自觉遵守，是否能够为执法机关顺利推行，相关制度和措施是否合法、合理、可操作，拟制定的法律立法的成本和社会效益是否成比例等。

三、法案的起草

（一）法案起草的内涵

法案是指有提案权的主体，就有关事项，以一定形式，依一定程序，提交有关主体审议的，有关制定、认可、修改、补充或者废止规范性法律文件的提议和议事原型。法案由主案和附案两部分构成，主案是提交审议的立法提（动）议，附案是提交审议的规范性法律文件的原型，亦即法律、法规、规章的草案。[①]

法案起草曾经有不同的称谓，有称立法起草、法律起草、法的草案起草，其中起草还有时被替换为"草拟""拟定""拟订"等。我们赞同统一用"法案起草"，意义更广泛和包容。

法案起草是指有立法提案权的机关、组织和人员或受其委托的主体，将应当以书面形式提（动）议的法案以文字进行表达的活动。[②] 因法案由主案和附案两部分构成，那么，法案起草可有三种不同含义：①指对主案的起草，即对提交审议的立法提（动）议的起草；②对附案的起草，即由有关机关、组织或人员将拟提交有权机关审议、表决的法的原型按照一定要求形成文字的活动，也就是通常所说的法律草案起草；③指对由主案和

[①] 参见周旺生、朱苏力：《北京大学法学百科全书》，北京大学出版社2010年版，第123页。

[②] 参见周旺生：《立法学教程》，北京大学出版社2006年版，第475页。

附案结合而成的完整的法案的起草。[①]

对主案的起草，即对提交审议的立法提（动）议起草则是行使立法提案权，主体是特定的。我国《立法法》第十四条、第十五条明确规定，只有全国人民代表大会主席团、全国人民代表大会常务委员会、国务院、中央军事委员会、最高人民法院、最高人民检察院、全国人民代表大会各专门委员会、一个代表团或者三十名以上的代表联名，可以向全国人民代表大会提出法律案。对主案的起草处于立法决策的前期阶段，是提案权主体将其立法愿望表达并诉诸同级人大或人大常委会，以期引起审议、讨论，然后决定是否有必要确立该立法项目。其法案的内容是表达进行某一方面的立法已具备的立法需求，其目标是促使立法主体经过审议后做出决定，以启动某个立法项目。但在实践中，有提案权的机关或人员提出的法案，往往附带相应的法律草案。

对附案起草的依据立法主体编制的立法规划特别是年度立法计划，是针对单个立法项目所进行的立法活动。对附案的起草，是运用立法起草技术表现该规范性法律文件的内容，表述为一个法律文件草案的形式，其目标是产生法律草案。可以看出，对法案起草更具有实质意义的是对附案的起草，即法的草案起草。本文这里说的法案起草就是指对法案附案的起草，即通常所说的法律草案的起草或法律起草。

在我国法律草案起草实践中，《立法法》第五十四条规定："提出法律案，应当同时提出法律草案文本及其说明，并提供必要的参阅资料。修改法律的，还应当提交修改前后的对照文本。法律草案的说明应当包括制定或者修改法律的必要性、可行性和主要内容，以及起草过程中对重大分歧意见的协调处理情况。"这里也仅规定提出法律案，应当同时提出法律草案文本及其说明，并提供必要的参阅资料，而对于法案的起草工作如何进行并没有做出具体明确的规定。

（二）法定起草的主体

法案起草是为社会成员提供行为规范的活动，为调整一定社会关系提供具有普遍性、明确性、肯定性的准则。法案起草是直接表现立法意图、实现立法愿望、保证立法质量的关键环节，是立法活动中必经的和最为重

[①] 参见周旺生：《立法学教程》，北京大学出版社2006年版，第475页。

要的基本性阶段,任何一个成文法国家制定法律如果不经法案起草这一阶段是不可能产生出法律的。法案起草质量直接对国家、社会和公民生活产生重大影响,往往对最后所通过的法律质量起着决定性的作用。所以,对法案起草主体的选择至关重要。

法案起草需要确定法律起草主体,或委托起草主体起草。在我国,法案起草的主体主要有以下几类:①立法提案权人。即具有立法提案权的机关和人员,立法提案权人在提出立法动议的时候,可以附带提出立法草案。②立法机关本身。立法机关在一定情况下也是立法法案起草的机关。③有关组织和部门。在我国立法实践中,很多立法法案的起草是由相关领域具有一定优势的组织和部门来承担的。④有关专家、学者。随着经济与现代科技的发展,一些高新技术方面的法律、法规的起草,立法机关会邀请有关的专家、学者参与起草。⑤其他社会团体。

可见,在我国法案起草的主体是多元的,法案起草机关可以是有立法提案权的机关和人员,也可以是其工作机构和人员,还可以是其委托的人员。如全国人大的专门委员会、全国人大常委会的工作委员会、国务院法制局和各部委及其法制机构,它们并不都具有立法提案权,然而它们都可以起草法案。

1. 法案起草的法定主体

为保证重要法案得以妥善起草,国家立法机关的有关专门委员会,被法律确定为行使法律草拟权的常设机构,即法案的起草法定主体。我国《立法法》对法案起草的主体做了一定的规范。《立法法》第五十三条规定:"全国人民代表大会有关的专门委员会、常务委员会工作机构应当提前参与有关方面的法律草案起草工作;综合性、全局性、基础性的重要法律草案,可以由有关的专门委员会或者常务委员会工作机构组织起草。"全国人大的各有关专门委员会或常设法制工作机构,行使对各自立法权限范围内涉及的重要法律、法规草案的起草权。

在我国立法实践中,现大体形成了这样的通例:①基本法律由全国人大专门委员会或全国人大常委会法制工作机构起草法案,即人大自主起草法案。②其他法律有的由全国人大常委会法制工作机构起草法案,大多则由国务院有关部门草拟,再由国务院常务会议审议通过,以国务院名义形成法案,即部门起草法案。

2. 法案起草的委托起草

从我国法定法案的起草的主体可以看出，法定的法律起草主体比较单一，仅限于人大自主起草和部门起草。而且在这两类法案起草主体中，虽然人大有自主起草法案的权力，但人大自主起草法案的数量并不多，部门起草法案是法案起草目前主要采用的方式。

但现代社会事务繁杂多样，立法需求迫切，立法任务繁重，现有的人大及其常委会的工作机构和政府机关的法制工作机构的力量，明显地表现出难以胜任立法的困境。借助社会力量来协助完成艰巨、繁重的法案起草任务，改变立法滞后和立法机关不胜任的局面是现代民主社会大势所趋，即委托社会力量起草法案。

委托起草法案是指立法主体或立法起草机关，委托有关机构、组织或人员，担当和完成草拟提交有关主体审议的规范性法律文件的任务。[①] 早在2004年，国务院《全面推进依法行政实施纲要》就明确要求：改进政府立法工作方法，扩大政府立法工作的公众参与程度，"实行立法工作者、实际工作者和专家学者三结合，建立健全专家咨询论证制度"。2015年的《立法法》第五十三条规定：专业性较强的法律草案，可以吸收相关领域的专家参与起草工作，或者委托有关专家、教学科研单位、社会组织起草。委托起草法案有了明确的法律依据。

立法机关委托有关组织、专家起草法案法律虽没有严格的程序限制，原则上只要立法机关认为需要就可以委托起草。但并不是任何法案都适合采用委托起草的方式，对于那些综合性的立法项目，事关全局的重大立法项目，关系社会稳定和市场经济发展的立法项目，广大人民群众广泛关注的热点问题，人大代表提出的较为成熟的立法建议，以及规范行政机关行政行为的法律规范，都应当由人大常委会或其专门委员会自行起草比较适宜。

委托起草主要适用于专业性、技术性较强的法律规范、国家重要法律之外的一般法律、规范企事业单位及其他社会组织的法律等。委托有关组织、专家起草法案一般应由人大法制工作委员会与受托人签订书面委托书即起草协议，对委托的事项范围、职权内容、委托时间、委托人和被委托人之间的关系等都予以明确规定。立法机关也可以通过招标等形式择优委

[①] 参见周旺生：《立法学教程》，北京大学出版社2006年版，第489页。

托,即立法机关从立法规划或立法计划中拿出一定的立法项目向社会公示,符合条件的单位和个人可通过招标形式承担法律草案的起草任务。

委托起草法案具有重要现实意义。首先,委托起草法案开辟了法案起草的新路径,受托的通常是科研机构或专家,其地位相对超脱和中立,改变政府部门起草法案的部门利益驱动的弊端,兼顾多方利益,有效保护公民权益。其次,委托起草法案接受委托起草的科研单位和专家,一般是经过挑选的某一领域的法学家或者是熟悉相关情况和业务的研究人员,他们的立法水平和专业水平一般都能胜任法案起草工作。最后,委托第三方起草法案符合民主立法和科学立法的时代潮流,能广泛吸引社会公众参与立法,有助于提高立法质量。

3. 法案草案的合作起草

法案起草是一项难度非常大的专业性系统工作,个人受专业知识局限性和视野狭窄性制约,多领域专家合作更能集思广益,通常需要不同领域的专家合作进行。多部门人员共同起草,即合作起草。所谓合作起草是指以立法机关为主导,根据立法的目的和要求,由立法机关工作机构、政府有关部门、社会组织、专家学者和其他社会相关人员组成立法起草小组,在充分调研和论证的基础上共同完成草案的起草工作。①

合作起草法案的方式也存在多种形式。一个法案若干人共同担负执笔起草任务,或各自起草某个或几个部分,这都是合作起草的形式。对于委托起草法案中的部分委托、阶段委托,实质也是合作起草法案的形式。

合作起草法案具有重要意义。首先,合作起草有助于提高立法的民主性和科学性。不同领域的有扎实的专业知识和丰富经验的人员一起完成起草任务,不仅知识互补,而且可以反映不同领域的利益,避免起草主体单一化的狭隘性和随意性。其次,可以充分利用各方优势,取长补短,提高法案的质量。既有不同领域专家丰富的理论知识,也有实务界的法律实践知识,相得益彰。最后,能保证立法机关在立法过程始终发挥主导性作用。合作起草是以立法机关为主导的,有利于始终贯彻立法意图,实现立法的目的。

合作起草在我国法律上没有明确规定,但是在我国的立法实践中已经开始了探索和尝试。《中华人民共和国反洗钱法》的起草领导小组和起草

---

① 参见周旺生:《立法论》,北京大学出版社1994年版,第560-562页。

工作小组是 2004 年 3 月 23 日由全国人大常委会预算工作委员会牵头组织成立的，参加起草工作的有中国人民银行、公安部、最高人民法院、最高人民检察院、外交部、财政部、海关总署等 18 个部门。各部门负责人组成领导小组，各部门有关法律起草人员组成工作小组，同时来自反洗钱金融行动特别工作组、世界银行、国际货币基金组织以及德国、美国、法国等国家和国内的专家学者也纷纷参加了有关该法案起草的研讨会，为该法案的起草提供了专业的意见和建议。

地方立法实践中也不乏合作起草的典型例证。如《中关村科技园区条例》堪称合作起草的成功典范，它的起草采取专家和工作小组相结合共同组成起草班子的合作起草方式，高质量完成了立法工作，彰显了合作起草法案方式的优势。

第三节　我国立法准备技术的完善

一、我国立法准备的现状及问题

（一）我国立法准备制度的现状

现代立法过程中的立法准备一般指在提出法案前所进行的有关立法活动，是为正式立法准备条件、奠定基础的活动。[①] 也就是一项法律、法规是如何进入立法议程的，在进入立法议程前需要做哪些具体工作。对于立法准备理解也不尽一致。乔晓阳认为，立法准备一般包括制定立法规划和计划、起草法律案两个方面。[②] 但有学者认为立法准备工作就是指立法的预测、立法的规划、立法的论证以及立法草案的拟订等工作。[③]

我们认为立法准备制度是指立法真正提上立法机关的立法议程之前所进行的一系列工作而形成的各种制度总和。具体来说有立法预测制度、立

[①] 参见周旺生：《立法学》，法律出版社 1998 年版，第 160 – 161 页。
[②] 参见乔晓阳：《中华人民共和国立法法讲话》，中国民主法制出版社 2007 年版，第 103 – 104 页。
[③] 参见朱力宇、张曙光：《立法学》，中国人民大学出版社 2006 年版，第 185 页。

法规划和立法计划制度、立法的论证制度、法案起草制度等制度总和。理论上，我国立法准备制度目前尚不够健全完善。

对于立法准备制度我国现行法律的规定也不全面，只是对立法准备制度的某一个环节有所规定，并且规定还不全面。比如，现行的《立法法》对立法准备的某一个环节有具体规定，《立法法》第三十六条、第五十二条、第五十三条、第五十四条等对立法论证、立法规划和计划、法案起草等都做了比较详尽的规定，但关于立法准备的法律规定不是很全面，如对立法预测尚未做任何规定。

实践中，立法准备制度在我国的立法体系中有着重要作用，但立法准备制度却缺少足够重视，立法准备阶段的理论研究匮乏，实务界更多关注的是立法审议阶段。这就造成了在人们的思想观念中似乎只有从法案到法的阶段才是正式立法活动，立法准备阶段的立法活动是非正式立法活动。因而，关注和重视程度低。而恰恰正是因为立法准备阶段立法活动不受重视，民主性和程序性不足，制约了立法准备阶段立法活动的质量，直接导致许多低质量的法律出台，影响了立法社会效果的发挥。

（二）我国立法准备制度存在的问题

作为立法活动的第一个阶段的立法准备，虽然随着法制建设与法学理论的发展，立法准备制度开始逐步受到重视，但目前在我国无论是理论上还是实践上都存在着一些不可回避的问题。理论上，立法准备制度问题的研究不够系统和深入；在实践上，我国《立法法》对立法准备制度的规定不尽全面，显得零乱。我国当前立法准备制度中主要存在以下问题：

第一，缺少专门的立法准备机构和工作人员。立法准备活动具体包括立法预测、立法决策、立法规划和立法计划、立法论证以及法案起草，都是长期性、经常性的立法活动，需要设立专门的立法准备机构，专门的资金、物资支持，才能保障正常立法准备活动经常性开展。只有通过法律设立专门的立法准备机构，才能明确机构具体职责，避免责任主体不明确和相互推诿的现象。在法律制定层面，我国现行法律对专门的立法准备机构的规定有涉及但不完善。例如，规定全国人大常委会法律委员会作为立法规划的机构，但全国人大常委会法律委员会还承担着很多具体职能，日常事务繁重。立法活动实际运行中缺少专门的立法准备机构，可能会导致立法准备活动工作只是附带性、暂时性，无法保障开展经常性的立法活动，因此往往导致立法准备工作流于形式。现代立法是一种专业化和技术化很强的工作，开展立法准备活动，需要相应的专业性和技术性立法人才，尤其是立法预测过程需要借助现代科技手段，才能胜任立法工作。实践中，立法主体受财政编制和专业性、技术性的立法人才匮乏等因素制约，面临立法人才和专业知识不足的困境，立法准备活动开展得不尽如人意。

第二，没有系统规定立法准备制度和立法准备的具体内容。首先，立法准备环节的法律规定不够全面。立法准备制度由各个基本环节构成，但尚未形成系统化的包括立法准备各环节的完备的立法准备制度。立法准备制度包括立法预测、立法规划和计划、立法论证、法案的起草等多个环节。我国《立法法》仅对立法准备制度的某一个环节做出粗略规定，如《立法法》第三十六条、第三十七条、第五十二条、第五十三条等都对立法准备活动的某个环节做了具体规定，但规定散见于不同条文，不够全面、系统。立法准备活动是由一系列紧密联系的工作环节组成，单纯强调一个环节或者重视一个方面的工作都是不可能的。例如，立法规划和立法计划通常建立在立法预测的基础上，并且是依靠立法预测而进行的，如果没有科学的立法预测，制定切实可行的立法规划和计划是不可能的；法案的起草是以立法规划和立法计划为依据，是立法规划和立法计划的具体化，法案的起草需要立法论证才能保证起草法案的质量和社会效果；等等。其次，有些立法准备环节缺少相应的法律规范。例如，现行《立法法》及相关法律对立法预测未做规定。立法预测是运用专门的科学手段和方法，考察和测算立法的未来状况和发展趋势的活动。"立法活动必须根据立法的现状及其未来状况和发展趋势来进行，这样才能选择最佳的完善立法的方案。因此，必须把立法预测看成是立法活动的一个重要组成部分。"[①] 为此，立法者必须通过立法预测对社会发展和立法需求进行系统的、科学的认识。科学的、有规划的、积极主动的态度和方法，即"根据客观规律、立法规律的要求立法"[②]。立法预测在法律规范层面上的缺失，没有形成制度性的规定，实践中操作主观性和随意性比较强，难以保证立法准备活动的质量和社会效果。实践中立法预测缺少法律规范的指引，导致立法预测随意性强，制约了立法预测的真正作用。最后，法律层面对立

[①] 吴大英、任允正：《比较立法学》，法律出版社1985年版，第255页。
[②] 周旺生：《立法学》，法律出版社2000年版，第514页。

法准备制度规定的可操作性尚待提高。尽管《立法法》对立法准备制度的某一个环节有规定，但由于规定得不够完善，实践操作性不强。如《立法法》规定了立法规划，但却未规定立法规划的编制程序，具体工作时操作性不强。只有立法准备各个基本环节的具体内容明确、清楚，立法准备活动才真正可以制度化地操作或运行。

第三，立法准备的法定程序匮乏、薄弱。立法活动始于立法准备阶段，终于法的完善阶段，立法程序也应如影随形伴随立法活动，规范立法权运行。立法活动过程包括立法预测、立法规划和计划、法案起草、提案、审议、通过、公布、立法解释、清理完善等共同构成一个完整的立法活动，缺少一个或几个环节则不完善，影响法的质量和社会效果。现代立法原理告诉我们，立法权运行活动都要纳入立法程序。也就是说，完善的立法程序应当包括立法准备活动的立法程序，具体来说，是立法准备的各个环节——立法预测、立法规划和计划、法案起草等都应纳入立法程序。我国受传统思维影响，认为"现代立法活动过程中的立法准备，一般是指在提出法案前所进行的有关立法工作。如果把提出法案到法的公布这段过程称为正式立法活动，那么立法准备便是为正式立法提供或创造条件的活动，是为正式立法奠定基础的活动"[①]。在这种思维支配下，人们认为立法准备不是正式立法活动，当然立法准备的程序不受重视。但随着人们对立法活动认识的加深，立法活动的规范化和科学化程度提高，对立法程序的认识也逐步提升。事实上，立法活动过程包括立法的准备阶段、法案到法的阶段、立法的完善阶段，三个阶段结合在一起，构成了完整的立法活动过程。忽视其中哪一个阶段，或是只重视其中的哪一个阶段，都不是也不可能在健全的意义上从事立法活动。[②] 所以，"立法程序应当始于立法的准备阶段，终于立法的完善阶段，而不仅仅存在于由法案到法的阶段即立法的议会阶段"。[③] 立法准备活动、由法案到法和立法的完善三个阶段的立法活动共同构成了一个整体的立法活动，缺少一个或几个程序则不完善。所以，立法准备活动一样需要立法程序加以保障和规范，确保立法权的规范运行和立法质量。而在法律实践中，除法案到法和立法的完善这两个阶段

---

① 周旺生：《立法论》，北京大学出版社1994年版，第135-136页。
② 参见周旺生：《立法论》，北京大学出版社1994年版，第133页。
③ 周旺生：《关于中国立法程序的几个基本问题》，载《中国法学》1995年第2期，第58页。

的立法程序规定比较系统和完善外,对于立法规划和计划、法案起草等立法准备阶段的立法程序不受重视。如立法预测问题,现行法律未对其活动程序予以规范,《立法法》仅对立法规划活动及程序做了一定的规范,但非常原则,缺乏操作性。可见,立法准备的法定程序匮乏、薄弱,制约和影响着立法准备阶段立法活动的质量和社会效果。

二、我国立法准备的创新尝试与制度完善

很多学者认为,我国当前立法最迫切需要解决的问题是提高立法质量;而如何提高立法质量,理论界和实务界更多地关注立法运行的实践过程。诚然,立法运行过程中存在着许多因素直接影响到立法质量,但现实中大量的立法质量问题的出现在于没有进行科学的立法预测工作、立法规划工作以及立法论证工作。诸如立法不能真正反映社会发展的客观规律、立法不具有现实的可操作性等问题都是在立法准备阶段就产生了。所以,提高立法质量需要从立法准备阶段入手。

现行《立法法》仅规定了立法准备制度的某些环节,对完备立法准备制度没有明确的规定,但立法准备制度作为立法活动过程的一个组成部分必须加强制度化建设,与其他立法活动环节衔接起来,构成完整的立法过程。立法实践中,立法准备制度是立法活动过程的一个初始阶段,这个阶段直接影响和制约着法的质量和社会效果。因此,为进一步提升立法质量,完善立法准备阶段的相应立法活动,并使之制度化具有重要意义。如何完善立法准备制度,具体包括以下几个方面:

第一,明确设立具体的立法准备机构和专门人员,借鉴立法助理制度。完善立法准备制度的第一步就是需要一个专门的具体机构负责和推进日常立法工作持续开展,即立法准备机构。专业化的立法活动,只有设立专门的机构并由专门人员负责,才能满足专业化的需要。因而,明确具体地确定一个正规的立法准备机构,专门承担立法准备活动,职责清晰,有利于立法准备活动的开展。这就需要在我国现阶段设立具体的立法准备机构,通过法律法规来明确立法准备工作的组织机构、人员编制、职责范围、资金物资来源等,确保立法准备活动正常持续性地开展。专门的资金和物资来源也必须与专门机构一并由法律明确规定下来,相应的措施必须可以切实执行,保证开展立法准备工作具备基本的经济条件。具体的立法

准备机构的主要工作任务就是以进行立法预测、立法规划和立法计划、立法论证、法案的起草为中心开展工作。立法准备机构需配备专门的立法人员，专门从事立法准备工作，如立法预测工作、立法规划工作、立法论证工作甚至立法起草工作。配备与立法准备活动相适应的人员，应具备法学理论和各部门法方面的专家、其他学科领域的专家以及国家机关中同某个专门问题有关的实际工作人员。因为，立法准备工作包括立法预测、立法规划、立法论证、法案的起草等方面的内容，这些都是极其复杂而且又是科学性很强的工作，需要广泛吸收各方面的人员参与进去。但设立具体的立法准备机构不可能吸纳太多的专门立法人才，一般3～7人较为合适。那么，大量立法准备工作如何完成？国外广泛实行的立法助理制度值得学习和借鉴。立法助理制度是在近代立法工作专门化和立法机关职能的不断强化中发展起来，协助立法机关的一项立法制度。立法助理即协助立法机关及人民代表履行立法职责、完成立法工作的具有立法专门知识的人员。现阶段我国立法机关的立法任务繁重，制定任何一部法律，都需要做大量准备工作，需要投入大量专门立法人才，立法机关立法人才的匮乏和短缺直接制约了立法工作的高效率完成。通过建立立法助理制度，广泛吸引社会上专业性人才参与立法工作，适应现代立法任务专门化以及立法技术复杂化，有助于提高立法质量。因此，立法准备活动制度中有必要借鉴西方的立法助理制度，提高立法质量。

第二，系统规定立法准备制度和立法准备的具体内容。我国尚未建立完善的立法准备制度，现行《立法法》仅对立法准备制度的某几个环节做出规定，这与我国建设法治国家的目标不相适应。建立健全我国的立法准备制度具有现实的紧迫性，应该通过《立法法》的规定把立法准备制度的各个基本环节在法律中做出整体性规定，健全立法准备制度。建立健全立法准备制度，应把立法准备制度的每一个基本环节都在法律、法规中做出统一的、系统的规定，形成相应立法预测制度、立法规划和计划制度、立法论证制度、法的草案起草制度等。立法准备制度的每一个基本环节都包括一系列的工作原则、工作方法、运作程序和技术，这些成分互相衔接配合，可提炼出服务于一定目的的相当严密的规则体系。这样，通过法律、法规的规范，形成立法准备制度性的规定，促使立法准备制度受到重视并将其运用到立法实践中。明确的制度规定是立法准备每一个基本环节运作的可操作性的支撑，是实践中立法准备遵循的依据。否则，立法准备制度本身不完善，又缺少制度性指引，实务部门操作难以有统一的标准，随意性强。统一的、系统的立法准备制度规定，能从根本上改变立法准备活动无序状态，使立法准备制度法定化，有助于提高立法质量。立法预测、立法规划和立法计划、法案起草都是立法准备的重要环节，共同构成完备的立法准备制度统一体，只有立法预测科学，才能给立法规划提供合理的依据，纳入立法规划的议题才更具论证价值。但现行法律未对立法预测做出规范，不能不说是一种缺憾。我们建议，将立法预测纳入法律、法规的规范，系统规定立法预测的资料来源、资料采集方式、分析方法、立法预测结论的表达形式，便于立法预测在实践中操作。

第三，完善和细化立法准备制度专业化和程序化，制度化引入论证会、座谈会、听证等制度。我国的立法准备制度无是在理论上还是在实践上都存在一定的缺陷与不足，立法准备的专业化和程序化程度还相当不够，这与现代民主法治进程不相吻合。现代的民主，要求立法过程中要"主体的广泛性，行为的制约性，内容平等性和过程的程序性"①。因此，我国建设社会主义法治国家，必须坚持走群众路线，充分发扬民主，扩大民主渠道，通过多种途径保障人民参与立法活动，听取各方面的意见，集中大家的智慧，提高地方立法质量。为提高现阶段立法质量的有效路径，实现立法准备制度的专业化和程序化，我们在加强立法准备民主化的立法实践中，常用的方式和方法有：调查研究、论证会、座谈会、听证等。我国现行《立法法》在肯定这些经验的基础上，对这些方式和方法也有规定。例如，《立法法》第三十六条规定，对列入常务委员会会议议程的法律案，应当听取各方面的意见。听取意见可以采取座谈会、论证会、听证会等多种形式。法律案有关问题专业性较强，需要进行可行性评价的，应当召开论证会，听取有关专家、部门和全国人民代表大会代表等方面的意见。《立法法》第三十七条规定，对列入常务委员会会议议程的法律案，应当在常务委员会会议后将法律草案及其起草、修改的说明等向社会公布，征求意见。

（1）论证会。论证会是立法机关根据立法活动的需要，主要是针对法律案中专门性、技术性较强的专门问题，邀请有关专家对其合理性和可行性进行研究论证，以求得比较权威的意见，供立法机关参考。立法机关邀

---

① 周旺生：《立法学》，法律出版社 2000 年第 2 版，第 75 页。

请有关专家对有关问题进行论述和证明,既可在立法前对法律草案的必要性和可行性进行论证,也可在立法过程中对法案的形式与内容的合法性进行论证,立法论证贯穿于立法活动的整个过程。之所以需要论证会,是因为立法过程中会遇到专业性、技术性难题,或者涉及理论和实践中深层次的问题或立法技术方面有较大分歧的问题,可由立法机关主持邀请有关方面的专家从专业的角度提出论证意见,以供立法机关进行参考。论证会的最大特点就是强调参加人员是专业型的,为立法机关解决专业性或技术性问题。立法实践中,立法机关为增强立法的民主性、科学性,可以委托专业性机构和人员即第三方进行立法论证,提出书面的论证意见,供立法机关参考。

(2)座谈会。立法座谈会是由立法起草机关召集与法案有关的机关、团体、企事业单位、利害关系人或专家等对法律草案中的个别问题进行征询和交流意见的会议。例如,在法律草案或者法规草案的起草阶段,有立法提案权的国家机关,如全国人大常委会或国务院,经常召开各种类型的座谈会,征集有关单位、群众和专家学者的意见,起草小组根据这些意见起草法律草案或对法律草案进行修改。① 座谈会是党和政府听取民意的一种传统方式,日常政治生活中常被广泛采用。由于座谈会在形式上灵活方便,是不拘形式的讨论会,一般没有正式要求,也没有严格的法律程序规定,现已在立法活动中广泛采用。座谈会一般由立法机关邀请有关组织、地方、专家学者和利害关系人等参加,如立法准备小组邀请有关方面的专家学者对立法预测、规划以及论证中出现的问题进行座谈,发表意见,供立法机关参考。

(3)听证会。立法听证是指立法机关为了获取与立法有关的信息(资料)和公众意见,举行向社会公开的会议,让利害关系人陈述发表意见,为审议法案提供参考依据的一种立法制度。立法听证是推进立法民主化、科学化的一种新形式,最初源于司法实践。美国将"听证"移植到立法过程中,以"法官精神"通过法律,确保法律公正地协调多方面利益关系,形成了立法听证制度。立法听证一般以公开方式举行,通过新闻媒体传播,为立法利害关系人表达意见提供了平台。现代民主要求立法机关能够充分表述民意,立法听证正是为广泛的主体提供了具有保障机制的民主空

---

① 参见朱力宇、张曙光:《立法学》,中国人民大学出版社2009年版,第84页。

间范围。因为在现代立法活动过程中，立法机关面对的问题日益复杂，利益主体多元化且比较活跃，立法听证要求安排持不同意见的人参加，而且支持者与反对者应有同等陈述意见的权利，从而形成不同意见的交锋，使立法机关能全面而客观地了解情况。[①] 立法活动过程如通过听证形式，听取利害关系人的合理化陈述，无疑有助于提高立法质量。我国《立法法》对立法听证做了规范，是完善科学立法、民主立法的重要内容。我国立法实践中对听证进行了一定探索，多集中于地方立法听证实践中。立法听证实践具有鲜明的程序性特征，整个立法听证的程序主要包括决定听证、制定工作方案、发布听证公告、接受报名、确定听证参加人、举行听证会等诸多环节，举行听证会时也要遵循一定的程序，进行说明和发表意见等活动。

[①] 参见蔡定剑：《公众参与：风险社会的制度建设》，法律出版社2009年版，第25－26页。

第七章 法案制作

法案制作是由有关机构和人员将立法需求转化为法律规范文本的创作活动，也称为法律起草。法案制作并不单独存在于正式立法程序中的议案提出、审议、表决、公布环节之中，而是贯穿于法律议案提出、审议、表决、公布程序之中，立法程序都是以法案为依托，反映立法进程和时序。法案制作主体一般称为法律起草委员会或者小组，可以是立法机关内部专门工作人员，可以是法案提议人或者部门，还可以是接受委托的研究机构或研究人员。法案制作是一项专业性、技术性很强的活动，是一项复杂的创造性活动，是将模糊的立法需求转变成清晰的可操作的法律文本的活动。立法的专业性、技术性主要集中在法案制作过程中。法案制作质量是法律质量的保证，只有高质量的法案制作才能保证高质量的法律。承担法案制作的人员可以称为立法工作者，既要理解立法需求、进行调查研究、收集立法材料，还要掌握立法技术，将处于朦胧状态的立法需求，完整地转化为人们普遍遵守的行为规范。法案制作必须熟悉法案结构、要件及法规范表达形式，只有这样才能将立法需求以富有逻辑的法律文本形式呈现出来。

第一节 法律规范的内容结构

一、法案与法律规范

法案即法律草案，其最终形式为法律文本，而法律规范是构成法案和法律文本的主要内容。立法是调整社会关系，规范人们行为的活动，法案制作的主要任务就是设计法律规范，规范设计是法案制作的主要内容。制作法案必须熟悉法律规范的内容结构和类型。

所谓法律规范，就是指由国家制定或认可，具体规定权利义务及法律后果并由国家强制力保证实施的行为规则。规范一般可分为技术规范和社会规范两大类。技术规范指规定人们支配和使用自然力、劳动工具、劳动对象的行为规则。在当前技术发展极端复杂的情况下，没有技术规范就不可能进行生产，违反技术规范就可能造成严重的后果，如导致生产者残疾或死亡，引起爆炸、火灾和其他灾害等。因此，国家往往把遵守技术规范确定为法律义务，从而成为法律规范。对违反技术规范造成的严重危害，要求承担法律责任。如《刑法》第一百三十四条规定：工厂、矿山、林场、建筑企业或者其他企业、事业单位的职工，由于不服管理、违反规章制度，或者强令工人违章冒险作业，因而发生重大伤亡事故，造成严重后果，判处有期徒刑或者拘役。技术规范与作为社会规范之一的法律规范既有区别又有密切的关系，法律规范可以规定有关人员负有遵守和执行技术规范的义务，并确定违反技术规范的法律责任，技术规范则成为法律规范所规定的义务的具体内容。

社会规范是调整人们社会关系的行为规则，法律规范是社会规范的一种。调整人们社会关系的行为规则，除法律规范外，还有道德、习惯及其他共同生活规则等。但是，法律规范是一般的行为规则，具有普遍性。它所针对的不是个别的、特定的事或人，而是适用于大量同类的事或人；不是适用一次就完结，而是多次反复适用的一般规则。至于只适用于某一具体的事或人的具体命令或判决，虽然也具有必须遵守的性质，但它不是法律规范，是法律规范在具体条件下的适用，是非规范性的文件。强调法律规范与非规范性文件的区别，对防止行政、司法专横，维护法制具有重要意义。

二、法律规范的规则结构

从法理上说，广义上的法律规范一般由法律概念、法律规则、法律原则、技术性规定等内容要素构成（后文详述）。其中，法律概念是以词或词组的形式揭示法律术语的内涵或外延，法律原则直接体现法律规范的价值和目的，法律规则是存在特定逻辑结构的法律规范形式，是法律规范的主体组成要素。狭义上的法律规范，也就是法律规则，不包括法律概念和法律原则。

狭义的法律规范存在特定的规则结构，也就是说法律规则从逻辑的角度看是由哪些部分或要素来组成的，以及这些部分或要素之间是如何联结在一起的。法律规范的逻辑结构有"三分法"和"两分法"两种学说。"三分法"认为法律规范由三个部分组成，即假定、处理、制裁，也就是在什么情形下，该如何行为，如果不这样行为，就应该受到制裁。"两分法"认为法律规范构成要素由行为模式和法律后果两个部分组成。"两分法"在一定意义上是将法律规范中的假定和处理合并到行为模式中，而且还认为法律后果不仅仅是制裁，也包括肯定或奖励。就法律起草，法案制作而言，无论是"三分法"还是"二分法"，提示我们法律文本中必须完整表达法律规范。法律文本中的法律责任部分集中规定制裁内容，在设计行为模式的时候应当注意在什么情况下，也就是什么人在何时、何地应当如何行为，设计了行为模式，必须有相应的法律后果（法律责任），行为模式与法律后果要有对应关系，不要忽视法律规范设计中所有包含的要素，如果仅有行为模式、缺少法律后果，或者规定了法律责任，却没有规定行为模式，都会造成法律规范的不完整。

1. 假定

法律规范的假定部分是指适用规范的必要条件，包括行为的主体、时间、地点、事实状态等。每一个法律规范都是在一定条件出现的情况下才能适用，而适用这一法律规范的这种条件就称为假定。如《刑事诉讼法》第六十条："凡是知道案件情况的人，都有作证的义务。"这个法律条文中，"凡是知道案件情况的人"就是假定部分。在许多情况下，假定部分未在法律文本中明确写出，但可以从规范条文中推论出来。如《婚姻法》第二十四条："夫妻有相互继承遗产的权利。"这条没有明确写出假定部分，但可以推论出来，即夫妻一方先亡而有遗产，便是假定。

2. 处理

法律规范的处理部分是指行为规范本身的基本要求，也就是行为模式或要求。它规定人们的行为应当做什么、禁止做什么、允许做什么。这是法律规范的中心部分，是规范的主要内容。如《婚姻法》第二十一条规定"父母对子女有抚养教育的义务；子女对父母有赡养扶助的义务"，规定了应当做什么；第二十七条规定"继父母与继子女间，不得虐待或歧视"，规定了禁止做什么；第十四条规定"夫妻双方都有各用自己姓名的权利"，规定了允许做什么。一般来说，按照处理内容的不同，我们可以把法律规范分为授权性规范、义务性规范和禁止性规范。其中，授权性规范是规定人们可以为一定的行为或者不为一定的行为，以及可以要求他人为一定的行为或者不为一定的行为的法律规范，通常用"可以、有权"等词语，例如《行政诉讼法》第二条："公民、法人或者其他组织认为行政机关和行政机关工作人员的行政行为侵犯其合法权益，有权依照本法向人民法院提起诉讼。"义务性规范是规定人们必须积极做出一定行为的法律规范，通常用"必须、应当"等词语，例如《行政诉讼法》第三条第1款："人民法院应当保障公民、法人和其他组织的起诉权利，对应当受理的行政案件依法受理。"禁止性规范是规定禁止人们做出一定行为或者必须不为一定行为的法律规范，常用"不得、禁止"等词语，例如《行政诉讼法》第三条第2款："行政机关及其工作人员不得干预、阻碍人民法院受理行政案件。"禁止性规范也可以说是一种义务性规范。禁止性规范与义务性规范的区别在于：义务性规范是设定作为义务，禁止性规范却是设定不作为义务。可以说，处理结构的存在是法律规则区别于法律原则和法律概念的主要法律与逻辑标志。

3. 制裁

法律规范的制裁部分是指对违反法律规范将导致的法律后果的规定。如损害赔偿、行政处罚、经济制裁、判处刑罚等。法律规范的制裁部分集中体现在法律文本的法律条文中。在法案制作中，一般而言，法律处理和法律制裁并不规定在一个法律条文中，多数是分开的，制裁在法律责任部分集中规定。一部法律文本中，前面规定行为模式，后面应当有相应的法律责任。立法实践中法律行为模式和法律责任有不同情况出现：一种是有些法律文本中明确地规定了制裁，即法律责任。如《刑法》第三百九十七条："国家工作人员徇私舞弊，犯前款罪的，处五年以下有期徒刑或者拘役。"还有一种是有些法律规范的制裁部分，规定在其他法律文件中。如违反《中华人民共和国全国人民代表大会和地方各级人民代表大会选举法》（以下简称《人民代表大会选举法》）的制裁，规定在《刑法》第二百五十六条中。不论制裁部分怎样规定，法律规范一般都有制裁，因为制裁是保证法律规范实现的强制措施，是法律规范的一个标志。

为了更好地了解法律规范的概念，我们还可以对它进行更多的分类，如按照法律规范强制性的程度，可以分为强制性规范和任意性规范：其中，强制性规范是指法律规范所确定的权利和义务十分明确、肯定，不允许有任何方式的变更或违反的法律规范。例如《行政诉讼法》第三十五条："在诉讼过程中，被告及其诉讼代理人不得自行向原告、第三人和证人收集证据。"强制性规范表现为义务性规范和禁止性规范两种形式，或者说义务性规范和禁止性规范绝大部分都属于强制性规范。任意性规范是指法律规范允许法律关系的参加者在一定的范围内可以自行确定其权利和义务的法律规范。例如《行政诉讼法》第三十七条："原告可以提供证明行政行为违法的证据。原告提供的证据不成立的，不免除被告的举证责任。"

按照法律规范内容的确定性程度的不同，它又可以分为确定性规范、委任性规范和准用性规范。其中，确定性规范是指法律规范直接而明确地规定了行为规则的内容，适用时无须再援用其他的法律规范来补充或说明的法律规范。大多数法律规范是确定性规范。委任性规范是指法律规范没有明确规定行为规则的内容，而是授权由某一专门机构加以规定的法律规范。例如《行政诉讼法》第一百零二条："人民法院审理行政案件，应当收取诉讼费用。诉讼费用由败诉方承担，双方都有责任的由双方分担。收取诉讼费用的具体办法另行规定。"准用性规范是没有明确规定行为规则内容，但明确指出可以援引其他的规则使本规则的内容得以明确。例如《行政诉讼法》第一百零一条："人民法院审理行政案件，关于期间、送达、财产保全、开庭审理、调解、中止诉讼、终结诉讼、简易程序、执行等，以及人民检察院对行政案件受理、审理、裁判、执行的监督，本法没有规定的，适用《中华人民共和国民事诉讼法》的相关规定。"

按照法律规范所调整的行为是否可能发生在该规则之前，可以分为调整性规范和构成性规范。其中，调整性规范是对已经存在的各种行为方式进行评价，并通过设定权利和义务来调整相关行为的法律规范。例如《行政诉讼法》第九十九条："外国人、无国籍人、外国组织在中华人民共和国进行行政诉讼，同中华人民共和国公民、组织有同等的诉讼权利和义务。外国法院对中华人民共和国公民、组织的行政诉讼权利加以限制的，人民法院对该国公民、组织的行政诉讼权利，实行对等原则。"构成性规范是以规则的产生为基础而导致某些行为方式的出现，并对其加以调整的法律规范。例如《行政诉讼法》第二十五条："行政行为的相对人以及其他与行政行为有利害关系的公民、法人或者其他组织，有权提起诉讼。有权提起诉讼的公民死亡，其近亲属可以提起诉讼。有权提起诉讼的法人或者其他组织终止，承受其权利的法人或者其他组织可以提起诉讼。"与调整性规范不同，在构成性规范产生以前，该规则所涉及的行为不可能出现。

三、法律规范与法律文本

（一）法律文本与法律条文

法律文本即集中承载法律规范的书面形式，立法机关表决通过前称为法律草案（还可以进一步以法规草案第几稿或者送审稿等制定进程来称呼），立法机关表决通过后就是法典，也称为法律规范性文件。法律规范来源不同，其表达形式不同，判例法规范由法官在审理案件中发现，存在于已经生效的判决中；习惯法虽然以某种形式确认其法律效力，但依然存在日常习惯之中。只有制定法由立法机关以文本形式集中载明法律规范，并按照法律规范之间的逻辑结构和逻辑顺序排列出来。法案制作也就是拟定法律草案。

法律条文构成了法律文本的主要内容，法律条文是法律文本的主要内容，是反映法律规范的具体载体。法律文本主要由法律条文构成，由法律条文按照逻辑组成。但是，法律文本除了法律条文外，还由其他内容构成。构成一个法律文本的包括：法律名称、法律制定机关和制定（修改）时间、法律目录、正文等，法律条文规定在正文中。

（二）法律条文与法律规范

法律条文是法律规范的书面表达形式，但是法律条文与法律规范并不是一一的对应关系，不是一个法律条文规定一个法律规范。法律规范逻辑结构包括假定、处理、制裁三个部分，但这三个部分不一定都明确规定在一个法律条文中，立法实践中，法律条文与法律规范呈现多种关系。一种是一个法律条文同时规定几种法律规范，这种情况比较少见；一种是一个法律条文未明确叙述假定部分（法律要简洁，假定暗含在法律文本之中）；

一种是一个法律条文把假定与处理结合在一起,特别是刑事法律规范往往把假定与处理结合在一起(行为模式),从表面上看它只有处理与制裁两个要素;还有一种是有的法律文本中未直接规定制裁,而是由其他法律文本进行规定。立法实践中,体现法律制裁中刑事制裁部分的集中在刑法典中规定,其他法律文本的法律责任部分不规定刑事制裁部分,而是运用准用性规范指引刑法典。行政法规、地方性法规文本中一般不规定民事制裁即民事责任部分,而是采用准用性规定指引民法规范。因此,法律规范与法律条文是有区别的,法律适用过程中应将法律作为体系看待,而不是孤立地看待某一条或几条法律条文,应将不同法律文本中的规定统一起来。

第二节 法律文本的形式结构

一、法律文本的形式要件

法律文本形式构成要件就是组成完整法律文本的若干部分。一个法律文本是由若干个部分有机组成的。完整法律文本包括法律名称、法律制定机关(修改机关)、制定(修改)时间、序言、目录、正文、附录等,但不是任何法律文本都包含所有部分。名称、制定机关及时间、正文及公布时间是法律文本必须具备的,而序言、目录是根据实际需要才有。

(一) 名称

法律名称就是称谓、名号,法律都是有名称的,也是一部法律区别于另外一部法律的标识,每一部法都有一个名称。法律的命名因各国法律文化不同而各有特色,如美国国会1890年制定的《谢尔曼反托拉斯法》因由参议员约翰·谢尔曼(1823—1900年)提出而得名,是世界上第一部反垄断法,该项法律以法案的提议者名字命名,以示敬意。1932年美国国会通过的《诺里斯-拉瓜迪法》,是美国历史上第一个调整劳资关系的法律,也是以法案提议者名字命名的,诺里斯为参议员,拉瓜迪为众议员,但是从法律名称还不能看出法律规定的内容。

中国法律的命名主要为了保障法律贯彻实施,便于识别法律的制定机关及适用领域、法律位阶、法律调整的主要内容。法律名称由适用领域、法律调整内容、法律位阶三个部分组成。例如，《中华人民共和国行政许可法》这一名称反映该法在全国范围内实施，调整对象是行政许可行为，规定行政许可的设定和实施，法律层级是由全国人大及其常委会制定的，法律地位仅次于宪法典。

法案制作过程中，关于法律名称的确定，应当考虑以下内容：

第一，法律名称反映法律适用领域。完整的法律名称应当反映法律适用领域，即体现法律是在全国范围内适用，还是在地方适用。名称载有中华人民共和国的，都在全国范围内使用，"中华人民共和国×××法"说明是由全国人大及其常委会颁布的，在全国范围内实施的法律，例如《中华人民共和国行政诉讼法》。载明"中华人民共和国×××条例"说明是由国务院制定并颁布，在全国范围内实施的行政法规，例如《中华人民共和国行政复议法实施条例》《中华人民共和国政府信息公开条例》等。地方性法规一般在法律名称上载明×××省或者×××市，法律名称采用"×××省×××条例"，说明是由×××省人大及其常委会制定并在该省管辖领域实施的地方性法规，例如《广东省行政处罚听证程序实施办法》。法律名称要反映法律适用领域。

第二，法律名称体现法律的位阶。一个国家的法律规范由不同位阶的法律规范组成，中国法律位阶体系依次是宪法、基本法律、法律、法规、规章，基本法律是由全国人大制定的，法律是由全国人大常委会制定的；法规分为行政法规和地方性法规两个部分，行政法规由国务院制定，地方性法规由省级人大及其常委会和设区的市的人大及其常委会制定，法律体系中行政法规的地位高于地方性法规，地方性法规不能违反行政法规；规章同样分为部门规章和地方政府规章。法律的名称应当反映法律位阶，即在整个法律体系中的地位。全国人大通过的一般称为"×××基本法"，全国人大常委会制定的法律一般称为"×××法"，国务院颁布的一般称为"×××条例"，地方人大及其常委会颁布的一般称为"×××省（市）×××条例"。立法实践中，反映法律位阶只是拟定法律名称所要考虑的一个因素，同时也有其他因素要考虑，这样，法律名称就复杂了。地方性法规名称往往也根据法律调整内容的不同而不同，地方性法规名称分为条例、实施办法、规定、规则。地方性法规名称采用条例的，适用于对某一方面事项做比较全面、系统规定的地方性法规；名称采用实施办法的，适用于为贯彻实施法律做比较具体、详细的规定的实施性法规；名称采用规定的，适用于对某一方面的事项或某一方面的内容做局部或专项规定的地方性法规，可用于制定实施性、自主性或者先行性法规；名称采用规则的，适用于规范人大及其常委会的程序性活动的地方性法规。

第三，法律名称反映法律调整的主要内容。法律名称的表述应当完整、简洁、准确，正确体现法律的适用范围和基本内容。例如，《中华人民共和国行政处罚法》反映该法是调整行政处罚行为的，用于规范行政处罚的设定和实施；《中华人民共和国行政强制法》反映该法是调整行政强制行为的，用于规范行政强制的设定和实施。《清远市饮用水源水质保护条例》的名称反映该地方性法规是保护饮用水源水质的。

在立法实践中，无论国家立法还是地方立法，在法律名称拟定过程中考虑的因素比较多，法律名称不统一。有学者主张简化全国法律名称，"只采用宪法、基本法、法、法规、规章、授权规定、条例、变动案、实施细则等九种"①。

（二）法律制定（修改）机关及时间

法律名称下面记载了法律制定机关和通过时间等内容，并用括号表示。例如《中华人民共和国行政诉讼法》下面记载，该法是在1989年4月4日第七届全国人民代表大会第二次会议通过的，自1990年10月1日起施行；2014年11月1日第十二届全国人民代表大会常务委员会第十一次会议修正，自2015年5月1日起施行。法律制定机关及通过或修改时间的表述并不出现在法案制作中，而是在法律公布中作为法律文本的一部分呈现出来。记录法律制定机关及时间的文字反映了法律的历史发展，特别是法律经过多次修改的，通过这段文字可以反映法律的变化。这段文字表明了法律是哪个机关制定的、在何时制定，间接反映了该法律的地位和法律适用领域。

例如，《中华人民共和国刑事诉讼法》记载，该法在1979年7月1日第五届全国人民代表大会第二次会议通过。根据1996年3月17日第八届全国人民代表大会第四次会议《关于修改〈中华人民共和国刑事诉讼法〉的决定》第一次修正。根据2012年3月14日第十一届全国人民代表大会第五次会议《关于修改〈中华人民共和国刑事诉讼法〉的决定》第二次

---

① 周旺生：《立法学教程》，北京大学出版社2006年版，第496页。

修正。

法律制定机关及通过、颁布时间是法律文本的组成部分,但是,却不是法律制作过程中所考虑的内容,立法机关颁布法律时根据实际记载于法律文本中。

(三) 序言

法律序言就是法律正文前面的一段文字。我国法律一般没有序言部分,极少数法律有序言,最为熟悉的是作为国家根本大法的《宪法》有序言。各国针对宪法正文前的那段叙述性文字,有的叫序言,如1958年法兰西第五共和国宪法;有的叫前言,如德意志联邦共和国基本法;有的叫序文,如1946年法兰西第四共和国宪法;还有的甚至没有标题,只是在宪法正文之前有一段文字叙述,如美国宪法、意大利共和国宪法以及瑞士联邦宪法等。在内容上,宪法序言一般包括制宪主体、制宪目标、宪法基本原则和地位,或者还包括制宪的历史事实以及国家未来的发展方向等。关于宪法序言的法律效力问题,学术界曾有争论,有不同观点,一种观点认为宪法序言没有法律效力;一种观点认为宪法序言作为宪法典的一部分,具有法律效力;还有一种观点认为宪法序言效力视宪法序言规定的内容而言,称述性内容不具备法律效力,规范性的内容则具有法律效力。

有序言的法律还有由1984年5月31日第六届全国人民代表大会第二次会议通过,根据2001年2月28日第九届全国人民代表大会常务委员会第二十次会议《关于修改〈中华人民共和国民族区域自治法〉的决定》修正的《中华人民共和国民族区域自治法》,该法在序言中规定:

"中华人民共和国是全国各族人民共同缔造的统一的多民族国家。民族区域自治是中国共产党运用马克思列宁主义解决我国民族问题的基本政策,是国家的一项基本政治制度。

"民族区域自治是在国家统一领导下,各少数民族聚居的地方实行区域自治,设立自治机关,行使自治权。实行民族区域自治,体现了国家充分尊重和保障各少数民族管理本民族内部事务权利的精神,体现了国家坚持实行各民族平等、团结和共同繁荣的原则。

"实行民族区域自治,对发挥各族人民当家做主的积极性,发展平等、团结、互助的社会主义民族关系,巩固国家的统一,促进民族自治地方和全国社会主义建设事业的发展,都起了巨大的作用。今后,继续坚持和完善民族区域自治制度,使这一制度在国家的社会主义现代化建设进程中发挥更大的作用。"

最后指出:"《中华人民共和国民族区域自治法》是实施宪法规定的民族区域自治制度的基本法律。"

1990年4月4日,第七届全国人民代表大会第三次会议通过的《中华人民共和国香港特别行政区基本法》也有序言部分,该序言规定:

"香港自古以来就是中国的领土,一八四零年鸦片战争以后被英国占领。一九八四年十二月十九日,中英两国政府签署了关于香港问题的联合声明,确认中华人民共和国政府于一九九七年七月一日恢复对香港行使主权,从而实现了长期以来中国人民收回香港的共同愿望。

"为了维护国家的统一和领土完整,保持香港的繁荣和稳定,并考虑到香港的历史和现实情况,国家决定,在对香港恢复行使主权时,根据中华人民共和国宪法第三十一条的规定,设立香港特别行政区,并按照'一个国家,两种制度'的方针,不在香港实行社会主义的制度和政策。国家对香港的基本方针政策,已由中国政府在中英联合声明中予以阐明。

"根据中华人民共和国宪法,全国人民代表大会特制定中华人民共和国香港特别行政区基本法,规定香港特别行政区实行的制度,以保障国家对香港的基本方针政策的实施。"

在绝大多数立法中,有关立法目的、立法依据、法律原则等内容都规定到法律正文之中,不需要保留序言部分。

(四)目录

目录处于法律文本中的序言和正文之间,集中载明了法律的编、章、节的名称。目录表明了法律文本的层次结构,完整的法律文本层次结构包括编、章、节、条、款、项、目。但是法律目录只记载编、章、节三个层次,法律文本的条、款、项、目不列入目录中。法律文本中编、章、节也不是法律文本的必然结构,具体视法律规定的内容是否繁杂、内容多少而定。法律调整的社会关系复杂,法律规范内容众多,需要更多的层次来体现法律规定之间的逻辑关系,法律文本的层次结构就复杂,包括编、章、节、条、款、项、目这些层次,例如,《中华人民共和国刑法》《中华人民共和国刑事诉讼法》就包括了众多层次;相反,如果法律规定的内容简短,条文不多,逻辑关系明晰,也可以不设编、章、节,按照条文依次排列即可，条、款、项是所有法律文本必须有的层次。

目录设置是为了方便法律的学习和适用，法律内容比较简短，不设编、章、节的也就不用目录，因此，法律目录并不是法律文本必需的内容。实践中，从公布的法律文本中，国家立法有的有目录，有的没有目录，地方立法中一般没有目录。但是，在法案制作中，为了便于法律草案征求意见和立法主体审议，法案起草人应当拟定法律目录，并将编、章、节的名称列举出来。法案审议通过公布时是否保留目录，由立法主体决定，若保留法律目录能方便公众学习和使用。

（五）正文

法律正文就是法律文本的主体部分，将法律条文按照逻辑依次排列起来，就构成法律正文。法律正文中具体设定行为模式和法律后果。除了规定法律规范外，法律正文中还有许多技术性规定，例如，立法目的、立法依据、法律适用范围、法律术语解释、法律时限、法律生效时间等内容。

法案制作或者公布的法律文本中并不出现"正文"二字，只是在法律文本中链接目录和附录的内容，具体由法律的编、章、节、条、款、项、目这些结构反映出来。

（六）附录

附录是法律文本附加的部分，也称为附件。法律附录与法律附则不同，法律附则与总则、分则一起构成法律正文的一部分；附录是法律文本的组成部分，却不是法律正文一部分。附录在法律文本最后以"附录"二字明示，在法案制作中也一并提供给立法部门审议。

附录设置的目的是提供有关资料，帮助公众对法律进行理解和执行。附录也是立法主体经过立法程序附加在法律文本之中的，也是法律整体的组成部分，具有法律效力。有附录的典型法律如下：《中华人民共和国香港特别行政区基本法》的附录包括《香港特别行政区行政长官的产生办法》《香港特别行政区立法会的产生办法和表决程序》《在香港特别行政区实施的全国性法律》等3个独立法文件，《中华人民共和国国徽法》的附录有两个附件，即《中华人民共和国国徽图案制作说明》《全国人民代表大会常务委员会关于惩治侮辱中华人民共和国国旗国徽罪的决定》。

二、法律正文的层次结构

法律文本的层次结构具体反映在法律文本的目录部分，体现了法律规范的逻辑关系和逻辑顺序。完整的法律文本层次结构包括编、章、节、条、款、项、目7个层次，但不是所有的法律文本都包括这7个层次结构，一般根据法律规定内容的多寡和复杂性来设置，内容复杂的法律文本其结构也就复杂，层级较多；内容单一的法律文本其结构也就简短，层级较少。条、款、项是所有法律文本必须包括的层次。地方性法规的结构，一般以章、节、条、款、项、目为具体单位和顺序，分章节的，各章节之间应当有一定的逻辑关系；不分章节的，各部分内容也应当按照一定的逻辑层次相应集中。

1. 编

编是法律文本中的最高层级，立法实践中法律文本中设编的并不多，只有内容非常复杂、篇幅长的法律文本才设编。《中华人民共和国刑法》设编，分为两编，第一编总则规定了犯罪与刑罚的一般规定，第二编分则中规定了具体犯罪的构成及其刑事责任。《中华人民共和国刑事诉讼法》设四编，第一编总则，第二编规定立案、侦查和提起公诉，第三编规定审判，第四编规定执行，第五编规定特别程序。目前在国家立法机关准备编纂的民法典中也拟设编这一层次，未来的民法典可能分为若干编，比如民法典第一编总则，然后物权编、债券编、知识产权编等。

2. 章

章是法律文本的第二层次结构，也是法律文本中最常用的层次结构。法律规定的内容较多且需要划分层次的，可以设章，各章之间应当有相对独立的内容，并具有一定的内在联系。每章只有一个主题，每章内各个条款之间应当具有相对紧密的关联性。每章都应当有能够概括本章内容的标题。章的顺序用汉字数字依次表述（即第一章、第二章、第三章……）。

3. 节

法律文本中的章内有两个以上层次的内容，仅靠章的划分仍难以解决逻辑问题的，可以设节。同一章内的节与节之间应当遵循一定的逻辑顺序。节的内容是对章的主题的分解，节的内容不能超出本章的范围。每节都应当有能够概括本节内容的标题。每章中节的序号独立排序，用汉字数字依次表述（即第一节、第二节、第三节……）。章的内容简短，也不设置节的层次。

4. 条

条就是法律文本中的条文，是法律文本中最常用的层次结构，所有的法律文本中都有条，不设条的法律规范就不具备规范性，法律的规范性也就体现在条上。法律的每个条文的内容应当具有相对的独立性和完整性，一个条文一般只规定一项内容。以往立法实践在一个法律条文中设立多个法律规范，既包括行为模式，又包括法律后果的做法，不利于法律的理解和实行，反映了立法技术的不成熟。上下条文之间一般应当有一定的联系，条的顺序用汉字数字依次表述（即第一条、第二条、第三条……），整个法律的所有条文都按照统一序号连贯排列。法律条文表达按照一般到具体的顺序排列，而不是按照重要性排列，写进法律文本中的每一个条文都是不可或缺的，都是重要的。

在法案制作实践中，为了便于公众了解法律草案内容，也便于立法部门审议法律草案，起草者往往将法律条文的主要内容概括出来，放到条文之前，用"【】"表达出来，称之为"条旨"，即表示本条主要内容和意义。例如，先写"第一条【立法目的和立法依据】"，再写出本条的内容。

5. 款

款设在条文之下，隶属于条，法律文本中条的内容包含两层以上相互关联的意思时设款。款的内容也应当具有相对独立性和完整性，每一款应当只表述一层意思。每条一般不超过四款。款在条中以自然段的形式排列，不采用"第×款"形式。一个条文中有多个款时，各款也是按照一般到具体的顺序排列。

例如，《中华人民共和国行政处罚法》第四条设有3款：

"行政处罚遵循公正、公开的原则。

"设定和实施行政处罚必须以事实为依据，与违法行为的事实、性质、情节以及社会危害程度相当。

"对违法行为给予行政处罚的规定必须公布；未经公布的，不得作为行政处罚的依据。"

6. 项

款的内容需要细化或者列举时可以设项。每一项的内容包含一类或者一种情形。各项之间应当遵循一定的逻辑关系。项的顺序用汉字数字加圆括号依次表述［即"（一）""（二）""（三）"……］。

例如，《中华人民共和国国徽法》第十条列举了国徽及其图案禁用的情形：

第十条　国徽及其图案不得用于：
（一）商标、广告；
（二）日常生活的陈设布置；
（三）私人庆吊活动；
（四）国务院办公厅规定不得使用国徽及其图案的其他场合。

《中华人民共和国行政处罚法》第八条列举了行政处罚的种类：

第八条　行政处罚的种类：
（一）警告；
（二）罚款；
（三）没收违法所得、没收非法财物；
（四）责令停产停业；
（五）暂扣或者吊销许可证、暂扣或者吊销执照；
（六）行政拘留；
（七）法律、行政法规规定的其他行政处罚。

7. 目

项中的内容仍需细分的，可以在项下设目。目的顺序用阿拉伯数字加圆点依次表述（即"1.""2.""3."……）。立法实践中，目的结构比较少见。

三、法律正文的形式结构

法律文本的形式结构一般分为总则、分则和附则。

法律文本形式结构表述方式分为明示式和非明示式两种。明示式结构的总则、分则和附则存在于设章节的法律中，分则是由不同的章节构成的一个总括性概念，不标明"分则"二字。非明示式结构的总则、分则和附则存在于不设章节的法律中，总则、分则和附则根据法律规定的具体内容来区分。

法律总则是法律的首要部分，位于法律的开头部分，表达的是法律统贯全篇的内容，对整部法律起到提纲挈领的作用。

分则位于法律总则之后、附则之前,一般规定法律调整对象的权利和义务、具体行为规范、与实体规范相对应的程序、法律责任和救济条款等内容,比较具体、全面。

附则是法律的补充部分,位于法律的尾部,表述的是法律的补充性内容。

四、法律正文的构成要素

法律正文的构成要素是指构成法律文本的基本因素或元素。一般认为,法律由规则、原则、概念和技术性规定构成。

1. 法律规则

法律规则也就是法律规范。法律规则是采取一定的结构形式具体规定行为人的法律权利、法律义务以及相应的法律后果的行为规范。应当将法律规则和法律条文区别开来,法律规则是法律条文的内容,法律条文是法律规则的表现形式。

2. 法律原则

法律原则是一种特殊的法律规范,是指在一定法律体系中作为法律规则的指导思想、基础或本源的综合性、稳定性原理和准则,是法律价值的集中体现。在内容上,法律规则的规定是明确具体的,而法律原则的要求比较笼统、模糊。在适用范围上,法律规则只适用于某一类型的行为;而法律原则具有宏观指导性,其适用范围比法律规则更宽广。在适用方式上,法律规则是以"全有或全无的方式"应用于个案当中,而不同强度甚至冲突的原则都可能存在于一部法律之中。在作用上,法律规则具有比法律原则强度大的显示性特征。在立法实践中,法律原则一般规定在总则部分。

3. 法律概念

法律概念也就是法律术语,是法律文本的构成要素,也是法律规范的构成要素。法律概念是对各种法律事实进行概括,抽象出它们的共同特征而形成的权威性范畴。法律概念与日常生活用语中的概念不同,它具有明确性、规范性、统一性等特点。法律概念是构成整个法律体系的原子,是法律知识体系中最基本的要素。

4. 技术性规定

技术性规定是指不直接规定行为人的权利义务内容，而是法律文本中涉及对法律术语的解释、法律期限的计算、法律的实施日期等说明的内容。例如，《中华人民共和国行政强制法》（以下简称《行政强制法》）第二条对行政强制措施和行政强制执行的解释："行政强制措施，是指行政机关在行政管理过程中，为制止违法行为、防止证据损毁、避免危害发生、控制危险扩大等情形，依法对公民的人身自由实施暂时性限制，或者对公民、法人或者其他组织的财物实施暂时性控制的行为。行政强制执行，是指行政机关或者行政机关申请人民法院，对不履行行政决定的公民、法人或者其他组织，依法强制履行义务的行为。"第六十九条规定："本法中十日以内期限的规定是指工作日，不含法定节假日。"

第三节　法律的总则、分则与附则

一、法律的总则

一般来讲，法律总则规定的是该法律的总的原则、基本制度等，是整部法律的纲领性的规定，是法的灵魂。法律总则部分一般包括以下部分：立法目的和立法依据条款、法律术语定义条款、法律适用条款、法律原则条款、法律实施部门条款以及其他不宜在分则中规定且具有指导意义的其他条款。分章节的法律，总则部分的内容应当作为第一章；不分章节的，属于总则部分的内容应当在正文的开端集中表述。

（一）立法目的与立法依据条款

立法是一项有目的的人类活动，立法也是为了解决问题，有其预定的实现目标，也就是要解决的问题。法律一般需要明示立法目的，立法目的统率整个法律规范内容，指导整个制度设计，因此，立法目的都放在法律前面，作为法律文本中的第一条，立法目的被表述为"为了……，制定本法"。一项法律的目标可能是一项，也可能是多项，立法目的的内容表述应当直接、具体、明确，一般按照由直接到间接、由具体到抽象、由微观到宏观的顺序排列。立法目的应当是所有法律都需要有的，然而实践中一些法律却缺少了立法目的的规定，例如，《人民代表大会选举法》第一条："根据中华人民共和国宪法，制定全国人民代表大会和地方各级人民代表大会选举法"，直接规定立法依据，缺少立法目的。

法律依据就是制定该法律的根据，明确其上位法依据，确认其效力来源。国家立法即狭义法律，一般不明示某部具体的法律为立法依据。但是，宪法或者其他法律对制定该法律有明确规定的，应当明示宪法或者该法律为立法依据。表述为："……根据宪法，制定本法。"或者"……根据《中华人民共和国××法》的规定，制定本法"。

立法目的与立法依据（需要规定立法依据时）一般在法律文本的第一条一并表述，先表述立法目的，再表述立法依据。例如，《行政许可法》第一条规定，为了规范行政许可的设定和实施，保护公民、法人和其他组织的合法权益，维护公共利益和社会秩序，保障和监督行政机关有效实施行政管理，根据宪法，制定本法。

地方性规定的法律依据主要指地方性法规所依据的上位法，即法律和行政法规，设区的市的地方性法规的上位法还包括省、自治区的地方性法规。地方性法规立法依据的表述方式如下：有直接上位法的，可以列明直接上位法的名称。例如《广东省农作物种子条例》第一条规定："为保护和合理利用农作物种质资源，规范品种选育和种子生产、经营、使用行为，维护品种选育者和种子生产者、经营者、使用者的合法权益，提高种子质量水平，推进种子产业化，促进种植业发展，根据《中华人民共和国种子法》（以下简称《种子法》），结合本省实际，制定本条例。"

有直接上位法，同时涉及间接上位法或者有几个上位法的，可以在直接上位法名称后加"和有关法律、行政法规"的表述。例如，《广东省工资支付条例》第一条："为规范工资支付，保障劳动者取得劳动报酬的权利，建立和谐的劳动关系，促进社会稳定和经济发展，根据《中华人民共和国劳动法》和有关法律、行政法规，结合本省实际，制定本条例。"

没有直接上位法的，可以表述为"根据有关法律、行政法规"。事实依据主要指地方的实际情况。例如，《广东省社会科学普及条例》第一条规定："为了加强本省社会科学普及工作，提高公民社会科学文化素养，促进人与社会的全面发展，根据宪法及有关法律、法规，结合本省实际，制定本条例。"《广东省公共文化服务促进条例》第一条规定："为了保障公民的基本文化权益，促进公共文化服务，根据有关法律、法规，结合本省实际，制定本条例。"

（二）法律适用条款

法律适用条款指出法律效力涉及人、物、行为以及空间，也就是规定法律效力范围。例如，《行政许可法》第三条规定："行政许可的设定和实施，适用本法。有关行政机关对其他机关或者对其直接管理的事业单位的人事、财务、外事等事项的审批，不适用本法。"《公务员法》第三条："公务员的义务、权利和管理，适用本法。法律对公务员中的领导成员的产生、任免、监督以及法官、检察官等的义务、权利和管理另有规定的，从其规定。"

地方性法规在地方有效，如《广东省公共文化服务促进条例》第二条："本条例适用于本省行政区域内公共文化服务的提供、公共文化设施的建设、公共文化服务的激励和保障等活动。"

（三）定义条款

法律是由词语表达的，词语具有多义性，为了避免对法律术语的理解产生歧义，需要对法律术语进行定义。在立法实践中，有许多部法律对该法中的一些用语的含义做了规定。法律文本中直接对法律术语进行定义的条款构成法律定义条款，对法律用语的含义做出规定，有利于法律条文表达的准确性、明确性、完整性，有利于充分体现立法机关的立法意图，对于执法机关及其工作人员正确执行法律，对于相关当事人正确行使权利和履行义务，具有重要的意义和作用。法律定义条款在法律文本中的位置有几种情况：

第一种，放到法律文本总则部分定义的法律术语，贯穿于整部法律之中。这是对适用范围中涉及的人、物、行为等核心概念的解释，其定义在总则中表述："本法所称××，是指……。"或者在法律第一条立法目的之后规定。如果规定适用范围的，定义条款在适用范围之后规定。例如，《行政许可法》第二条规定，"本法所称行政许可，是指行政机关根据公民、法人或者其他组织的申请，经依法审查，准予其从事特定活动的行为。"《公务员法》第二条："本法所称公务员，是指依法履行公职、纳入国家行政编制、由国家财政负担工资福利的工作人员。"如果需要定义的法律术语众多，又贯穿整个法律，则在总则中设章或节专门规定。例如，

《刑事诉讼法》在第一编"总则"中专门设立第九章"其他规定",对"侦查""当事人""法定代理人""诉讼参与人""诉讼代理人""近亲属"六个用语的含义做了规定,如"侦查"是指公安机关、人民检察院在办理案件过程中,依照法律进行的专门调查工作和有关的强制性措施等。

第二种,放到法律文本的具体章节中。如果需要定义的法律概念、术语只涉及某个章节的内容时,可以在该章节的开头、结尾或者有关条文中规定,表述为:"本章所称××,是指……。"

第三种,放到法律文本的附则中。如果需要定义的法律术语较多,涉及多个法律条款的专业术语,一般在附则中规定。如《中华人民共和国道路交通安全法》(以下简称《道路交通安全法》)第一百一十九条对"道路""车辆""机动车""非机动车""交通事故"五个用语的含义做了规定,其中,"道路"是指公路、城市道路和虽在单位管辖范围内但允许社会机动车通行的地方,包括广场、公共停车场等用于公众通行的场所等。

立法实践中一个定义条款中规定多个概念、术语的,应当分项表述。

(四)法律原则条款

法律原则应当体现法律所调整的社会关系必须遵循的基本指导思想和准则,符合国家的方针、政策,有上位法依据或被实践所公认。法律原则是法律的基础性真理、原理,或者是为其他法律要素提供基础或本源的综合性原理或出发点。法律原则直接决定了法律制度的基本性质、内容和价值取向,是法律精神最集中的体现,是法律制度内部和谐统一的重要保障。

法律原则条款放在法律文本的总则部分,多项原则的分设若干条文依次排列。例如,《行政强制法》的第四条至第八条分别规定了行政强制的几项原则。第四条规定了依法行政原则,"行政强制的设定和实施,应当依照法定的权限、范围、条件和程序"。第五条规定了比例原则,"行政强制的设定和实施,应当适当。采用非强制手段可以达到行政管理目的的,不得设定和实施行政强制"。第六条规定了强制与教育相结合原则,"实施行政强制,应当坚持教育与强制相结合"。第七条规定了禁止权力滥用原则,"行政机关及其工作人员不得利用行政强制权为单位或者个人谋取利益"。第八条规定了保障相对人权利原则,"公民、法人或者其他组织对行政机关实施行政强制,享有陈述权、申辩权;有权依法申请行政复议或者提起行政诉讼；因行政机关违法实施行政强制受到损害的，有权依法要求赔偿。公民、法人或者其他组织因人民法院在强制执行中有违法行为或者扩大强制执行范围受到损害的，有权依法要求赔偿"。

地方性法规总则中都有原则规定，如《广东省公共文化服务促进条例》第四条："公共文化服务的促进活动应当坚持政府主导、社会参与、协调发展、方便群众的原则。"

（五）法律实施部门条款

立法中应当明确具体实施该法律的国家机关，监督该法律的落实，也就是法律实施的部门条款。法律总则中对该法具体实施的部门要有明确规定，例如，《公务员法》第十条规定："中央公务员主管部门负责全国公务员的综合管理工作。县级以上地方各级公务员主管部门负责本辖区内公务员的综合管理工作。上级公务员主管部门指导下级公务员主管部门的公务员管理工作。各级公务员主管部门指导同级各机关的公务员管理工作。"

立法中关于法律实施部门的表述，法律中一般不写部门的具体名称。法律中行政机关的表述，一般使用"××主管部门"。例如，国务院城乡规划主管部门负责全国的城乡规划管理工作。对某些部门，实践中已有固定表述的，如"公安机关""工商行政管理部门""海关"等，仍保留原来的表述方式。例如，县级以上地方人民政府公安机关对本行政区域内的消防工作实施监督管理，并由本级人民政府公安机关消防机构负责实施。对少数情况特殊的部门，应当表述准确，如司法部就不能表述为"司法部门"，而应当表述为"司法行政部门"。这里"行政"与"主管"不能并用。例如，司法行政部门依照本法对律师、律师事务所和律师协会进行监督、指导。

法律授权履行监督管理职能的组织机构，表述为"××机构"。例如，国务院保险监督管理机构依法对保险业实施监督管理。国务院保险监督管理机构根据履行职责的需要设立派出机构。派出机构按照国务院保险监督管理机构的授权履行监督管理职责。

地方性法规对主管部门做出规定的，一般不写明部门或者机构的具体名称，表述为："省（市、县）人民政府××行政主管部门负责广东省（市、县）行政区域内的××工作。"例如，《广东省公共文化服务促进条例》第五条"各级人民政府统一负责、领导本行政区域内的公共文化服务工作。县级以上人民政府文化主管部门具体负责本行政区域内的公共文化服务工作。县级以上人民政府发展改革、教育、民族宗教、财政、税务、国土资源、规划、住房城乡建设、体育、旅游等有关主管部门,在各自职责范围内做好有关的公共文化服务工作",用"人民政府文化主管部门"指代"文化厅"。只有在可能使社会公众产生误解的情况下,才直接写明该主管部门的具体名称。

地方性法规中既有主管部门又有若干协管部门的,协管部门一般紧接着主管部门在同一条文中表述,或者与主管部门作为同一条,在另一款中表述:"××、××等部门按照各自的职责做好××工作","××、××等依法负有监督管理职责的部门,按照有关法律、法规,对××工作实施监督管理",或者"××部门负责××;××部门负责××;××部门负责××"。例如:"县级以上人民政府公安机关交通管理部门负责本行政区域内的道路交通安全管理工作。""县级以上人民政府交通、建设、农业(农业机械)管理部门依据各自职责,负责有关的道路交通工作。"

法律规定政府和政府部门职责时,逻辑上先规定各级政府的职责,之后规定政府部门的职责。例如,《广东省饮用水源水质保护条例》第三条规定:"县级以上人民政府负责本行政区域内饮用水源水质保护工作,将饮用水源水质保护情况纳入政府环境保护责任考核范围,并建立饮用水源水质保护协调领导机制,统筹协调辖区内饮用水源水质保护工作,使饮用水源水质符合国家规定的标准。"第四条规定:"各级人民政府应当将饮用水源水质保护纳入经济社会发展规划。规划项目布局和产业结构调整应当符合饮用水源水质保护的要求。"在规定各级人民政府职责之后,再规定政府部门的职责。第七条规定:"县级以上人民政府环境保护行政主管部门对本行政区域内饮用水源水质保护工作实施统一监督管理。""县级以上人民政府规划、建设、国土、水、公安、海事、渔业、农业、林业、卫生等行政主管部门按照各自的职责,做好对饮用水源污染防治的监督管理工作,及时制止违反饮用水源水质保护规定的行为。"

二、法律的分则

法律分则与总则对应,是将总则内容具体化,分则部分应当正确体现立法宗旨和立法原则,具体反映所调整的社会关系的行为规范、活动范围和相关程序。从公布的法律文本中，法律分则有明示与非明示之区分，法律文本中直接以"分则"为标题来体现法律分则部分为明示，实践中只有《中华人民共和国刑法》中明示分则部分，大多数法律并没有采用以"分则"为标题的形式，而是针对总则，具体通过章、节、目等结构体现出来。一些法律内容简短，也没有载明总则，分则内容则通过具体条文体现出来。

法律分则规定的内容可以从不同角度观察：从总则与分则关系看分则的内容，分则是将总则中的立法目的、法律原则具体化，通过若干具体条文设定反映立法目的和法律原则；从法律调整的社会关系看，分则具体规定法律所调整的社会关系中主体、课题、行为、事件、法律后果；从法律规范的构成来看，分则具体规定法律所调整的社会关系中各类行为模式以及相应的法律后果。

法律分则条文的设置包括法律调整对象的权利和义务，国家机关的权力与责任，与实体规范相对应的程序，法律责任和救济条款等内容。

在法案制作中，法律分则的起草逻辑一般按照所调整的社会关系的内在发展过程排序，即先行政主管部门后相对人、先直接后间接、先一般后特殊的顺序，科学合理地规定国家机关的权力和责任，公民、法人和其他组织的权利、义务和责任，先规定行为模式，后规定法律责任。

分则中必然包括法律责任部分，法律设定法律责任，特别是地方性法规应当符合下列要求：①符合立法权限和上位法的规定；②与具体的行为规范相对应，与法规的禁止性条款或者义务性条款相对应，不得只规定法律责任而不规定相应的行为规范；③条款设置应当针对具体违法行为，不得笼统地针对立法目的、基本原则、指导方针等总括性内容规定法律责任；④与违法行为的性质、情节和后果相适应；⑤同一法律内部、不同法律之间对性质、情节和后果基本相当的违法行为所规定的法律责任应当基本相当；⑥条款表述应当清晰、明确、严谨，便于理解和执行。一般情况下，法律责任与行为规范相对分离，不在同一条款中同时规定。地方性法规分章的，法律责任的内容一般集中规定在一章中，置于附则前，章的标题一般为"法律责任"。

法律责任分为行政责任、民事责任、刑事责任。行政责任包括行政处罚和行政处分。行政处罚适用于行政管理相对人，行政处分适用于行政管理部门及其工作人员。地方性法规不得设定刑事责任，规定民事责任应当符合民事法律规范。

三、法律的附则

附则是一部法律的附属部分,是法的整体中作为总则和分则的辅助性内容而存在的一个组成部分,置于法律正文的最后一部分。附则一般不对实体性内容做出规定,即不对权利与义务做出规定。那些在总则和分则中都不合适列入的内容,就放在附则中。从立法实践来看,附则主要是就一部法律的一些用语的含义、施行日期以及原有法律、法规的处理、解释权修改权的归属等做出规定。

法律的附则与法律的附件不同,附则尽管是位于法律、法规的最后,但属于法律、法规的组成部分,与法律、法规的其他组成部分具有同等的法律效力;而附件则属于法律条文之外的内容。《香港特别行政区基本法》第九章附则第一百六十条后设有三个附件,即"附件一:香港特别行政区行政长官的产生办法","附件二:香港特别行政区立法会的产生办法和表决程序","附件三:在香港特别行政区实施的全国性法律"。

1. 定义条款

对法律、法规中的专(行)业名词、术语和需要定性、定量的名词、术语进行必要的解释,可以使有关规定更加准确,便于人们理解和贯彻执行。出现法律名称中专门术语的定义放在总则部分,需要解释的术语较多,而且贯穿整个法律的术语则一般放在附则。例如,《中华人民共和国安全生产法》第七章附则第一百一十二条规定:"本法下列用语的含义:危险物品,是指易燃易爆物品、危险化学品、放射性物品等能够危及人身安全和财产安全的物品。重大危险源,是指长期地或者临时地生产、搬运、使用或者储存危险物品,且危险物品的数量等于或者超过临界量的单元(包括场所和设施)。"《道路交通安全法》第八章附则第一百一十九条规定:"本法中下列用语的含义:(一)'道路',是指公路、城市道路和虽在单位管辖范围但允许社会机动车通行的地方,包括广场、公共停车场等用于公众通行的场所。(二)'车辆',是指机动车和非机动车。(三)'机动车',是指以动力装置驱动或者牵引,上道路行驶的供人员乘用或者用于运送物品以及进行工程专项作业的轮式车辆。(四)'非机动车',是指以人力或者畜力驱动,上道路行驶的交通工具,以及虽有动力装置驱动但设计最高时速、空车质量、外形尺寸符合有关国家标准的残疾人机动轮椅车、电动自行车等交通工具。（五）'交通事故'，是指车辆在道路上因过错或者意外造成的人身伤亡或者财产损失的事件。"对多个法律术语进行了界定。

2. 法律适用关系条款

总则中规定法律适用条款一般直接规定法律适用范围，但是处理法律适用范围，还要处理相关法律之间的关系，处理新法与旧法关系，处理法律适用中除外部分，处理法律中没有明确适用却又要参照适用法律规定的内容。处理这些法律之间的关系多放到法律附则部分，根据不同情况，又有以下几种情况：

一是处理新法与旧法关系的条款。新法颁布后，涉及相关法律有关规定的适用问题时，一般采用具体列举的方式；难以全部列举的，在具体列举之后，再做概括表述。《中华人民共和国××法》《中华人民共和国××法》《中华人民共和国××法》与本法的规定不一致的，适用本法。例如，《中华人民共和国税收征收管理法》第九十二条："本法施行前颁布的税收法律与本法有不同规定的，适用本法规定。"

二是参照适用条款，也称为比照适用条款，即扩大法律适用范围。地方性法规有参照适用的，一般表述为"××省的××（区域、主体、行为等），参照本条例的规定执行"。例如，《广东省政务公开条例》第二十二条，"本省行政区域内的公用事业单位的办事公开，参照本条例执行"。

三是除外条款，即排除法律适用范围。法案制作中一般表述为"法律、行政法规另有规定的除外"，或者"法律、行政法规另有规定的，从其规定"，或者"××事项不适用本条例的规定"。例如，《税收征收管理法》第九十条："耕地占用税、契税、农业税、牧业税征收管理的具体办法，由国务院另行制定。关税及海关代征税收的征收管理，依照法律、行政法规的有关规定执行。"第九十一条："中华人民共和国同外国缔结的有关税收的条约、协定同本法有不同规定的，依照条约、协定的规定办理。"《广东省商事登记条例》第七章附则第六十五条："法律、法规规定食品摊贩经营、农民销售自产或者未经加工的农副产品等无需办理商事登记的，从其规定。外商投资的公司登记适用本条例。有关外商投资企业的法律对其登记另有规定的，从其规定。"

四是过渡性条款。过渡性条款是指新设定的法律规范对法规实施前的既存事实和行为的溯及力问题做出过渡性安排的条款。过渡性条款内容一般包括：对新法施行（颁布）前相关法律行为、法律关系效力的确定，新法对某种特殊情形所做出的特别生效时间或者依法特别办理的规定，对依据旧法获得的权利、资格、资质效力的承认或者处理等。过渡性条款一般在附则中规定。但是，只涉及某章节或者某条文的，可以在相应的章节或者条文中规定。过渡性条款一般紧接在法律的施行日期之后表述。例如，《行政处罚法》第八章附则第六十四条："本法自1996年10月1日起施行。本法公布前制定的法规和规章关于行政处罚的规定与本法不符合的，应当自本法公布之日起，依照本法规定予以修订，在1997年12月31日前修订完毕。"

3. 制定实施细则的授权

国家立法中，也存在这样的情况，法律对于某些制度只做原则性规定，具体内容交由其他机构制定实施细则，这种规定称之为授权条款，放在附则部分。这种做法在立法学理上称为框架立法。

例如，《行政处罚法》第八章附则第六十三条规定："本法第四十六条罚款决定与罚款收缴分离的规定，由国务院制定具体实施办法。"《税收征收管理法》第九十三条："国务院根据本法制定实施细则。"

操作性、实施性是地方立法的基本要求，原则上不能将立法权再下放，但是地方立法中也存在授权制定细则条款。例如，《广东省道路交通安全条例》第七十一条："对道路交通安全违法行为的罚款处罚，可以实行异地缴纳罚款制度，具体办法由省人民政府自本条例施行之日起一年内制定。卫星定位汽车行驶记录仪的安装、使用、监管办法，道路交通事故社会救助基金实施办法，电动自行车等安装有动力装置的非机动车的检验办法由省人民政府自本条例施行之日起一年内制定。"《广东省公路条例》第六十二条："本条例规定的公路养护和收费公路等事项，需要制定具体办法的，由省人民政府另行制定。"

4. 实施日期条款

实施日期条款也就是法律生效时间条款，表明该法的生效时间，即法律从什么时间开始发生效力，所有法律都要明确规定法律生效时间。《立法法》第五十七条规定："法律应当明确规定施行日期。"法律生效时间有两种方式，一种是自法律公布时开始实施；一种是规定具体生效时间，即规定某年某月某日。在法案制作中，应当注意到法律实施日期是一个独立的条款，但是具体实施日期交由立法部门决定，起草者也可以建议。法律实施日期规定有几种形式：

（1）在法律条文中直接规定"本法自××××年××月××日起施行"。这种直接规定具体日期的方式，是目前我国立法实践通常的做法。如 2007 年 6 月 29 日第十届全国人大常委会第二十八次会议通过的《中华人民共和国劳动合同法》第九十八条规定："本法自 2008 年 1 月 1 日起施行。"

（2）在法律条文中没有直接规定具体的施行日期，而是规定"本法自公布之日起施行"。采用这种规定方式，法律的生效日期，就取决于法律公布的日期。

确定法律施行的起始时间应当符合法的公开原则，满足法律执行准备、相对人知晓和遵守的时间要求，也就是保证法律生效前的准备工作。法律实施时间规定除了采用"本法自公布之日起施行"这种规定方式的法律外，也存在通过日期与施行日期不一致的现象，即施行日期晚于通过日期，两者之间存在一定的时间"空当"。这个时间"空当"，有的长，有的短，对于地方性法规的实施准备时间来说，一般自法规通过之日起最短不少于一个月，最长不超过半年。涉及公民权利、义务和具有重大社会影响的地方性法规，自公布到施行的间隔不得少于两个月。对于这段时间，应当充分利用，认真做好本法实施的各项准备工作。法律实施准备工作包括：法律宣传、普及工作；法律配套性规定的制定工作，以及清理与法律规定不一致的现行法律规范。

修改法律的施行日期一般与公布日期相同，采用"本法自公布之日起施行"的方式。

5. 废止性条款

凡是采用废旧立新的方式制定新的法律的，应当在附则中做出废止原法律的表述。废止表述一般紧接在法律的"施行日期"之后表述，分为两种情形：

（1）被废止的法律与新制定的法律的名称相同的，应当同时注明被废止的法律的初始通过日期，明确被废止的对象，其表述方式为"本条例自××××年××月××日起施行。××××年××月××日×省第×届人民代表大会常务委员会第×次会议通过的《××省××条例》同时废止"。例如，《广东省道路交通安全条例》第七十二条："本条例自 2011 年

10月1日起施行。2006年1月18日广东省第十届人民代表大会常务委员会第二十二次会议通过的《广东省道路交通安全条例》同时废止。"

（2）废止的法律与新制定的法律的名称不同的，废止表述中被废止的法律的初始通过日期可以省略，其表述方式为"本条例自××××年××月××日起施行，《××省××条例》同时废止"。地方性法规不对相关政府规章或规范性文件的废止做出规定，由政府自行清理。

第八章 立法完善

立法完善一般被视为立法过程的最后阶段，即通过立法评估，法的废止、修改和补充，法的清理、汇编和编纂等对既有立法进行的质量优化提升，当然广义上也可以运用这些技术活动来准备新法、续造旧法乃至直接造法，所以，从某种意义上说，立法完善是贯穿于整个立法运行中的。可是为什么立法的最终阶段还需要立法完善？古今中外学者们的不同回答为我们今天深入研究这个问题提供了良好参考。批判者如唐朝韩愈的《钱重物轻状》中"凡法始立必有病"。法国孟德斯鸠的《论法的精神》中"法律总是要遇到立法者的感情和成见的"。价值论者如古希腊亚里士多德的《政治学》中"已成立的法律获得普遍的服从，而大家服从的法律又应该本身是制定得良好的法律"。古罗马奥古斯丁的《论自由意志》中"如果法律是非正义的，它就不能存在"。民族历史观者如德国柯勒的《法律概念》中"没有永恒的法律，适用于这一时期的法律决不适用于另一时期，我们只能力求为每种文明提供相应的法律制度"。功利学者如英国边沁的《道德与立法原理导论》中"要理解法律，特别是要理解法律的缺陷"。辩证发展观者如德国黑格尔的《法哲学原理》中"法律规定得愈明确，其条文就愈容易切实地施行"。由此可见，各种理论共同为立法完善寻找到了主客观成立的根基，立法完善成了传统和现代立法都不可逾越的重要阶段。

第一节 立法评估

一、立法评估的概念

(一) 立法评估的内涵

2015年新修的《立法法》第六十三条规定:"全国人民代表大会有关的专门委员会、常务委员会工作机构可以组织对有关法律或者法律中有关规定进行立法后评估。评估情况应当向常务委员会报告。"所以,我们在没有特指的情况下,立法评估主要侧重于立法后评估。目前学术界关于立法评估的定义并没有达成一致意见。因此,实务界也有将其称为"立法后评估""立法回头看""法律跟踪问效评估""立法评价"等。有学者认为,立法评估是指"在法律法规制定出来以后,由立法部门、执法部门及社会公众、专家学者等,采用社会调查、定量分析、成本与效益计算等多种方式,对法律法规在实施中的效果进行分析评价,针对法律法规自身存在的缺陷及时加以矫正和修缮"①。强调评估主体的多元性和评估方法的多样性。也有学者认为,立法评估是指"法律、法规、规章实施后,由制定机关、实施机关按照规定的程序和标准,运用科学的方法和技术,对法律、法规、规章的制度设计、实施效果、存在问题等进行跟踪、调查、评价,提出完善有关法律、法规和规章,改进行政执法等"②。突出了立法评估是一种由国家主导的立法完善活动,也是一种纠偏机制,针对缺陷改善。也有学者认为,立法评估重在它的检验功能,"立法后评估重在检验已制定实施的法律法规的立法质量"③。尽管学者之间关于立法评估的评估主体、评估标准、评估方法等存在不同的争议,但关于其核心内涵的理解还是有比较一致的看法,即立法评估是指在立法制定出来实施一段时间

---

① 高勇:《法规质量评估,走向地方立法前台》,载2006年7月13日《人民之声报》。
② 袁曙宏:《立法后评估工作指南》,中国法制出版社2013年版,第2页。
③ 俞荣根:《地方立法质量评价指标体系研究》,法律出版社2013年版,第3页。

后，由评估主体借助一定的评估指标，运用一定的方法对其实施的社会实际效果进行评价，为之后开展相关立法的修改、补充、废止提供参考依据。

(二) 立法评估的原则

1. 客观原则

客观原则是贯彻于评估活动始终的一项原则，评估过程的客观、中立是保证评估结论科学、中肯的前提。政治独立性和经济独立性是保持客观、中立不可或缺的基石。政治独立性要求立法评估主体在进行评估时不应受决策层政治倾向的影响，不应受法律执法部门态度的影响，以及不应受利益群体及社会媒体的压力影响，从而确保立法评估信息来源的可靠性，确保评估的程序、技术方法的科学性和价值倾向的中立性。经济独立性是指立法评估的经济来源应有公共部门的制度性保证，不应因经费不足而接受被评估部门及相关部门及人员的资助，防止受到物质利益和经济利益的诱导。[①] 因此，在评估过程中必须坚持实事求是，排除人为、地方和部门因素的干扰。即在评估过程中应当符合三个要求：一是评估主体应当处于中立、超然的地位，在评估主体的选择上不能由被评估主体和与被评估主体有直接利益关系的主体担当。二是把被评估的对象放到立法时的环境和历史背景中去考察，才能得出客观的评价。三是要结合现有的法律制度体系，考察被评估对象的实施情况。

2. 公开原则

公开是现代法治的一项重要原则，也是民主立法、科学立法的前提。法律也是对社会利益进行分配的一种重要方式，通过对权利义务或是权力职责的制度化安排，直接或是间接影响社会公众的利益分配。因此，法律的任何变动或是调整对中央和地方的发展都是有重大意义的。在评估过程中除法律有例外规定外，立法主体向社会公众公布一切与立法评估有关的信息和咨询是必不可少的。立法评估的公开同样也是贯彻评估过程的始终，评估信息的公开不是一蹴而就的，而是分阶段有过程的进行。在立法评估的启动阶段，评估主体应该进行评估预告，将预备评估的法律的名

---

① 参见贠杰、杨诚虎：《公共政策评估：理论与方法》，中国社会科学出版社2006年版，第33页。

称，在执法、司法中被运用的信息，评估组织，评估方式、标准、技术，评估结果报告形成规则，公众参与的方式都进行有效公开。在立法评估的实施阶段，要进行阶段性成果的公开，对国家机关、社会组织、专家和公民比较集中的建议和争论进行信息反馈。在立法评估报告回应的阶段，公开各种数据及其来源，公开社会意见征求情况及回应情况，公开评估过程中产生的问题及责任追究情况和公开评估结果。

3. 民主原则

立法的民主原则应当包括立法主体的民主性、立法内容的民主性和立法程序的民主性。① 立法评估作为完善立法，提高立法质量的重要途径，本质上也属于立法的范畴。是公民行使监督权、参与权的突出体现，也是评估决策过程科学化的重要保障。立法主体的广泛性是民主原则的核心，在整个"二次立法"的过程中都离不开相关国家机关、社会公众、专家、学者、人大和政协代表、新闻媒体和非政府组织的积极参与，都要尊重其表达的权利。立法行为的制约性在于立法评估的启动、实施并不是立法者一厢情愿的结果，也不是立法组织的内部事务，必须要充分听取社会的广泛意见，进行立法评估启动、实施的协商，保证评估工作顺利开展。立法内容的平等性既体现在每个人都有平等的表达权，合理建议被采纳吸收的权利，也体现在对立法的权利义务、权力职责做出了科学合理的安排。立法评估是一个有时序组合的过程，并不是因领导人的立法决策而启动，因领导人的反对而废止的"运动式"工程，它是随特定的制度程序进行运转的。在整个评估过程中，无论是立法评估的准备阶段，还是实施阶段或是最后的评估结论形成阶段，注重收集社会意见，保持意见表达渠道的畅通，及时对社会公众表达较为一致的科学合理建议进行反馈回应都是立法评估的重要主题。

二、立法评估技术体系

（一）立法评估的主体

目前学界对立法评估主体的范围并没有一致的认识。有的学者认为立

---

① 参见曾粤兴：《立法学》，清华大学出版社2014年版，第41页。

法评估主体是立法评估中的决定者、主持者。① 主要负责制订和落实评估方案，组织和实施各项评估工作，提出评估报告。有学者认为立法后评估主体是组织、实施、参与法律实施效果评估的个人、团体或组织。② 即不仅包括组织和具体承担立法评估工作的机关或机构，还包括配合评估的个人、团体或组织。考虑到我国立法评估的实践做法，我们以参加评估所起的作用为标准划分为两类讨论：一是组织评估主体，二是参加评估主体。组织评估主体的主要作用是启动立法评估，组织实施立法评估，完成立法评估报告；参加评估主体主要是协助评估组织主体收集评估信息，兼具监督评估工作的作用。

1. 立法评估的组织主体

纵观各地实践中担当立法评估的主体，无论是国家或政府主导型评估，还是社会主导型评估，抑或是国家与社会联动式的评估，评估结果的客观公正性都难免受到质疑。基于上述考虑结合我国目前关于立法评估不完善的法律规定，建议完善《立法法》第六十三条的规定，即在全国人大和地方各级人大设立专门的立法评估委员会，进行立法评估工作。立法评估委员会与其他各专门委员会的法律地位相同，既可以保证评估过程不受来自制定机关和实施机关倾向的影响，也可以有效地向立法机关、执法机关和司法机关收集相关信息，保证评估结果的客观公正性；以及凭借自身的权威性，调动社会公众、大众媒体、专家学者的广泛参与，体现评估过程的民主性。评估委员会的组成、职权、工作程序、职责由《立法法》加以规定，做到立法评估工作常态化、规范化。

2. 立法评估的参与主体

（1）相关的国家机关和人大、政协代表。由于同属一个体制，且立法活动的根本目标一致，故而我国的立法评估在吸收相关国家机关和人大、政协代表的参与方面相对比较积极。立法的制定机关、实施机关和司法机关对立法的制定、执行和适用情况有透彻、详尽的了解和认识，掌握了大量的一手资料，吸收其参与到立法评估工作中来确实能帮助评估主体收集更多的信息。而人大、政协代表参与评估本身就是民主立法和立法协商的体现，更具有监督立法的职责职权。

---

① 参见任则禹：《立法后评估的主体及其他》，载《公民导刊》2010 年第 6 期，第 22 页。
② 参见汪全胜：《论立法后评估主体的建构》，载《政法论坛》2010 年第 5 期，第 42 页。

（2）社会公众和专家。法律的真正生命力来自于法律的社会合法性，来自于人们对实践中的法律所接受和认同的广度、深度、强度与持久度，来自于多元利益主体展开、博弈和均衡的过程中主体对法律的态度，来自于人们对法律的遵守、支持与信仰。① 社会公众指公民、社会团体、企事业组织和各种利益群体等。与评估对象有利害关系的公民、团体或组织，其知情权和平等参与权应得到充分的尊重。专家作为公民的一员，是评估参与主体必不可少的一部分，但因其在学术、技艺等方面有专门技能和专业全面的知识，往往受国家机关聘请参与各项公共政策。因此，若专家与评估对象及其制定机关、实施机关之间没有直接的利害关系，可以发挥其专业的知识和专门的技能参与到评估中来。

（3）大众媒体。评估应当有社会媒体的参与，媒体通过对评估对象进行跟踪报道，来激发民众对立法的关注度，鼓励民众对所评估的立法提出自己的看法，进而保证社会公众对评估的参与权、知情权、表达权和监督权，落实宪法意义上的言论自由和新闻自由。评估可以借助媒体扩大公开范围，让民众在评估过程中，潜移默化地加深对法律的理解，提高未来法律实施的可接受度，从而提高法律的权威性，愿意遵守和接受法的实施。可以说，媒体对评估过程的参与是立法评估不可缺少的一环。

（二）立法评估的对象

1. 评估对象范围的确定思路

在当前缺乏相关制度保障和实践经验的条件下，选择那些适用范围比较小、内容比较简单、涉及的执法部门比较少、相对容易判断实施效果、评估难度也比较小的法律、法规、规章开展立法评估工作。② 在我国还没有出台立法评估的上位法指导评估工作的展开前，各地的立法评估实际上也多是选择一个或几个单行立法项目进行。但有时单一性立法项目评估所暴露出的问题难以通过对单一性立法项目进行变动来解决，对所涉内容配套的立法项目在未经评估的情况下妄动也是不合法的。因此从长远来看，在实施立法的评估过程中可以遵循由下而上、由点到面、突出重点、统筹

---

① 参见王满生、陈卯轩：《法治的实现——一个法的合法性视角》，载《西南民族大学学报（人文社会科学版）》2005年第4期，第85页。

② 参见袁曙宏：《立法后评估工作指南》，中国法制出版社2013年版，第42页。

全局的原则来选择评估对象和确定评估范围，选择某一类型法规进行专门的评估，即将调整对象相同却零散规定在不同规范性文件中的条文进行统一评估，归于一处，以便再次评估也是评估的题中之意。从建立立法后评估制度的初衷看来，也应当是对所有已经实施的立法项目进行评估。

2. 不同的评估对象不同对待

立法评估程序是开展立法评估工作时应当遵循的步骤、环节和阶段。立法评估工作的开展一般都要经历准备、实施、完成三个基本阶段。对一些实施时间较长的行政法规、地方性法规、政府规章，评估主体应当严格按照准备、实施和报告的流程，将其中每一个环节认真落实，对行政法规、地方性法规、地方政府规章的每一项制度、每一个条文都进行评估，即进行全面评估或采用普通程序进行评估。但对一些实施时间较短，问题较少或社会公众反映较为集中的行政法规、地方性法规、地方政府规章，评估主体也可以选取部分环节、个别条文或关键制度进行评估。而法律是全国人民代表代会及其常委会创制的，在法律的创制过程中，关于法律制度的设计、起草、审核的过程本身经过了大量的论证和严格的审查，一般不存在重大缺陷问题。原则上采取局部评估或是采用简易程序评估，只有在法律制度内容明显不能适应实际需要时，或者对实施期限已满但需要继续实施的法律，可以进行全面评估或采用普通程序评估。

3. 评估对象的确定方式

立法评估的启动需要一个契机，一个动因，即符合什么样的条件可以启动立法评估。评估是一件需要耗费巨大人力、物力、财力的过程，对评估的启动必须谨慎、必要、适时且可行。采用法定的正式评估和日常非正式评估的多样方式比较行之有效。法定的评估方式是指，一般在行政法规、地方性法规和规章实施满两年，法律实施满三到四年后应当进行评估，并在启动后六个月内完成。对于内容复杂或有重大影响的立法评估不能按期完成的，也可以适当延长期限，但延期不能超过三个月；有执行期的立法项目，执行期届满，制定机关或实施机关认为需要继续执行的，自有效期届满前六个月开展评估。地方立法实施时间跨度较长的，可以实行阶段性评估，再次组织评估时，两次评估的时间间隔，行政法规、地方性法规和规章应当在一年以上但不得超过三年，法律可以在两年以上但不得超过四年进行再次评估。日常非正式评估也不可或缺，在发生下列情形时，也应当进行立法评估，及时解决立法项目暴露的问题：①社会各方面对地方立法的实施关注度高、提出较多意见的且意见比较一致的；②与上位法冲突或是所依据的上位法以及客观情况发生重大变化的；③地方立法执行期长、影响大，在实施过程中需要进行重大方案调整的；④制定机关或是实施机关认为有必要进行评估的。

(三) 立法评估标准和指标体系

1. 立法评估标准

立法评估标准是指在立法评估过程中，由评估主体设定，用以了解评估对象的客观状态，检验评估对象所包含的内容的客观评价指标。[①] 从立法评估工作实践来看，中央和地方在评估过程中都采用了一些评估标准。但采用的标准也各不相同，总结下来主要包括：合法性、合理性、协调性、规范性、适宜性、执行性、可行性、可操作性、实效性、科学性、创新性、全面性、完善性、可持续性、权责统一性、实施绩效、立法内容、立法盲点、立法技术等。[②] 我们拟选取五个要件作为评估指标，考察所评估立法的实际效果。

合法性。在现代代议制国家中，这种合法性体现在两个方面：①立法形式的合法性。立法形式的合法性包括三个方面：一是立法机关的合法性。这是指立法机关的权力必须有合法的授权，具备法定的资格和条件，"人民的立法权必须由设定的立法机关代为行使，立法机关必须秉承人民的意愿行使立法权，否则人民有权变更立法机关直至起来革命"[③]。二是权力行使的合法性。我国是单一制国家，实行法制统一性原则，在"一元两级多层次"的立法体制下，各立法主体在法定的职权范围内进行立法活动，越权无效。三是立法程序的合法性。完善的程序正义有两个基本特征：首先有一个决定什么结果是正义的独立标准。其次，设计一种保证达到预期结果的程序是可能的。[④] 现代合法的立法程序应当蕴含民主、理性、中立和交涉等元素，保证不同利益主体进行多元化的表达，进行充分的理性辩论、协商达成一个大家都愿意接受的结果。②立法内容的合法性。立法内容的合法性包括两个方面：一是立法目的的正当性。立法目的是立法

---

① 参见袁曙宏：《立法后评估工作指南》，中国法制出版社2013年版，第49页。
② 参见郑宁：《行政立法评估制度研究》，中国政法大学出版社2013年版，第154–164页。
③ [英]洛克：《政府论（下篇）》，叶启芳等译，商务印书馆1986年版，第90页。
④ 参见[美]罗尔斯：《正义论》，中国社会科学出版社1988年版，第81页。

者通过立法所欲达到的目的和效果。立法者行使立法权的唯一目的应该是维护社会秩序，促进公平和自由，提高社会效率以促进公共利益的发展，任何以攫取部门利益、地方利益为目的的立法活动都是非法的。二是具体立法内容的合法性和正当性。法律正是通过对不同主体之间的权利义务关系的规则来实现对社会秩序的塑造和人们行为之规制的目的。① 法律对不同的社会主体的权利义务或是权力职责做出合理安排，而对于限制公民权利、加重公民义务或是卸责扩权的内容进行清理是提高法律质量的有效前提。

合理性。立法的合理性包括四个方面：一是立法主体的合理性。立法并不是立法机关一厢情愿的活动，要充分考虑社会的需要，当立法者与社会主体关于要不要立法、立什么法、怎样立法协商达成一致时，立法活动才具有合理性。因此，立法活动从法案到法及法的完善应该是一个包括国家机关、人民代表、社会组织、专家和公民等多元主体共同参与的过程。二是立法事项的合理性。我国有权行使立法权的机关纵横交错。《立法法》第八条对中央与地方之间的立法权限进行了相对明确的划分，但地方权力机关与其常委会之间，地方权力机关与同级的行政机关之间权限划分模糊。因此地方有立法权的国家机关如何在法律规定的"地方性事务"的范围内区分"重大事项"和"具体行政管理"事项，进行合理性立法对地方立法至关重要。三是立法程序的合理性。立法程序是立法时所采取的步骤、方式、时限和顺序等多种因素的内在性组合。立法过程中依法进行的各项民主立法活动，如听证会、论证会、调研会等要求切实有效而非走流程式地展开，科学的"三审"制度在条件允许的情况下，保障每个参与主体的充分发言权，重要事项"一事一议"理性辩驳。四是立法结果的合理性。立法结果的合理性尽管不能以保障不同立法主体全部利益的方式体现，但各立法主体的不同利益需求都应当在法律中有不同层次的反映和保障。

立法技术。立法技术是立法活动中所遵循的用以促使立法臻于科学化的方法和操作技巧的总称。② 立法技术包括三个方面：一是法的形式结构。法的形式结构是指法律、法规应当具备的形式要件按照其内在规律要求，

---

① 参见江国华：《立法：理想与变革》，山东人民出版社2007年版，第195页。
② 参见周旺生：《立法学》，法律出版社2009年版，第375页。

做出合理、科学的排列、组合和联结的形式。① 其由法的名称、法的内容（包括规范性内容和非规范性内容）和法的内容符号组成。其中主要包括名称下方的括号，目录，总则，分则，附则，各部分的标题，序言，卷、编、章、节、条、款、项、目，有关人员的签署，附录和语言文字。② 二是法的实质结构有学者又称其为法的内在结构，是指法律规范内部各个组成部分的搭配和排列方式。③ 主要由立法目的，适用范围，法律原则，法律术语的解释，法律规则，法律、法规的解释机关，法律的施行日期和法律废止条款组成。三是法的语言文字。由严谨、准确、简洁的文本风格，法律词语和法律语句组成。

可操作性。可操作性又称为可行性，是指在现有条件下，立法所设定的目的或立法意图实现的可能性。这要求操作性应包括两个方面的内容：一是立法既不能超前也不得滞后。超前没有其生存的现实土壤环境，滞后不能收到预期效果，浪费立法资源。立法既要立足当下的现实环境，保持法的稳定性，也要对社会的发展做出预期的判断，一旦社会的政治、经济等环境发生变化，立法就应该以适当的方式去反映这种变化。而地方立法与上位法和社会发展相适应是社会主体自觉认同和遵守适用的前提。二是立法在制定出来后应该有相配套的人力、物力、财力将其在现有的经济、政治、文化等环境中付诸实践，并且能获得正效果。

特色性。从中央立法来说，立法不得重复，立法事项的指向应明确具体，从地方立法来说，根据本行政区域的具体情况和实际需要制定地方性法规、规章，依照当地民族的政治、经济和文化的特点制定自治条例、单行条例，是法律确定的地方立法的基本条件。④ 坚持实事求是、从实际出发的原则，对地方立法来说，很重要的便是使地方立法体现地方特色。所谓体现"地方特色"，主要是要求地方立法能反映本地的特殊性。"有特色"是地方立法的灵魂。地方立法的首要任务，就是以立法的形式创制性地解决应由地方解决的问题，以及不能用中央立法统一解决的问题。包括为保证法律、行政法规的贯彻而制定的实施细则和实施办法，更重要的是结合本地方发展的实际，因地制宜地制定能切实推动地方政治、经济、社

---

① 参见李培传：《论立法》，中国法制出版社2004年版，第284页。
② 参见周旺生：《立法学》，法律出版社2009年版，第379页。
③ 参见侯淑雯：《立法制度与技术原理》，中国工商出版社2003年版，第231页。
④ 参见阮荣祥：《地方立法的理论与实践》，社会科学文献出版社2008年版，第17页。

会、文化发展的特色地方立法。

2. 立法评估指标体系

在实践中，人们将评估指标和评估标准混为一谈，但二者实际上是有严格区分界限的。评估指标是用一定的概念和数值对评估对象进行衡量，具有价值中立性。而评估标准本身就有很强的价值导向性。评估指标不是孤立运用的，而是需要确定各项指标的权重，并进行定量化或等级化的分析，形成一个完整的评估体系。[1] 评估指标体系是立法评估制度的重要组成部分，是反映立法文件是否需要修改、废止的检验标尺。[2] 一个完整的有机立法后评估指标体系应该包括三级指标，在一个完整的由三级五类指标构成的体系中，一级指标为最高指标，分别与立法后评估的五个标准相对应；二级指标是对一级指标的细化，必须按专业技术的需要具体化，以适当删减或增加；三级指标是备选指标，是对二级指标的再细化。考虑到立法评估所针对的是各种评估对象，其调整的法律关系也不尽相同，在具体实施评估时也应当根据不同的对象选择指标进行评估，即设置几级指标、哪些指标，每个指标所占比重、分值，指标之间如何互相配合，分数如何计算等问题，都需要根据评估对象的实际情况以及评估主体对评估工作的要求进行设计和调整。评估人员在评估过程中用这些指标对评估对象中的某项制度进行评价时，可以对每项指标进行打分，随后计算每级指标的总分，由此可以对某一法律、行政法规、地方性法规、政府规章的整体或部分内容进行量化分析，也可对多个法律、行政法规、地方性法规、政府规章进行评估后，根据得分进行量化分析。

（四）立法评估的方法

立法评估过程中所形成的大量数据与分析将作为评估结果报告的直接依据，而评估报告的结论将成为所评估的法律资源整合所依据的第一手资料。因此，在评估过程中采取怎样的方式收集大量数据与在数据收集后采用怎样的方法分析将至关重要。任何一项立法在付诸实施以后，对其实效的考察向来不是单一的数据统计与运算所能直接认知的。社会问题与法律

---

[1] 参见郑宁：《行政立法评估制度研究》，中国政法大学出版社2013年版，第135页。
[2] 参见刘平、江子浩等：《地方立法后评估制度研究》，载《政府法制研究》2008年第4期，第43页。

现象的复杂性决定了只有多元化的立法评估方法论体系才能与之相适应。在立法评估的准备阶段,通过网络检索、文献检索和其他渠道收集与评估有关的资料,保证评估主体先对评估对象有一个全面的了解,为下一步制定调研提纲、问卷和一个个讨论主题提供数据支撑。立法后评估的实施是对评估对象正式实施评估的行为,一般包括定性调查和定量调查两部分,且应当遵循先定性后定量的客观规律。

（1）定性调查。定性研究方法是从研究对象的"质"或从类型方面来分析事物,描述事物的一般特点,揭示事物之间相互关系的方法。[①] 它主要是解决研究对象"有没有"或者"是不是""是什么"等的问题,通常要根据人们的经验和主观判断来确定。定性调查主要采取以下几种方式：①座谈会方法。它是将一组被调查者集中在调查现场,让他们对调查的主题发表意见,从而获取调查资料的方法。②深入访谈,它是一种一次只有一名被调查者参加的特殊定性调查。③征询专家意见。它是采用函询或现场深度访问的方式,反复征求专家意见,经过客观的分析和多次征询,逐步使各种不同意见趋于一致。④网上定性调查。网上定性调查主要是通过网上焦点小组访谈法、网上一对一访谈法、网上论坛、网上公告板或聊天室访谈来了解被调查者的看法。

（2）定量分析。这是指为了确定认识对象的规模、速度、范围、程度等数量关系,解决认识对象"是多大""有多少"等问题的方法。[②]定量分析法一般分为：①比率分析法。它通过某一具体指标占总体项目的比率分析得出结论。②趋势分析法。它对同一单位相关指标连续几年的数据做纵向对比,观察其成长性。通过趋势分析,分析者可以了解在特定方面的发展变化趋势。③结构分析法。它通过对指标中各分项目在总体项目中的比重或组成的分析,考量各分项目在总体项目中的地位。④相互对比法。它通过指标的相互比较来揭示指标之间的数量差异,既可以是本期同上期的纵向比较,也可以是同单位不同项目之间的横向比较,还可以与标准值进行比较。通过比较找出差距,进而分析差距产生的原因。⑤数学模型法。在现代管理科学中,数学模型被广泛运用,特别是在预测和管理工作中,

---

① 参见叶继元:《推进哲学社会科学研究方法创新刍议》,载《学术界》2009年第2期,第65页。

② 同上。

由于不能进行实验验证，通常都是通过数学模型来分析和预测决策所可能产生的结果的。① 以上五种定量分析方法，比率分析方法是基础，趋势分析法、结构分析法和对比分析法是延伸，数学模型法代表了定量分析的发展方向。通过数据分析，可以对评估对象的有关情况做出客观判断。

（五）立法评估的回应

法律实施效果的评估最后会形成书面的立法评估报告，并将其提交立法制定机关。立法制定机关应通过决定列入立法会议议程，进一步审议，根据评估指标分数的高低和分数高低延伸出的问题进行表决，并予以公开的回应，回应的结果主要有四种：

（1）法律保留。通过立法评估，立法制定机关对不违背宪法与上位法，规定合理，可操作性强，公众满意度高，实际取得的效果也很明显，而且持续发挥作用的法律、行政法规、地方性法规、规章，可以予以保留，继续适用。

（2）法律修改。通过立法评估，发现在实施中存在一些问题的法律、行政法规、地方性法规、规章（如部分条款与宪法、上位法冲突；部分条款规定不合理；部分内容操作性不强，已不符合社会经济文化的发展实际；部分条款所依据的上位法修改变动的；立法结构有瑕疵，用词与上位法不一致，但含义一致，文字差错、标点错误的），针对这些问题，立法制定机关应该启动法律修改程序进行完善。

（3）立法解释。通过立法评估，经评估确认对条文的理解存在异议，如概念、定义或者文字表述在理解上产生歧义；有些模糊性规定需要进一步明确其具体含义；出现新的情况，适用范围需要进一步明确。立法制定机关应该及时进行立法解释。

（4）法律废止。通过立法后评估存在以下三种情形：一是立法意图、立法目的已经实现，没有继续存在的必要；二是社会情势已经发生重大变化或已证明该法律法规存在严重缺陷，法律修改已经无法满足这种需要，只能制定新的法律加以代替；三是上位法已被明令废止或者宣布失效。针对这几种情形，立法制定机关应宣布法律废止。

---

① 参见袁曙宏：《立法后评估工作指南》，中国法制出版社2013年版，第101页。

三、我国立法评估的实践反思

我国立法评估首先兴起于地方然后延伸到中央。2000年山东省人大法制委员会组织有关部门人员先后对山东省的《山东省私营企业和个体工商户权益保护条例》《山东省产品质量法实施办法》《山东省法律援助条例》《山东省就业促进条例》进行了立法评估，首开地方人大立法评估之先河。2006年，国务院法制办首次对《艾滋病防治条例》等6个行政法规进行立法评估试点。2010年，全国人大常委会首次开展了立法后评估试点工作，对《中华人民共和国科学技术进步法》和《中华人民共和国农业机械化促进法》等有关制度进行了立法后评估。立法评估重在检验已制定实施的法律法规的立法质量。法律法规的生命在于实施，法律法规的实施情况和效果是检验立法质量的试金石。因此，即使我们有了制度性、成熟的立法前评估，立法后评估的制度性建设仍然是不可或缺的，是必须始终予以坚持和重视的。① 目前我国各地方在实践过程中不仅探索出了一些关于提高立法质量的创新性办法，而且将实践中的有益经验结合有关理论进行了制度化、规范化。早在2008年广东省人民政府就颁布了《广东省政府规章立法后评估规定》，2011年重庆市人民政府颁布了《重庆市政府规章立法后评估办法》，2013年江苏省无锡市人民政府颁布了《无锡市规章立法后评估办法》，都对政府规章的评估主体、评估对象、评估标准和评估结果进行了具体的规定。地方除了对政府规章的立法评估进行制度化，也对地方性法规的评估进行了制度化，例如2006年郑州市人大常委会通过了《郑州市人大常委会地方性法规评估办法》，2013年广东省人大常委会通过《广东省人民代表大会常务委员会立法评估工作规定（试行）》，南京市人大常委会通过《南京市人大常委会立法后评估办法》，2015年安徽省人大常委会通过《安徽省政府立法后评估办法》，此类的制度化规定使得地方性法规的立法评估工作规范化、常态化。但总体而言，我国立法评估实践问题还是比较突出的，需要尽早克服并予以解决。

---

① 参见俞荣根：《地方立法质量评价指标体系研究》，法律出版社2013年版，第18页。

(一) 立法评估专门法律空白化

依法治国从良法先行，无良法这个关键的前提，执法、司法和守法就会出现问题。立法评估制度作为一种检测立法质量的工具，其本身的价值不言而喻，而我国至今仍缺乏一套完整的规范立法评估的上位法。《立法法》虽然规定了全国常委会的有关专门委员会或是常委会的工作机构根据有关法律和法律中的有关规定具体负责立法评估的工作，但具体是哪个专门委员会和常委会的工作机构却并不清楚，而"有关法律和法律中的有关规定"是哪部法律和什么规定也语焉不详，关于常委会以怎样的方式及回应的效力也模糊不清，缺乏可操作性。《行政许可法》第二十条虽比《立法法》更为具体，但没有涉及其中的"行政许可的设定机关应当定期对其设定的行政许可进行评价"，关于"定期"是多长时间；如果行政许可实施的时间跨度较长，在评估一次后要不要再评估；行政许可的设定机关是对所有其设定的行政许可都要评价，还是挑一两件进行评价就可以了；采取什么样的方式进行；依据什么标准评估什么内容；具体什么类型的法律法规需要评估及启动程序；等等。而地方立法因各种主客观原因确实存在地方立法质量不高的问题，急需立法评估制度在经过评估后提高立法的质量。在无具体上位依据法的情况下，地方只能依据《立法法》相关内容"为执行法律、行政法规的规定，需要根据本行政区域的实际情况进行具体规定"来行事。尽管各地在评估过程中积累了不少有益经验，但这种"自立山头"、各具特色的做法也滋生了不少问题，评估主体、评估内容、评估对象、评估程序的选取和决定过于多变和恣意，评估结果的客观性也受到质疑。

(二) 立法评估组织主体内部化

目前担当立法评估组织的主体模式主要有三种模式：第一种是立法的制定机关或是实施机关主导的内部评估。这种评估方式的评估组织主体可以具体化为各级人大常委会、常委会的专门机构、各级人民政府及其组成部门。第二种模式是制定机关或是实施机关委托社会第三方进行评估。接受委托进行具体评估工作的第三方往往是专业社会团体、高校或科研机构等。第三种为混合式。混合的方式既包括制定机关或实施机关自身联合社会进行评估，也包括制定机关或实施机关同时委托下一级机关与委托社会第三方进行评估的情形。三种模式各有优缺点。内部评估的优点是评估主体了解法律法规的全貌，对法律法规的价值取向、执行程序以及执行中遇到的问题等各方面都比较了解，所做出的评估结果也容易被评估决策者采纳，使得评估主体具有评估的天然优势。委托评估的优点在于第三方独立的社会身份，缺点在于第三方收集评估资料的渠道有限，评估经费也往往依赖被评估者，在经费和资料受委托方控制的情况下，可能会做出迎合委托方的评估结果。混合模式的优点在于评估参与主体的多元化增加了评估的民主色彩。缺点在于在评估过程中，评估活动还是由制定机关或实施机关一方主导，评估结果容易受权力、权威和部门利益影响而使立法后评估偏离正常轨道。

（三）立法评估对象单一化

对单一法律实施效果所进行的评估，这种评估方法的优势是能够有效快速把握立法意图与立法目标，再将立法意图与立法目标与其社会的实际影响效果进行对比，从而做出客观真实的评价，做出有针对性的操作，反馈效率高。但也存在以下两方面问题：

一方面是"挑食"评估，难以满足社会公众对评估的需求。从各省市人大开展立法后评估的实践来看，主要涉及四个方面的法规：①有关风景名胜保护的法规，甘肃、上海、四川举办过；②有关农业方面的法规，甘肃、云南、重庆举办过；③有关就业方面的法规，山东、重庆举办过；④有关环境保护和城市建设的法规，北京、海南举办过。此外，还有殡葬管理、青年志愿服务、档案管理等方面的法规。这些法规具备一些共同的特点，即适用的范围比较窄，内容相对简单；已经实施过一段时间，一般为3～5年；涉及的执法部门比较少。[①]

另一方面的问题是单一性评估实施绩效难以精确化。对单一性法律中的一项和几项重要制度进行评估，检查某一项或是几项制度所规定内容的实施效果是离不开规定在同位法或上位法中相关规定内容的辅助配合的，况且有时某种社会经济效果的取得是几部法的综合效果的发挥。在对某一特定内容进行评估时，若所涉及的特定内容规定在不同部门制定的不同法

---

① 参见雷斌：《关于建立立法后评估制度的几点思考》，载《人民之声》2007年第6期，第25页。

律中，应当同时对多部不同法律同时进行评估。所以，单一性的立法评估对其法律实施效果难以做到精确化判断。

（四）立法评估方案简单化

当前我国各地立法机关虽都已经形成了"立法回头看"的意识，但在"怎么看"的问题上还没有一整套对各地皆适合的立法评估方案制度。首先，立法评估程序的启动时间十分重要。实践中所评估的地方立法的实施时间一般在2～3年，短的只实施1年，如广东省人大常委会在两部条例仅实施1年后进行的评估；长的已实施8～10年，如北京在《北京市实施〈中华人民共和国动物防疫法〉办法》实施7年后进行的评估。但地方立法所实施的时间太短，进行评估时其实施效果可能还没有完全显现，容易造成立法资源的浪费和不均；相反，地方立法实施和评估的间隔时间长，可能导致地方立法所暴露的问题长期得不到解决，激化社会矛盾，损害法律的权威。其次，在评估内容上，从立法评估工作的实践来看，一些地方人大选定了专门的评估标准，如广州选取合法性、合理性、可操作性、实效性、协调性、规范性六个指标进行评估；北京选取合法性、合理性、可行性和技术性四个为衡量指标；上海则重点考察法规的合法性、针对性、协调性和可操作性四个方面；杭州选取立法内容、立法盲点和立法建议三大指标。各地立法评估指标的数量、名称和内容各不相同，这种过于夸大地域特殊性的做法难以保证评价的科学性。最后，各地在评估方法上偏重定性评估轻定量评估。各地多采取问卷调查、座谈会、实地调研等方式，主要是定性分析的方法，定性分析的方法主观性强。而较少采用可量化的定量分析方法，从而使得立法评估欠缺客观性和可信度。

第二节　法的废止、修改与补充

一、法的废止

（一）概念、特征和分类

学术界对法的废止有较为一致的看法，有学者认为法的废止是立法主体依据一定职权和程序，对现行法实施变动，使其失去法的效力的专门活动。① 有学者认为法律废止是指由有权主体通过法定程序终结现行法律效力的专门活动。② 还有学者认为法律废止是指有权立法机关根据法定职权和法定程序，使现行有效的法律失去法律效力的立法活动。③ 我们认为，法的废止是立法主体依据法定职权和程序对生效立法废除终止的立法完善行为。

因此，法的废止的特征主要有：①它不是直接为法律体系增加新的内容，而是以纯化法律体系的方式促进法律体系的发展。②它与法律效力的问题密切相关，法律废止能直接导致某些法律正式失去效力。③它所指向的对象只能是一个完整的规范性文件，如果使一个规范性文件的部分规定或内容失效，就不是法的废止，而属于法的修改的范畴。④ ④它是有权立法主体的职权行为，是对无效、失效、违法等立法根除后的立法完善。

按照法的废止方式的不同，一般分为明示的废止和默示的废止。明示的废止，即在新的法律中以明文规定，对旧法加以废止，这种方法也被称为"积极地表示方法"，为当今世界各国所普遍采用。默示地废止，即不明文规定废止旧法，而是司法实践中发现并认为新法与旧法相冲突，因而实际上发生了废止旧法的效力。如果新法与旧法有矛盾，立法机关又没有明示废止旧法，司法机关从法理的角度出发，运用"新法优于旧法"或"后法优于前法"的原则，以新法或后法为准，实际上等于旧法被新法默示地废止了。因此，默示的废止在英美法系使用判例法的国家中较为常见，体现出的是权力分立原则；而我国是成文法国家，并且最高立法机关也是最高权力机关，所以，在法的废止上我国应该采取清晰的明示方式。

（二）权限、程序和方式

在我国，法的废止与法的制定、修改和补充一样，也要依照法定的权限进行。一般而言，法的废止的主体是该法制定者本身，当某部立法已过时或不合发展需要或违反上位法时，应当由制定者自己废止；没有废止权的主体，不得宣告某部立法废止；在有些情况下，上级制定者也可以宣告

---

① 参见周旺生：《立法学》，法律出版社2009年版，第503页。
② 参见张永和：《立法学》，法律出版社2009年版，第117页。
③ 参见侯淑雯：《新编立法学》，中国社会科学出版社2010年版，309页。
④ 参见朱力宇、叶传星：《立法学》（第4版），中国人民大学出版社2015年版，第206页。

下级制定的法废止。

  法的废止的程序也是立法程序的一种，因而它同法的制定、修改和补充一样也要经历提案、审议、表决和公布等基本程序。不同之处是：①在法的废止的准备阶段，也不必像法的制定、修改和补充那样经过复杂的过程。如可以不必十分强调预测、规划等活动。②在提案、审议、表决和公布等程序上，法的废止较之法的制定、修改和补充更为简单些。③法的废止动议主体比较法的制定、修改和补充而言更加民主广泛，特别是利害关系人、公益组织、专家学者乃至普通人都可以通过特定渠道要求启动，如2002年《规章制定程序条例》第三十五条规定："国家机关、社会团体、企业事业组织、公民认为规章同法律、行政法规相抵触的，可以向国务院书面提出审查的建议，由国务院法制机构研究处理。"再如2003年5月14日，三名法学博士联名向全国人大常委会提出建议，要求对1982年5月国务院发布的《城市流浪乞讨人员收容遣送办法》进行审查，当年6月，国务院随即对该办法予以废止。

  法的废止方式包括：①以公布实施新法的方式实行废止。新法一经公布实施，与新法名称相同或内容相同的旧法即行失效，这又有两种情况：一种情况是新法明文规定废止旧法。另一种情况是新法没有规定废止旧法，但依照新法优于旧法的原则，如果新法与旧法同名，新法公布实施后，旧法即废止；如果新法与旧法虽名称不同但内容相同，旧法与新法相抵触，或新法包括了旧法的内容，旧法亦废止。[①] ②法定国家机关宣布撤销的方式实行废止。我国现行宪法规定，全国人大有权改变或撤销全国人大常委会不适当的决定（包括法律规定）；全国人大常委会有权撤销国务院制定的同宪法、法律相抵触的行政法规，有权撤销省级国家权力机关制定的同宪法、法律、行政法规相抵触的地方性法规。例如，2013年12月28日，第十二届全国人民代表大会常务委员会第六次会议决定：废止1957年8月1日第一届全国人民代表大会常务委员会第七十八次会议通过的《全国人民代表大会常务委员会批准国务院关于劳动教养问题的决定的决议》及《国务院关于劳动教养问题的决定》。③旧法附条件生效但该条件已不再具备，例如，因适用期已过而自行失效，因调整对象消失而自行失效。④旧法本身规定了终止生效日期，如果期限届满又无延期规定者，自

---

① 参见魏海军：《立法概述》，东北大学出版社2014年版，第512页。

行终止生效，由此引起该法自行失效、废止。⑤以专门文件的形式废止旧法，这种集中式的废止与规范性文件的清理有相似和有联系之处。如国务院从2015年起用3年时间，对新中国成立以来的国务院文件进行全面清理，并在2015年12月2日印发《关于宣布失效一批国务院文件的决定》（以下简称《决定》），将与现行法律法规不一致、已被新规定涵盖或替代、调整对象已消失、工作任务已完成或者适用期已过的489件国务院文件宣布失效。凡宣布失效的国务院文件，自《决定》印发之日起一律停止执行，不再作为行政管理的依据。

二、法的修改

（一）概念、特征和分类

法的修改是完善立法的重要法定制度，学术界对此内容也颇为重视和推崇，有学者认为，法律修改是有权机关依据法定的程序，通过对法律文本的增加、插入、删除、替换（置换）、删除并替换等方法，达到完善法律规定的目的的一种立法行为（活动）和制度。[1] 还有学者认为，法律修改是指通过删除或变更法律的部分规定或补充新的规定使法律实现立法目的，适应新的社会需要。[2] 中国社会科学院主编的《法律辞典（2003）》对法律修改这样定义："严格意义上的法律修改是近代民主政治的产物，是指国家有权机关依照法定程序对现行法律的某些部分加以变更、删除、补充的方法。"我们认为，法的修改尽管从广义上包含着法的补充，但本节从狭义角度出发重点考察的法的修改是指有权立法机关依照法定修正程序对现有法律条文进行变动的立法行为。

法的修改，是立法活动的重要组成部分，同法的制定一样，属于立法的范畴，具有立法活动所具有的共同特征。同时法的修改作为一种特定的立法活动，相对于法的制定，又有其独具的特征：它的目的在于使法律趋于完善，任务是改变法律的原有面貌，使法律呈现新的面貌，而不像法的制定的目的首先是产生一个新的规范性文件。

---

[1] 参见杨斐：《法律修改研究——原则模式技术》，法律出版社2008年版，第19页。
[2] 参见曾粤兴：《立法学》，清华大学出版社2014年版，第189页。

法的修改依照修改法律的内容比例可分为全面修改和部分修改两种类型。全面修改是指对原法律做大量的甚至是全局性的变动，通常采用以新的同名法律代替原来的法律的方式。这种修改又包括两种情况：一是原法的基本内容可用，新法是在原法的基础上产生的；二是同名新法和原法在基本内容方面不同，如1982年对《中华人民共和国宪法》的修改，1997年对《中华人民共和国刑法》的修改。这种修改和补充的优点是便于人们了解某项法律在一定时期新的整体面貌，不足之处是不便于人们了解某个法律在一定时期发生了哪些变化，而且全面修改也与法的制定在某种意义上相当，所以，实践中应当更为严格地遵循创制法的程序。部分修改是指立法机关以通过修正案的形式对原法所做的少量或局部性变动。

法的修改依照立法主体位阶顺序还可分为同位修改和上位修改。同位修改是指同级的法的制定主体之间和同级法之间的修改，如地方规章和部门规章具有相同立法效力，但在具体事项立法上却容易出现冲突，如果反复出现以法的修改名义进行的立法争斗则无益于法制统一，所以，同位修改的争议解决机制要更加清晰明确。上位修改是指为了对法的创制活动实施有效的监督，上级制定主体可以修改和补充下级制定主体所制定的法律，高层次的法可以修改和补充低层次的法，如全国人大常委会有权撤销国务院的同宪法、法律相抵触的行政法规。另外，在上级制定主体不开展立法修改活动期间，或者在高层次的法一时难以产生的情况下，下级制定主体也可以有条件地修改和补充上级制定主体所制定的法，如全国人大闭会期间，全国人大常委会可以依照法定条件，对全国人民代表大会制定的法律进行部分补充和修改。上位修改固然有利于解决立法矛盾和立法不作为等乱象，但上位修改的目的本身在于监督，所以，实践中也应当十分慎重。

（二）具体修改技术[①]

（1）增加，是指在一个法律条文的末尾或一个段落的末尾，或者一个法律条文其他可以分割的部分，加上新的字词。由于此种技术可以增加新章、新节、新条、新款和新目，所以用法很广。而在不同国家和地区，其

---

① 参见杨斐：《法律修改研究：原则模式技术》，中国法律出版社2008年版，第269－272页。

具体的使用方法也不完全一致。在我国，"增加"可以是增加一节，还可以是增加一条或一款。

（2）删除或废除，是指将现有法律条文中的字词或条目，甚至整个条文删去，使其不再有效力。但如何删除，以及删除后对原文的处理，不同国家和地区的做法也有不同。在我国，即使在宪法修正案中，也有"删除"的情形。在2004年以前的几个版本的宪法中，只是在宪法修正案中对"删除"的内容加以注明，但在宪法正文文本中并未予以修正。在2004年宪法修正后，则是对宪法正文重新修正后加以公布。

（3）删除并插入，指在修正案中清除旧内容，并用新内容将这部分旧内容替换掉。这种方法只能在同一个地方用新内容去替换、删除旧内容，而不能在一个地方删去旧内容却在别的地方插入新的内容。

（4）取代，是指如果修改的条文非常多，甚至连法律名称和基本精神都有变更，就用一部新法律取代旧法律。这类似于对法律的全面修改。我国1993年《个人所得税法》、1979年《刑法》和1996年《刑事诉讼法》的修改都属于对这种技术的运用。

（5）合并，是指将相近或重复的法律加以合并以求精简，并减少矛盾，从而更便于法的实施。

（6）修饰，是指对法律条文的文字加以润色修饰，对标点符号进行修改。

（三）主体、权限和程序

法的修改主体可以是被修改的法律的制定者，也可以是非制定者。通常情况下，法律、行政法规、地方性法规、规章、自治条例、单行条例，是由它们的制定者来修改和补充的。但在有些情况下，修改主体可以是非制定者。如修改和补充全国人民代表大会通过的法律，其主体可以是全国人民代表大会；在全国人民代表大会闭会期间，也可以是全国人大常委会。修改和补充有关地方人大制定的地方性法规，其主体不仅可以是这些地方的人民代表大会，在这些人民代表大会闭会期间或其他某些情况下，也可以是它们的常设机关。

法的修改须依照法定的权限进行。非制定者要修改和补充法律，必须要有明确的授权。主要有两个方面：一是制定者依法做出的临时授权；二是由专门法律规定所做的授权，如我国宪法专门规定全国人大常委会在全国人民代表大会闭会期间有权对全国人民代表大会制定的法律进行修改和补充。①

法的修改受到的法定限制，通常比法的制定多且严格，特别是由非制定者进行的法的修改和补充，其限制更多更严格。后者通常表现在，除非获得法的许可：其一，只能对法做局部或部分的修改和补充；其二，不得与被修改和补充的法的基本原则相抵触；其三，所做的修改和补充应当呈报有关主体审查批准。② 根据我国宪法的规定，全国人大常委会修改和补充全国人民代表大会的法律，要受到前两条的限制。

上位修改是因下位法不适当而产生的法的改变，属于一种特殊的法的修改类型，表现为上级主体（或上位主体）改变下级主体（或下位主体）所制定的法律。这类修改的权限和程序不同于其他修改，但也需要依法进行或依其他确定程序进行。在我国有立法权的国家机关中，上级机关可以改变有关下级机关所做出的不适当的决定（包括规范性文件），有关的国家权力机关有权改变其常设机关的不适当的决定（包括规范性文件）。

法的修改依照修改程序还可分为：对宪法的修改和对法律、法规、规章、自治条例、单行条例的修改。宪法的修改必须经过特别的程序。《宪法》第六十四条规定："宪法的修改，由全国人民代表大会常务委员会或者五分之一以上的全国人民代表大会代表提议，并由全国人民代表大会以全体代表的三分之二以上的多数通过。"自1982年以来，我国对现行宪法的修改，一般都是由中共中央向全国人大常委会提出修改宪法的建议，由全国人大常委会向全国人民代表大会提出宪法修正案，由全国人大以法定多数通过的，形成了宪法惯例；而对其他立法的修改，其程序大体与该法的创制程序相同或相似。

三、法的补充

（一）概念和价值

法的补充不会改变法的原有内容，这同狭义上法的修改有所区别；但

---

① 参见魏海军：《立法概述》，东北大学出版社2014年版，第496页。
② 参见周旺生：《立法学》，法律出版社2009年版，第500页。

是经过补充后,原来的法发生了变化,从广义上看这也是一种法的修改。由于我国宪法只规定全国人大有制定和修改法律的权力,没有规定它有补充法律的权力,所以,法的补充是学理概念,是指在现行法规定不变的情况下,另增补全新内容的立法行为。

通过法的补充(修改),首先,协调法律的稳定性与社会发展之间的矛盾,法的补充的目的在于使现行法律更适应社会发展的需要,法律一旦制定出来,为保持法律的权威性就应有一定的稳定性,但社会生活是不断发展的,法律的稳定性与社会生活的发展变化之间会形成一种张力,为了在二者之间达成一种恰当的平衡,就必须通过立法补充修改加以调和,使法律不断适应社会发展的需要而又不损害其稳定性、权威性。① 其次,使立法不断趋于合理、科学。由于原先立法时对某些问题未能给予正确处理,或者由于认识能力的限制,使所制定的法存在先天不足;或者是立法时考虑不周,使法有不科学之处,如不明确、不确切,容易引起歧义,或有遗漏、不协调、不切合实际;等等。② 随着科学实践的发展,这些问题给法的实施带来明显的甚至更大的弊端,使已经制定的法律难以被执行、适用、遵守。通过对现行法的补充和修改,可以弥补这些缺陷。最后,使法治体系保持内在的协调一致。一个重要的新法制定出来了,或者一个重要的法修改了,必然引起或者可能引起对另外一些法的修改和补充,只有及时进行法的修改和补充,才能保证法治体系内部各项法律之间能够协调一致地发挥作用。

(二) 方式和要求

目前,法的补充(修改)主要有如下几种形式:一是通过决议的形式修改法律。这种决议也往往包括补充法律的内容,如《第五届全国人民代表大会第二次会议关于修正〈中华人民共和国宪法〉若干规定的决议》《第五届全国人民代表大会第五次会议关于修改〈中华人民共和国全国人民代表大会和地方各级人民代表大会选举法〉若干规定的决议》,即属于这种修改和补充的形式。二是通过决定的形式修改法律。这种决定一般也包括修改、补充法律的内容。如第六届全国人大第二次会议《全国人民代

---

① 参见侯淑雯:《新编立法学》,中国社会科学出版社2010年版,第306页。
② 参见朱力字、叶传星:《立法学》(第4版),中国人民大学出版社2015年版,第200页。

表大会常务委员会关于修改〈中华人民共和国人民法院组织法〉的决定》《全国人民代表大会常务委员会关于修改〈中华人民共和国人民检察院组织法〉的决定》。三是通过规定的形式补充法律。如第六届全国人大常委会第六次会议通过的《全国人民代表大会常务委员会关于刑事案件办案期限的补充规定》,对《刑事诉讼法》中有关办案期限的问题做了补充。四是通过做出专门的决定,规定对某些事项的处理不按既有法律办事,而按该决定办事,这种决定虽在名称上不是修改、补充法律的决定,但由于它的公布,使原有法律的某些规定与该决定在调整同一事项时,要依照该决定处理。该决定的公布实际上就是对原有法律的修改和补充。如第六届全国人大常委会第二次会议通过的《全国人民代表大会常务委员会关于严惩严重危害社会治安的犯罪分子的决定》等,就是这种修改和补充形式。五是在单项法律中做出某些或某种决定,这些规定事实上是对别的法律做了修改和补充。全国人大常委会通过的《中华人民共和国专利法》《中华人民共和国文物保护法》《中华人民共和国食品卫生法》《中华人民共和国水污染防治法》《中华人民共和国药品管理法》《中华人民共和国计量法》以及其他许多法律中关于法律责任的规定,事实上是对《刑法》的某种变动,即对《刑法》某些规定的补充或扩大解释。

  法的补充(修改)在技术上也要讲求科学化。对过去曾修改或补充过的法进行修改和补充时,应当注明以前各次的修改和补充,也应当注明再次公布的日期。非整体性的修改和补充,应当采取简化、统一的名称,如"变动案",即采取"×××法(法规、规章)变动案"的名称。在未做简化、统一之前,现有名称也要准确,如兼有修改和补充两种内容,名称也应当明确或准确涵盖这两方面的内容,应当改变名称是修改法的决议、决定而实际上也包括补充法的内容的名不副实的情况。做部分修改和补充时,应当注意保留原有的文体和术语,应当使代替旧条文的规定与被修改或补充的法中的规定在风格上和谐一致。经改动的条文和新补充的条文也可以附特别标记。[①]

[①] 参见周旺生:《立法学》,法律出版社2009年版,第503页。

第三节　法的清理、汇编与编纂

一、法的清理

(一) 概念和方法

法的清理和汇编本质上并不是独立的立法创制行为,也不是如法的废止、修改和补充的立法变更行为,而是与立法相关的技术性工作,通说认为,法的清理是指有关国家机关在其职权范围内,按照一定的方法,对一定范围内的规范性文件进行审查,确定它们是否继续适用或是否需要变动(修改、补充或废止)的专门活动。[1] 清理法律文件的目的,是把现存的法律文件,以一定的方式,加以系统地研究、分析、分类和处理。法律文件的清理,有两个方面的基本任务,并由此形成两个阶段。一是搞清楚现存各种法律文件的基本情况,确定哪些可以继续使用,哪些需要修改、补充,哪些需要废止。这是梳理法律文件的阶段。二是对可以继续使用,列为现行法律文件;对于需要修改或补充的,提上修改或补充的日程;有些可以及时修改、补充的,加以修改、补充后再列为现行的法律文件;对于需要废止的,进行废止。这是处理法律文件的阶段。

法律文件清理的方法,通常分为集中清理、定期清理和专项清理三种。

(1) 集中清理。从时间上讲,集中清理是指对较长时间内的法律文件进行清理;从内容上讲,集中清理是指对较多或一定立法主体所制定的各方面的规范性文件进行清理。集中清理的历史跨度大,内容涉及面广,因而比其他清理需要的人员多、时间长。

(2) 定期清理。定期清理是指把法的清理当作一项常规工作,每隔一定时期进行一次。它的好处是,有助于及时协调法律与法律之间、法律与社会变化和社会需求之间的关系,有助于及时发现和解决问题。

---

[1] 参见孙国华、朱景文:《法理学》,中国人民大学出版社2010年版,第265-266页。

（3）专项清理。专项清理是指专门对特定事项内容的规范性文件或某种形式的规范性文件进行清理。专项清理的好处是针对性强，有助于集中时间和力量解决某一方面或某一领域的法律混乱问题。

（二）权限和程序

1. 法的清理案的提出

法的清理案，是关于确定法是否有效，是否需要修改、补充或废止的议案。一般应当由两部分构成：一是关于对法进行清理的提议，二是关于法的清理的具体报告。

法的清理案是立法议案的一种，应当由有立法权或一定立法性职权的主体提出。清理案涉及的清理对象一般应当是立法主体所立的法。如果立法主体不愿自己向自己提案或有其他原因，可以授权其有立法性职权的专门委员会（如人大的法律委员会）提案，或者授权其所属工作机构（如人大常委会的法制工作委员会、政府的法制办公室）提案。立法主体不设或没有专门委员会的，可以授权其工作机构或有关机构如临时成立的机构提案。

2. 法的清理案的审议

法的清理案的审议也应当由有立法权或一定立法权或一定立法性职权的主体进行。在我国的立法实践中，审议法的清理案的，有的是立法主体，有的是立法主体的工作机构，后者更多。后一种情况下，如果法的清理案本来就是立法主体的工作机构提出的，就发生实际是立法主体的工作机构自己提案自己审议的现象。这种现象有悖于现代立法的民主和法治原则，不利于完善立法中的监督、制约机制，还可能导致法制工作机构发生越权行为。所以，目前实践中立法主体及其工作机构也往往会委托第三方机构进行法的清理工作，立法主体及其工作机构对评测结果再进一步回应。

审议的标准主要应为：①是否适合国家或本地的社会发展需要，是否适合变化了的客观情况，在多大程度上适合。②与现行宪法、国家大政方针和高位法以及中国参与缔结或认可的国际条约，是否一致或相抵触，在多大程度上一致或相抵触。③本身在内容、文字表述和其他有关方面是否存在问题，问题的严重程度如何。

3. 法的清理结果的公布

法的清理案经审议修改并经立法主体正式表决获通过或批准后，应当将结果正式公布。

法的清理结果的内容，通常包括：①宣告哪些法继续有效并将其列为现行法。②宣告哪些法已经失效并予以废止，清理之前已经自行失效或已经被明令废止的一般也应当一并宣告废止。③宣告哪些法需要修改、补充，并尽可能确定由谁进行修改、补充。一次法的清理的结果可以只包括这三个方面中的一项或两项内容，也可以同时包括三方面内容。在我国立法实践中，目前一般也包括前两项内容。法的清理的性质也决定了法的清理结果的公布程序和公布方式应当与法的公布程序和公布方式相一致。

二、法的汇编

（一）概念、类型和方法

法的汇编一般被认为是指将有关规范性文件按照一定的标准予以排列，并编辑成册的活动。① 也有学者认为，法的汇编是在法的清理基础上，按照一定顺序，将各种法或有关法集中起来，加以系统地编排，汇编成册。② 总体来说，法的汇编就是将规范性法律文件集中化、系统化、标准化。法的汇编一般不改变规范性法律文件的文字和内容，而是对现有的规范性法律文件进行汇编和技术性处理，把它们编排起来。可见，规范性法律文件汇编是对规范性法律文件的一种外部加工，是整个创制规范性法律文件活动的辅助性工作，它本身不是创制规范性法律文件的活动。

法的汇编形式或类型，主要分为单项汇编和整体汇编两种。

（1）单项汇编。单项汇编是根据一定的标准，把某类、某方面、某领域或某几类、某几方面、某几个领域的规范性法律文件汇集起来。这种汇编通常包括：①根据立法体制和规范性文件的效力等级的汇编，即把国家法律、行政法规、部门规章、地方性法规、地方政府规章、自治条例和单行条例等规范性文件，分别进行汇编。②根据规范性法律文件是否有效汇

---

① 参见张永和：《立法学》，法律出版社2009年版，第126页。
② 参见周旺生：《立法学教程》，北京大学出版社2006年版，第552页。

编。如国务院法制办把现行的行政法规单独汇编为《中华人民共和国现行法规汇编》。③根据规范性法律文件的性质和内容汇编。如《中国涉外经济法规汇编》《中华人民共和国交通法规汇编》等。④根据规范性法律文件的重要性和编者的意图汇编。这种汇编也就是通常所说的选编，如《中华人民共和国法律法规选编》。

（2）整体汇编。整体汇编是把各种形式的规范性法律文件（包括有效和无效的规范性文件）都汇集起来的总的、全面的汇编。这种汇编有助于了解规范性文件的全貌和整体发展轨迹。如《中华人民共和国法律全书》汇集了法律、行政法规、部门规章和最高司法机关的重要规范性文件和司法解释，其规模可视为中央一级综合性的规范性文件的汇编。

法的汇编的具体操作方法主要包括：

（1）法的汇编的选材。关于汇编内容，首先要确定汇编内容的范围，即确定本汇编要汇集哪些方面的规范性法律文件；其次要确定汇编内容的时间范围，即确定本汇编要汇集什么时期内公布的规范性法律文件；最后要确定汇编内容的效力范围，即确定本汇编仅汇集现行规范性法律文件，还是现行规范性法律文件和失效规范性法律文件都汇集。

（2）法的汇编的内容。内容要完整。收入汇编的规范性法律文件，其名称，通过和公布的机关、日期、批准或发布的机关、日期、施行日期、章节条文标题，正文，等等，应当全部编入，不应随意删减和改动。

（3）法的汇编的排列顺序。关于汇编的排列顺序。汇编中各项规范性法律文件的排列通常采取两个步骤：先把汇编所要汇集的规范性法律文件按其内容分成若干部分或门类，排出顺序；然后把每一部分或门类的规范性法律文件按公布的时间顺序排列。

（4）技术性处理。汇编不是创制规范性法律文件，因而不能对规范性法律文件进行增删、改动，只能进行技术性处理。技术性处理的范围，仅限于改正规范性法律文件的文法、语法错误，并要对改动处加注说明。①

（二）主体、分工和过程

由于法的汇编不是创制规范性法律文件的活动，理论上来说，汇编主体既可以是行使创制规范性法律文件职权的机关，也可以是其他国家机

---

① 参见魏海军：《立法概述》，东北大学出版社2014年版，第520－521页。

关、社会组织或个人。1990年7月29日，国务院发布实施了《法规汇编编辑出版管理规定》，根据这个规定，目前我国有资格编辑出版规范性法规文件的主体有：全国人大常委会法工委、国务院法制办公室（原国务院法制局）、中央军事委员会法制局（以下简称"中央军委法制局"）、国务院各部门、有权制定地方法规和地方政府规章的地方国家机关。它们编辑出版的法律汇编或法规汇编，是国家出版的法律汇编或法规汇编正式版本。但第五条规定："根据工作、学习、教学、研究需要，有关机关、团体、企业事业组织可以自行或者委托精通法律的专业人员编印供内部使用的法规汇集；需要正式出版的，应当经出版行政管理部门核准。除前款规定外，个人不得编辑法规汇编。"由于2015年新《立法法》扩大了设区的市的地方立法权，《法规汇编编辑出版管理规定》制定于20世纪末，所以，建议再次修改《立法法》时补充法的汇编内容，扩大部分汇编主体范围。

  从法的汇编的有权机关主体的具体分工来说：法律汇编由全国人大常委会法工委编辑，行政法规汇编由国务院法制办公室编辑，军事法规汇编由中央军委法制局编辑，部门规章汇编由国务院各部门依照该部门职责范围编辑，地方性法规和地方政府规章汇编由具有地方性法规和地方政府规章制定权的地方国家机关指定的机构编辑。此外，全国人大常委会法工委和国务院法制办公室可以编辑法律、行政法规、部门规章、地方性法规和地方政府规章的综合性规范性文件的汇编，中央军委法制局可以编辑有关军事方面的法律、法规、条令汇编，国务院各部门可以依照本部门职责范围编辑专业性的法律、行政法规和部门规章的汇编，具有地方性法规和地方政府规章制定权的地方国家政权机关可以编辑本地区制定的地方性法规和地方政府规章的汇编。

  法的汇编过程一般分为编辑和出版发行两个阶段。第一阶段是规范性法律文件汇编的实体性阶段。它主要解决两方面的问题：①正确确定规范性法律文件汇编的主体；②用正确方法进行具体汇编工作。第二阶段是体现规范性法律文件汇编成果的阶段。它主要是根据国家法定的规范性文件汇编出版发行制度进行。对于擅自出版法律汇编的，根据不同情况出版行政管理部门或者工商行政（市场监督）管理部门依照职权划分可以给予当事人行政处罚。

三、法的编纂

(一) 概念、目标和方法

法的编纂是国家法典化的重要内容，法的编纂水平直接体现了一个国家的立法能力，与一般意义上的法的创制相比较，法的编纂是更高级的立法。有学者认为，法的编纂是指有权的国家机关在法律清理和法律汇编的基础上，将现存有效的同一类或同一法律部门的法律加以审查，根据社会发展的需要，决定各种法律规范的存废，或者对其加以修改，并最终形成一部统一的法典。① 还有学者认为，法律编纂是指对属于某一部门或某类法律的全部规范性文件加以整理、修改和补充，甚至在此基础上制定一部新的系统化法律，可见它是一种直接的立法活动，如以制定法典为目的，就称为法典编纂。②

法的编纂要采取分析和综合相结合而以综合形式出现的方法进行。③ 所谓分析，主要是分析研究既有的同类单行法，找出它们的可用和应废之处、重复和空白之处。所谓综合，主要是保留其可用之处，抛弃其应废之处，删减其重复之处，填补其空白之处。所谓以综合形式出现，就是在对同类单行法（有时也包括较大规模的法律、法规）加以改造完善后，形成一个完整统一的法，如我国目前正在积极开展的民法典的编纂工作，这种法的产生，标志着它们所调整的领域，有了一个法律制度的基础和中心。而一个国家整体的法的编纂通常发生在国家鼎盛和法治发达时期，法的编纂可以是经常性的工作，但不可以随意进行。

法的编纂的目的是产生一部全新的、结构完整的、统一的法典，应达到三项基本指标：①一般性，是指编纂后的法律条文在该类法律问题上具有普遍性，是对问题的归纳总结，贯穿于法典所包括的一切具体内容。一般性也意味着能够灵活地适用具体环境。②逻辑性，是指法在法律内容、

---

① 参见侯淑雯：《新编立法学》，中国社会科学出版社2010年版，第312页。
② 参见张永和：《立法学》，法律出版社2009年版，第131页。
③ 参见魏海军：《立法概述》，东北大学出版社2014年版，第524-525页。

语法、概念、体例、文句结构等方面具有内在的联系。① 大陆法系国家编纂法典十分重视法典各个组成部分的逻辑性。逻辑性要求法律概念的界定和运用一致，文句结构严谨明确，避免冗赘琐碎。③全面性，不是指法典内容应面面俱到，而是要求法典所确立的基本原则应成为法典的精髓。历史说明，没有一部法典经历若干年的变迁之后，仍然是全面的。②

（二）主体权限和方案设计

法的编纂产生的是系统全面的法，因此，这不是任何立法主体都能进行的立法活动，一般只能由立法层级最高者担任。我国是单一制国家，中央和地方的法的编纂工程，应当由中央和地方立法主体中级别或规格最高的机关进行，而不宜由它们的所属机关或机构来进行，即全国人民代表大会和省级人民代表大会。党的十八届四中全会决定中指出"建设中国特色社会主义法治体系"之一是"形成完备的法律规范体系"，这再次强调了法的创制和法的编纂同等重要，不能简单将此内容理解为一味强调的是法律创制，实际上法律编纂也是立法过程的一个核心内容，但目前却被国家和地方立法部门长期忽视，至今从中央到地方政府没有建立起一个科学的法典化和更新的法律法规编撰体系，使得许多法律法规重叠甚至互相冲突，难以检索和适用。从而，现有的简单的法的编撰体系没有能够发挥其应有的系统化、规范化、标准化等科学性功能和理论性价值。以广东立法为例，目前数量较大、③ 事项复杂、依据多样、冲突不断，给立法者、执

---

① 美国法典的主题或卷（Title）包括：总则、国会、总统、国旗、国玺、政府部门和联邦各州、政府组织与雇员、担保债务（现已废除）、农业、外国人与国籍、仲裁、武装力量、破产、银行与金融、人口普查、海岸警卫、商业与贸易、资源保护、版权、犯罪与刑事程序、关税、教育、食品与药品、对外关系、公路、医院与收容所、印第安人、财政收入、麻醉性酒精、司法和司法程序、劳工、矿藏和采矿、货币与财政、国民警卫、航运与可航水域、海军（现已废除）、专利、宗教习俗、规制行业薪金与津贴、退伍军人救济金、邮政事业、公共建筑、公共合同、公共卫生与福利、公共土地、国家印刷品与文献、铁路、航运、电报、电话和无线电报、领土与岛屿所有权、交通、战争与国防。

② 参见徐静琳、李瑞：《法的编纂模式比较——兼论规章的系统化》，载《政治与法律》2004年第4期，第19页。

③ 根据"北大法宝"数据库，截至2015年1月1日，广东省共有地方性法规1 568件，现行有效的有823件，其中广东省人大（含委会）制定的有618件，现行有效的有293件。广州市人大（含常委会）制定现行有效的111件，深圳市人大（含常委会）制定现行有效的286，珠海市人大（含常委会）制定现行有效的54，汕头市人大（含常委会）制定现行有效的67件，乳源瑶族自治县人大（含常委会）制定现行有效的6件，连山壮族瑶族自治县人大（含常委会）制定现行有效的3件，连南瑶族自治县人大（含常委会）制定现行有效的3件。

法者、司法者和守法者、研究者都造成了巨大障碍，也损害了地方法治体系和法治政府的建设。所以，建议在国内尝试探索省级地方立法的法典化，将有效解决固有"顽疾"，实现省级地方立法的技术发达、规范系统、标准创新的本质飞跃，也将从根本上改变立法现状、结束立法乱象、节约立法成本、提高立法效率，为地方执法部门依法行政和司法部门公正司法提供科学立法的最有力保障。

创新国家和地方的法的编纂的改革设计方案包括三个时期：①前期。建议在全国人民代表大会和省级人民代表大会内部设立立法编纂委员会，由立法专家学者兼职和专业人员全职组成。将现行有效的所有国家立法和省级立法电子化，并根据立法所涉及的领域和调整对象进行类型化。通过对大陆法系和英美法系主要国家的法律编撰体系和法典化，进行理论研讨、比较研究和实践调研国内现有的编撰体系，凝练出我国法的编纂的若干主题和分类。②中期。将所有立法分解为若干部分，再根据其规范的内容编排到相应主题的相关卷中。对编排过的立法内容做一些必要的立法技术处理，运用电脑软件开发联想和分类功能。开展法的清理，删除原有的规范性法律文件中已经过时的或不适合的部分，消除互相重叠和矛盾的部分，如涉及法律含义、职权职责、立法冲突等重大问题时，则必须报经全国人大或省级人大审议通过。③后期。将编纂后的法典中各个修改部分补充立法历史记录。补充编纂后的法典中各个条款对应的典型司法判例和司法解释。出版国家和省级法典的纸质版和电子版，并每年增加补充卷，每5年全面更新。总之，未来我国法的编纂要按照法规定的事项将零乱分散的所有单行立法整合成一部法典，最终有利于实现便宜实务运用、规范法律语言、统一法律规定、消解部门立法、解决法律冲突、发现法律漏洞、清理失效文本、明晰立法原意、梳理立法史实、集中立法权限这十大理论与实践价值。

总之，"问渠那得清如许？为有源头活水来"，立法绝非一成不变、死水一潭，只有适时通过立法完善才能不断保证立法质量，立法完善也正是立法能力的重要显现。立法评估是新《立法法》所确立的立法完善内容，通过对立法评估概念的分析，立法评估技术体系的剖析，包括立法评估的主体、对象、标准、方法、回应五个方面，以及我国立法评估的实践反思，来构建我国必要可行的立法评估的具体路径。法的废止、修改与补充，以及法的清理、汇编与编纂是传统立法完善的主要组成部分，围绕着它们各自的概念、类型、方法、主体、权限、程序、价值等内容,辨析其在立法完善中的特殊功能和地位,并与时俱进地将传统立法完善的方式方法推陈出新,实现立法创新。

参 考 文 献

一、规范类

[1]《中华人民共和国宪法》(1982 年施行,1988 年、1993 年、1999 年、2004 年修订)。

[2]《中华人民共和国立法法》(2000 年施行,2015 年修订)。

[3] 全国人大常委会法工委:《立法技术规范(试行)(一)》(2009 年)。

[4] 全国人大常委会法工委:《立法技术规范(试行)(二)》(2011 年)。

二、论文类

[1] 周旺生. 立法学体系的构成 [J]. 法学研究,1995 (2).

[2] 石东坡. "后体系时代"的立法实践范畴新论——基于修改《立法法》的思考 [J]. 江汉学术,2014 (1).

[3] 李亮,汪全胜. 论"后体系时代"立法学研究之嬗变:基于立法方法论的考察 [J]. 江汉学术,2014 (1).

[4] 朱志昊. 论立法协商的概念、理论与类型 [J]. 法制与社会发展,2015 (4).

[5] 刘永红. 我国当前立法语言中语法失范分析 [J]. 山西高等学校社会科学学报,2006 (10).

[6] 刘永红. 我国当前立法语言中的逻辑失范分析 [J]. 北京人民警察学院学报,2005 (6).

[7] 刘大生. 我国当前立法语言失范化之评析 [J]. 法学,2001 (1).

[8] 王锋. 由司法论证转向立法论证——中西比较视域下对我国立法论证

的思考[J]. 烟台大学学报：哲学社会科学版，2015（6）.
[9] 毛淑玲，何家弘. 立法的语言和逻辑分析[J]. 人民检察，2009（23）.
[10] 李康宁. 民事法律立法语言失范问题检讨[J]. 法律科学（西北政法大学学报），2010（5）.
[11] 莫洪宪，王明星. 刑事立法语言之技术特点[J]. 现代法学，2001（5）.
[12] 王爱声. 立法论证的基本方法[J]. 北京政法职业学院学报，2010（2）.
[13] 焦宝乾. 法律中的修辞论证方法[J]. 浙江社会科学，2009（1）.
[14] 汪全胜. 论立法后评估主体的建构[J]. 政法论坛，2010（5）.
[15] 任则禹. 立法后评估的主体及其他[J]. 公民导刊，2010（6）.
[16] 刘平，江子浩，等. 地方立法后评估制度研究[J]. 政府法制研究，2008（4）.

三、著作类

[1] 马克思恩格斯选集[M]. 北京：人民出版社，1995.
[2] 马克思恩格斯选集[M]. 北京：人民出版社，2012.
[3] 张文显. 法理学[M]. 3版. 北京：高等教育出版社，2007.
[4] 张根大. 法律效力论[M]. 北京：法律出版社，1999.
[5] 魏海军. 立法概述[M]. 沈阳：东北大学出版社，2013.
[6] 徐向华. 立法学教程[M]. 上海：上海交通大学出版社，2011.
[7] 侯淑雯. 新编立法学[M]. 北京：中国社会科学出版社，2010.
[8] 朱力宇，张曙光. 立法学[M]. 3版. 北京：中国人民大学出版社，2009.
[9] 朱力宇，叶传星. 立法学[M]. 4版. 北京：中国人民大学出版社，2015.
[10] 张永和. 立法学[M]. 北京：法律出版社，2009.
[11] 刘莘. 立法法[M]. 北京：北京大学出版社，2008.
[12] 周旺生. 立法学[M]. 北京：北京大学出版社，1988.
[13] 周旺生. 立法学[M]. 北京：法律出版社，2000.
[14] 周旺生. 立法学[M]. 北京：法律出版社，2004.

[15] 周旺生. 立法学教程 [M]. 北京：北京大学出版社，2006.

[16] 曾粤兴. 立法法 [M]. 北京：清华大学出版社，2014.

[17] 李培传. 论立法 [M]. 北京：中国法制出版社，2013.

[18] 江国华. 立法：理想与变革 [M]. 济南：山东人民出版社，2007.

[19] 黎建飞. 立法学 [M]. 重庆：重庆出版社，1992.

[20] 杨幼炯. 现代立法问题 [M]. 上海：上海民智书局，1934.

[21] 朱志宏. 立法论 [M]. 台北：台北三民书局，1995.

[22] 苗连营著. 立法程序学 [M]. 北京：中国检察出版社，2001.

[23] 本书编写组. 公众参与立法——理论与实践 [M]. 北京：人民法院出版社，2010.

[24] 汪全胜. 立法听证研究 [M]. 北京：北京大学出版社，2003.

[25] 邓世豹. 授权立法的法理思考 [M]. 北京：中国人民公安大学出版社，2002.

[26] 陈伯礼. 授权立法研究 [M]. 北京：法律出版社 2000.

[27] 王腊生. 地方立法技术的理论与实践 [M]. 北京：中国民主法制出版社，2007.

[28] 曹康泰. 立法法释义 [M]. 北京：法律出版社，2000.

[29] 全国人大常委会办公厅秘书二局. 立法工作备要 [M]. 北京：中国民主法制出版社，2006.

[30] 周旺生，张建华. 立法技术手册 [M]. 北京：中国法制出版社，1999.

[31] 孙潮. 立法技术学 [M]. 杭州：浙江人民出版社，1993.

[32] 王洁. 法律语言研究 [M]. 广州：广东教育出版社，1999.

[33] 黄震云，张燕. 立法语言学研究 [M]. 长春：长春出版社，2013.

[34] 蔡定剑，杜钢建. 国外议会及其立法程序 [M]. 北京：中国检察出版社，2002.

[35] 易有禄. 各国议会立法程序比较 [M]. 北京：知识产权出版社，2009.

[36] 曹海晶. 中外立法制度比较 [M]. 北京：商务印书馆，2004.

[37] 吴大英，任允正，李林. 比较立法制度 [M]. 北京：群众出版社，1992.

[38] 俞荣根. 地方立法后评估研究 [M]. 北京：中国民主法制出版社，2009.

[39] 俞荣根. 地方立法质量评价指标体系研究 [M]. 北京：法律出版社，2013.

[40] 马怀德. 中国立法体制、程序与监督 [M]. 北京：中国法制出版社 1999.

[41] 袁曙宏. 立法后评估工作指南 [M]. 北京：中国法制出版社，2013.

[42] 郑宁. 行政立法评估制度研究 [M]. 北京：中国政法大学出版社，2013.

[43] 本书编写组. 规范性文件备案审查制度理论与实务 [M]. 北京：中国民主法制出版社，2011.

[44] 全国人大常委会法工委立法规划室. 中华人民共和国立法统计 [M]. 北京：中国民主法制出版社，2008.

[45] 穆兆勇. 第一届全国人民代表大会实录 [M]. 广州：广东人民出版社，2006.

[46] 蔡定剑. 中国人民代表大会制度 [M]. 4版. 北京：法律出版社，2003.

[47] 中国立法学研究会. 地方立法的理论与实践 [M]. 北京：法律出版社，2013.

[48] 孙育玮，等. 完善地方立法立项与起草机制研究 [M]. 北京：法律出版社，2007.

[49] 阮容祥. 地方立法的理论与实践 [M]. 北京：社会科学文献出版社，2008.

[50] 崔卓兰，于立深，孙波，等. 地方立法实证研究 [M]. 北京：知识产权出版社，2007.

[51] 崔卓兰，赫然. 中国地方立法研究 [M]. 长春：东北师范大学出版社，2006.

[52] 田成有. 地方立法的理论与实践 [M]. 北京：中国法制出版社，2004.

[53] 朱景文. 中国人民大学中国法律发展报告2010：中国立法60年——体制、机构、立法者、立法数量 [M]. 北京：中国人民大学出版社，2011.

[54] 浙江省人大常委会法制工作委员会. 浙江立法30年 [M]. 杭州：浙江人民出版社，2009.

[55] 刘恒等. 走向法治——广东法制建设 30 年 [M]. 广州：广东人民出版社，2008.

[56] 周慕尧. 立法中的博弈——上海地方立法纪事 [M]. 上海：上海人民出版社，2007.

[57] 周旺生. 立法研究 [M]. 北京：法律出版社，

[58] 罗成典. 立法技术论 [M]. 台北：台北文笙书局，1987.

[59] 谢振民. 中华民国立法史 [M]. 北京：中国政法大学出版社，2010.

[60] （美）博登海默. 法理学——法哲学及其方法 [M]. 邓正来，译. 北京：中国政法大学出版社，1999.

[61] （美）卡罗尔·佩特曼. 参与和民主理论 [M]. 陈尧，译. 上海：上海世纪出版集团，2006.

[62] （美）道格拉斯·沃尔顿. 法律论证与证据 [M]. 梁庆寅，熊明辉，等，译. 北京：中国政法大学出版社，2010.

[63] （法）卢梭. 社会契约论 [M]. 何兆武，译，北京：商务印书馆，1980.

[64] （法）孟德斯鸠. 论法的精神 [M]. 北京：人民出版社，2010.

[65] （英）边沁. 道德与立法原理导论 [M]. 时殷弘，译. 北京：商务印书馆，2000.

[66] （德）马克斯·韦伯. 社会科学方法论 [M]. 李秋零，田薇，译. 北京：中国人民大学出版社，1999.

[67] （德）弗里德里希·卡尔·冯·萨维尼. 论立法与法律的当代使命 [M]. 许章润，译. 北京：中国法制出版社，2001.

[68] （德）罗伯特·阿列克西. 法律论证理论——作为法律证立理论的一种理性论辩理论 [M]. 舒国滢，译. 北京：中国法制出版社，2002.

[69] （荷）伊芙琳·T. 菲特丽丝. 法律论证原理——司法裁决之证立理论概览 [M]. 张其山，焦宝乾，夏贞鹏，译. 北京：商务印书馆，2005.

后　　记

　　编写一本全新的《立法学》教材的想法由来已久。法学院成立之初，广东财经大学（原名广东商学院）就为本科生开设过立法学选修课程，但是苦于现有的国内相关教材理论性太强，特别是缺乏针对立法实践的课程内容结构设计。后来，广东财经大学相继取得法学硕士、法律硕士的学位授予权，并成为国家卓越法律人才分类培养教育基地，而21世纪以来，广东省的立法学教学科研也呈现繁荣发展之势，这为我们改革创新立法学教学教育体系提供了坚实的历史机遇和智识基础。对于整个广东高等院校的法学院系而言，2015年是一个非常重要的立法学发展窗口期，这是因为我国最高国家立法机关——全国人民代表大会最终审议通过了《立法法》修正案，特别是该法赋予所有设区的市、地级市享有地方立法权。除了广州、深圳、珠海和汕头原本享有的地方立法权外，广东省人大常委会根据《立法法》在2015年底前分三批决定批准其余17个地级市行使地方立法权，并且组织本地高等院校与地方人大形成地方立法研究高校联盟，还着手组建了广东省立法研究所。立法学教材的革新重构势在必行。为此，我们以广东财经大学法学院的师资为基础，联合兄弟院校的部分专业教师共同编写了这本立法学教材，希望以此为广东乃至全国的立法学教学科研与立法实践发展尽一份绵薄之力。

　　相对于国内的同类立法学著作而言，本教材具有以下几个鲜明的特点：一是将结构体系二分法化，分为立法原理与立法技术两大部分，借此希望将立法原理贯穿于立法技术，同时立法技术蕴含着立法原理，而不是设计为单一的立法学理论或立法技术论。二是充分展示最新立法学研究成果与立法实务进展，不仅在规范援引方面注意采用最新的《立法法》修正案与其他相关立法文本资料，也将立法协商、立法评估、立法逻辑、立法功能等学术热点问题纳入本教材予以重点阐述论证。三是注意研究与叙事的中国法治语境，秉承主流的社会价值观和学术立场，对有争议的学术问题尽量采用学术通论，但同时也注意兼顾立法学的立法专业特色，而不是将立法学等同于法理学或视为立法政治学（或者说某种形式的宪法学）。四是本教材的使用对象主要定位为法学本科生，同时兼顾法律硕士生和立法实务工作者等，本教材仅仅提供最基本的立法原理与技术智识基础，而没有设计有关思考题和进一步阅读材料，这都有待于我们在后续的另一本试验教材中予以补充完善。当然，本教材毕竟是关于立法学体例反思的一次尝试性写作，其中的缺点和错误在所难免，全体编者在此真诚地欢迎学术界各位名家同行们不吝批评指正。

  本教材由邓世豹教授牵头组织，属于集体合作的成果，教材体例安排经过了三次大的讨论才最终定稿，各章撰写任务的具体分工（按照目录次序）如下：邓世豹，总负责，第七章"法案制作"；姚小林，导论、第一章"立法的本质、原则和功能"和第五章"立法的语言与逻辑"，负责文稿汇总协调；柳飒，第二章"立法的历史类型与演变规律"、第三章"立法的主体体系"和第四章"立法解释与监督"；陈军，第六章"立法准备"；滕宏庆，第八章"立法完善"。在本教材的撰写过程中，首先要感谢广东财经大学法学院邓世豹院长和房文翠副院长的鼎力支持，没有他们的提议、鼓励和不断关怀，本教材不可能这么快破茧而出、杀青付梓。其次，要特别感谢柳飒教授和陈月同学，柳飒教授多次主动购买和寻找相关文献资料，而华南理工大学法学院硕士研究生陈月则参与了第八章的编辑校对工作。最后，要向中山大学出版社的编辑们致谢，本教材的顺利出版离不开他们细致而辛勤的工作。

编者

2016年5月4日